KB246006

GalaxyS2
갤럭시S2 WIDE 가이드북
Wide
Guide Book

갤럭시S2 WIDE 가이드북

초판 1쇄 인쇄 2011년 6월 17일
초판 1쇄 발행 2011년 6월 24일

지은이 NAVER 스마트폰카페, 박효주, 양두석
펴낸이 이준경
펴낸곳 (주)영진미디어
출판 등록 2011년 1월 7일 제141-81-22416

주소 경기도 파주시 교하읍 문발리 504-3 파주출판단지 영진미디어 사옥
전화 031-955-4955
팩스 031-955-4959
이메일 book@yjmedia.net
홈페이지 www.yjbooks.com
표지·본문 디자인 디자인허브
본문 삽화 이의재(dtouch@chol.com)
종이 동방페이퍼(주)
인쇄 광문인쇄사

값 14,500원
ISBN 978-89-965772-3-2

GalaxyS2

갤럭시S2 WIDE 가이드북

Wide

Guide Book

NAVER 스마트폰카페, 박효주, 양두석 공저

감사의 말

박효주

처음 책을 쓰면서 한 권의 책이 만들어지기까지 많은 노력과 정성이 필요하다는 것을 느낄 수 있었습니다. 그리고 잘 알고 있다고 생각했던 안드로이드와 갤럭시S2에 대해서 더 많이 배울 수 있는 계기가 된 시간이기도 했습니다. 제게 많은 배움을 줬던 것처럼 이 책이 스마트폰을 막 시작하는 많은 분들에게 큰 도움을 주는 계기가 되기를 바랍니다.

그 동안 책을 쓸 수 있게 도와준 블랙 형님과 공동 저자인 삼삼형, 보이지 않게 도움을 준 카페 형, 동생에게 감사 드립니다. 그리고 언제나 옆을 지켜준 나의 연인 은정이, 마지막으로 항상 저를 아껴주는 부모님께 감사 드립니다.

양두석

"복잡하다.", "몰라도 사는 데 지장 없다." 제가 처음 스마트폰을 주변 분들께 권했을 때 들었던 이야기입니다. 물론 그랬던 분들 가운데 많은 분들이 스마트폰을 쓰고 계십니다. 스마트폰을 쓰는 이유를 물어보면 휴대폰을 바꿀 때가 돼서 잘 나가는 최신 휴대폰을 찾다 보니 스마트폰이라서, 또는 요즘 남들 다 스마트폰 쓰길래, 라는 말씀을 많이 하십니다. 그런데 마지막에는 다시 '어렵다'는 이야기로 돌아오곤 합니다.

앞으로 스마트폰이 PC보다 더 Primary한 기기가 될 것이라 예견합니다. 예전 초기 PC를 바라보던 시선 역시 비슷했던 것 같습니다. 그러나 지금 PC를 모르면 할 수 없는 일들이 너무나 많습니다. 스마트폰 역시 이와 다르진 않을 거라 봅니다.

네이버 스마트폰카페에 처음 가입하고서는 전체 게시 글 전부를 다 읽었었습니다. 물론 그때는 지금처럼 글이 많진 않았던 때라 가능했었죠. 하나하나 '알아가는 즐거움'이 너무 좋았습니다. 그러다 스텝을 맡고, 강의도 하고, 이렇게 책까지 쓰게 되었습니다. 제가 처음 스마트폰을 받아 들고 막막했던 때를 떠올리면서 집필했습니다. 갤럭시S2를 사용하시는 분들께 모쪼록 이 책이 '알아가는 즐거움'이 되면 좋겠다는 생각입니다.

끝으로 같이 작업하고 의지가 되었던 박효주와 카페 매니저 블랙님과 집필 기간 내내 옆에서 응원해 주시고 기다려주신 모든 분들께 진심으로 감사 드립니다.

120만 회원과 함께하는 네이버 스마트폰카페

네이버 스마트폰카페(http://cafe.naver.com/bjphone)

- **매니저** : 조원석(블랙, jobest100@naver.com)
- **카페 회원** : 약 1,210,400명
- **월 평균 방문자** : 약 1,900,000명
- **월 평균 페이지뷰** : 약 70,000,000회
- **월 평균 게시글** : 약 70,000개
- **월간 정기 모임** : 총 62회(서울, 부산, 대구, 마산, 창원, 대전)
- **월간 정기 강의** : 약 100회 이상
- **방송 촬영** : KBS, SBS, MBC, KTV, MBN, YTN, NHK 외 다수

네이버 스마트폰카페는 대한민국 최초이자 최대의 스마트폰 전문 온라인 커뮤니티입니다. 지속적인 스마트폰 관련 문화 개발에 힘쓰며, 대외 협력 단체들과의 우호적인 관계를 유지하여 차별화된 커뮤니티로 도약하고 있습니다. 재미있는 커뮤니티, 즐거운 스마트폰 문화를 만들기 위한 네이버 스마트폰카페의 역사는 앞으로도 계속됩니다. 스마트폰카페의 새로운 역사와 함께하고 싶다면 언제든 들러주십시오. 스마트폰카페의 문은 언제나 여러분께 열려 있습니다.

갤럭시S2가 40일만에 100만대 개통을 돌파했다고 합니다. 최근 스마트폰의 열풍을 감안하고 보더라도 특정 모델이 이렇게 큰 인기를 끄는 데는 그만큼 수많은 장점을 가지고 있다는 방증이 될 것입니다. 카페 스텝진이 집필한 전작 《아이패드2 WIDE 가이드북》에 이어 '새로운 라이프 스타일'을 준비하고 활용하는 분들에게 도움이 되고자 《갤럭시S2 WIDE 가이드북》을 출간하게 되었습니다.

카페의 스텝진들은 스마트폰 초기 시절부터 다양한 모델의 스마트폰을 다루어왔던 실사용자로서, 독자들이 가장 필요한 내용이 어떤 부분인지 끊임없이 고민하며 집필하였습니다. 모쪼록 《갤럭시S2 WIDE 가이드북》이 모바일 라이프를 즐기는 사용자들에게 조금 더 향상된 수준을 제공할 수 있기를 바랍니다. 마지막으로, 갤럭시에 대한 애정으로 정보 공유를 위하여 이 책을 열심히 집필해준 박효주, 양두석 님께 진심으로 감사드립니다.

네이버 스마트폰카페
매니저 조원석

이 책의 구성

PART 1. 갤럭시S2의 기본 핸들링

최근 스마트폰 가운데 단연 핫이슈가 되고 있는 폰이 바로 갤럭시S2입니다. 전화는 물론, 인터넷, 내비게이션, 카메라, MP3 플레이어까지 웬만한 전자기기를 대신할 수 있어 특별히 얼리어답터가 아니더라도 스마트폰으로 바꾸려는 사람들이 늘어났습니다. 이렇게 많은 사람들의 관심과 인기를 끌고 있는 갤럭시S2를 완전 정복하려면 기본기가 충실해야 합니다. 가장 기초적인 안드로이드의 개념부터 갤럭시S2를 다루는 방법까지 친절하게 설명합니다.

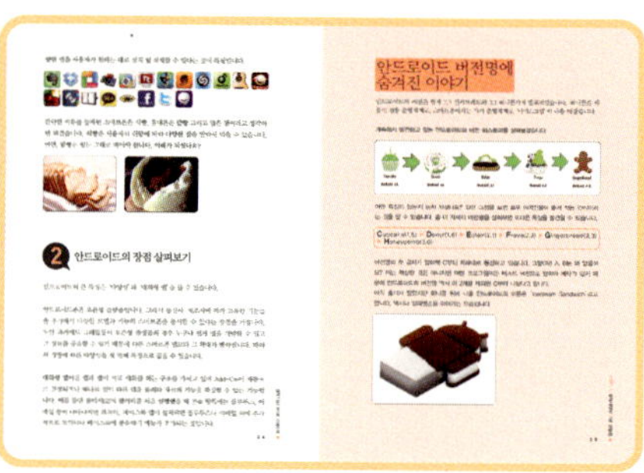

PART 2. 갤럭시S2의 스마트 활용 시나리오

Part 1에서는 갤럭시S2의 기본 사용 방법에 대해 살펴보았습니다. 그러나 사실 기기 구입 시 제공되는 매뉴얼 이외의 책을 구매해서 보려고 할 때는 갤럭시S2를 남들보다 좀 더 잘 활용해서 쓰고 싶기 때문일 것입니다. 그래서 Part 2에서는 구체적인 활용 사례를 상황별 시나리오로 보면서 자신에게 딱 맞는 스타일을 찾아볼 수 있도록 구성했습니다. 가장 비슷한 시나리오를 골라서 읽어보면 스마트폰을 어떻게 활용하는 것이 좋은지 금세 감이 잡힐 것입니다.

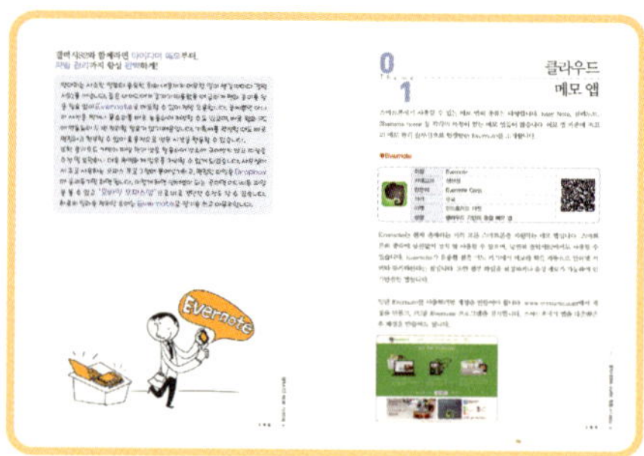

PART 3. 강력추천, 안드로이드폰을 빛내주는 앱

Part 2에서는 상황에 맞는 시나리오를 예상해서 해당 테마에 맞는 앱들을 살펴보았습니다. 그러다보니 다양한 앱을 소개하기에 무리가 있어 이번 Part에서 안드로이드 마켓과 T스토어 중심의 앱들을 소개해보려고 합니다. 많은 앱들이 우후죽순 생겼다가 사라지기도 하는데, 비교적 수명이 길고, 앱의 완성도가 높은 순으로 선별하여 살펴보겠습니다. QR 코드가 함께 제공되어 찍으면 바로 해당 앱을 다운받을 수 있는 페이지로 이동합니다.

부록. 완전무결, 갤럭시S2를 정복하는 Q&A 19선

스마트폰은 전화 기능을 기본으로 하여 컴퓨터 기능이 합쳐진 기기이므로 초보자부터 고수까지 사용자층이 매우 다양하고 지식의 격차가 매우 큰 편입니다. 알고보면 굉장히 쉽지만 제대로 설명해주는 사람이 없어 고생하거나 사용하면서 궁금하고 불편했던 점들 가운데 19개 테마를 엄선하여 속시원하게 설명합니다.

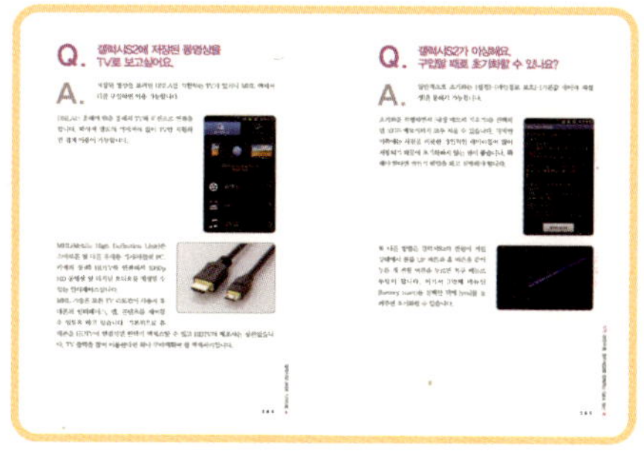

이 책의 차례

부 록 완전무결, 갤럭시S2를 정복하는 Q&A 19선 377

QR 코드의 개념과 QR 코드 리더 앱 살펴보기

QR 코드란?

QR 코드란 정보를 담을 수 있는 격자 무늬의 2차원 코드입니다. 바코드와 비슷한 개념이지만 특정 상품명이나 제조사 등의 정보만 담을 수 있는 바코드에 비해 QR 코드는 긴 문장의 인터넷 주소(URL)나 사진, 동영상, 지도, 명함과 같이 복잡한 정보를 모두 담을 수 있는 코드입니다.

(출처 : 네이버캐스트 IT동아 기자 이문규)

바코드는 최대 20여 자의 숫자 정보만 넣을 수 있는 1차원적 구성이지만, QR코드는 가로, 세로를 활용하여 숫자는 최대 7,089자, 문자는 최대 4,296자, 한자도 최대 1,817자 정도를 기록할 수 있는 2차원적 구성입니다. 그렇기 때문에 같은 정보를 넣어도 훨씬 작은 크기로 제작할 수 있어 편리합니다. 또한 정사각형 모양이라 방향에 구애받지 않고 인식할 수 있어 더욱 편리합니다.

최근 스마트폰의 열풍에 힘입어 기업의 광고 및 홍보에 많이 사용되고 있습니다. 이벤트나 쿠폰 등으로 연결하기 쉽고, 일반인들도 자신의 블로그로 연결하거나 초대장을 보내는 등 다양한 용도로 사용할 수 있어 온/오프라인 모두 폭넓게 활용됩니다.

〈갤럭시S2 WIDE 가이드북〉의 Part 2와 Part 3에서 소개하는 앱들은 모두 QR 코드를 제공하여 독자분들이 좀더 편하게 볼 수 있도록 배려하였습니다. 그러나 QR 코드는 URL 정보를 포함하고 있으므로 해당 앱의 서비스 사정상 위치(주소)가 변경되는 경우 책의 QR코드가 인식되지 않을 수 있습니다.(QR 코드는 출간일 기준으로 제작된 것입니다.) QR 코드가 인식되지 않는 경우, 표의 설명 가운데 각각의 앱이 제공되는 앱 스토어(마켓, T스토어)를 확인하여 접속한 후 앱 이름으로 검색하여 다운받으면 됩니다.

● QR 코드 리더 앱 활용하기

QR 코드를 인식하려면 코드를 읽을 수 있는 앱을 설치해야 합니다. 마켓(Martket™)에 접속하여 'QR'로 검색하면 바코드 및 QR 코드 관련 앱이 나타납니다. 그 중에 원하는 앱을 선택하여 설치합니다. Part 1의 Chapter 5에 마켓(Martket™)과 앱의 설치 방법에 대한 설명이 있으니 참고합니다. 대표적인 앱 2가지만 소개해보겠습니다.

QrooQroo

바코드와 QR 코드 모두 인식할 수 있는 멀티 코드 리더기입니다. Daum 아이디와 비밀번호로 로그인할 수 있어 편리합니다. 메뉴를 선택하면 자동으로 카메라가 실행되며 해당 코드에 가까이 가져가면 자동으로 인식합니다.

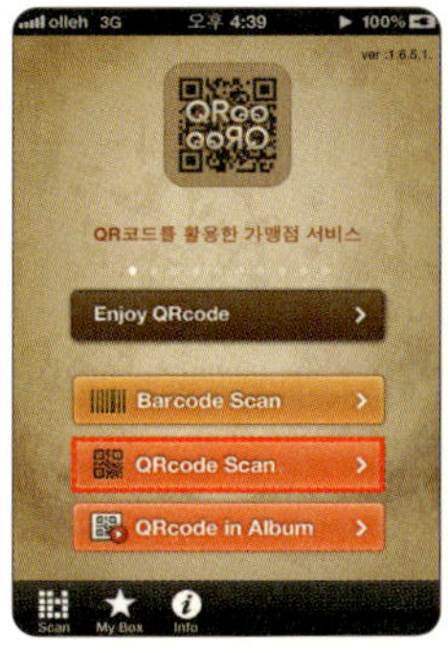

QRooQRoo 메인화면

QR 코드 스캔 중인 모습

QR Droid

바코드와 QR 코드 모두 인식할 수 있는 멀티 코드 리더기입니다. 앱을 설치한 후 [카메라로부터]를 터치하면 카메라 모드로 변경되며 해당 코드에 가까이 가져가면 자동으로 인식합니다.

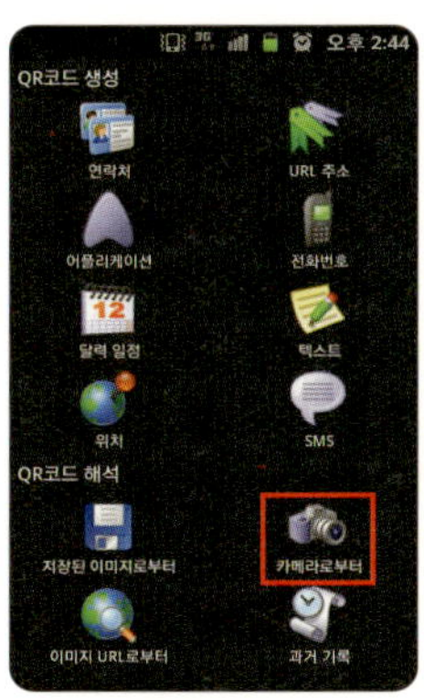

QR Droid 메인 화면

QR 코드 검색 결과 화면

동영상 해설로 생생하게 확인하는 갤럭시S2 활용법 15

네이버 스마트폰카페가 《갤럭시S2 WIDE 가이드북》 독자를 위하여 특별히 준비한 동영상 해설입니다. QR코드를 스캔하면 바로 게시물로 이동합니다. 책 내용과 함께 보면 더 유용합니다.

01	**구글 계정 만들기** 안드로이드폰을 사용하려면 반드시 필요한 구글 계정을 만드는 방법을 확인해보겠습니다. 개봉 후 처음 폰을 사용할 때 자동으로 안내 페이지가 나오지만 그 부분을 지나쳤을 때는 [설정]에서도 만들기가 가능합니다.	
02	**터치위즈 익히기** 갤럭시S2의 기본 사용자 환경인 터치위즈의 사용 방법을 확인해봅니다. 가장 기본이 되는 부분이므로 잘 익혀두는 것이 좋습니다.	
03	**메인 메뉴 관리하기** 갤럭시S에서 앱서랍 역할을 하는 메인 메뉴의 관리 방법을 소개합니다. 가장 자주 이용되는 메뉴로 관리를 잘 해야 하는 부분입니다.	
04	**위젯 활용하기** 안드로이드의 특징이 되는 위젯의 활용을 확인해 봅니다. 위젯 크기 변경과 위치 변경 삭제 등의 방법을 소개합니다.	
05	**홈 UI 변경하기** 대표적인 홈 UI 앱을 소개합니다. Launcher Pro, ADW Launcher, Gingerbread Launcher 등을 소개합니다.	
06	**Gmail로 모든 메일 관리하기** Gmail의 외부 메일 가져오기 메뉴를 통해서 자신이 사용하는 여러 개의 메일 계정을 한 번에 관리할 수 있습니다. 메일 등록 방법을 소개합니다.	

07	**주소록 백업/복구하기** 폰에서 가장 중요한 데이터인 전화번호 백업과 복구 방법을 소개합니다. 구글 계정을 이용한 방법과 USIM 카드를 이용한 방법입니다.	
08	**APK 파일을 이용하여 앱 설치하기** APK 파일을 폰에 복사하고, 폰에서 이 파일을 설치하는 방법을 확인해 봅니다. 마켓을 이용한 설치 말고도 많이 사용되는 방법이기에 알아둬야 할 부분입니다.	
09	**Kies로 펌웨어 업데이트하기** 꾸준히 펌웨어 업데이트가 이루어지고 있는 갤럭시S2를 집이나 사무실에서 빠르게 업데이트 하는 방법을 확인해 봅니다.	
10	**갤럭시S2 초기화하기** 폰을 사용하다보면 초기화가 필요할 때가 있습니다. 이럴 때는 설정 메뉴의 초기화 메뉴를 이용해도 되지만 이 방법 외에 복구 모드에서 초기화 할 수 있는 방법을 확인해 봅니다.	
11	**구글 일정 등록하기** 스마트폰을 통해서 일정을 철저히 관리할 수 있습니다. 갤럭시S2에서의 일정 등록 방법과 계정에 대한 설명을 합니다.	
12	**블루투스 사용하기** 무선인터넷 환경이 아니라도 간편하고 파일과 파일을 주고 받을 수 있게 해주는 블루투스 사용 방법을 확인해 봅니다.	
13	**MP3 파일을 벨소리로 사용하기** 자신이 가진 음원 파일을 벨소리로 사용하고 싶을 때에는 파일만 복사해도 쉽게 사용할 수 있는 방법이 있습니다. 이 방법에 대해 알아봅니다.	
14	**갤럭시S2에서 재생되지 않는 영상 인코딩하기** 멀티미디어 활용에 있어 탁월한 능력을 보이는 갤럭시S2도 재생하지 못하는 영상이 있습니다. 이런 영상은 인코딩을 해주면 되는데 이 방법을 확인해 보겠습니다.	
15	**자주 사용되는 설정 메뉴 확인하기** 안드로이드에는 많은 설정이 존재하는데 이 중에서 자주 사용되는 설정을 확인해 보겠습니다.	

4인 4색, 하루일과로 살펴보는 갤럭시S2 활용기

Episode 01. 갤럭시S2와 함께 하는 가정주부 김엄마의 하루

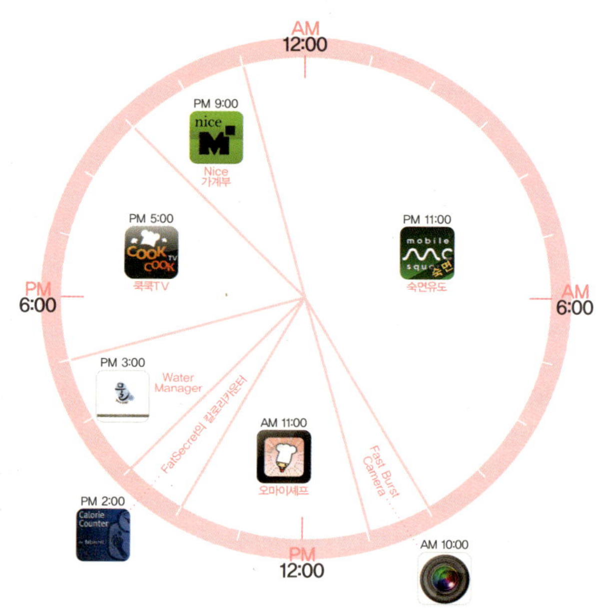

AM 10:00

〈Fast Burst Camera〉 정신없는 아침을 보내고 여유로운 시간. 홈쇼핑을 보다 마음에 드는 제품 바로 사진을 찍어 스크랩한다.

AM 11:00

〈오마이셰프〉 혼자 먹는 점심 뭘 먹을지 고민되서 앱을 통해서 찾아본다.

PM 2:00

〈FatSecret의 칼로리카운터〉 요즘 한창 다이어트에 올인 중인 김엄마.. 앱을 통해 항상 칼로리를 체크한다.

PM 3:00

〈WaterManager〉 하루에 섭취할 수분량을 체크하여 다이어트와 피부 건강에 도움이 되도록 노력한다.

PM 5:00

〈쿡쿡TV〉 오랜만에 실력 발휘를 해서 저녁에 가족들끼리 먹을 만찬을 준비한다.

PM 9:00

〈Nice가계부〉 오늘 하루의 지출 수입 정리를 빼놓을 수 없다.

PM 11:00

〈숙면유도〉 요즘 밤이면 잠이 잘 오지 않는다. 양을 세면서 자는 것도 지루하여 숙면유도기를 사용하는데, 은근히 잠이 잘 든다.

Episode 02. 갤럭시S2와 함께 하는 삼선전자 양대리의 하루

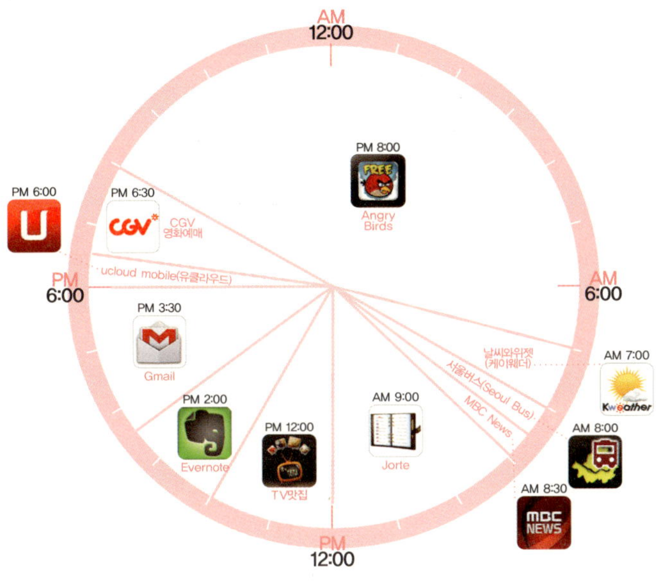

AM 7:00

〈날씨와위젯(케이웨더)〉 오늘의 날씨를 확인하고, 날씨에 맞춰 출근 준비를 한다.

AM 8:00

〈서울버스(Seoul Bus)〉 출근하기 전 서울버스를 이용해서 도착 시간을 확인하고 시간에 맞춰 이동한다.

AM 8:30

〈MBC News〉 출근 길 버스 안에서 새로운 뉴스를 확인해본다.

AM 9:00

〈Jorte〉 오늘의 큰 약속들을 확인하고 전체 일정을 확인한다.

PM 12:00

〈TV맛집〉 즐거운 점심시간. 이왕에 먹는 거 회사 주변의 TV맛집을 검색하여 점심을 해결한다.

PM 2:00

〈Evernote〉 회의 중 간단한 내용은 직접 입력하고, 이미지는 사진으로 찍고, 의견이 쏟아질 때는 녹음하여 회의 내용을 정리한다. PC와 동기화되어 있으므로 데이터를 옮기지 않고 바로 워드로 정리한다.

PM 3:30

〈Gmail〉 외근 중에도 업무 관련 메일을 받아서 빠른 답장을 보낸다.

PM 6:00

〈ucloud mobile(유클라우드)〉 못다한 업무가 있는데, 집에 가서 처리하기 위해 ucloud mobile에 업로드해두고 퇴근한다.

PM 6:30

〈CGV 영화예매〉 퇴근 길 짜투리 시간에는 내일 여자친구와 볼 영화를 예매한다.

PM 8:00

〈Angry Birds〉 잠들기 전 잠시 게임을 하며 여유로운 휴식 시간을 보낸다.

Episode 03. 갤럭시S2와 함께 하는 좋은고등학교 박학생의 하루

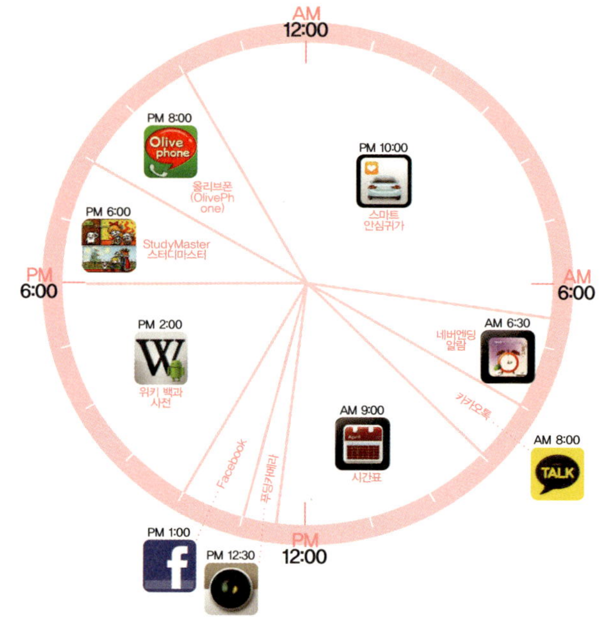

AM 6:30

〈네버엔딩 알람〉 아침잠이 많은 박학생을 확실히 깨워주는 알람이다.

AM 8:00

〈카카오톡〉 친구와 무료로 메시지를 주고 받으며 등교한다.

AM 9:00

〈시간표〉 시간표를 통해서 오늘 수업이 무엇인지 확인한다.

PM 12:30

〈푸딩카메라〉 친구들과 점심시간 후 재미나게 여러 가지 종류로 사진을 찍어본다.

PM 1:00

〈Facebook〉 푸딩카메라로 찍은 사진을 등록하여 다른 학교 친구들과 유쾌한 댓글 놀이를 한다.

PM 2:00

〈위키 백과 사전〉 수업 중에도 폰을 이용해 사전 역할을 대신한다.

PM 6:00

〈StudyMaster 스터디마스터〉 방과 후 독서실. 문제집을 모두 들고 다니기 무서워서 스터디 마스터 하나로 모의고사 및 다양한 과목의 문제를 풀어본다.

PM 8:00

〈올리브폰(OlivePhone)〉 고등학생이다보니 전화요금이 부담스럽다. 올리브폰으로 전화요금에 대한 부담없이 무료로 전화를 이용한다.

PM 10:00

〈스마트안심귀가〉 공부를 마치고 집에 가는 길. 혹시 모를 위험에 대비한다.

Episode 04. 갤럭시S2와 함께 하는 집필진의 하루

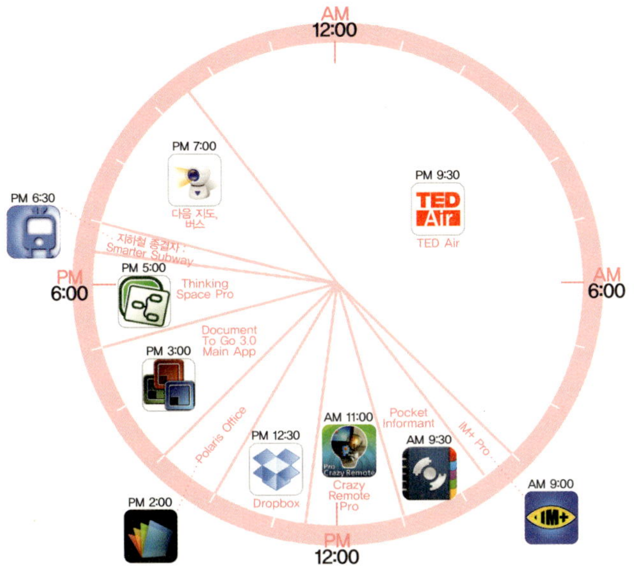

AM 09:00

〈IM+ Pro〉 SNS 계정마다 앱을 구동하기 번거로워서 소셜허브를 이용해 페이스북, 트위터, 미투데이, 메일, 문자를 한 번에 확인한다.

AM 09:30

〈Pocket Informant〉 일정을 잘 체크해도 시간마다 확인해야 하는 일이 번거로워 일정과 할 일을 알람으로 설정해둔다.

AM 11:00

〈Crazy Remote Pro〉 집의 PC에 두고 온 작업 파일을 원격 제어 기능으로 Dropbox에 넣는다.

PM 12:30

〈Dropbox〉 Dropbox에 원고를 넣어놓고 수시로 꺼내서 작업한다.

PM 2:00

〈Polaris Office〉 이메일에 첨부된 압축 파일을 갤럭시S2에서 풀어 확인한다.

PM 3:00

〈Document To Go 3.0 Main App〉 PC가 없어도 언제 어디서든 원고 작업을 할 수 있다.

PM 5:00

〈Thinking Space Pro〉 머리가 복잡할 땐 한 페이지에 모아놓고 마인드맵으로 정리한다.

PM 6:30

〈지하철 종결자 : Smarter Subway〉 미리 환승 정보와 예상 소요 시간을 파악한다.

PM 7:00

〈다음 지도, 버스〉 약속 장소 근처에서 헤매지 않기 위해 미리 약속 장소 주변을 살펴본다.

PM 9:30

〈TED Air〉 집으로 가면서 갤럭시S2로 전세계 지식인들의 이야기를 통해 최신의 이슈를 이해한다.

GALAXY S2

오전 8:30

갤럭시S2의 기본 핸들링

한국에서 선출시, 또한 이례적으로 이동통신사 3사에서 동시 출시된 유일한 스마트폰이 바로 갤럭시S2 입니다. 인터넷 기사에서는 연일 '출시 4일만에 16만대가 팔렸다', '6일만에 20만대가 팔렸다', '2초에 1대가 팔렸다'는 제목의 기사들이 올라오고 있습니다. 이렇게 사람들의 관심과 인기를 끌고 있는 갤럭시S2를 완전 정복하려면 기본기가 충실해야 합니다. 처음부터 고수가 되는 법은 없습니다. 이번 파트에서는 가장 기초적인 안드로이드 개념부터 기본 조작까지 천천히 확인해보겠습니다.

Chapter 01.

갤럭시S2는 안드로이드폰이다

작년에 출시된 갤럭시S는 안드로이드폰이었습니다. 갤럭시S2는 갤럭시S의 후속인 만큼 역시 안드로이드폰입니다. 안드로이드는 스마트폰의 운영체제입니다. 2010년 초 국내에 처음 상륙한 후로 꾸준한 상승세로 iOS와 함께 현재 스마트폰 운영체제의 양대 산맥으로 군림하고 있습니다. Chapter 1에서는 안드로이드폰을 이해하기 위한 간단한 개념과 갤럭시S2의 사용 전 체크해야 할 사항에 대해 짚어봅니다.

Theme 01

안드로이드란?

안드로이드는 리눅스(Linux) 2.6 커널을 기반으로 강력한 운영체제와 포괄적 라이브러리 세트, 풍부한 멀티미디어 사용자 인터페이스, 폰 앱 등을 제공합니다. 컴퓨터에서 소프트웨어와 하드웨어를 제어하는 운영체제인 '윈도'에 비유할 수 있는데, 스마트폰에 안드로이드를 탑재하여 인터넷과 메신저 등을 이용할 수 있으며, 스마트폰뿐 아니라 다양한 정보 가전 기기에 적용할 수 있는 연동성도 갖추고 있습니다.

1 스마트폰과 일반 휴대폰의 차이점 비교하기

스마트폰이란 휴대폰과 개인휴대단말기(PDA : Personal Digital Assistant)의 장점을 결합한 것으로, 쉽게 말하면 폰 안에 컴퓨터 기능이 들어가 있는 것으로 생각하면 됩니다. 따라서 전화 기능은 기본이고 이외에 인터넷, 모바일 뱅킹, 네비게이션, 3D 게임 등을 즐길 수 있습니다.

최근에는 일반폰에서도 스마트폰에서만 사용 가능하던 일부 기능들이 구현되고 있으나 여전히 사용자가 원하는 애플리케이션(Application, 이하 '앱')을 설치할 수 없습니다. 즉, 스마트폰은 주어진 기능만 사용할 수 있는 일반폰과 달리 수백여 종의 다양한 앱을 사용자가 원하는 대로 설치 및 삭제할 수 있다는 것이 특징입니다.

간단한 비유를 들자면 스마트폰은 식빵, 휴대폰은 팥빵 그리고 앱은 잼이라고 생각하면 되겠습니다. 식빵은 사용자의 취향에 따라 다양한 잼을 발라서 먹을 수 있습니다. 반면, 팥빵은 있는 그대로 먹어야 합니다. 이해가 되셨나요?

안드로이드의 장점 살펴보기

안드로이드의 큰 특징은 '다양성'과 '대화형 앱'을 들 수 있습니다.

안드로이드폰은 오픈형 플랫폼입니다. 그래서 통신사, 제조사에 따라 고유한 기능들을 추가해서 다양한 모델과 기능의 스마트폰을 출시할 수 있다는 장점을 가집니다. 또한 과거에도 그래왔듯이 오픈형 플랫폼의 경우 누구나 쉽게 앱을 개발할 수 있고 그 정보를 공유할 수 있기 때문에 다른 스마트폰 앱보다 그 확대가 빨라집니다. 따라서 개방에 따른 다양성을 첫 번째 특징으로 꼽을 수 있습니다.

대화형 앱이란 앱과 앱이 서로 대화를 하는 구조를 가지고 있어 Add-On이 자동으로 설정되거나 하나의 앱이 다른 앱을 불러와 자신의 기능을 확장할 수 있는 기능입니다. 예를 들면 갤럭시S2의 갤러리를 처음 실행했을 때 공유 항목에는 블루투스, 이메일 등이 나타나지만 트위터, 페이스북 앱이 설치되면 블루투스나 이메일 외에 추가적으로 트위터나 페이스북에 공유하기 메뉴가 추가되는 것입니다.

안드로이드 버전명에 숨겨진 이야기

안드로이드의 버전은 현재 2.3 진저브레드와 3.1 허니콤까지 발표되었습니다. 허니콤은 태블릿 전용 운영체제로, 스마트폰에서는 차기 운영체제로 '아이스크림'이 나올 예정입니다.

계속해서 발전하고 있는 안드로이드의 버전 히스토리를 살펴보겠습니다.

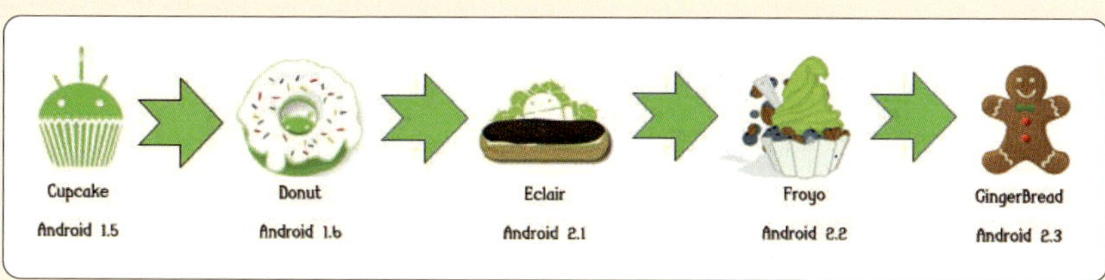

어떤 특징이 있는지 눈치 채셨나요? 일단 그림을 보면 모두 미국인들이 즐겨 먹는 간식이라는 것을 알 수 있습니다. 좀 더 자세히 버전명을 살펴보면 또다른 특징을 발견할 수 있습니다.

Cupcake(1.5) ▶ **D**onut(1.6) ▶ **E**clair(2.1) ▶ **F**royo(2.2) ▶ **G**ingerbread(2.3) ▶ **H**oneycomb(3.0)

버전명의 첫 글자가 알파벳 C부터 차례대로 등장하고 있습니다. 그렇다면 A, B는 왜 없을까요? 이는 확실한 것은 아니지만 어떤 프로그램이든 테스트 버전으로 알파와 베타가 있기 때문에 안드로이드의 버전명 역시 이 2개를 제외한 C부터 나왔다고 합니다.
아직 출시가 멀었지만 허니콤 뒤에 나올 안드로이드의 이름은 'Icecream Sandwich'라고 합니다. 역시나 알파벳순을 이어가는 모습입니다.

갤럭시S2와 갤럭시S의 스펙 및 외관 비교해보기

갤럭시S와 갤럭시S2 모두 삼성전자의 안드로이드 폰입니다. 따라서 내부적인 사용성의 차이는 크게 다르지 않습니다. 하지만 하드웨어만큼은 차이가 많이 납니다. 약 10개월 전에 출시가 된 갤럭시S와 이번에 새롭게 선보인 갤럭시S2는 어떤 차이가 있는지 확인해보겠습니다.

VS

갤럭시S2		갤럭시S
4.3인치 슈퍼아몰레드 플러스	화면	4.0인치 슈퍼아몰레드
800×480	해상도	800×480
1.2GHz 듀얼 코어	프로세서	1GHz 싱글 코어
안드로이드 2.3(진저브레드)	운영체제	안드로이드 2.3(진저브레드)
후면 800만/전면 200만 화소	카메라	후면 500만/전면 VGA급
HD 재생/녹화(1080p)	비디오	HD 재생/녹화(720p)
기본 1GB/내장 16GB	메모리	512MB/16GB
1650mAh	배터리	1500mAh
66.1×125.3×8.9/121g	크기/무게	64.2×122.4×9.9/121g
84만 7000원(2011.4.29)	가격	94만 9300원(2010.6.25, 출고가 기준)

갤럭시S2의 통신사별 스펙 차이 tip

위의 스팩은 SK텔레콤 기준입니다. 갤럭시S2는 통신사별로 미세한 스펙의 차이가 있습니다.

일단 스마트폰의 핵심인 중앙처리장치인 CPU가 듀얼 코어로 바뀌고, 동작 속도인 클록도 높아졌습니다. 그리고 메모리와 디스플레이 크기, 타입도 눈에 띄게 달라졌습니다. 카메라의 사양도 많이 향상되었습니다. 이 밖에도 달라진 부분이 많습니다.

전체적인 틀은 그대로입니다. 따라서 외관에 있어서는 크게 달라진 점은 없습니다. 하지만 느낌만은 확 변했습니다. 갤럭시S는 전체적으로 곡선이 많은 부드러운 느낌이고 갤럭시S2는 각진 형태로 딱딱한 느낌을 줍니다. 후면이 가장 많이 바뀐 부분이 아닌가 생각합니다. 일단 커버의 재질이 부드러운 면에서 약간은 까끌거리는 느낌으로 바뀌었습니다. 그리고 하단에 그립감을 높이기 위한 부분이 많이 낮아진 모습입니다.

전체적으로 크기의 변화를 제외하면 큰 변화가 없기에 기존의 갤럭시S를 사용했던 사용자라면 쉽게 갤럭시S2를 이용할 수 있을 것이라 생각합니다.

Theme 02

갤럭시S2의 사용에 앞서 꼭 체크해둘 사항들

새 기기를 접하면 누구든지 설레는 마음으로 기기를 사용하게 됩니다. 하지만 잠깐 그 마음을 뒤로 미루고 사용에 앞서 몇 가지 확인해보는 것이 좋습니다. 구성품을 비롯해서 기기에 불량이 없는지 확인해보고 기본 사용을 위한 각 명칭 및 사용법에 대해 알아보겠습니다.

1 기본 구성품 살펴보기

기본 구성품은 스마트폰을 사용하는 데 필요한 최소한의 액세서리가 포함되어 있습니다. 갤럭시S2에는 표준형 배터리 2개, 배터리 충전 거치대, 여행용 충전기, USB 케이블, 스테레오 이어폰, 간단 사용 설명서가 포함되어 있습니다.

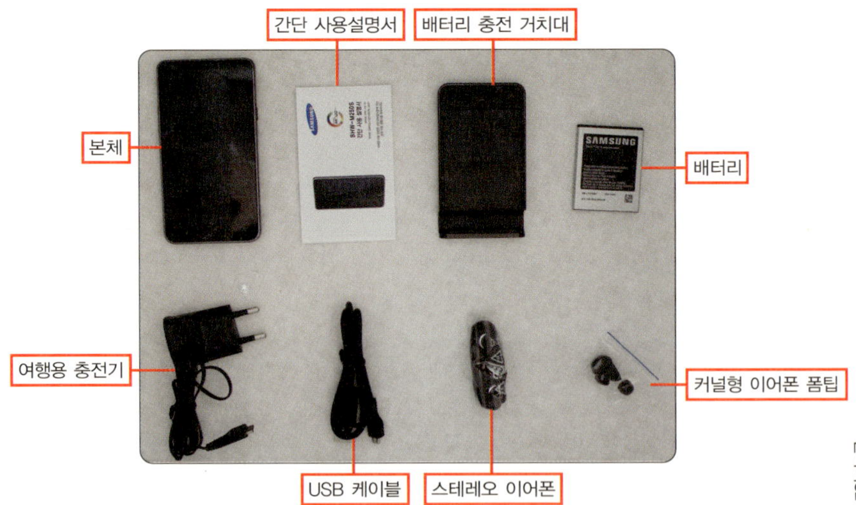

기기의 이상 여부 확인해보기

단말기에 이상이 발생할 확률은 극히 낮지만 그래도 꼼꼼하게 살펴보는 것이 좋습니다. 14일 후에 기기 이상을 발견한다면 구입한 지 얼마 되지 않은 단말기를 수리해야 하는 상황이 올 수도 있습니다.

기기의 이상 확인은 앱을 통해 확인하면 편리합니다. T스토어에서 '14일 이내'를 다운받아서 앱 설명에 따라 확인하면 됩니다. 하지만 아직 앱을 어디서 다운받아야 할지 모르는 사용자를 위해 직접 확인하는 방법을 간단하게 소개합니다.

T스토어 이용 방법 tip

T스토어에 대한 자세한 설명은 Theme 10을 참고합니다.

● 터치/하드웨어 버튼

갤럭시S2에는 총 5개의 버튼이 있으며 전원, 음량, 메뉴, 홈 그리고 취소 버튼입니다. 이 중에서 메뉴와 취소는 터치식 버튼이며 나머지는 하드웨어 버튼입니다. 각 버튼을 눌러서 모두 정상적인 작동을 보이는지 확인해보면 되겠습니다.

전원 버튼은 오른쪽에 있습니다. 버튼을 눌러서 갤럭시S2의 화면이 켜지고 꺼지는지 확인해보면 됩니다. 반대편의 음량 조절 버튼 역시 눌러서 벨소리 크기가 변경되는지 확인해봅니다. 메뉴/홈/취소 버튼은 44쪽을 참고하여 작동 여부를 확인합니다.

● 화면 터치 기능

요즘 모바일 기기를 비롯한 각종 전자 제품에 빠지지 않는 것이 화면 터치 기능입니다. 여기저기 터치를 해서 기능이 정상적으로 작동하는지 확인해보면 되겠습니다. 예를 들어 인터넷이나 갤러리 등을 실행해보면 쉽게 확인이 가능합니다.

● 스피커, 마이크

가장 간단하게 테스트 전화를 건 후에 상대방 목소리가 잘 들리는지 상대방쪽에서도 내 목소리가 잘 들리는 확인합니다.

● 충전단자와 안테나

구성품으로 있는 USB 케이블과 여행용 충전기를 갤럭시S2와 연결합니다. 정상적으로 기기에서 연결 인식을 하는지 확인해보면 됩니다.

안테나는 갤럭시S2의 앞면을 기준으로 오른쪽 위에 있습니다. 안테나를 뽑은 후 [메인 메뉴]-[TV]를 통해서 수신이 정상적으로 되는지 확인합니다.

● 카메라와 플래시

갤럭시S2은 카메라를 포함하고 있습니다. 카메라는 사진을 찍어 확인합니다. 플래시는 카메라에서 [항상켜짐]으로 설정한 후 사진을 찍어보면 됩니다.

● 센서

갤럭시S2에는 여러 개의 센서가 있습니다. 근접, 가속도, 자이로 등의 센서가 가장 대표적이며 사용자도 쉽게 확인이 가능합니다.
일단 근접 센서는 전면 카메라 옆에 있습니다. 통화 중 손으로 가리면 화면이 꺼지고 손을 떼면 화면이 켜지는지 확인합니다.
가속도는 폰을 기울였을 때 화면이 자동으로 회전이 되는지 여부로 확인이 가능합니다. 단, 사전에 가로, 세로 자동 회전으로 설정해두어야 합니다.
자이로 센서는 모션 UI 기능을 이용해 확인해볼 수 있습니다. [설정]-[모션 UI에서 테스트해보기]를 통해서 기능이 정상적으로 동작하는지 확인해보면 됩니다.

3 구매 후 문제 발생 시 대처하기

구성품을 확인했는데 하나가 빠져 있는 경우, 또는 기기 이상 체크 중 발견한 오작동 부분이나 제품 자체 불량이 발견되었을 경우에는 제품을 구입한 대리점에 가서 바로 교품을 받으면 됩니다. 단, 제품 구매 후 14일 이전인 경우만 가능합니다.

구매 후 14일이 지났다면 가까운 AS센터에 방문해 문의해야 합니다. 전국의 삼성AS 센터는 인터넷 주소창에 www.samsungmobile.com을 입력하여 접속한 후 [고객지원] 메뉴를 클릭하여 검색합니다.

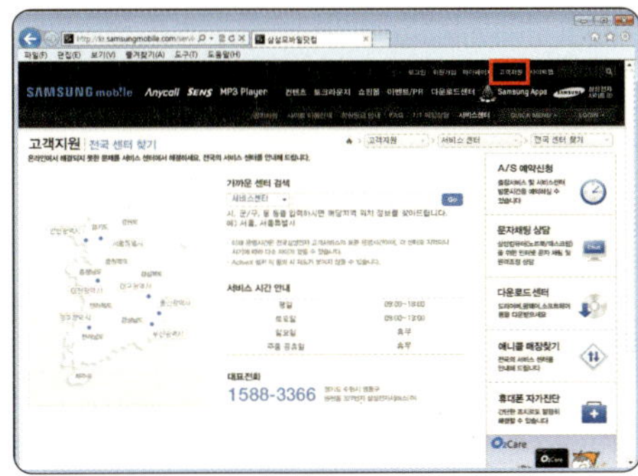

Chapter 02.

갤럭시S2의 외관과 기본 화면

외관의 각부 명칭과 기본 조작 방법에 대해서 확인해보겠습니다. 여기서 확인하는 부분은 안드로이드폰이라면 공통으로 사용되는 부분이기에 익숙해지면 다른 기기도 다루기 쉬워집니다.

Theme 03

갤럭시S2의 외관과 기본 조작 방법

일단 각부 명칭, 안드로이드의 특징인 버튼 그리고 안드로이드폰을 이용하기 위한 기본 사용 방법에 대해 확인해보겠습니다.

각부 명칭 보기

갤럭시S2의 전면, 측면, 후면을 살펴보고 각부의 명칭을 살펴보겠습니다.

카메라 렌즈
근접 센서
스피커
홈 버튼
메뉴 버튼
취소 버튼
마이크(밑면)
액세서리 연결 고리
음량 버튼
지상파 DMB 안테나
전원 버튼
마이크/스테레오 이어폰 연결잭
카메라 렌즈
플래시
SAMSUNG
스피커
외부 커넥터 연결잭(밑면)

 안드로이드폰의 기본 버튼 이해하기

갤럭시S2에는 3개의 버튼이 전면 아래쪽에 있습니다. 안드로이드는 4개의 버튼을 기본으로 하고 있지만 갤럭시를 비롯해서 국내 생산 제품은 3개의 버튼으로 많이 출시되고 있습니다.

왼쪽부터 메뉴, 홈, 취소 버튼입니다. 검색 버튼은 메뉴 버튼을 길게 터치함으로써 이용이 가능합니다.

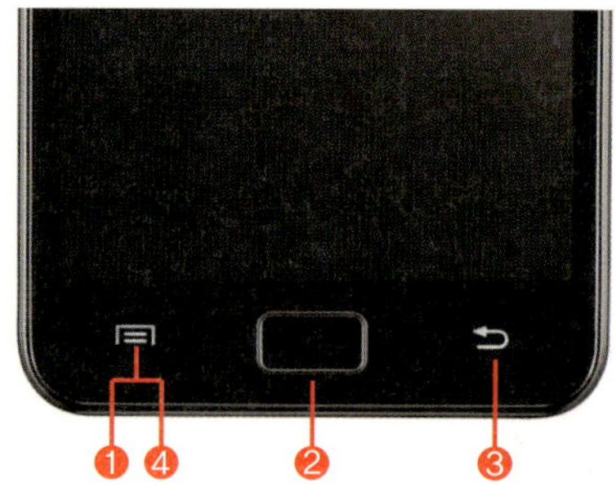

❶ **메뉴 버튼** : 현재 화면에서 추가적인 메뉴를 보여줍니다. 특정 앱에서는 지원하지 않는 경우도 있습니다.

❷ **홈 버튼** : 언제든지 홈 화면으로 가고 싶을 때 사용합니다. 길게 누를 경우 최근 실행한 앱을 선택할 수 있습니다.

❸ **취소 버튼** : 전 단계 화면으로 돌아갑니다. 웹 서핑을 비롯해서 대부분의 앱 사용 중에 바로 전 화면으로 이동합니다. 특정 앱에서는 종료 버튼으로 사용됩니다.

❹ **검색 버튼** : 연락처, 설치된 앱, 웹 등을 빠르게 검색할 때 사용합니다. 메뉴 버튼을 길게 누르고 있으면 검색 창을 불러옵니다.

3 외장 메모리 삽입/제거하기

갤럭시S2는 외장 메모리 슬롯을 제공합니다. 기본적으로 내장 16GB의 저장 공간을 가지고 있어 많은 멀티미디어 콘텐츠를 저장할 수 있지만 더 많은 저장 공간을 필요로 하는 사용자에겐 쉽게 저장 공간을 확장할 수 있게 도와주는 것이 외장 메모리입니다.

갤럭시S2에서는 외장 메모리 삽입 단자가 안쪽에 있습니다. 따라서 배터리를 분리해야만 삽입/제거가 가능합니다. 이 부분은 단점처럼 보이지만 전원을 끄고 이용하는 것이 외장 메모리를 삽입/제거하는 데 있어 더 안정적이기 때문에 긍정적으로 봐주는 것이 좋겠습니다.

삽입 방법은 간단합니다. 배터리를 제거한 후 외장 메모리의 뒷면이 위로 보이게 넣으면 됩니다. 밀어 넣으면 '딸깍' 소리가 나며 장착됩니다. 다시 안쪽으로 밀면 '딸깍' 소리를 내며 빠져 나와 제거됩니다.

마이크로SD 카드에 표시된 클래스의 의미와 좋은 메모리 선택법 tip

마이크로SD 카드에는 클래스라는 속도 보장이 표시되어 있는데 2, 4, 6, 10으로 구분합니다. 숫자는 초당 속도를 의미합니다. 한때 제조사마다 다른 속도 표기를 바로 잡기 위해 나온 단위입니다. 클래스의 숫자는 어디까지나 최저 속도 보장입니다. 따라서 같은 클래스라도 실제 사용 속도는 다를 수 있습니다.

좋은 메모리를 구입하는 방법은 정품을 사용하는 것입니다. 필자의 경험상 클래스만 믿고 구입하는 것보다는 시중에 알려진 정품을 사용하는 것이 클래스와 상관없이 우수한 속도를 보장했습니다.

스마트폰의 기본 조작 이해하기

갤럭시S2를 본격적으로 활용해보기 전에 기본적인 조작 방법을 알아보겠습니다. 기본 조작은 스마트폰을 이용하는 데 있어 가장 기초적인 부분이고 계속 해서 사용되는 부분이니 반드시 알아둘 필요가 있습니다.

● 전원/슬립 버튼

짧게 누르면 슬립 모드로 전환되고 길게 누를 시에는 3개의 메뉴가 나타납니다.

슬립 모드는 단말기의 액정을 끄고 전원을 절약하기 위한 모드입니다. 평상시에는 항상 슬립 모드로 사용합니다.

전원 버튼을 길게 누르면 3개의 메뉴가 나온다고 했습니다. 3개의 메뉴는 무음 모드, 비행기 탑승 모드, 전원 끄기입니다.

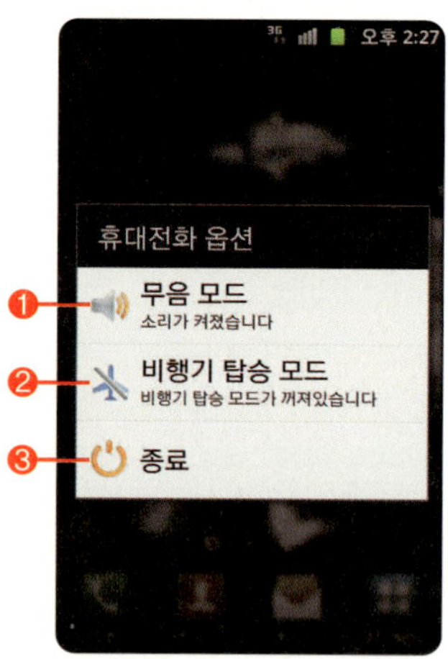

❶ **무음 모드** : 선택하면 소리가 나지 않습니다. 다시 한 번 선택하거나 음량 조절 버튼을 통해서 해제할 수 있습니다.

❷ **비행기 탑승 모드** : 비행기의 안정한 운항을 위한 모드로 단말기의 통신이 모두 꺼지며 다시 한 번 선택하여 통신을 활성화할 수 있습니다.
❸ **전원 끄기** : 단말기를 슬립 모드가 아닌 완전히 종료할 수 있습니다.

● 잠금 해제

모든 터치 제품들은 웬만하면 잠금 화면을 제공합니다. 이는 사용자의 의도와 상관없이 화면이 켜졌을 때 불필요한 터치를 막기 위한 보호 장치입니다.

잠금 해제는 제조사마다 대동소이합니다. 갤럭시S2에서는 화면 전체가 하나의 잠금 화면으로 아무 곳이나 터치한 후 드래그하면 잠금이 해제됩니다.

● 터치의 5가지 종류

최초의 터치는 우리가 익숙히 알고 있는 것처럼 버튼 형태로만 사용되었습니다. 하지만 터치도 진화를 했고 지금은 선택을 위한 단순 터치 외에 제스처 기능과 길게 터치하는 등의 쓰임이 다양합니다. 특히 안드로이드에서는 터치 방법에 따라 사용이 달라지는 경우가 있습니다. 따라서 다양한 터치 방법에 대해서 알아둘 필요가 있습니다.

- **터치** : 화면의 원하는 부분을 가볍게 '톡' 하고 손을 대면 됩니다. 바로 가기, 앱 실행 등을 선택할 때 사용합니다.
- **더블터치** : 더블터치는 빠르게 '타닥' 하고 두 번 화면을 두드리는 것입니다. 웹, 사진, 지도 등을 볼 때 더블터치하면 확대/축소할 수 있습니다.

- **길게 터치** : 특정 항목이나 빈 공간을 지그시 '꾸욱' 터치하면 메뉴를 나타납니다. 예를 들면 홈 화면의 빈 공간을 길게 누르면 메뉴가 나옵니다. 또는 아이콘을 길게 누르면 이동 모드로 바뀝니다.
- **드래그** : 화면을 터치한 상태 그대로 왼쪽, 오른쪽, 또는 위, 아래로 움직이는 경우가 있습니다. 가장 기본적으로 잠금 해제 시 드래그를 통해서 합니다.
- **플릭** : 드래그와 흡사하지만 조금 다릅니다. 드래그가 손을 화면에 댄 상태 그대로 이동한다면, 플릭은 가볍게 '톡' 하고 손을 대는 터치 방식에 상하좌우의 방향을 더해 이동하듯이 터치하는 것을 말합니다. 빠른 이동이나 상하 또는 좌우의 화면으로 넘어갈 때 이용합니다.

Theme 04

안드로이드폰의 기본 화면

기기를 켜면 기본적으로 잠금 상태로 되어 있습니다. 잠금을 해제하면 사용 상태로 바뀌는데 이 때 보이는 화면이 홈 화면입니다. 그리고 이 홈 화면이 안드로이드에서 가장 기본이 되는 화면입니다. 첫 인상이 중요하듯이 홈 화면이 어떻게 생겼는지에 따라서 사용자의 호감이나 반감을 살 수 있습니다.

1 홈 화면의 주요 구성 살펴보기

안드로이드에서 홈 화면은 제조사마다 특징을 갖고 있습니다. 그리고 이 홈 화면에 제조사만의 이름을 붙입니다. HTC는 '센스UI' 라고 하고 모토로라는 '모토블러' 라는 이름을 사용합니다. 그리고 갤럭시S2는 '터치위즈' 라고 부릅니다.

● 홈(터치위즈)

터치위즈는 삼성전자의 스마트폰에 탑재되는 UI(User Interface)로 갤럭시S2에는 4.0 버전이 탑재되어 있습니다. 4.0에서는 사용자의 편의가 더욱 증대되었습니다.

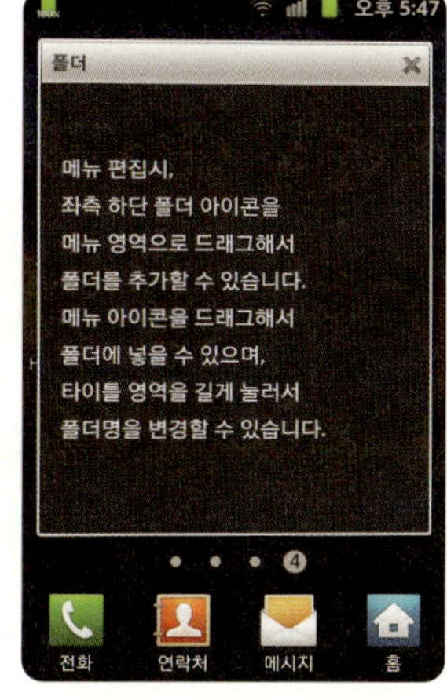

홈 화면 관리 부분이 전반적으로 개선되었으며 메인 메뉴 내에서도 폴더를 만들어 앱을 정리할 수 있습니다. 이 밖에도 많은 부분에서 개선점을 찾아볼 수 있습니다.

홈 화면과 터치위즈의 차이점 tip

홈 화면은 안드로이드의 메인 화면을 일컫는 용어입니다. 그리고 터치위즈는 갤럭시S2의 UI 이름입니다. 따라서 갤럭시S2에서는 홈 화면이 곧 터치위즈의 메인 화면입니다. 하지만 안드로이드에서는 사용자 환경의 이름을 부르기보다는 각 폰의 메인 화면을 일컫는 홈이라는 단어를 사용하게 됩니다. 그래서 이 책에서도 언제나 메인 화면은 홈 화면이라고 부르는 것입니다.

● 알림창(노티피케이션)

안드로이드의 알림창은 큰 진화로 볼 수 있습니다. 기존의 알림창은 단순 알림 표시에 그쳤지만 안드로이드에서는 아이콘으로 표시된 상단 바를 아래로 내리면 아이콘으로 표시되던 알림에 대한 상세 내용을 확인해볼 수 있습니다.

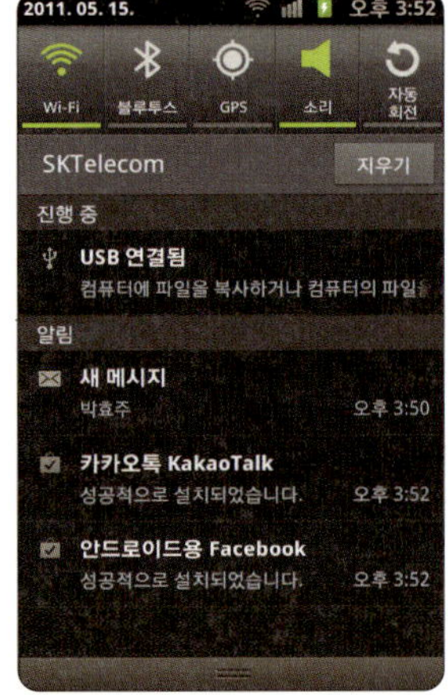

그리고 해당 알림을 선택하면 바로 이벤트 화면으로 이동합니다. 예를 들어 문자가 왔다는 알림을 선택하면 해당 문자함으로 이동할 수 있습니다.

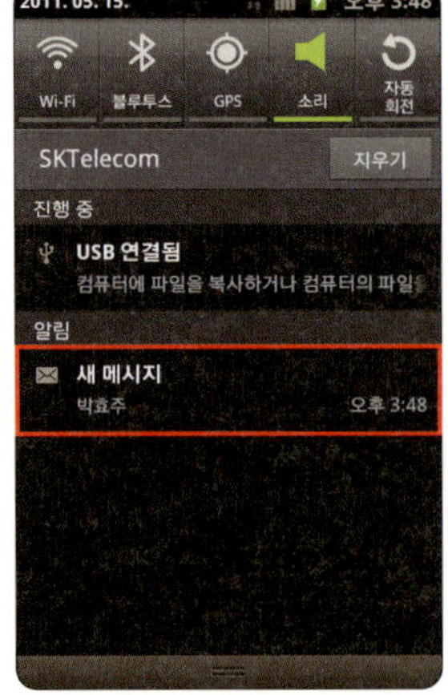

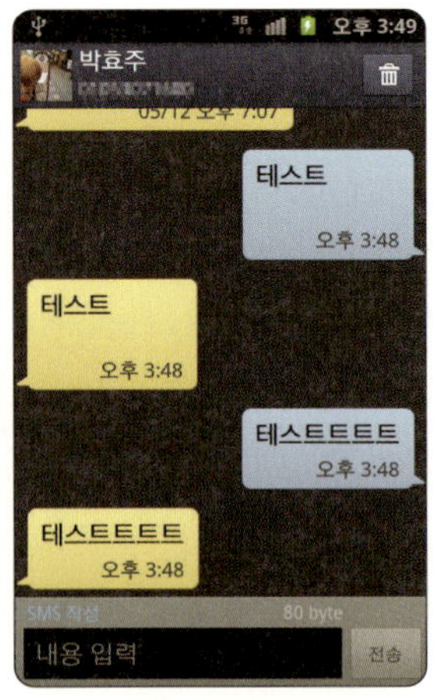

알림창은 앞서 말한 대로 바를 아래쪽으로 내려도 되지만 홈 화면에서 [메뉴 버튼](■)–[알림]을 터치해도 됩니다. 알림이 보기 싫을 때는 알림창을 내려서 '지우기'를 선택하면 알림을 지울 수 있습니다.

● 메인 메뉴

메인 메뉴에는 시스템 앱과 사용자가 설치한 앱을 모두 볼 수 있는 공간입니다. 그리고 안드로이드 마켓을 통해 앱을 다운로드하면 이 곳에 아이콘이 생깁니다.

홈 화면에서 오른쪽 아래의 메인 메뉴를 터치해서 들어갈 수 있으며 [취소 버튼](■)이나 [홈 버튼](■)을 터치해서 다시 나올 수 있습니다. 메인 메뉴에서도 아이콘의 이동이 가능해 자주 이용하는 앱을 모아서 페이지를 구성할 수 있습니다.

편집 모드에서는 아이콘 이동뿐 아니라 삭제도 가능해 불필요한 앱을 지우고 싶으면 설정으로 가지 않아도 되는 편리함을 갖추고 있습니다.

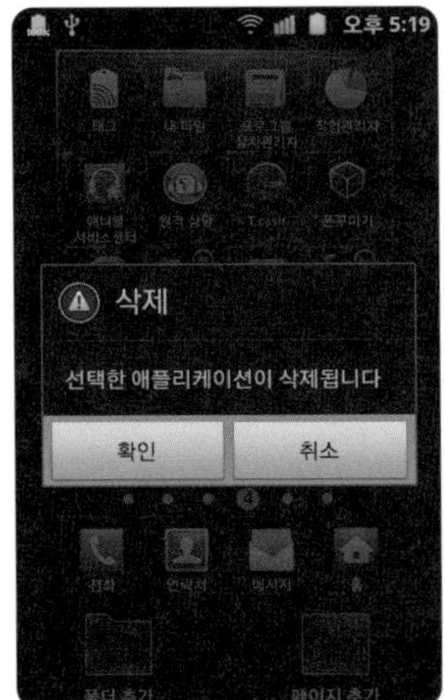

홈 화면 이용 팁

홈 화면은 당연하겠지만, 갤럭시S2의 사용 시 가장 많이 보게 되는 화면입니다. 홈 화면을 다루는 유용한 팁 3가지를 살펴보겠습니다.

1 빠르게 페이지 이동하기

홈 화면이나 메인 메뉴에는 페이지 번호를 알려주는 숫자가 있습니다. 이 숫자를 터치하면 바로 해당 페이지로 이동이 가능합니다. 번호를 바로 누르지 않고 길게 터치한 후 좌우로 드래그하면 역시나 빠른 페이지 이동이 가능합니다.

2 모든 페이지를 한 번에 보기

홈이나 메인 메뉴에서 양 손가락을 댄 후 중앙으로 모으는 제스처를 취하면 헬리콥터 뷰 모드로 전환이 됩니다. 이 모드에서는 전체 페이지를 일괄적으로 살펴볼 수 있고 특정 페이지를 선택하면 바로 이동도 됩니다.

3 메인 메뉴 편집하기

메인 메뉴에서 편집 모드로 아이콘 이동을 할 경우에도 패닝을 이용할 수 있습니다. 패닝은 모션 UI의 기능으로 아이콘을 길게 터치한 상태로 폰을 왼쪽이나 오른쪽으로 움직이면 페이지 이동이 되는 기능입니다.

또한 편집 시에는 아래쪽의 고정 아이콘처럼 보이는 전화, 연락처 등의 아이콘도 변경이 가능합니다. 단, 홈과 메인 메뉴의 변경은 불가능합니다. 아래쪽의 아이콘은 언제나 고정이니 자주 사용하는 것으로 변경하는 것이 좋습니다.

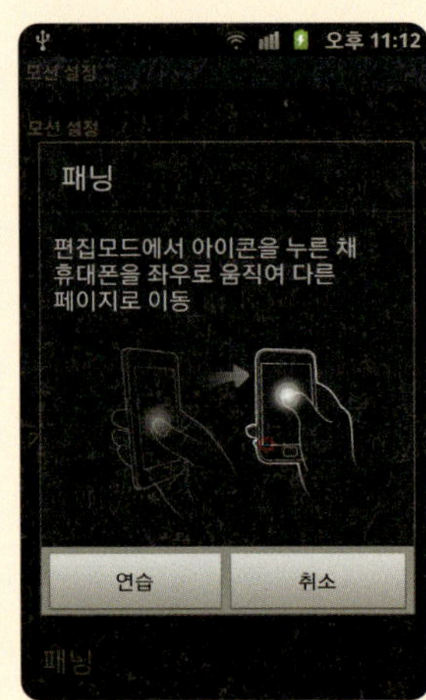

2 홈 화면 추가/삭제하기

홈 화면의 페이지부터 화면을 구성해주는 위젯, 바로가기 등의 추가와 삭제 그리고 이동 방법에 대해서 확인해보겠습니다. 일단 추가를 확인한 뒤에 삭제나 이동 방법을 소개하겠습니다.

● 홈 화면 추가

홈 화면은 총 7개의 페이지로 구성됩니다. 최대 7개이며 최소 1개의 페이지로 줄일 수 있습니다. 페이지의 이동은 플릭이나 드래그를 통해서 할 수 있습니다.

홈 화면에서 [메뉴 버튼](▤)-[편집]을 터치합니다. 또는 홈 화면에 두 손가락 터치한 후 모으는 제스처를 해도 됩니다. [+]를 터치해서 홈 화면을 추가할 수 있습니다.

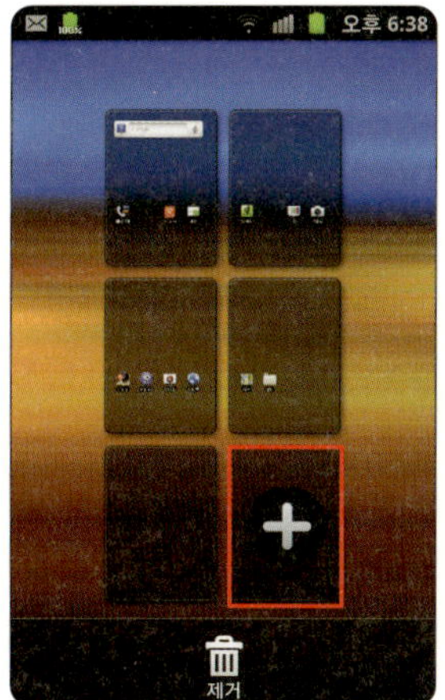

● 위젯 추가

위젯은 스스로 움직이는 작은 프로그램이란 의미를 가지고 있습니다. 위젯의 활용도 안드로이드의 특징 중 하나로 꼽힙니다. 위젯은 사용자가 별도의 실행을 하지 않아도 스스로 업데이트되고 계속해서 정보를 보여주는 역할을 합니다. 따라서 가장 흔히 쓰이는 것이 날씨나 증권에 대한 위젯입니다. 그럼 위젯을 추가해보겠습니다.

화면의 빈 공간을 길게 터치합니다. 또는 [메뉴 버튼](▤)-[추가]를 터치합니다. 메뉴에서 위젯을 선택합니다.

왼쪽, 오른쪽으로 드래그해서 원하는 위젯을 선택하면 바로 위쪽의 홈 화면에 위젯이 추가됩니다. 다른 페이지에 위젯을 추가하고 싶을 때는 홈 화면을 왼쪽, 오른쪽으로 드래그하면 됩니다. 그리고 위젯의 이동은 추가된 위젯을 길게 터치하면 됩니다.

위젯의 크기 변경하기

기본으로 탑재된 위젯 중에서 나의 일정, 미니 페이퍼, 북마크, 액자, 웨더뉴스, 이메일은 크기 변경이 가능합니다. 하나의 위젯에서 크기 변경을 하기 때문에 기존에 위젯들이 크기별로 있는 것보다 깔끔합니다. 위젯 크기를 변경하는 방법은 숨은 기능 같지만 알고 보면 간단한 방법입니다. 그럼 확인해 보겠습니다.

1 앞에 소개한 방법으로 위젯을 추가합니다. 추가한 위젯을 길게 터치한 뒤 손을 뗍니다.

2 위젯에 노랑색 선이 생기는 것을 확인할 수 있습니다

3 오른쪽 구석에 있는 회색 삼각형 부분을 잡고 움직이면 크기 변경이 가능합니다.

4 크기는 노란선으로 나뉜 크기로만 변경이 가능합니다. 제일 큰 크기로 변경해봤습니다.

● 바로가기 추가

바로가기는 PC에서 볼 수 있는 프로그램의 바로가기와 동일합니다. 다만 안드로이드에서는 앱의 바로가기뿐 아니라 지도에서 특정 위치, 문자 보내기, 이메일 폴더 등 다양한 바로가기를 만들 수 있습니다. 활용하기에 따라서 좋은 기능이 될 수 있습니다.

바로가기 만드는 방법은 위젯 추가하기와 같습니다. 단, 처음 메뉴 선택 시 바로가기를 선택해야 합니다.

● 위젯/바로가기 이동

이동하고자 하는 위젯이나 바로가기를 길게 터치합니다. 그러면 잠시 후 짧은 진동이 오고 이동 모드로 화면이 바뀝니다. 이 때부터는 선택한 위젯이나 바로가기를 이동할 수 있게 됩니다.

위젯이나 바로가기의 페이지 이동은 이동 모드에서 옮기고자 하는 방향으로 아이콘을 움직이면 해당 방향으로 페이지가 바뀝니다. 이 방법이 어렵다면 이번 갤럭시S2에 새로 생긴 패닝을 이용해도 됩니다(패닝에 대한 설명은 54쪽에 있는 메인 메뉴 팁을 참고하세요).

● 위젯/바로가기 삭제

추가한 위젯이나 바로가기의 삭제는 이동 모드에서 아래쪽의 휴지통에 끌어다 놓으면 됩니다.

● 배경 화면 설정

배경 화면은 홈 화면의 가장 큰 얼굴입니다. 멋진 배경을 통해서 기기의 전체 분위기를 바꿀 수 있으니 각별히 신경을 많이 쓰는 곳입니다. 안드로이드에서는 배경을 개인 사진으로도 가능하고 라이브 배경이라는 움직이는 배경으로도 지정이 가능합니다. 그럼 직접 바꿔보겠습니다.

홈 화면에서 빈 공간을 길게 터치하거나 [메뉴 버튼](▤)-[추가]를 터치합니다. 배경 화면을 선택하면 다시 3개의 메뉴가 나옵니다(기본 설정이 3개이며 앱 설치에 따라서 메뉴가 더 늘어날 수 있습니다).

❶ **갤러리** : 내가 찍은 사진이나 PC를 통해서 넣은 이미지를 선택할 수 있습니다.

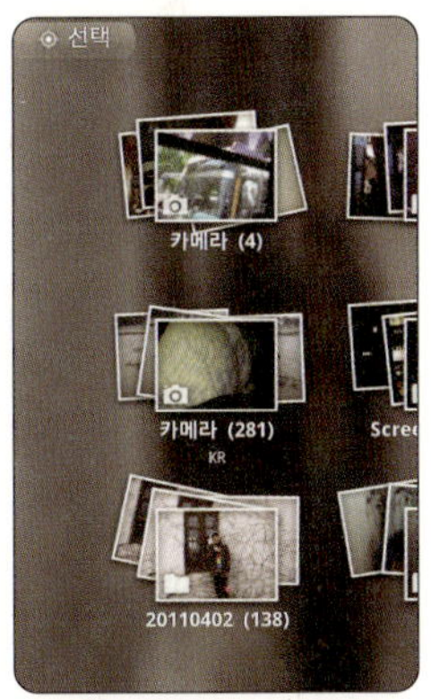

❷ **라이브 배경 화면** : 움직이는 배경 화면을 선택합니다. 배경 선택에 따라 추가 설정이 있으며 마켓에서 추가 다운로드가 가능합니다.

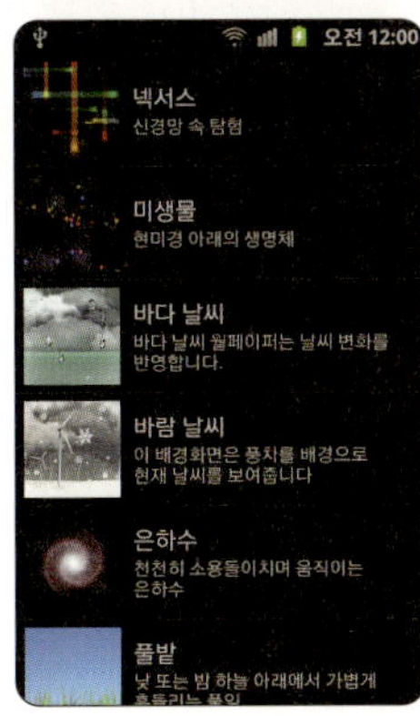

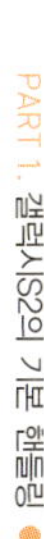

❸ **배경 화면 갤러리** : 내장된 기본 배경 중에서 선택합니다. 원하는 배경을 선택하면 배경 변경이 완료됩니다.

갤러리를 통한 배경 화면 설정 방법 tip

배경 변경 시에 보이는 3개 중에서 갤러리와 배경 화면 갤러리를 선택할 경우엔 사용자의 선택이 다양해집니다. 일단 이미지의 크기를 선택할 수 있습니다. 화면에 보여지는 주황색 박스를 터치&드래그하여 크기를 변경할 수 있습니다.

그리고 아래쪽에는 이미지의 사이즈 결정이 있습니다. 와이드 형태와 단일 형태 중 선택이 가능합니다. 안드로이드에서는 기본적으로 와이드 배경을 쓰지만 고정 배경을 쓰고싶다면 단일 배경으로 지정하면 됩니다.

3 홈 화면 관리하기

갤럭시S2를 이용하다 보면 자주 이용하는 바로가기나 위젯들로 홈 화면이 금세 꽉 차게 됩니다. 그리고 많은 앱을 설치하면 메인 메뉴 역시 페이지가 상당히 늘어나는데, 이럴 때는 정리가 필요해집니다. 폴더를 통한 정리 방법을 확인해보겠습니다.
폴더는 홈 화면에 생기는 많은 아이콘을 정리할 수 있습니다. 특히 홈 화면은 7개의 페이지로 제한이 있기 때문에 상황에 따라서는 공간이 부족할 수 있습니다. 이럴 때는 같은 분류의 바로가기를 하나의 폴더에 넣어두면 공간도 확보하고 더 깔끔한 홈 화면을 연출할 수 있습니다.

폴더를 만드는 방법은 위젯, 바로가기 추가와 크게 다르지 않습니다. 홈 화면에서 폴더를 만드는 방법과 메인 메뉴에서 폴더를 만드는 방법이 다르므로 차이점을 비교해 보겠습니다.

● 홈 화면에서 폴더 만드는 방법

01 [메뉴 버튼]( )–[추가]–[폴더]–[새 폴더]를 터치한 후, 폴더의 이름을 정합니다. 또는 홈 화면의 빈 공간을 길게 터치한 후 [폴더]를 선택해도 됩니다.

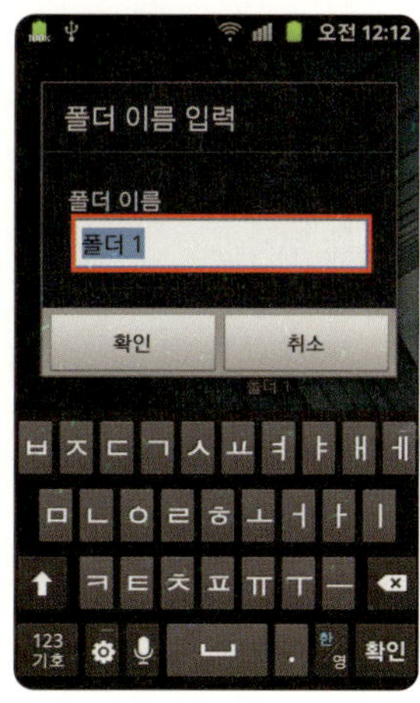

02 폴더에 바로가기를 넣어줍니다.

03 폴더에 모두 옮겨진 모습입니다. 이와 같은 방법으로 홈 화면을 정리하면 되겠습니다.

● 메인 메뉴에서 폴더 만드는 방법

01 [메인 메뉴]-[메뉴 버튼]()-[편집]을 터치합니다.

02 폴더 안에 넣고 싶은 앱을 길게 터치한 후, [폴더 추가]로 드래그합니다.

03 모두 넣었다면 이번에는 [폴더 추가]를 길게 터치한 후 메인 메뉴의 넣고 싶은 페이지로 드래그합니다. 그런 다음 폴더의 이름을 설정합니다.

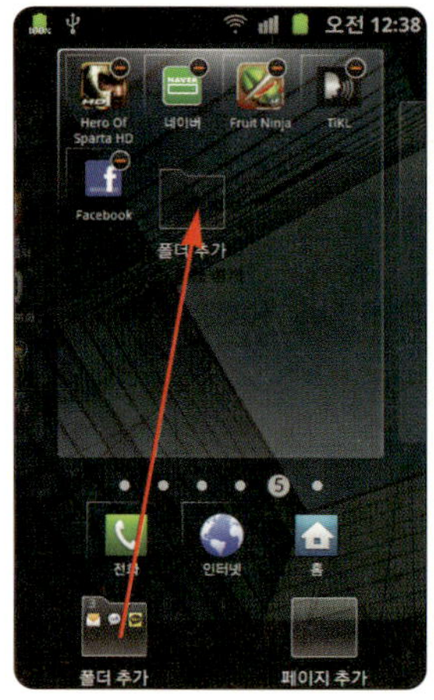

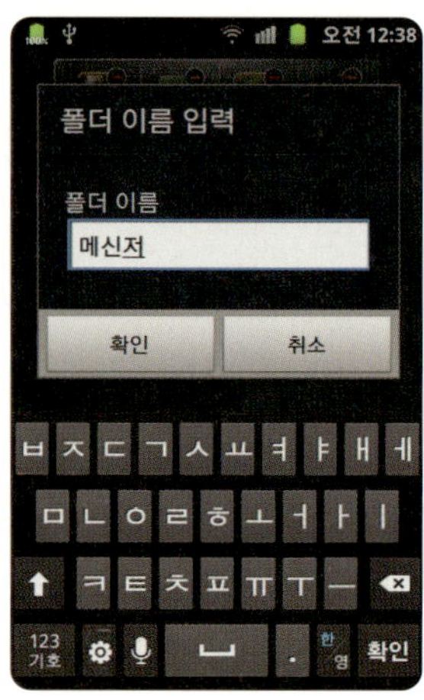

04 완료된 모습입니다. 폴더를 누르면 안에 들어간 앱을 확인할 수 있습니다. 그리고 메신저라고 쓰인 부분을 길게 터치하면 폴더명을 변경할 수도 있습니다.

앱을 이용하여 홈 UI 바꾸기

홈 화면을 삼성의 터치위즈만 써야 할까요? 아닙니다. 안드로이드에서는 앱을 통해서 홈 UI을 변경할 수 있습니다. 대표적인 앱은 Launcher Pro와 ADW Launcher입니다. 그리고 안드로이드 2.3의 순정 홈을 사용하게 하는 Gingerbread Launcher나 Launcher 7, Go Launcher EX도 많은 사랑을 받고 있습니다. 간단하게 이미지를 통해서 적용 모습을 확인해보겠습니다.

● Launcher Pro

Launcher Pro는 안드로이드의 순정 UI와 흡사합니다. 거기에 여러 가지 설정이 가능한 앱입니다. 다양한 홈 UI 중에서 가장 많은 인기를 누리고 있습니다. 특징은 홈 화면과 메인 메뉴의 가로, 세로 열의 숫자 변경, 독바 아이콘 변경 등 다양한 설정입니다. 그리고 빠르다는 점도 빼놓을 수 없습니다.

홈 화면

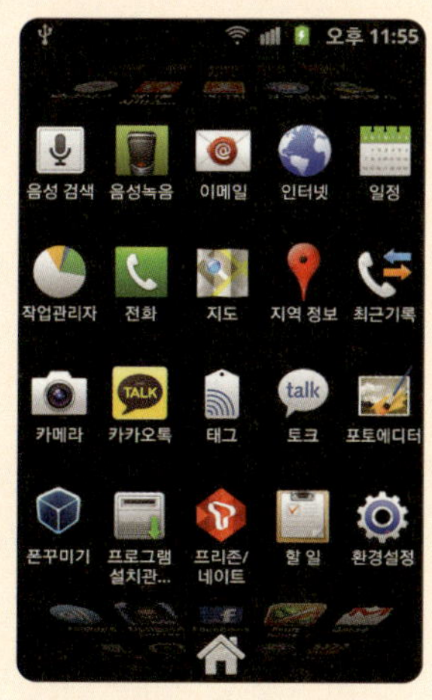

메인 메뉴를 5줄로 변경해본 모습

● ADW Launcher

ADW Launcher는 Launcher Pro와 쌍벽을 이루고 있습니다. 전체적으로 둘은 닮은 모습이라 할 수 있습니다. 하지만 한글 지원으로 초보자도 쉽게 다양한 설정을 해볼 수 있다는 점이 다릅니다. 특징은 테마 파일을 통한 손쉬운 변경과 빠른 점을 들 수 있습니다.

● Gingerbread Launcher

Gingerbread Launcher는 안드로이드 2.3 버전인 진저브레드의 순정 홈 UI입니다. 갤럭시 S2는 진저브레드이지만 터치위즈 UI가 올라가 있어서 순정의 느낌을 얻을 수 없습니다. 따라서 순정의 기분을 느끼고 싶다면 이 앱를 설치하면 되겠습니다.

● Launcher 7

Launcher 7은 안드로이드 홈 UI를 윈도폰처럼 바꿔줍니다. 버튼이 타일 형태로 되어 있고 심플하면서 빠른 것이 특징입니다. 기본은 녹색으로 되어 있지만 설정에서 사용자가 원하는 색으로 변경이 가능합니다. 안드로이드의 특성을 많이 벗어난 UI로 색다른 홈 UI를 느낄 수 있습니다.

● Go Launcher EX

Launcher Pro와 갤럭시S2의 터치위즈가 적절히 섞인 모습을 하고 있습니다. 홈 화면은 Launcher Pro와 모습이나 기능이 비슷합니다. 앱서랍(메인 메뉴)은 터치위즈와 비슷하지만 터치위즈에는 없는 상단의 탭 기능으로 편의성이 더 커진 모습입니다.

Chapter 03.

안드로이드의 Google 서비스 이용하기

Google에서 만든 안드로이드는 당연한 이야기겠지만 Google의 많은 서비스가 들어있습니다. 따라서 이 서비스를 활용하려면 Google 계정이 필수입니다. 계정을 만드는 것이 귀찮고 불편하게 생각될 수도 있지만 앞으로 사용할 서비스를 생각하면 그만한 가치가 있습니다. Google 서비스를 사용하면 전화번호부, Gmail, 캘린더 등을 동기화하여 언제 어디서나 저장하고 업데이트할 수 있습니다. 따라서 자신의 스마트폰을 분실하더라도 데이터를 복구하는 것이 아주 간단해집니다. 기기변경을 할 때도 마찬가지입니다. 또한 웹에 저장된 데이터를 PC를 통해 언제든지 접근할 수 있어 관리도 편해집니다.

Theme 05

Google 계정과 동기화

기존에 Google 계정이 있다면 바로 안드로이드를 이용할 수 있지만, 없다면 계정을 생성해야 합니다. 계정이 중요한 이유는 바로 동기화 때문입니다. 안드로이드의 동기화는 여러 가지로 편리한 점이 많습니다.

1 갤럭시S2에서 Google 계정 만들기

처음 기기를 켜면 갤럭시의 기본적인 설정을 하게 되는데, 이 때에 계정을 만들거나 이미 사용 중인 계정으로 로그인합니다. 만약 그냥 건너뛰었다면 [홈]-[설정]-[계정 및 동기화]에서 [계정 추가]를 선택한 후 [Google]을 선택하여 진행하면 됩니다.

01 [Google 계정 추가] 화면에서 [다음]을 터치하고 [만들기]를 터치합니다.

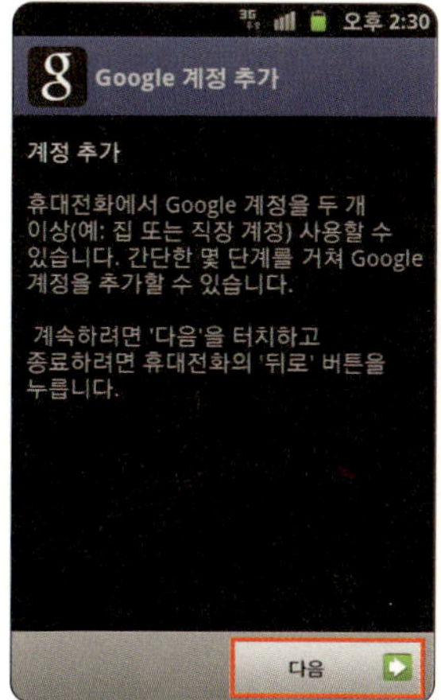

02 이름, 성, 사용자 이름을 입력하고 [다음]을 터치합니다. 여기서 사용자 이름은 닉네임을 입력합니다. Google 계정에 이용할 비밀번호를 입력하고 [다음]을 터치합니다.

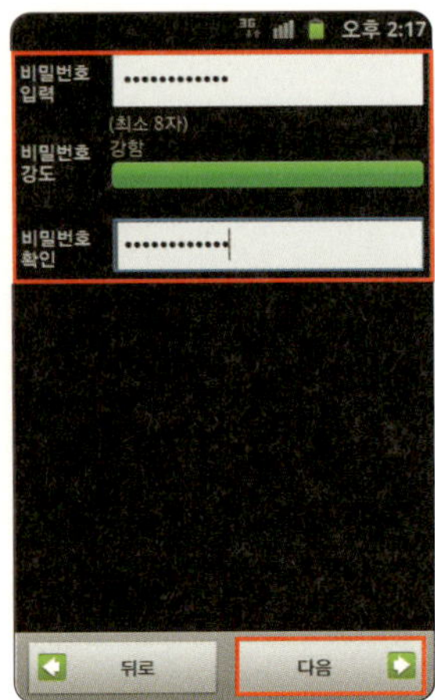

03 비밀번호를 잊어버렸을 때를 대비하여 비밀번호 힌트, 대답, 보조 이메일을 입력하고 아래쪽의 [만들기]를 터치합니다.

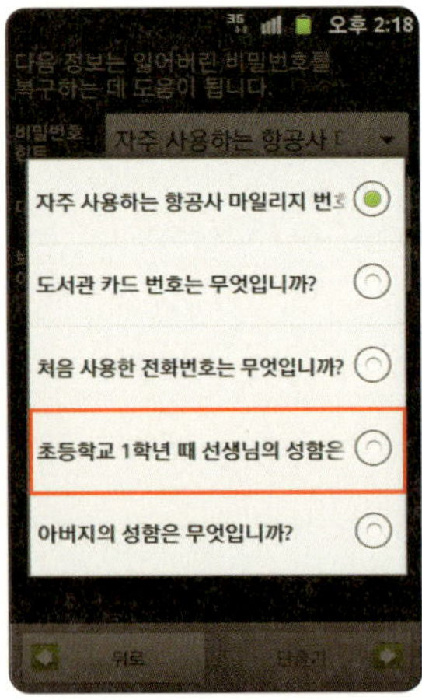

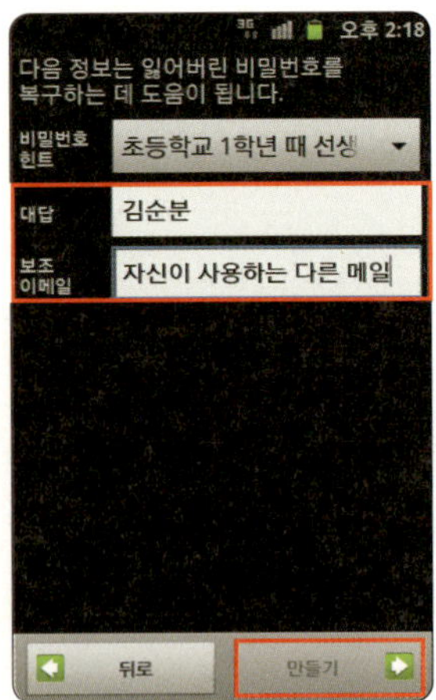

04 Google 서비스 약관에서 [동의하며 다음 단계로 진행]을 터치합니다. 자동 가입 방지를 위해 아래 보이는 문자를 입력하고 [다음]을 터치합니다.

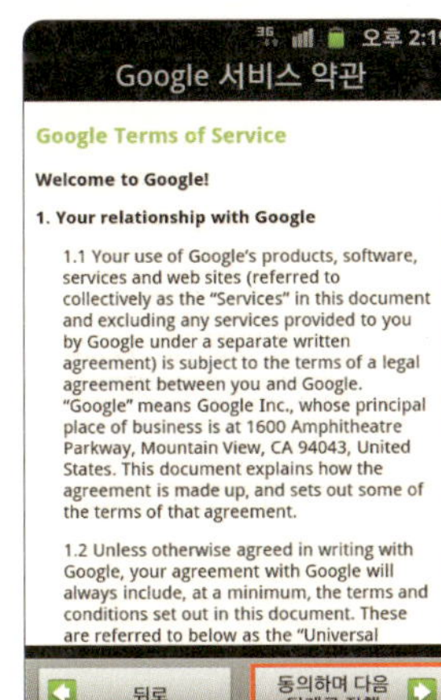

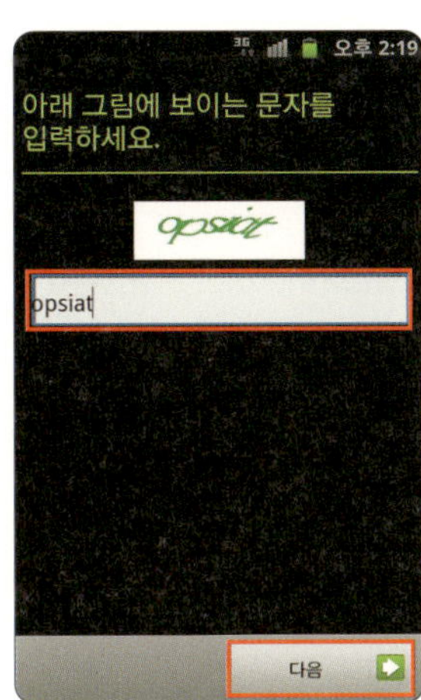

05 위치 정보 사용 동의와 데이터 백업 여부를 선택한 후에 [다음]을 터치합니다.

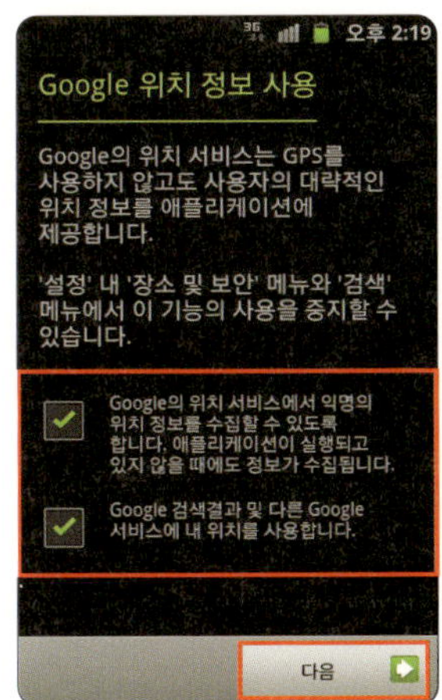

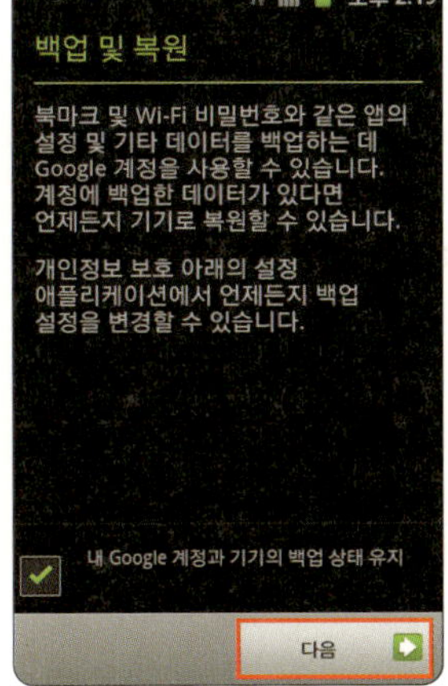

06 [설정 완료]를 터치하면 갤럭시에서 Google 계정 만들기가 완료됩니다.

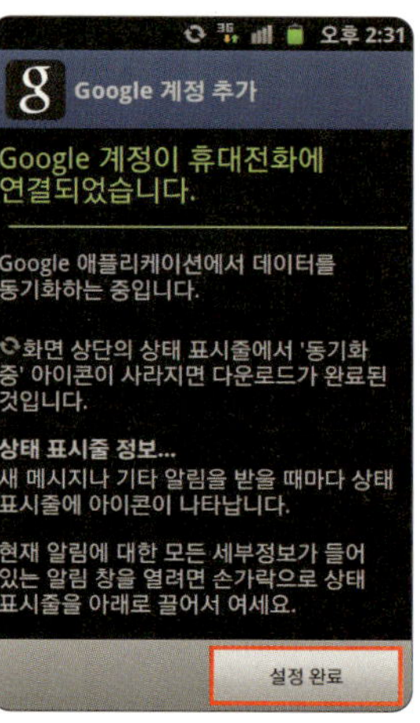

2 PC에서 Google 계정 만들기

이번엔 PC에서 Google 계정 만드는 방법을 확인해보겠습니다. 갤럭시S2에서 만드는 방법과 진행은 비슷합니다. 다만 입력 편의성을 생각한다면 PC가 조금 더 수월할 수도 있습니다.

01 웹 브라우저의 주소 입력창에 http://gmail.google.com/을 입력하여 이동합니다. 오른쪽 중앙 부분의 [가입하기]를 클릭합니다.

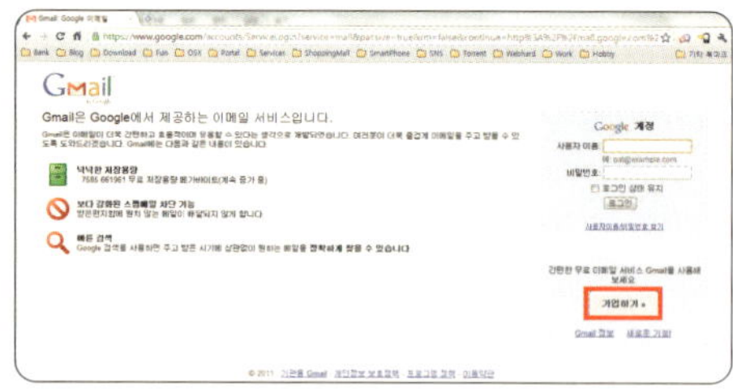

02 계정 만들기에 있는 모든 입력 필드에 자신의 정보를 그대로 채워서 입력합니다.

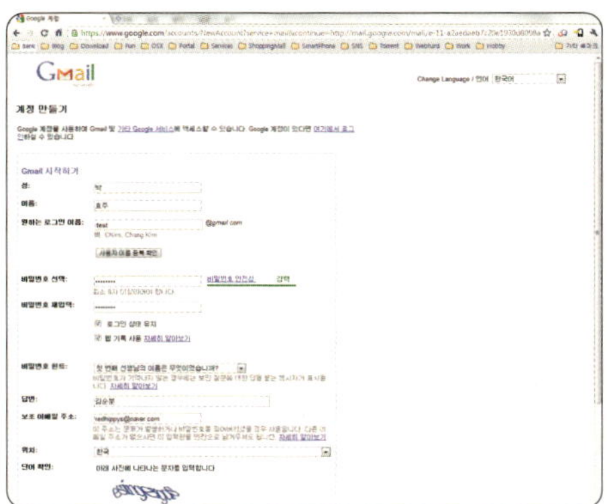

03 모든 정보를 기입한 후에는 가장 아래쪽에 있는 [동의합니다. 내 계정을 만들겠습니다.]를 클릭합니다.

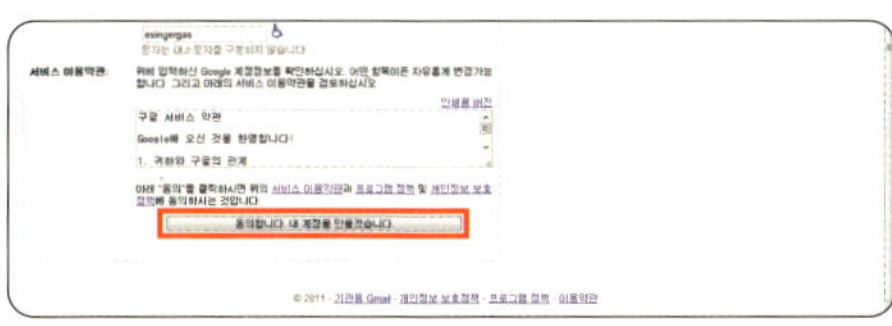

04 '축하합니다' 메시지가 보이면 계정 만들기가 완료된 것입니다. 이제 로그인을 통해서 Google의 서비스를 이용할 수 있습니다.

폰과 PC에서 계정 생성 방법을 확인해 봤습니다. 개인적으로는 바로 폰에서 계정을 생성하고 이용하는 방법이 편해 보입니다. 한 가지 주의점이 있습니다. 계정을 어디서 생성하든 비밀번호를 잘 기억해 두어야 합니다. Google 서비스를 자주 이용하지 않는 사용자는 한 번 로그인하면 다시 로그인하는 상황이 드물어 잊어버리기 쉽기 때문입니다.

동기화 설정 확인하기

로그인하면 자동으로 동기화 설정에 체크 표시됩니다. 따라서 설정을 바꾸지 않아도 자동으로 되는 것이 동기화지만 상황에 따라서는 수동으로 설정해줘야 합니다. 설정에 대해서 확인해보겠습니다.

01 [메인 메뉴]-[환경 설정]을 터치합니다.

02 [계정 및 동기화]로 이동합니다. 자신의 Google 계정을 터치합니다.

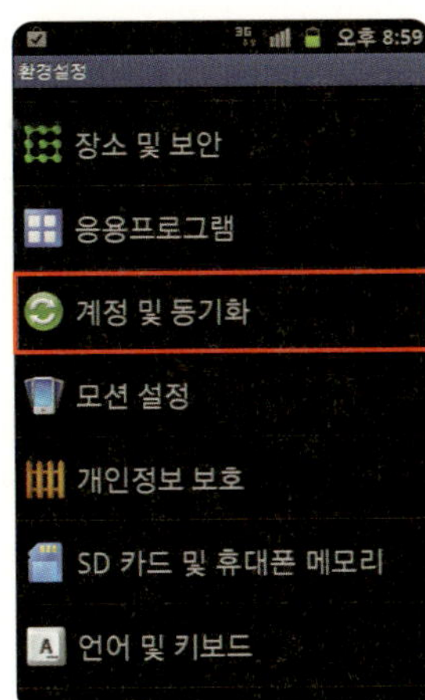

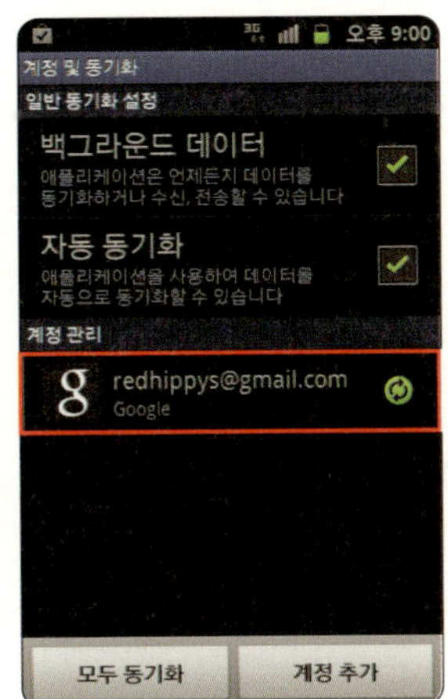

03 동기화 항목은 기본적으로 3가지가 있습니다. 전화번호부, Gmail, 캘린더입니다. 그리고 사용자에 따라서는 항목이 더 추가될 수 있습니다. 동기화를 유지할 항목은 체크 상태로 두고 동기화하지 않을 항목은 체크 표시를 해제합니다.

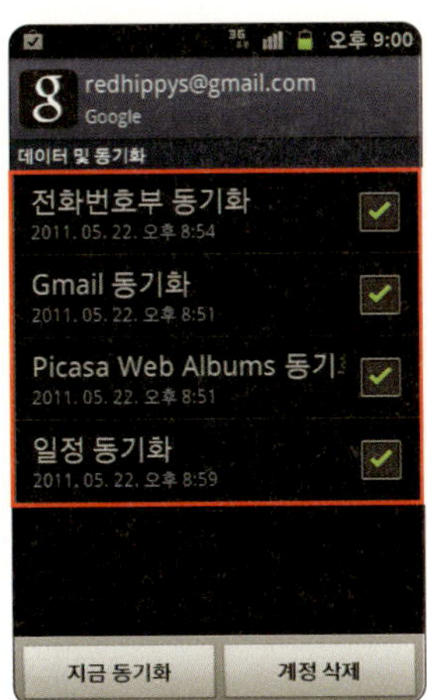

동기화 설정은 사용자에 따라 다수의 계정을 이용할 경우 특히나 주의해서 설정해야 합니다. 그리고 Google 서비스를 이용하지 않는다면 동기화를 해제하여 불필요한 데이터 소모를 줄이는 것이 좋습니다.

백그라운드 데이터와 자동 동기화의 차이점

tip

'백그라운드 데이터'는 사용자가 폰으로 다른 일을 하거나 그냥 두어도 계속해서 데이터 통신을 하게 하는 설정입니다. 따라서 체크하면 주기적으로 데이터 통신을 사용하게 됩니다. 이 기능이 활성화되어 있기에 실시간으로 메일, 메신저 알림이 작동하는 것입니다. 백그라운드 데이터를 해제하면 마켓 접속, 메일, 메신저의 기능을 활용할 수 없습니다. 따라서 체크해두고 사용하는 것이 좋습니다.

'자동 동기화'는 이름 그대로 스스로 웹과 데이터를 동기화하는 기능입니다. 기본적으로 이 기능이 활성화되어 있으면 연락처, 메일, 캘린더 이용 시 웹과 항상 동일한 데이터를 유지하게 됩니다. 자동 동기화를 꺼두면 폰에서 일정이나 연락처를 추가해도 웹에 데이터가 추가되지 않습니다. 그리고 이 설정은 백그라운드 데이터가 활성화되어 있을 때만 설정이 가능합니다.

Theme 06

Gmail/Google 캘린더 /Google 토크

Google의 다양한 서비스를 이용하기 위해 계정을 등록하였습니다. 안드로이드폰에는 Google의 여러 가지 기본 서비스가 들어있지만 여기서는 Gmail, 캘린더, Google 토크만 확인해보겠습니다. 이외의 다른 서비스는 다른 테마에서 다루도록 하겠습니다.

1 Gmail로 메일 관리하기

Google에서 서비스하는 메일이 Gmail입니다. 안드로이드 기본 앱으로 들어가 있는 Gmail을 잘 사용하면 다른 메일 이용하기도 편해집니다. 일단 Gmail은 실시간으로 메일 알림이 오게 됩니다. 따라서 사용자가 일일이 메일함을 보지 않아도 됩니다.

● 기본 화면 및 메뉴

[메인 메뉴]-[Gmail]을 선택하면 기본적으로 받은 편지함이 보입니다.

상단의 받은 편지함을 선택하면 다른 편지함도 확인이 가능합니다. 그 옆에 있는 메일 주소를 선택하면 계정을 추가할 수 있습니다.

메뉴 버튼을 누르면 여러 개의 메뉴가 나타납니다. 새로고침, 편지쓰기, 계정 등의 항목을 볼 수 있습니다. 이 밖에도 라벨 이동, 검색 그리고 설정이 있습니다.

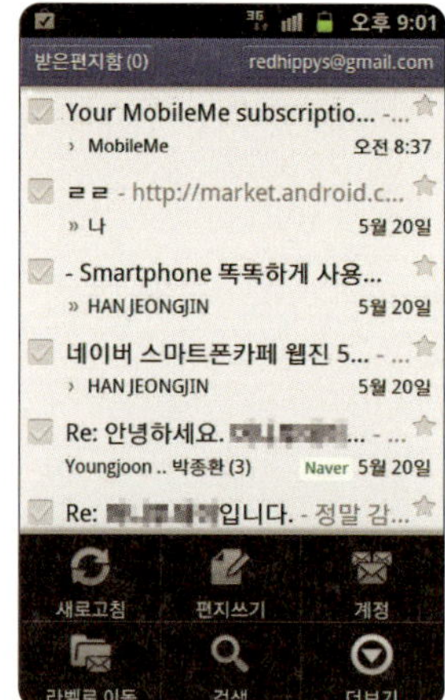

● 메일 관리 및 설정

메일의 왼쪽에는 체크 박스가 있습니다. 이 박스를 체크하면 하단에 메뉴가 나타납니다. 선택한 메일을 보관, 삭제하거나 라벨 변경이 가능합니다. 메일의 오른쪽에는 별 모양이 있습니다. 이 별을 선택하면 라벨의 중요편지함에 등록됩니다.

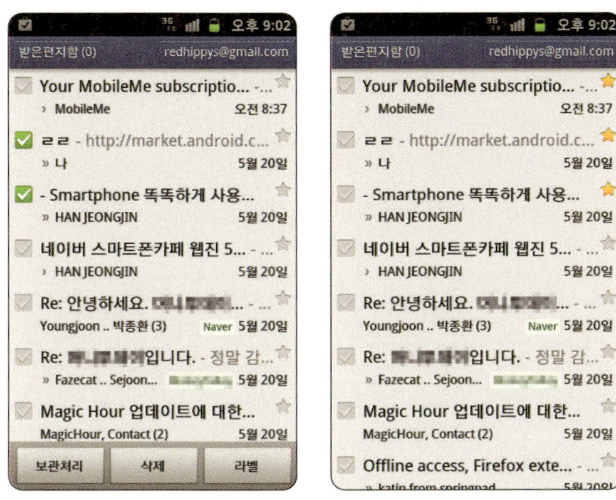

설정은 일반 설정과 알림 설정으로 나뉩니다. 일반 설정에서는 서명 추가, 글꼴 크기 변경, 동기화, 라벨 등을 설정할 수 있습니다. 알림 설정에서는 메일 수신 시의 알림을 변경할 수 있습니다.

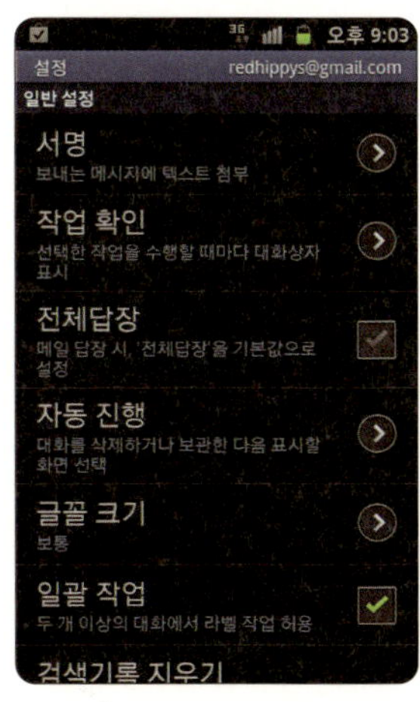

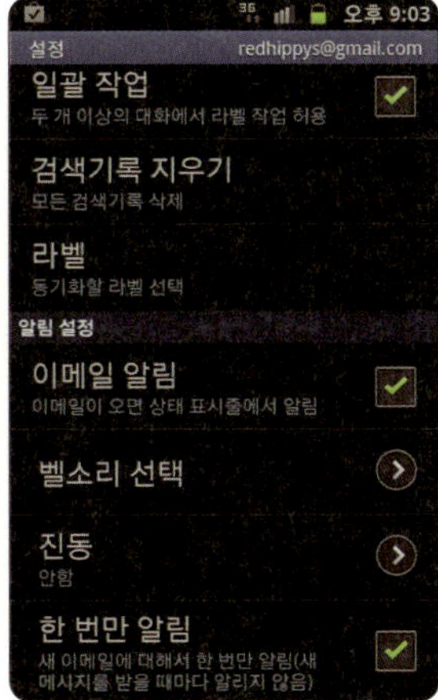

Gmail에서 외부 메일 가져오기

Gmail에서도 외부 메일 가져오기가 가능합니다. 이 기능은 다른 메일 서비스에서도 제공합니다. 하지만 Gmail의 서비스를 이용하면 더 좋은 혜택을 받아볼 수 있습니다. 일단 Gmail에서 외부 메일 가져오기는 자동으로 이루어집니다. 따라서 사용자가 일일이 가져오기를 누르지 않아도 됩니다. 다음으로 이렇게 가져온 메일은 Gmail의 받은편지함으로 오기 때문에 폰을 통해서 바로 확인할 수 있습니다. 다시 말해 사용자가 이용하는 다른 메일을 따로 등록하지 않아도 Gmail을 통해서 모든 메일을 관리할 수 있다는 이야기입니다.

그럼 설정하는 방법을 확인해보겠습니다. 이 방법은 PC에서 해야 합니다.

1 웹 브라우저를 열고 Gmail로 이동합니다. 로그인한 후 오른쪽 위의 [환경 설정]을 선택합니다.

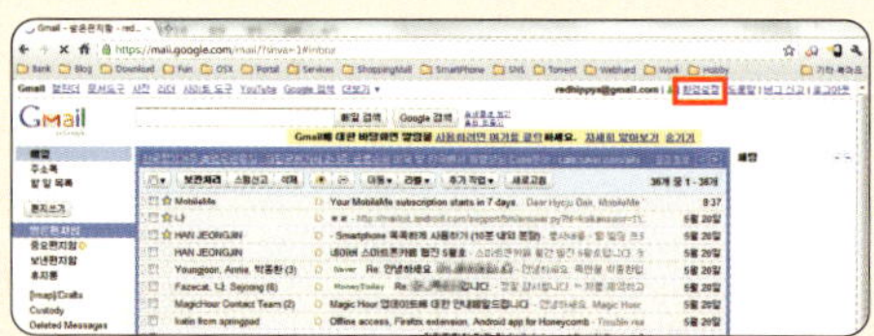

2 [계정] 탭의 [다른 메일 계정 가져오기] 항목의 오른쪽에 있는 [매일 계정 추가]를 클릭합니다.

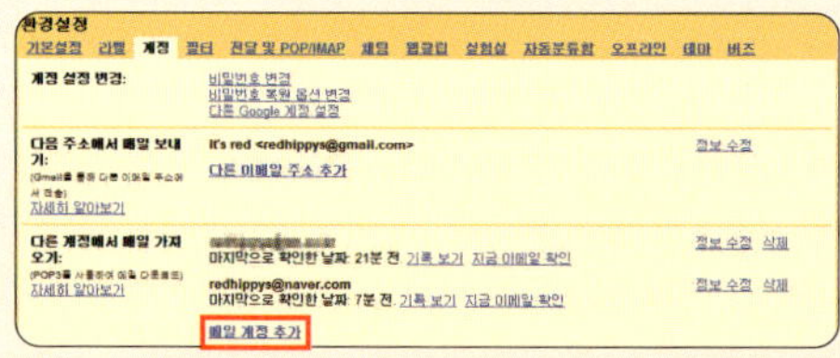

3 가져올 메일 주소를 입력하고 [다음 단계]를 클릭합니다.

메일 계정 추가

받은 메일을 가져올 이메일 주소를 입력해 주세요
(참고: 계정을 3개 더 추가할 수 있습니다.)

이메일 주소:

취소 다음 단계 »

4 앞서 적은 메일 계정의 비밀번호와 가져오기 옵션을 체크하고 [계정 추가]를 선택합니다. 이미지와 같이 2개의 항목은 체크하는 것이 좋습니다.

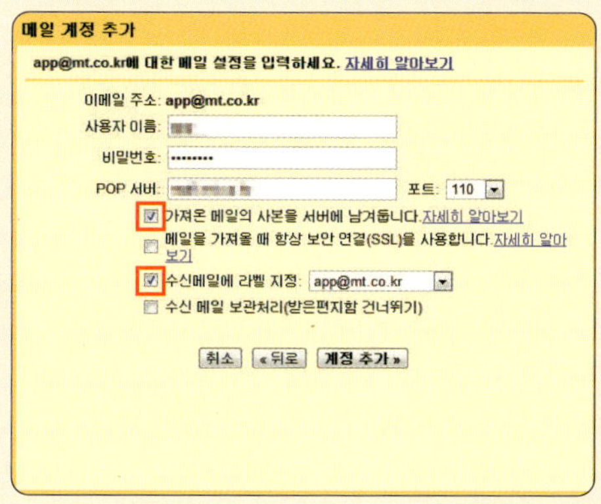

메일 계정 추가에 필요한 POP 서버, 포트 정보를 얻는 방법

tip

POP 서버와 포트 정보는 해당 메일을 서비스하는 곳에서 얻을 수 있습니다. 예를 들어 네이버 메일을 계정 추가하려면 네이버에서 로그인한 후 메일 환경 설정에서 해당 정보를 확인할 수 있습니다.

5 [아니오]를 선택하고 [마침]을 클릭합니다. [예]를 선택할 경우에는 보내기 메일 설정도 진행을 해야 합니다만 이 부분은 크게 중요한 부분이 아니니 생략하겠습니다.

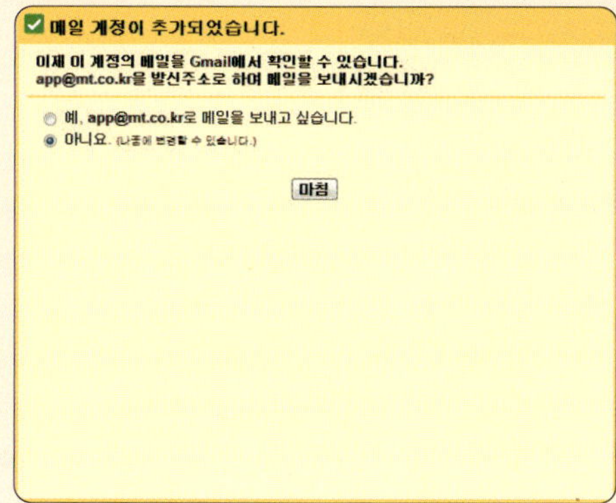

2 Google 캘린더로 일정 관리하기

일정 관리는 스마트폰을 이용하는 중요한 요소가 될 수 있습니다. 스마트폰 이전에 PDA를 주로 이용하던 목적의 대부분이 일정 관리였기 때문입니다. 시간이 지나 스마트폰이 있어도 여전히 일정 관리는 중요한 항목입니다.

안드로이드에서는 기본으로 Google 캘린더를 이용합니다. Google 캘린더는 많은 기능을 가지고 있어서 일정을 효율적으로 관리하는 데 부족함이 없습니다. 그리고 실시간 동기화 기능으로 데이터 분실에 대한 염려도 없습니다. 갤럭시S2에서의 Google 일정 등록 방법과 관리 방법에 대해서 확인해보겠습니다.

● 기본 화면 및 메뉴

기본적으로 월보기를 기준으로 나옵니다. 그리고 상단의 탭을 통해서 주간이나 일, 목록으로 구분해서 볼 수 있습니다. 달력을 위 아래로 플릭하거나 드래그하면 이전 달, 다음 달로 이동을 할 수 있습니다. 물론 월 옆에 화살표를 터치해도 가능합니다.

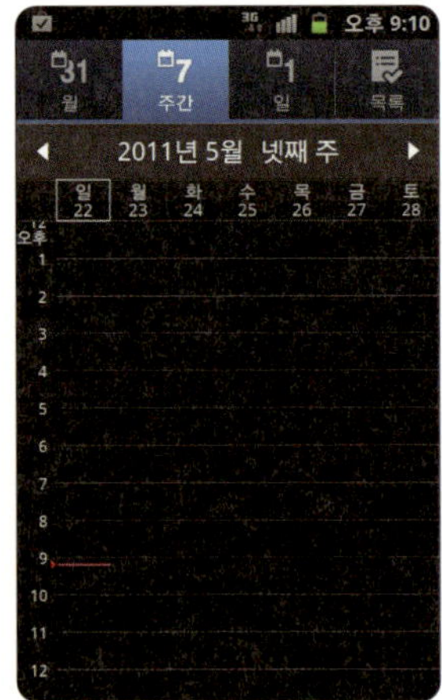

새로운 일정은 달력의 아래쪽을 터치하거나 메뉴 버튼을 통해서 추가할 수 있습니다. 메뉴 버튼을 누르면 보이는 메뉴들은 모두 간단하기 때문에 설명은 생략하겠습니다.

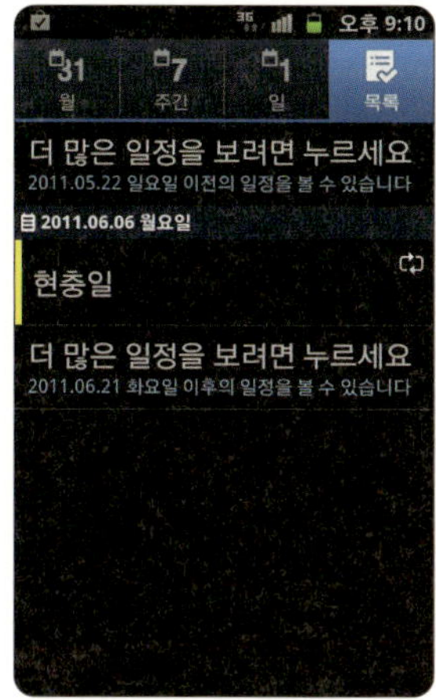

● 일정 등록 및 설정

일정은 처음 등록하려고 하면 안내 팝업이 나타납니다. 이 안내는 계정에 따른 동기화 가능 여부에 대한 안내입니다.

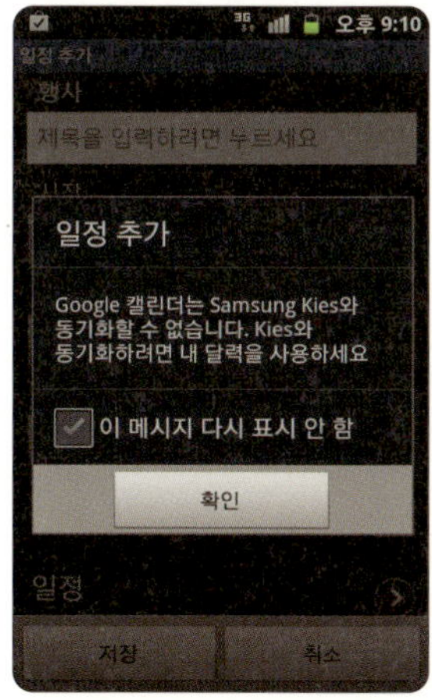

일정을 등록하다 보면 중간에 일정이라는 항목이 있습니다. 이 항목은 일정을 어떤 계정에 등록할지를 선택합니다.

Google 계정을 선택해 일정을 추가하면 자동으로 동기화됩니다. 하지만 이렇게 등록된 일정은 키스(Kies)를 통해서 동기화할 수 없습니다. 또 다른 경우로 일정에서 내 달력으로 설정을 하게 되면 Kies와 동기화할 수 있습니다. 반면 Google과의 동기화는 진행되지 않습니다. 사용자에 따라 다르겠지만 Google 계정을 이용하는 것을 추천합니다.

캘린더 설정은 화면 보기 설정과 알림 설정 동기화 설정으로 나뉘어 있습니다. 화면 보기 설정에서는 기본 보기, 주 시작일 변경, 일정 숨기기 등의 항목이 있습니다. 알림 설정은 메일에서와 같은 항목들이 있습니다. 마지막으로 동기화 설정도 앞서 확인했던 동기화 확인과 같은 내용입니다.

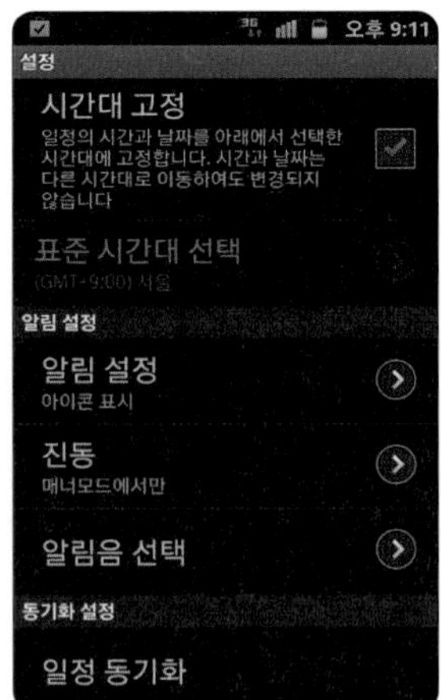

3 Google 토크 활용하기

최근 안드로이드의 활용 범위가 넓어지고 있습니다. 그래서인지 주변에 안드로이드를 사용하는 친구나 지인을 쉽게 찾아볼 수 있는데요. 덕분에 기본으로 내장된 Google 토크에 친구를 쉽게 추가할 수 있습니다.

● 기본 화면

Google 토크는 PC와 각종 플랫폼으로 모두 출시되어 있기 때문에 스마트폰이든 PC든 가리지 않고 채팅 서비스를 이용할 수 있습니다. 안드로이드폰을 사용한다면 누구나 다 가지고 있는 Gmail 계정을 통해 로그인하기 때문에 아주 쉽고 편하게 서비스를 즐길 수 있습니다.

● 메인 화면 설정

제일 위쪽에는 자신의 계정을 표시합니다. 계정을 선택하면 대화명을 변경할 수 있고, 계정 변경 화면에서 사진을 선택하면 사진도 변경할 수 있습니다. 자신의 계정 아래쪽에는 친구 목록이 나타납니다.

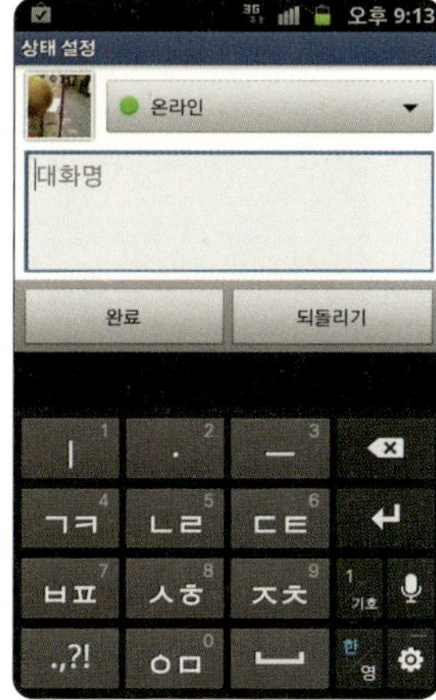

카카오톡이나 마이피플처럼 자동 등록이 아니라서 처음 이용 시에는 친구가 없습니다. 메뉴 버튼의 [친구 추가]를 통해서 등록하면 됩니다.

친구를 길게 터치하면 팝업 메뉴가 나타납니다. 메뉴 중에 친구 정보를 선택하면 친구의 이름을 사용자가 마음대로 지정할 수 있습니다.

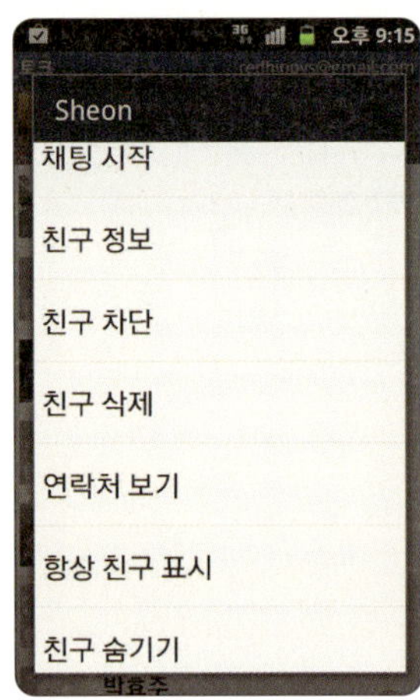

메뉴 버튼에서는 친구 표시 방법과 검색, 설정 등을 선택할 수 있습니다. 설정에서는 알림 설정과 기본적인 설정 변경이 가능합니다.

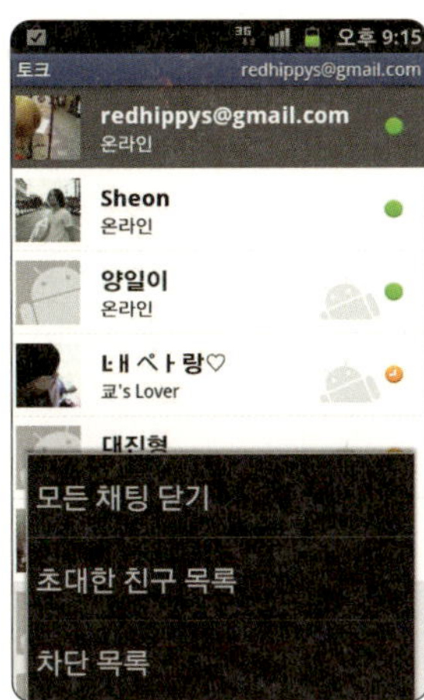

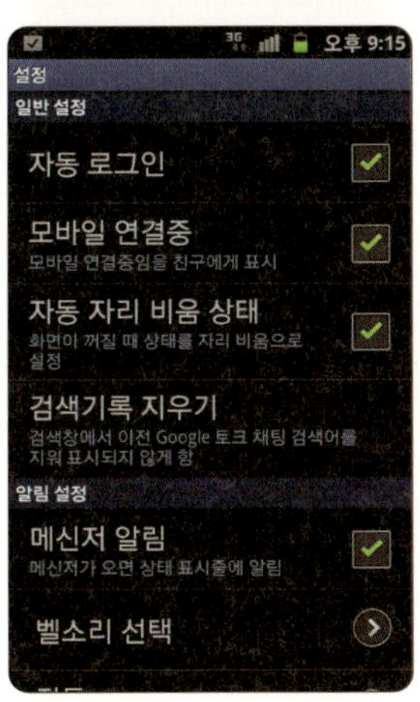

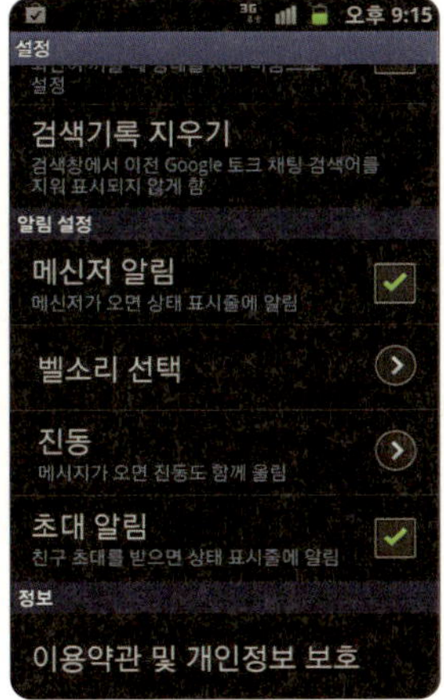

Chapter 04.

휴대폰의 기본 기능, 전화하고 메시지 보내기

스마트폰이 아무리 스마트해도 가장 기본적인 기능인 전화가 안 된다면 빈 깡통이나 마찬가지입니다. 폰이라는 이름을 달고 나오는 기기에서 가장 중요한 건 역시 전화일 것 같습니다. 이번 장에서는 갤럭시S2의 전화 기능 전반에 대해서 이야기해보겠습니다.

전화 통화

처음에는 스마트폰이 어려워 보여도 전화는 누구나 쉽게 이용할 수 있는 기능입니다. 다이얼에서 보이는 특별한 메뉴와 상단의 메뉴들을 중심으로 확인해보겠습니다.

전화 걸기에 유용한 기능 보기

하단에 있는 4개의 아이콘 중에서 가장 앞에 있는 전화 아이콘을 누르면 익숙한 다이얼을 볼 수 있습니다.

● 다이얼 화면+메뉴 버튼

다이얼 화면에서 메뉴 버튼을 누르면 4가지의 메뉴가 나옵니다. 이 중에서 눈에 익숙한 [단축번호 설정]은 마지막에 살펴보고 일단 3개의 낯선 메뉴를 먼저 확인해보겠습니다.

❶ **2초간 일시 정지** : 메뉴명 그대로 2초간 일시 정지시켜줍니다. 이 일시 정지는 통화가 일시 정지되는 것이 아니라 번호 입력을 하는 대기 시간입니다. 쉽게 말해 자동 다이얼을 만들 때 이용하는 기능입니다.

보통 콜센터에 전화를 하면 상담원과의 통화를 위해 몇 번의 숫자를 눌러야 합니다. 이런 경우 매번 안내를 듣고 있어야 하는데 이 메뉴를 이용하면 한 번에 버튼 누르기가 가능해지는 겁니다. 예를 들어 114를 입력 후 메뉴 버튼을 눌러 2초간 일시 정지를 선택합니다. 그리고 다시 2을 입력합니다. 그러면 화면상에는 114-,2라고 쓰이게 됩니다. 이 상태에서 전화를 걸게 되면 114로 전화를 걸고 통화가 시작되면 2초 후에 자동으로 2번을 누르게 됩니다.

❷ **대기 시간 추가** : 앞서 소개한 [2초간 일시 정지]와 기능이 매우 유사합니다. 이 기능 역시도 일정시간을 기다렸다가 다이얼을 자동으로 입력하게 하는 기능입니다. 다만 조금 다른 점은 [2초간 일시 정지]가 자동인 데 반해 이 메뉴는 수동입니다.

직접 사용해보겠습니다. 114를 입력 후 메뉴 버튼으로 대기 시간 추가를 선택합니다. 그리고 다시 2222를 입력합니다. 그러면 114;-2222라고 입력이 됩니다. 여기서 전화를 걸면 ; 뒤의 숫자를 제외한 114로 전화를 걸게 됩니다. 그리고 통화가 연결되면 팝업창이 나타납니다. 여기서 전송을 누르면 2222가 눌립니다.

[2초간 일시 정지]와 [대기 시간 추가] 모두 ARS를 이용할 때 사용하면 편리한 기능입니다. 자주 사용한다면 아예 전화번호를 등록해두고 사용하는 것도 좋습니다.

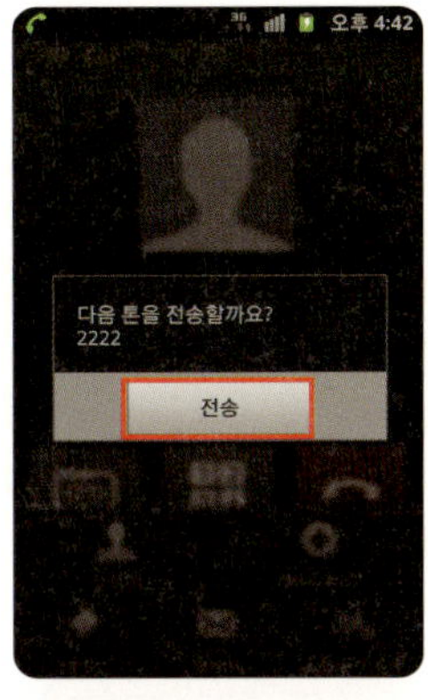

❸ **부가 기능** : 터치하면 [CMF통화]와 [메시지콜] 메뉴를 선택할 수 있는 팝업창이 나타납니다.

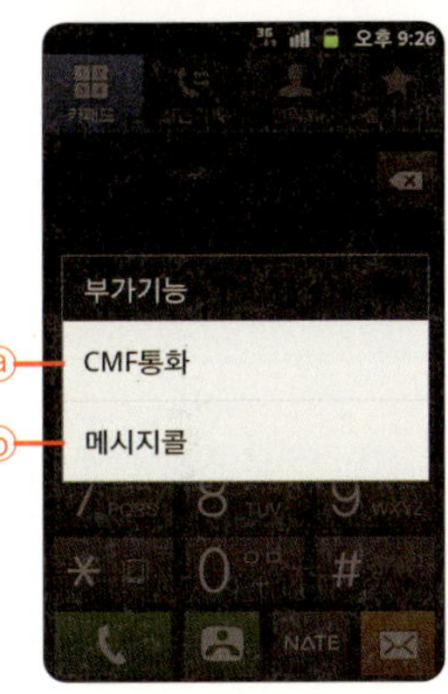

ⓐ **CMF 통화** : Call Me Free의 약자로 특정 발신자의 전화요금은 수신자가 부담하는 서비스입니다. 따라서 친구들이나 아는 지인끼리만 이용이 가능하며 사전에 등록되어 있어야 합니다.

CMF 통화를 할 상대방의 번호를 입력하고 [메뉴 버튼]-[부가기능]-[CMF통화]를 선택하거나 '*** 상대방 번호'를 입력해 전화를 걸어도 됩니다.

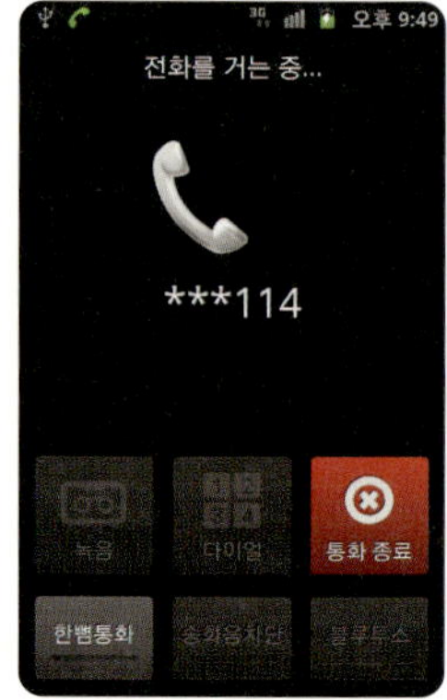

ⓑ **메시지콜** : 메시지콜은 음성 메시지 서비스입니다. 상대방에게 음성 메시지를 남기고 싶을 때 이용합니다. 현재 폰에서는 음성 메시지를 남기려면 상대방이 전화를 받지 않을 경우에만 가능하지만 메시지콜을 이용하면 바로 남길 수 있습니다.

상대방 번호를 입력한 후 [메뉴 버튼]-[부가기능]-[메시지콜]을 눌러도 되고 '#상대방번호'와 같은 방식으로 전화를 걸어도 됩니다.

❹ **단축 다이얼** : 단축 다이얼은 일반 휴대폰부터 있었던 기본적인 기능입니다. 자주 이용하는 번호를 특정 번호에 할당한 뒤 해당 번호를 다이얼에서 누르면 지정한 번호로 전화를 걸게 하는 기능입니다. 역시나 갤럭시S2에서도 이 기능은 지원하고 있습니다.

다이얼 화면에서 [메뉴 버튼]-[단축 다이얼]을 누르거나 연락처에서 [메뉴 버튼]-[더보기]-[단축 다이얼 설정]을 선택하면 됩니다.

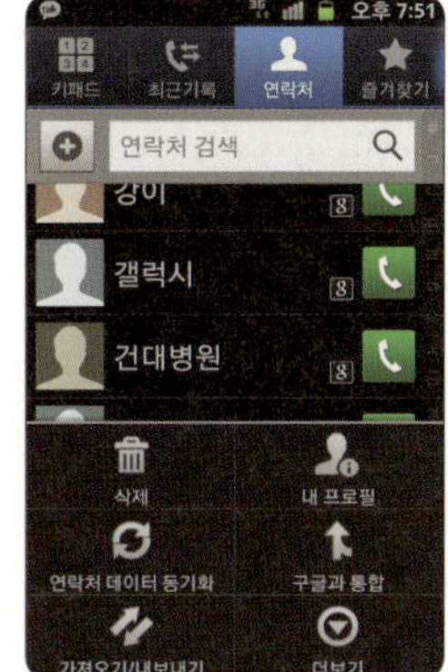

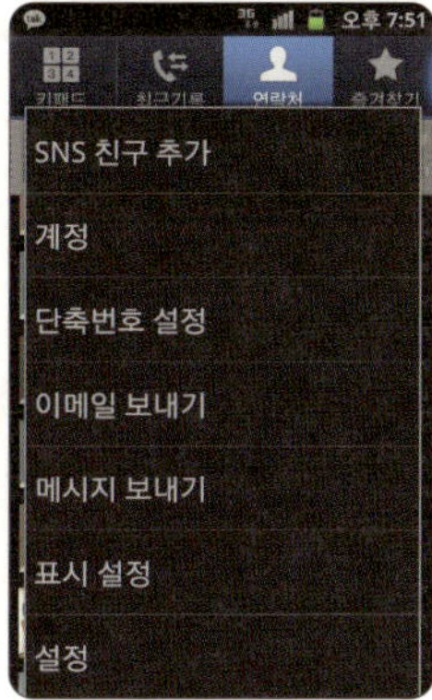

단축 다이얼 설정 화면이 나오면 숫자 옆의 설정을 눌러 등록할 연락처를 선택하면 됩니다.

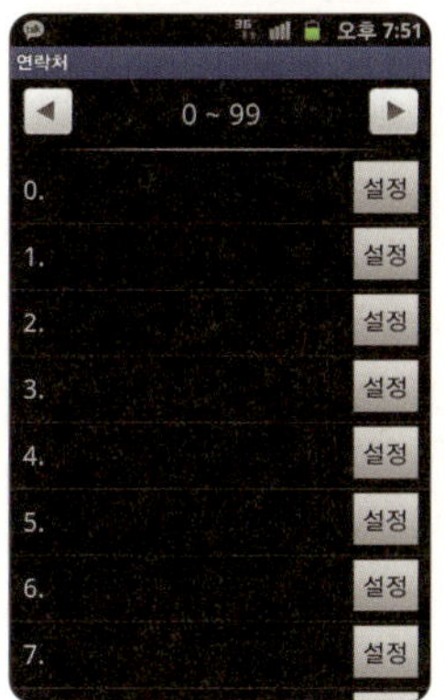

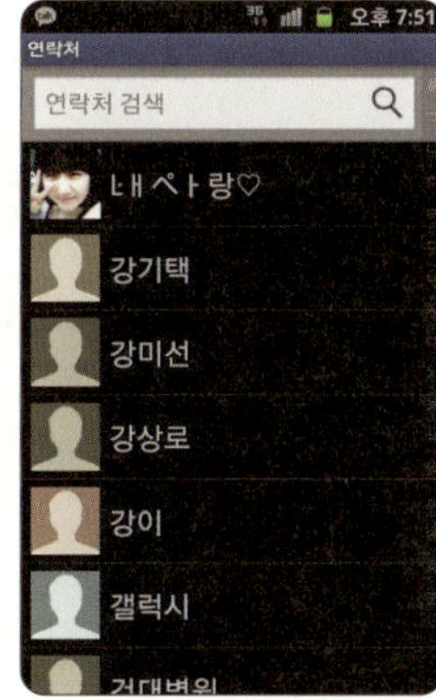

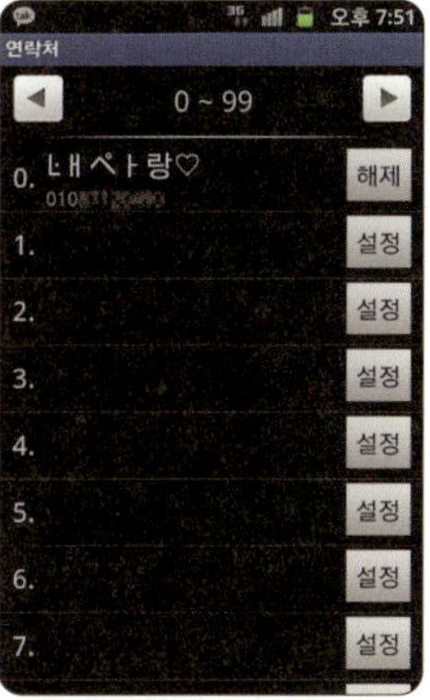

한 가지 알아둘 점이 있습니다. 단축 다이얼 0번에 할당할 경우에는 다이얼에서 00으로 눌러야 합니다. 0번을 길게 누를 경우에는 +만 생기게 됩니다.

다이얼 화면에서 연락처를 검색하는 2가지 방법

다이얼에서 찾고자 하는 상대방을 빠르게 찾으면 전화걸기도 수월합니다. 갤럭시S2에서는 뒷번호 검색과 초성 검색을 지원하고 있습니다. 먼저 뒷번호 검색 방법부터 확인해보겠습니다.

1 뒷번호 검색

다이얼에서 찾는 사람의 휴대폰 뒷번호 4자리를 누르면 됩니다. 이 방법을 사용하면 찾는 상대를 한번에 찾을 수 있지만 번호를 외운 상태에서만 가능합니다.

2 초성 검색

초성 검색은 연락처의 이름 중 초성만 연속해서 누르면 됩니다. 예를 들어 김태희를 검색한다면 'ㄱㅌㅎ'을 누르면 됩니다. 'ㄱㅌㅎ'은 번호로 468이니 다이얼에서 468을 누르면 됩니다. 또 다른 예로 회사친구라는 이름을 찾는다면 'ㅎㅅㅊㄱ'을 누르면 되는 것입니다. 숫자로 본다면 8894입니다. 이 방법은 쉽지만 같은 숫자 내의 같은 초성을 모두 검색하기 때문에 최종적으로 찾는 사람을 찾기 위해서는 몇 번의 터치를 더 해야 하는 경우가 있습니다.

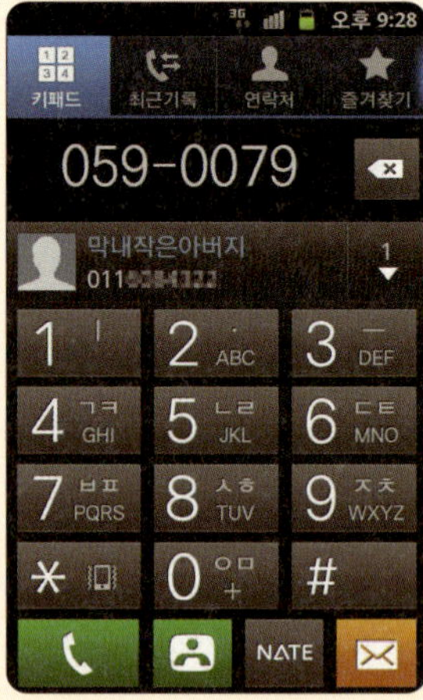

● 통화 중 기본 화면 구성

앞에서는 발신 전에 찾아볼 수 있는 기능들에 대한 소개를 해보았습니다. 이번에는 통화 중 볼 수 있는 메뉴들을 확인해보겠습니다. 통화 중에는 더 많은 메뉴들이 있습니다.

❶ **녹음** : 통화 내용을 녹음합니다. 다시 누르거나 전화를 끊으면 자동으로 녹음 종료가 됩니다.

❷ **다이얼** : ARS 서비스 이용 시 누르는 버튼을 나오게 합니다. 다시 누르면 사라집니다.

❸ **통화 종료** : 통화를 종료합니다.

❹ **한뼘 통화** : 스피커폰으로 전환합니다.

❺ **송화음 차단** : 상대방에 소리가 전달되지 않게 됩니다. 어떤 소리도 전달되지 않습니다.

❻ **블루투스** : 블루투스 이어폰을 사용 중이었다면 이 버튼을 통해서 쉽게 전환이 가능합니다. 블루투스가 연결되어 있을 때만 활성화됩니다.

● 통화 중 화면+메뉴 버튼

통화 중 메뉴 버튼을 누르면 5가지의 추가 메뉴를 볼 수 있습니다. 이 중에서 통화 추가와 소음 제거 실행을 제외하면 익숙한 메뉴입니다. 따라서 여기서는 2개의 메뉴만을 설명하도록 하겠습니다.

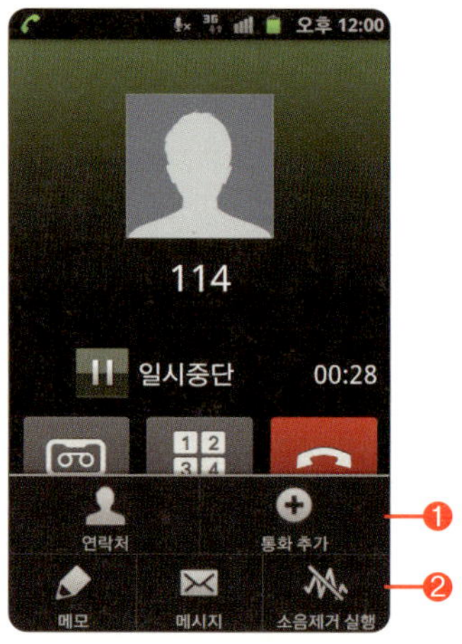

❶ **통화 추가** : 통화 중 이 메뉴를 실행하면 다시 다이얼 화면으로 돌아갑니다. 여기서 다른 사람을 선택해 전화를 걸 수 있습니다. 상대방은 자동으로 대기통화로 전환됩니다. 이 방법으로 전화를 걸면 화면의 전환 버튼을 통해서 2개의 통화를 번갈아 가며 할 수 있습니다.

❷ **소음 제거 실행** : 이 메뉴는 이전 갤럭시에서는 볼 수 없던 메뉴로, 전화 중 주변이 너무 시끄러워 상대방이 내 목소리를 잘 못들을 경우에 이용하면 됩니다. 소음 제거를 실행함으로써 내 주변에서 나는 잡음을 더 적게 전달합니다. 실행 시에는 일시 중단 옆에 아이콘이 생기게 됩니다.

2 [최근 기록] 메뉴 보기

[최근 기록]에서는 내가 걸고 받은 모든 통화, 문자 기록이 남는 곳입니다. 사용자의 습관에 따라서 다이얼보다는 [최근 기록]에서 연락처를 찾아 전화를 거는 것이 편할 수도 있습니다. [최근 기록]에도 다양한 메뉴가 있습니다.

[최근 기록]에서 메뉴 버튼을 누르면 나오는 메뉴의 종류와 기능을 확인해보겠습니다.

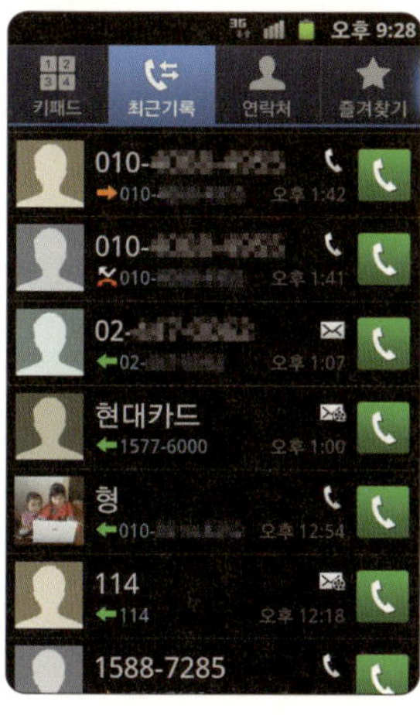

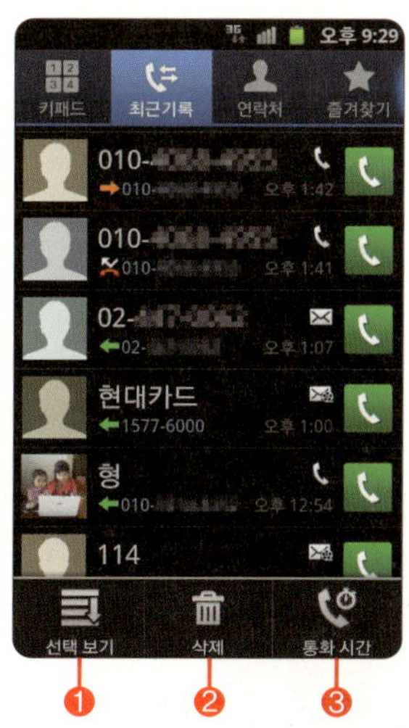

❶ **선택 보기** : [최근 기록]은 시간순으로 전화, 문자, 부재중 전화 등 모든 통신 기록을 남깁니다. 모든 기록이 한 번에 보이기 때문에 특정 기록을 되찾아 보려면 약간 복잡해 보일 수도 있습니다. 이럴 때는 선택 보기를 통해서 구분하면 되겠습니다. 선택 보기에는 부재중 통화, 발신 통화, 수신 통화, 영상 통화 등을 구분해서 볼 수 있습니다.

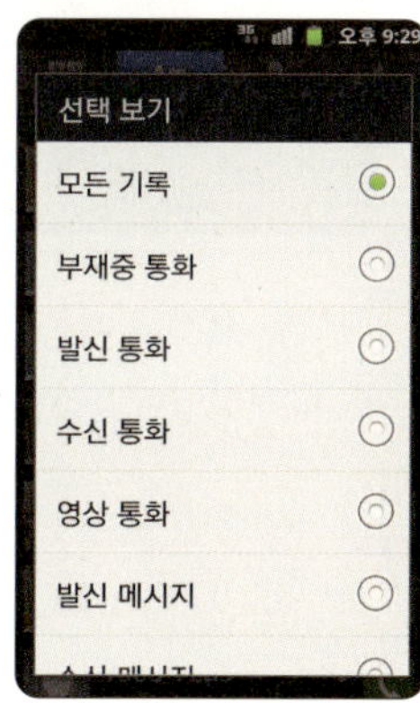

❷ **삭제** : 삭제는 기록을 지우는 메뉴입니다. 삭제를 선택하면 삭제할 기록을 선택하는 체크 박스 화면이 나오게 됩니다. 지우고 싶은 항목을 터치하면 체크되면서 [삭제]가 활성화됩니다. 중복 체크가 가능하여 빠르게 편집할 수 있습니다.

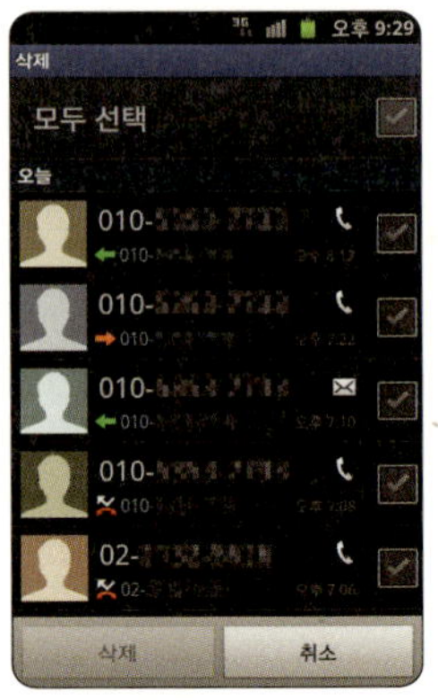

❸ **통화 시간** : 통화 시간은 최근 통화 시간, 발신 통화, 수신 통화의 기록을 확인해보는 메뉴입니다. 발신과 수신이 얼마나 되는지 궁금하다면 선택하면 됩니다. 통화 시간에서 다시 메뉴 버튼을 누르면 초기화할 수 있습니다.

[최근 기록]에서 항목을 길게 터치하면 별도의 메뉴를 불러올 수 있습니다. 메뉴 버튼에는 없는 메뉴로, 편의 기능이 많이 들어가 있습니다.

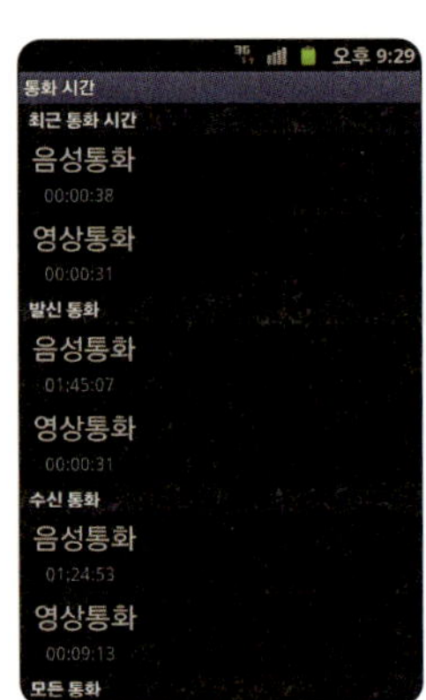

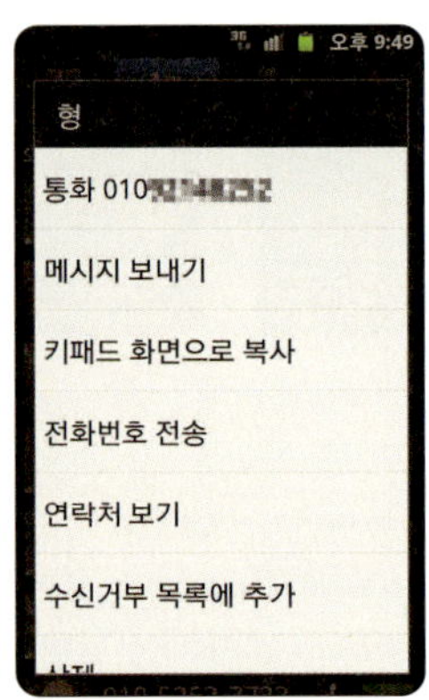

전화를 걸거나 메시지를 보낼 수 있으며 개별 삭제를 할 수 있습니다. 그리고 전화번호 저장이나 전송 그리고 수신 거부 목록에 추가할 수 있습니다.

[최근 기록]에서 바로 전화를 걸거나 문자를 보내는 방법 tip

[최근 기록]에서는 문자든 통화든 모든 기록을 볼 수 있습니다. 따라서 습관의 문제겠지만 [최근 기록]을 통해서 전화나 문자를 보내는 사용자에겐 특히 알아두면 좋은 팁을 알아봅니다.

[최근 기록]에서 전화를 걸고 싶을 때는 항목을 오른쪽으로 드래그합니다. 반대로 왼쪽으로 드래그하면 문자 보내기가 실행됩니다. 이 방법을 이용하면 빠르게 전화나 문자를 보낼 수 있습니다.

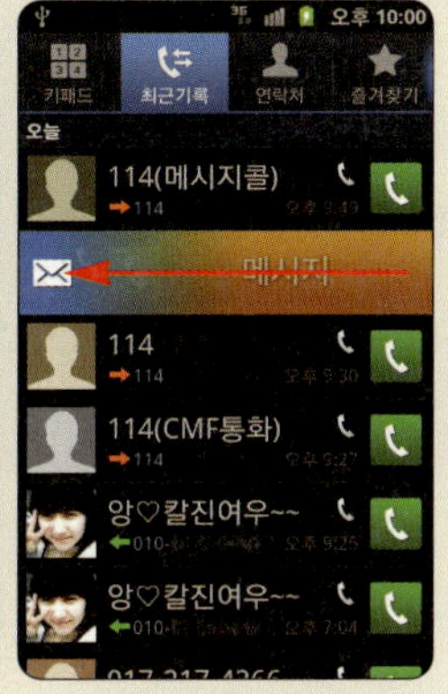

3 연락처 관리하기

연락처는 전화 기능과 밀접한 관련이 있는 부분으로 스마트폰의 데이터 중에서 가장 중요한 데이터가 아닐까 생각해 봅니다. 연락처에도 꽤 많은 메뉴들이 있지만 너무 기본적인 내용들은 생략하겠습니다.

● 연락처 추가

연락처 추가는 전화번호를 입력하는 화면에서도 가능하고 [연락처] 탭에서도 가능합니다. 이 밖에도 문자, 통화 기록 등 전화번호가 쓰이는 곳에서는 항상 가능하다고 생각하면 됩니다. 여기서는 연락처에서 추가하는 방법을 설명하겠습니다.

01 연락처에서 상단의 [+]를 선택합니다. Google 계정을 선택합니다.

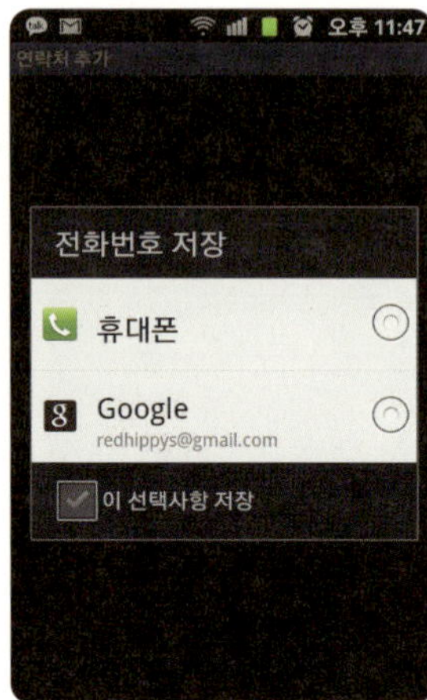

02 이름, 전화번호, 그룹 등을 입력하고 저장을 선택합니다. 연락처에서 찾아볼 수 있습니다.

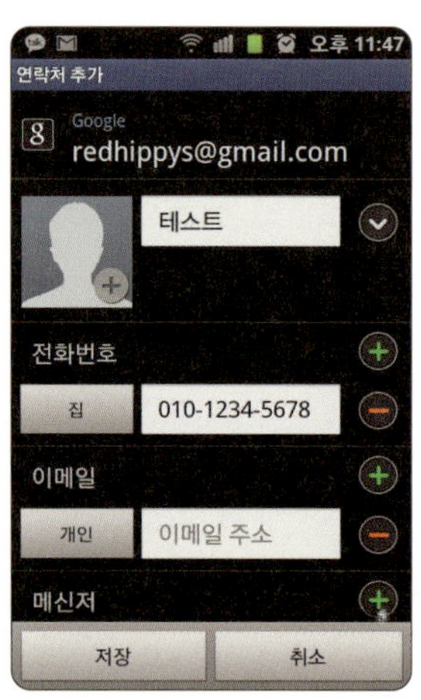

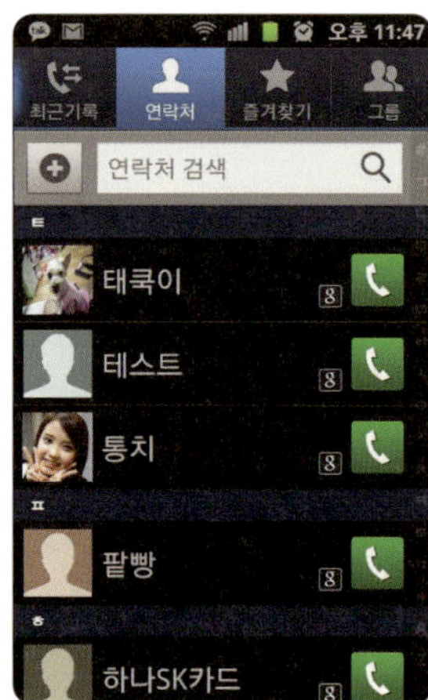

사실 너무나 간단해서 딱히 설명하지 않아도 될 정도입니다.

연락처의 계정 활용 방법

앞서 〈Theme 5 Google 계정과 동기화〉에서 계정에 대해 간단히 설명했습니다. 연락처의 계정도 비슷한 개념으로 보면 되겠습니다.

연락처 추가 시 폰 계정을 선택하면 Google 연락처에 전화번호가 전송되지 않고 폰에만 저장되므로 Google 계정을 선택해 저장하는 것을 추천했습니다. 하지만 폰에 저장된 연락처를 간단하게 Google로 보낼 수 있으므로 폰에 저장해두었다 하더라도 큰 문제가 없습니다.

[연락처]-[메뉴 버튼]-[Google과 통합]을 선택합니다. 이 메뉴를 실행하면 연락처가 바로 Google로 통합이 됩니다.

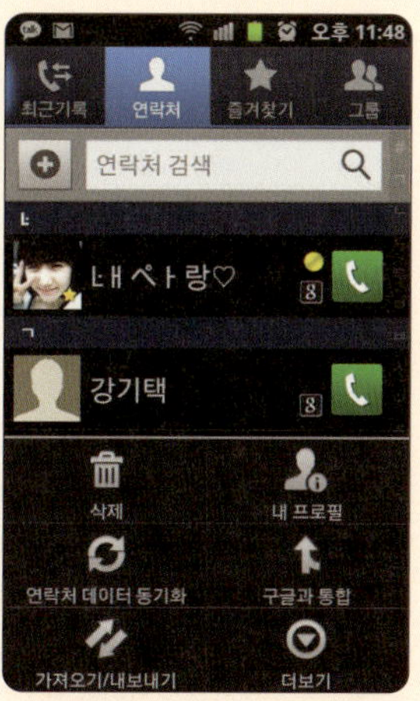

연락처의 g 마크 tip

이 마크는 Google 계정에 연락처가 저장되어 있다는 의미입니다. 이 마크가 없는 연락처는 폰에만 저장된 데이터로, 나중에 Google을 통해 연락처를 복구할 때 복구되지 않습니다.

● 연락처 백업

동기화 기능을 사용 중이라면 크게 중요한 부분은 아닙니다. 그래도 동기화가 아닌 다른 방법으로 백업하는 방법을 알아둘 필요는 있습니다. 갤럭시S2에서는 USIM, T Bag을 통한 백업을 제공하고 있습니다.

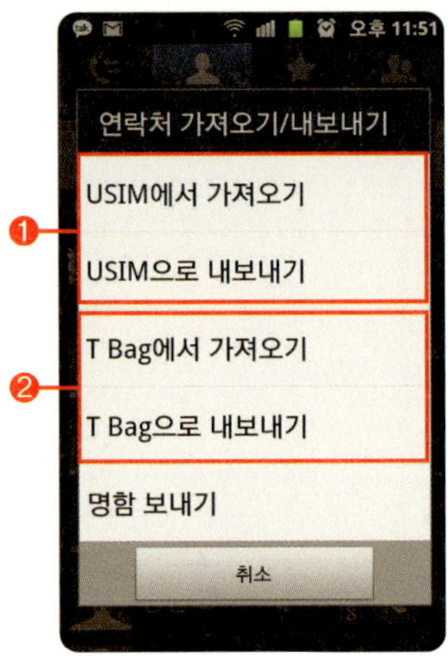

❶ **USIM으로 내보내기/USIM에서 가져오기** : 연락처를 USIM으로 백업하기 위해서는 [연락처]-[메뉴 버튼]-[USIM으로 내보내기]를 선택합니다.

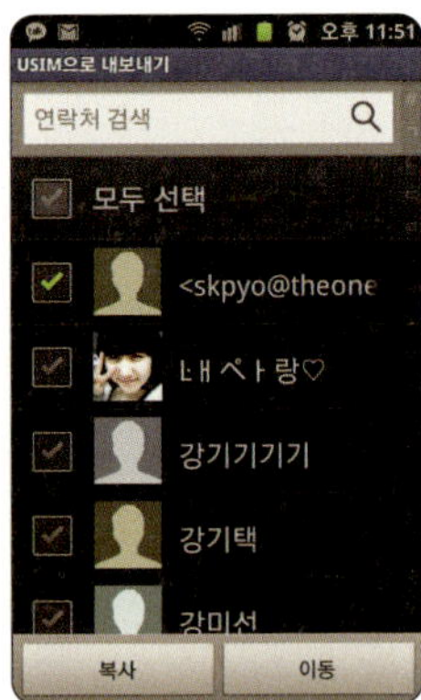

백업할 연락처를 선택한 뒤에는 2개의 메뉴를 이용할 수 있습니다. [복사]를 선택하면 USIM에도 동일한 연락처가 하나씩 더 생기는 것이고 [이동]은 연락처가 폰에서 사라지고 USIM으로 이동하게 됩니다.

USIM에서 가져오기는 내보내기와 동일한 방법으로 사용합니다. 다만 USIM에서 연락처를 가져오는 메뉴입니다.

❷ **T Bag으로 내보내기/T Bag에서 가져오기** : [연락처]-[메뉴 버튼]-[가져오기/내보내기]-[T Bag으로 내보내기]/[T Bag에서 가져오기]를 선택합니다. 이 메뉴는 회원 전용 서비스로, 이용한 적이 없다면 먼저 가입을 해야 합니다. 모두 무료이며 몇 번의 터치로 가입할 수 있습니다.

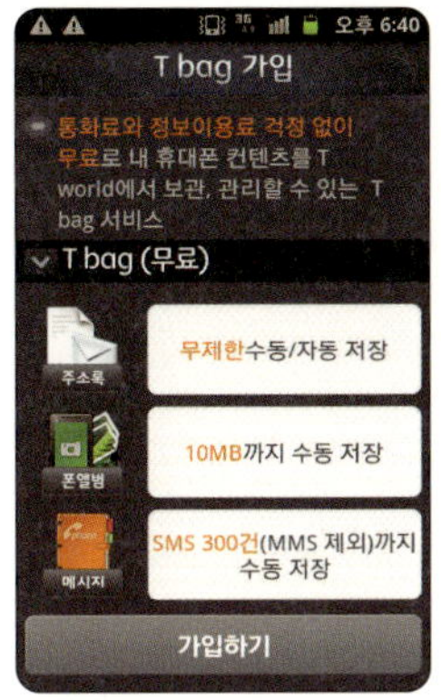

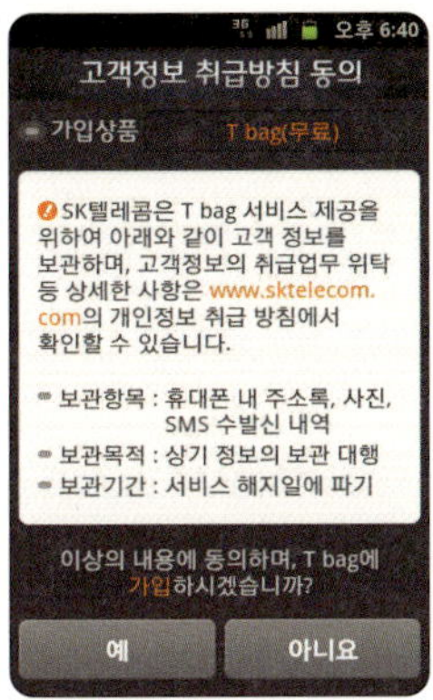

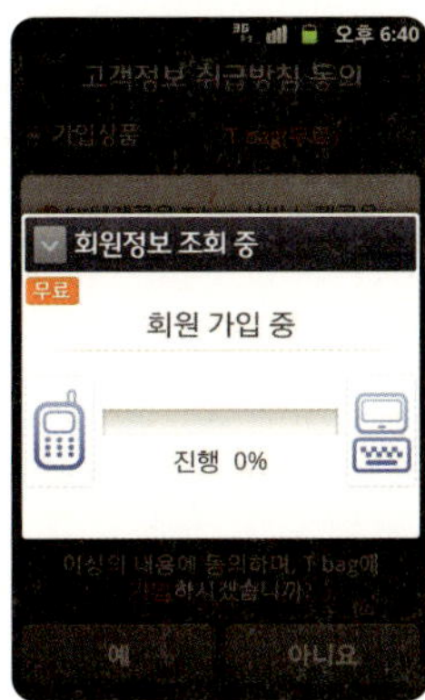

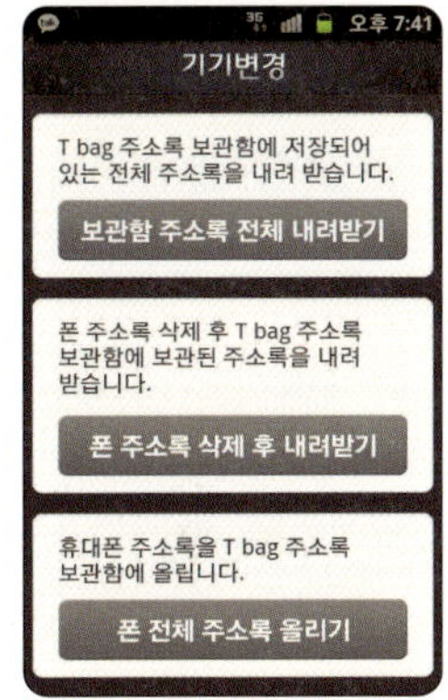

T Bag 메뉴는 보관함 주소록 전체 내려받기, 폰 주소록 삭제 후 내려받기, 폰 전체 주소록 올리기 총 3개의 메뉴로 메뉴 아래에 간단 설명이 있습니다. 사용자가 필요한 메뉴를 실행하면 됩니다.

● 연락처 표시 설정

앞서 간단히 설명했던 계정과 각 계정 내의 그룹에 대한 연락처의 표시 설정을 할 수 있습니다.

[연락처]-[메뉴 버튼]-[더보기]-[표시 설정]을 선택하여 계정을 엽니다. 그룹명 옆의 박스 체크를 해제하면 연락처에서 해당 그룹의 연락처가 보이지 않게 됩니다.

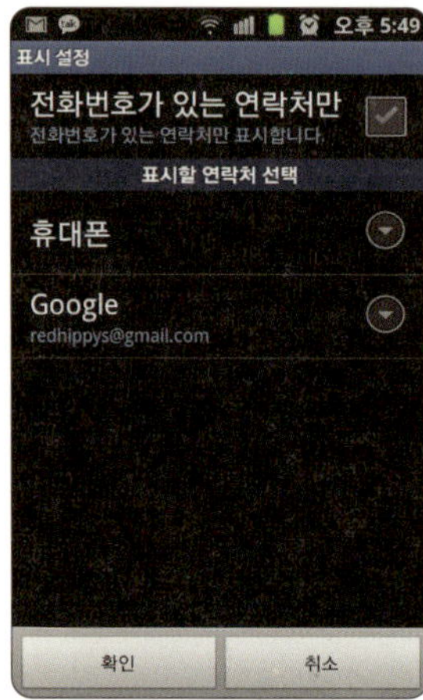

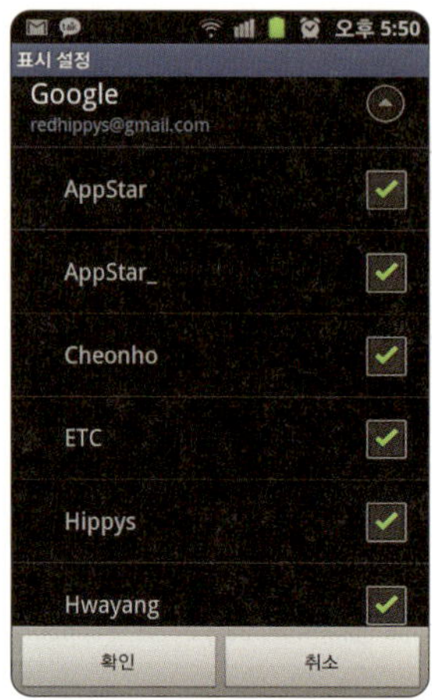

안드로이드의 특성상 기기를 통해서 이메일을 주고 받거나 Google 토크를 통해서 친구를 추가하면 연락처에 그 사람의 이메일이 자동으로 저장됩니다.

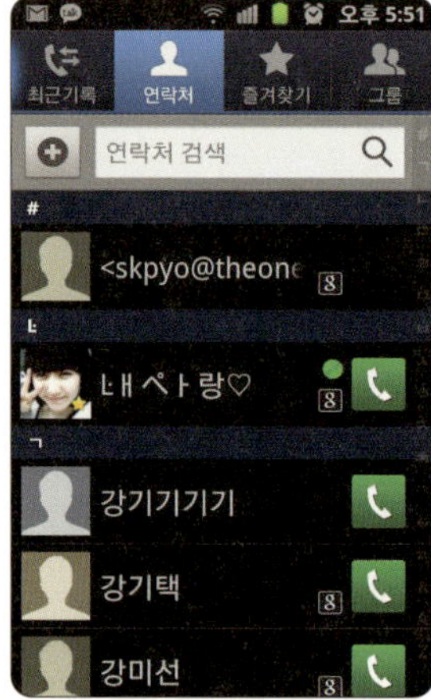

이런 연락처의 표시를 막아주는 항목도 표시 설정에 있습니다. 상단의 [전화번호가 있는 연락처만]에 체크하면 됩니다.

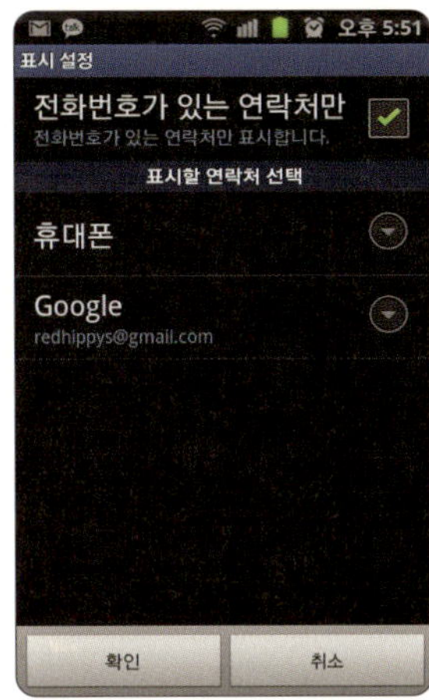

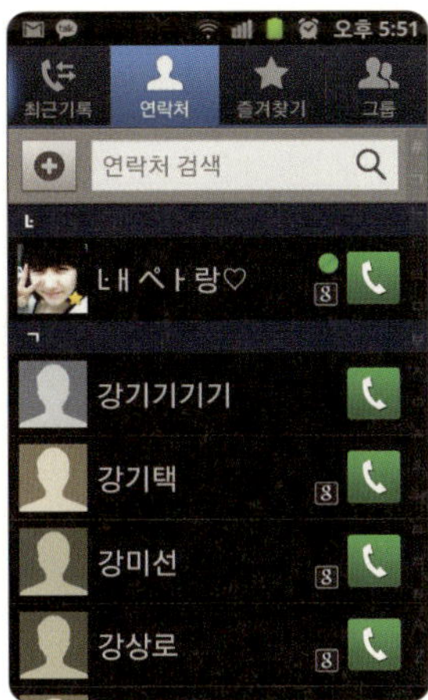

연락처의 초성 인덱스 활용 방법

연락처에서 오른쪽에 보면 초성이 있습니다. 이는 단순히 초성 순서를 알려주는 것이 아닙니다. 초성을 선택하면 연락처의 해당 초성이 시작되는 지점으로 이동하게 됩니다. 또는 초성 부분을 길게 터치한 후 위 아래로 드래그해도 됩니다.

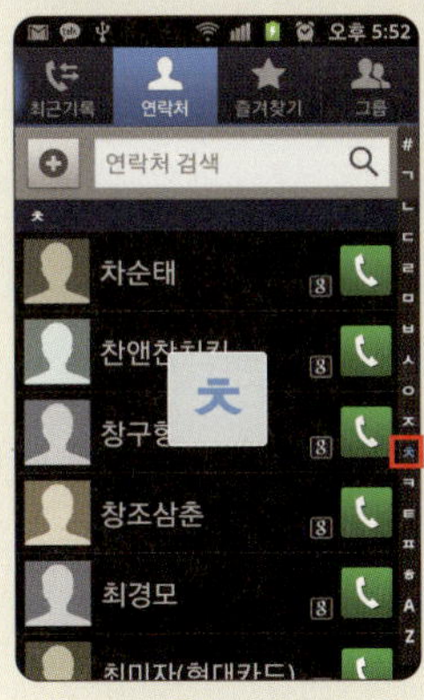

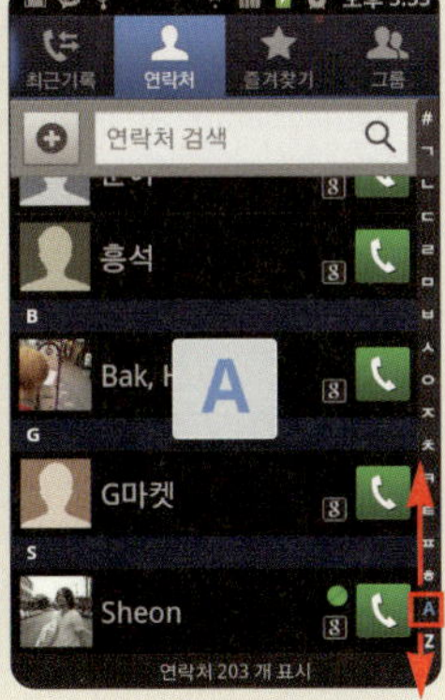

● 연락처 설정

연락처 설정에서는 2개의 설정을 볼 수 있습니다. 첫 번째는 연락처 등록 시 물어오는 계정 선택에 대한 설정입니다. 이 설정에서 [항상 묻기] 대신 Google이나 폰 계정을 선택하면 연락처 등록 시 묻지 않게 됩니다.

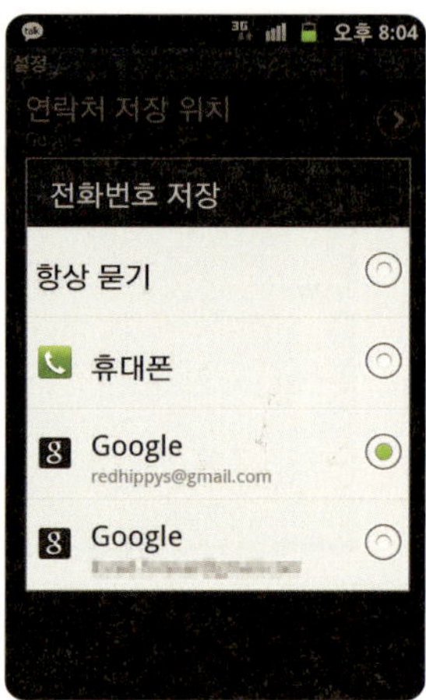

다음은 명함 보내기 설정입니다. 연락처에서 보내기를 선택했을 때 보내기 설정을 변경합니다. 자세한 내용은 해당 설정을 읽어보면 됩니다.

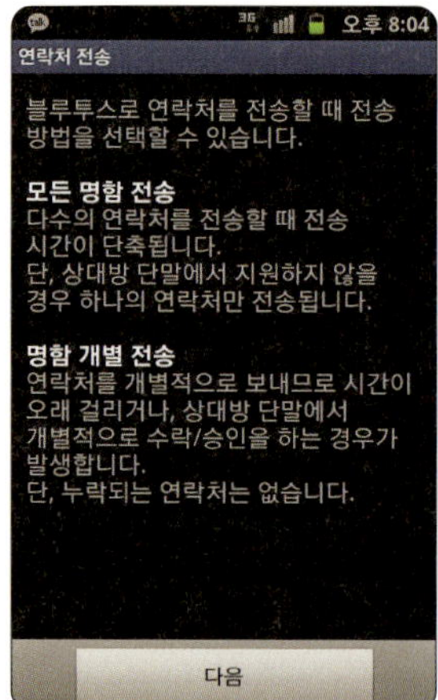

[즐겨찾기] 메뉴 활용하기

즐겨찾기는 사용자가 자주 이용하는 전화번호를 등록해서 이용하는 메뉴입니다. 즐겨찾기 기능은 워낙 대중적인 기능이라 간단하게 설명하겠습니다.

즐겨찾기 추가는 2가지 방법이 있습니다. 우선 즐겨찾기에서 메뉴 버튼을 이용해서 추가하는 방법입니다. 이 방법으로 추가하면 한 번에 여러 명의 친구를 즐겨찾기에 등록할 수 있습니다.

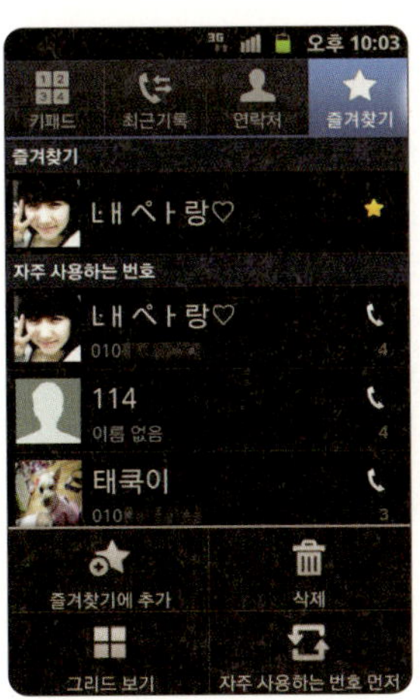

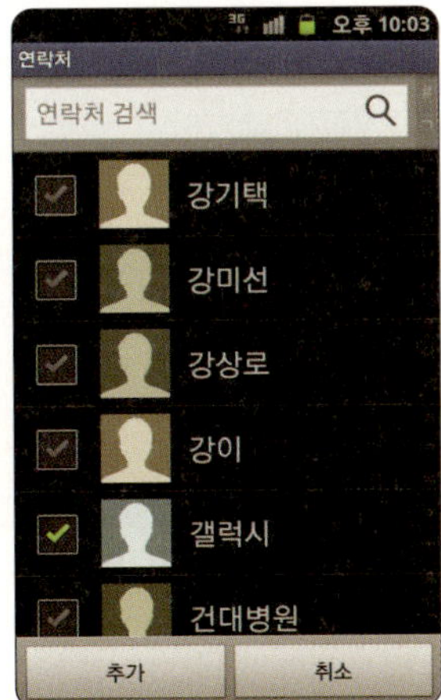

또 다른 방법은 연락처에서 즐겨찾기에 추가할 친구를 선택한 후 위쪽의 별을 터치해 주면 됩니다.

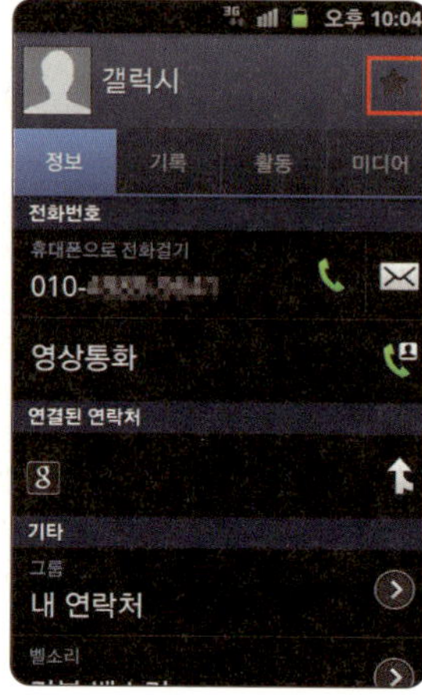

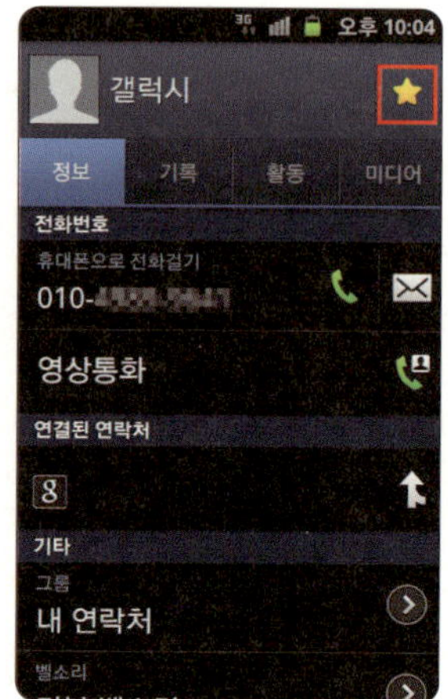

[삭제]는 즐겨찾기의 친구들을 제거하는 메뉴입니다. [최근 기록]에서의 삭제와 동일합니다.

그리드 보기는 보기 방식 변경으로 기본은 목록 형태이지만 그리드 보기를 선택하면 이미지 보기로 전환됩니다. 편한 보기 방식을 선택하면 됩니다.

[자주 사용하는 번호 먼저]는 즐겨찾기에 있는 2개의 분류 순서를 바꿉니다. 기본으로 즐겨찾기가 먼저 보이기에 이 메뉴를 선택하면 자주 사용하는 번호가 위로 오게 됩니다.

5 그룹 설정하기

그룹은 같은 연락처를 빨리 찾기 위해 정리해두는 것입니다. 예를 들면 '초등학교친구들' 또는 '회사동료', '가족'과 같은 형태로 사용됩니다.

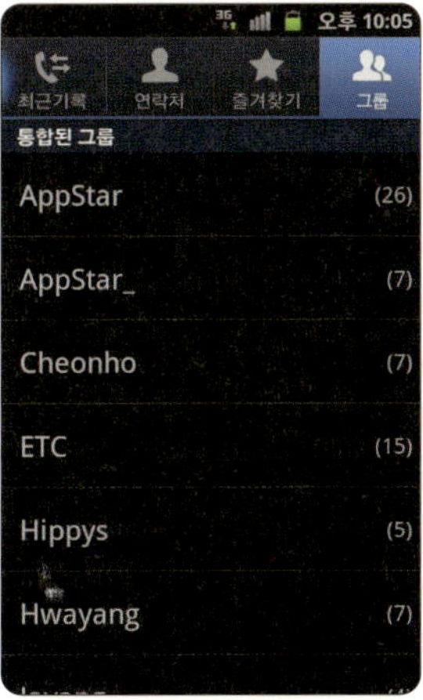

그룹에서는 새로운 그룹을 만들거나 그룹 내 연락처를 편집할 수 있습니다. 그리고 그룹명의 수정도 가능합니다.

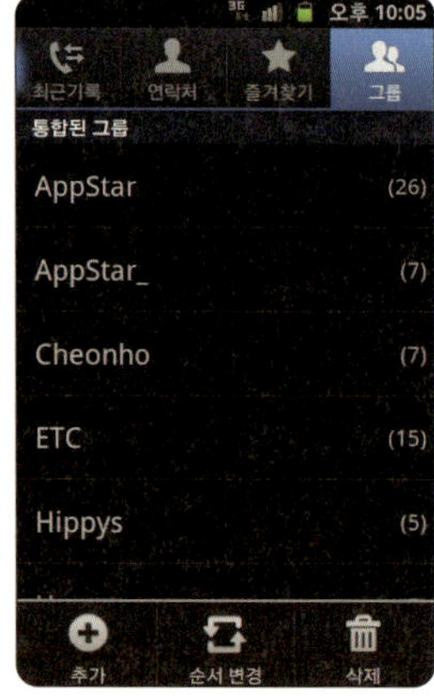

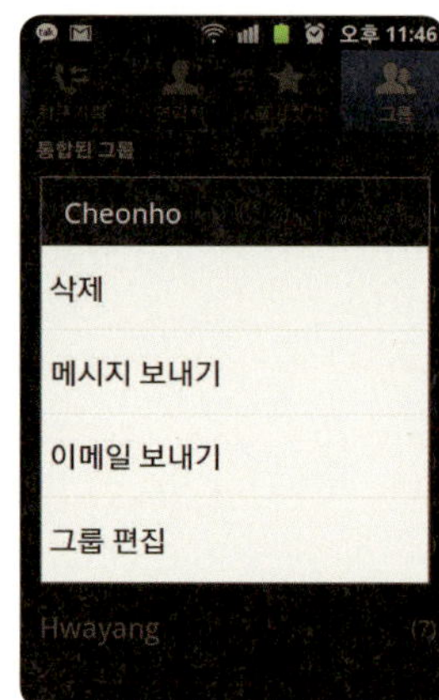

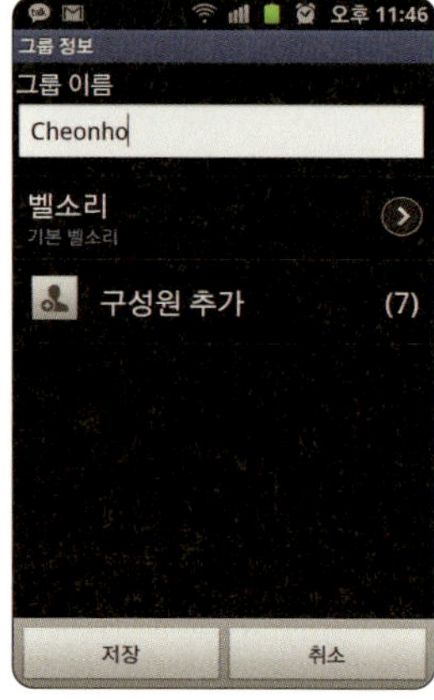

문자 메시지

문자 메시지는 전화기와 함께 가장 많이 이용되는 부분입니다. 하지만 메신저의 활성화로 일부 사용자에게는 그 사용성이 많이 줄어든 메뉴이기도 합니다. 갤럭시S2의 문자 메시지는 대화형을 기본으로 깔끔한 인터페이스를 제공하고 있습니다.

문자 보내는 일은 너무나 간단하기 때문에 옵션이나 설정 방법 위주로 살펴보겠습니다. 여기서는 대화형 보기를 기본으로 설명하겠습니다.

폴더형 보기와 대화형 보기 문자 비교하기

갤럭시S2 메시지는 폴더 보기와 대화형 보기 이렇게 2개의 보기 설정을 가지고 있습니다. 기본은 대화형 보기입니다. 대화형 보기는 채팅 프로그램처럼 상대방과 자신이 주고 받은 문자가 보입니다. 그래서 사용자별로 문자가 저장되고, 지난 문자 내용도 볼 수 있어 사용이 쉬운 문자 형태입니다.

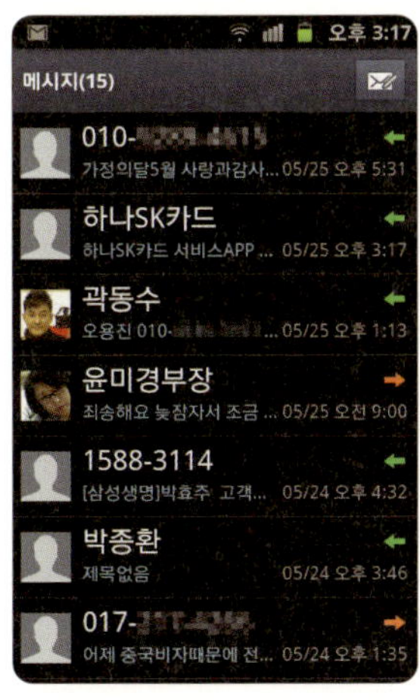

대화형 보기

폴더형 보기는 이전의 일반폰에서 사용하던 방식입니다. 어떤 상대방이든 상관없이 주고 받은 시간을 기준으로 문자를 정렬해줍니다. 따라서 문자를 선택하면 발신이든 수신이든 해당 문자만 보입니다.

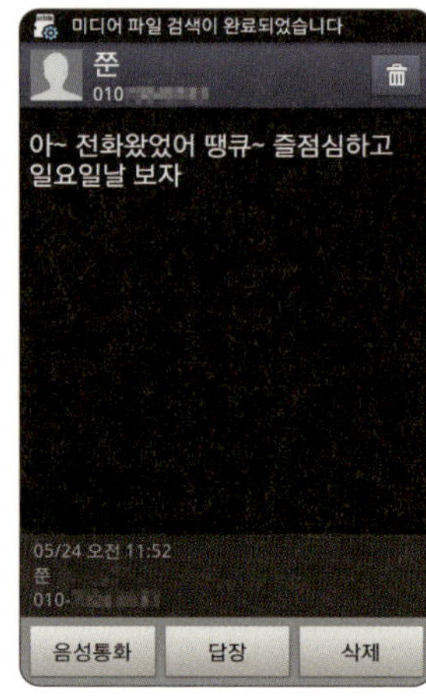

폴더형 보기

대화형은 발신과 수신이 동시에 보이지만 폴더형은 수신과 발신함이 나뉘게 됩니다. 이 2개의 방식은 설정에서 변경하거나 메뉴 버튼을 눌러서 일시적으로 변경할 수 있습니다.

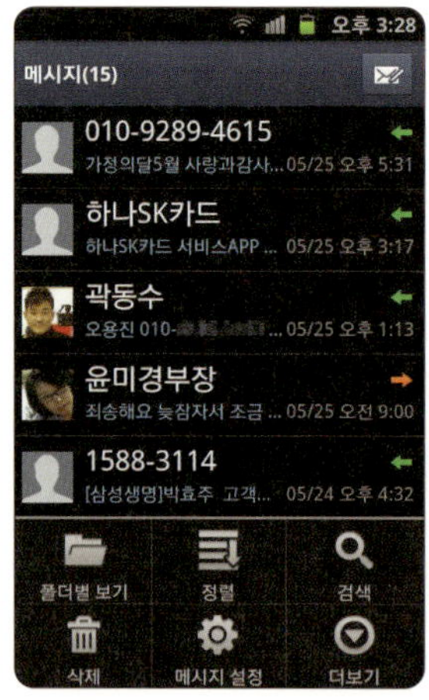

대화형 보기

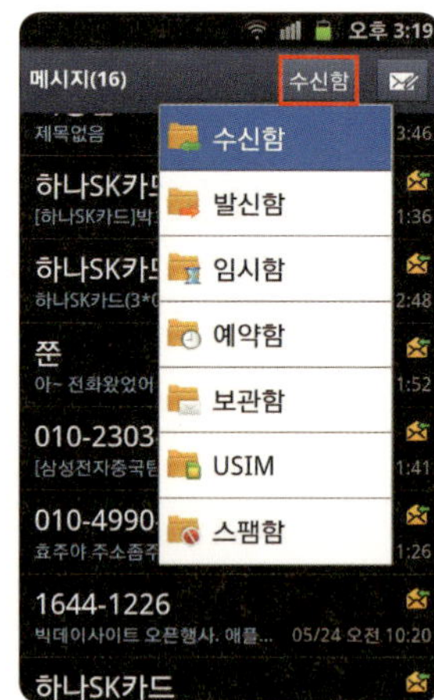

폴더형 보기

정렬/검색/삭제하기

● 정렬

기본적으로 문자함은 최근에 수·발신 기록으로 정렬됩니다. 다시 말해 시간상으로 가장 최근 문자가 제일 위에 오게 됩니다. 정렬은 이 순서를 바꿀 수 있습니다. 폴더형 보기는 정렬 기능이 없습니다.

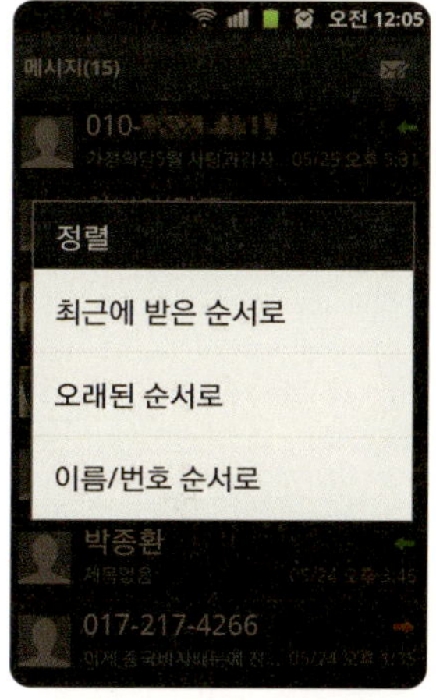

● 검색

문자를 검색합니다. 발신과 수신 상관없이 전체 검색을 합니다.

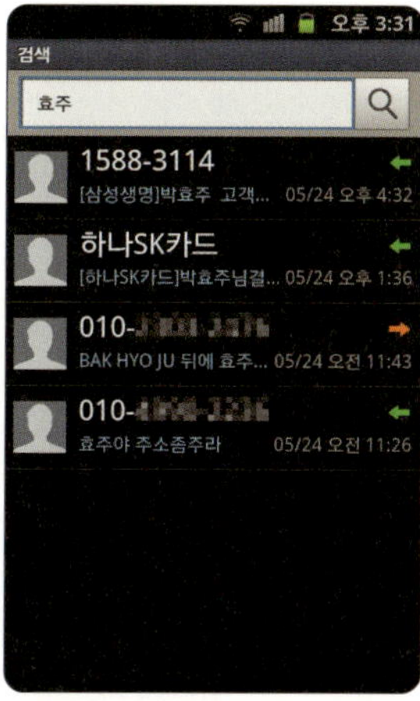

● 삭제

문자를 삭제합니다. 삭제 메뉴를 실행하면 선택적 삭제나 전체 삭제를 할 수 있습니다.

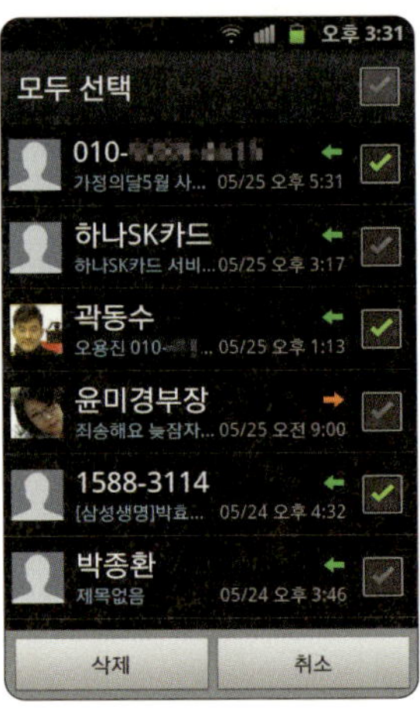

3 메시지 환경 설정하기

문자 메시지의 메인 화면에서 메뉴 버튼을 누르면 설정으로 진입이 가능합니다. 문자 설정에서는 메시지 수신 설정, MMS 환경 설정, 스팸 차단 설정 등 다양한 옵션이 준비되어 있습니다. 항목을 간단히 확인해보겠습니다.

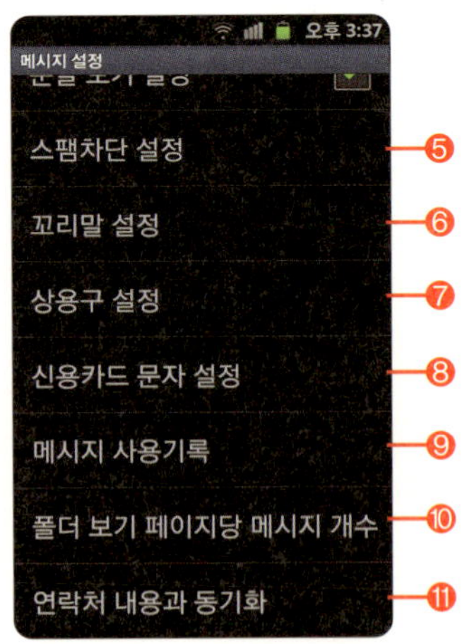

❶ **메시지 수신 설정** : 메시지 수신 설정에서는 수신 시의 알림음 변경, 알림 주기, 메시지 내용 표시 옵션이 있습니다. 문자가 왔을 때 나는 소리는 수신음 선택을 통해서 변경할 수 있습니다.

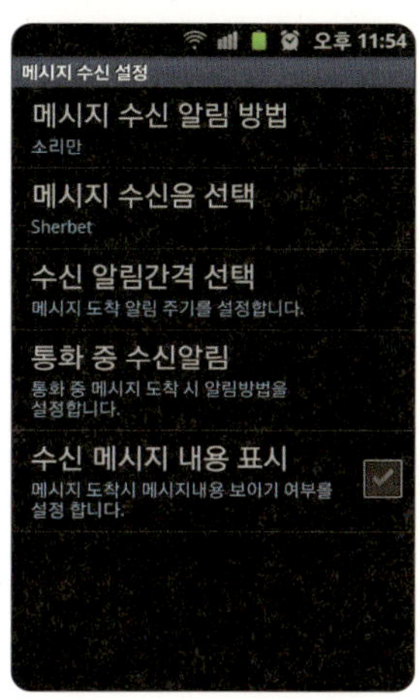

알림 간격은 문자 수신 시의 알림 설정입니다. 기본은 한 번만 울리게 되어 있습니다. 자신이 확인할 때까지 울려야 한다면 이 설정을 바꾸면 됩니다. 수신 메시지 내용 표시 항목을 체크하면 문자 수신 시 바로 메시지로 이동하게 됩니다.

❷ **메시지 스킨** : 메시지 스킨에서는 총 5개의 스킨을 볼 수 있습니다. 자신의 취향에 맞게 설정합니다.

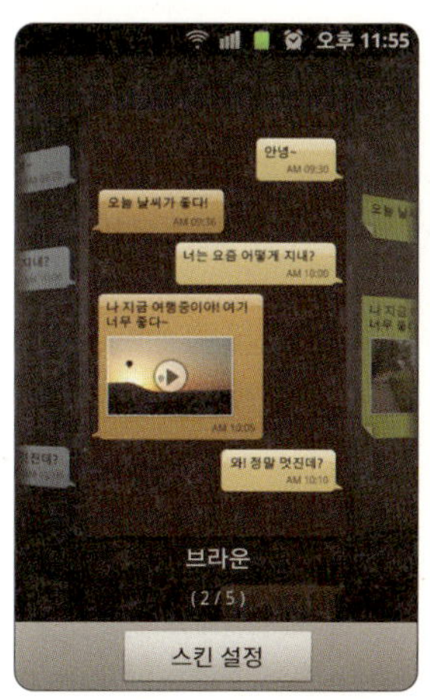

❸ MMS 환경 설정 : MMS 환경 설정에서는 멀티문자에 관한 설정을 변경할 수 있습니다. 크게 많은 옵션 항목이 있지는 않습니다. 사진 전송 시의 크기를 MMS에 맞게 줄여서 보낼지와 일반 문자에서 MMS로 전환 시 알림을 할 것인지에 관한 설정만 있습니다. 기본값으로 사용하는 것을 추천합니다.

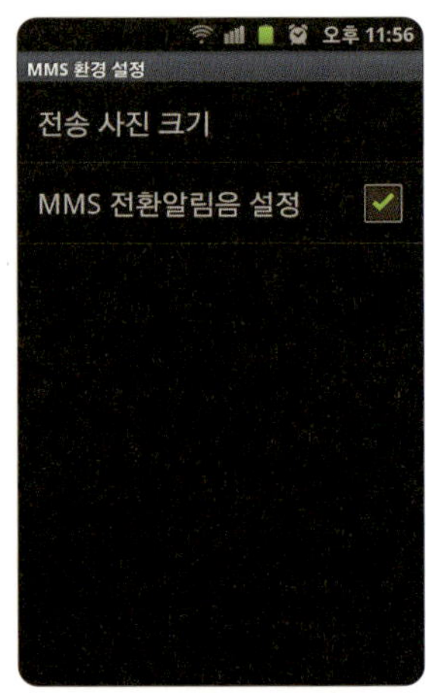

❹ 문자 보기 및 분할 설정 : 대화형 보기는 맨 처음 설명했던 내용입니다. 여기서 체크를 해제하면 항상 폴더형 보기로 시작됩니다. 자동 저장은 보낸 문자를 저장하게 하는 설정입니다. 분할 설정은 문자에서 폰을 가로로 돌리면 분할되는 설정을 켜고 끕니다.

기본적으로 체크되어 있어 폰을 가로로 돌리면 이미지처럼 보이게 됩니다. 하지만 설정에서 해제하면 분할되지 않습니다.

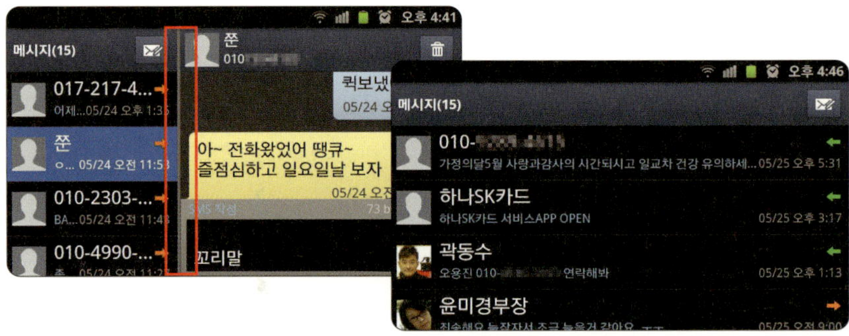

❺ **스팸 차단 설정** : 스팸 차단 설정에서는 지겨운 스팸 문자를 차단할 수 있습니다. 문구를 추가하거나 번호를 등록해서 차단합니다. 문구는 해당 문구를 포함한 모든 문자를 스팸함으로 보내기 때문에 문구 선정에 주의가 필요합니다.

최근엔 스팸 문자도 띄어쓰기나 단어 중간에 특수문자를 넣는 등의 방식을 사용해서 차단이 점점 힘들어지고 있습니다.

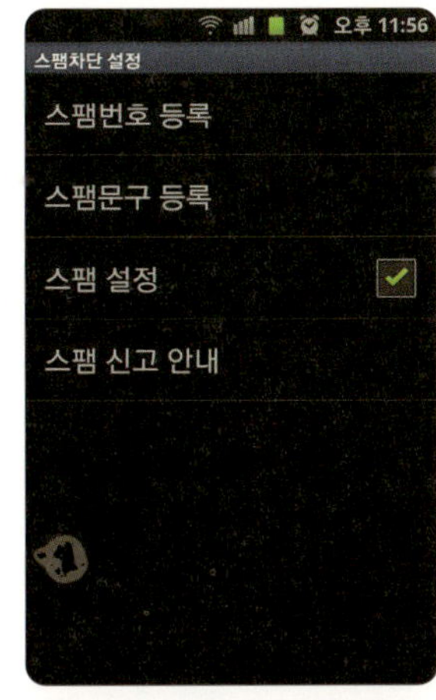

❻ **꼬리말 설정** : 꼬리말 설정은 문자를 보내고 문자의 마지막 부분에 자신을 알릴 수 있는 문구를 삽입하는 메뉴입니다.

꼬리말 설정에 체크를 하고 작성을 눌러서 쓰고 싶은 문구를 넣습니다.

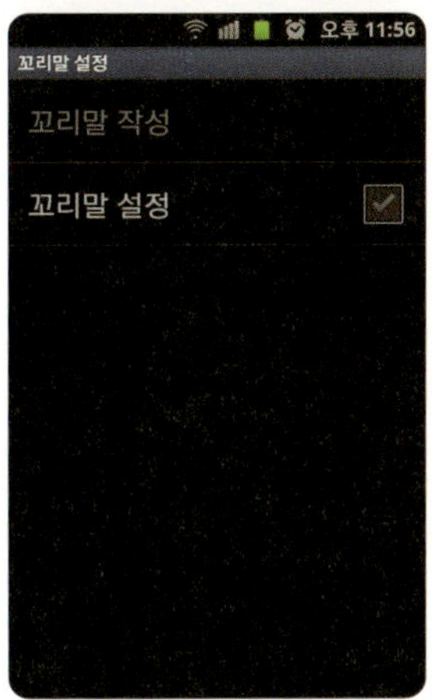

여기서는 꼬리말이라고 써보았습니다. 이제 문자 작성을 하게 되면 자동으로 아래쪽에 꼬리말이라는 문구가 적혀있는 것을 볼 수 있습니다. 하지만 꼬리말의 글자 수만큼 문자를 적는 공간이 적어집니다.

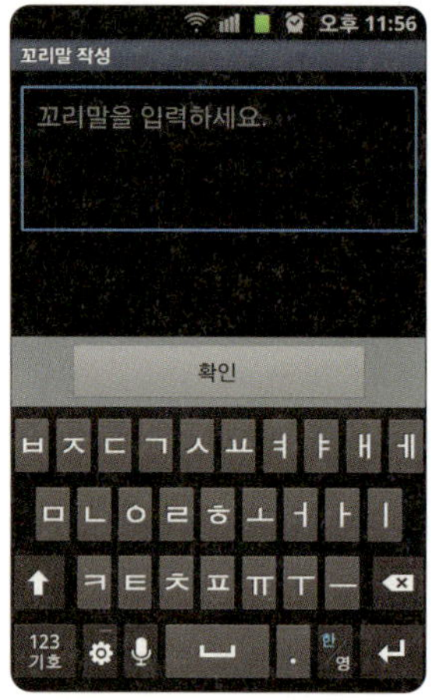

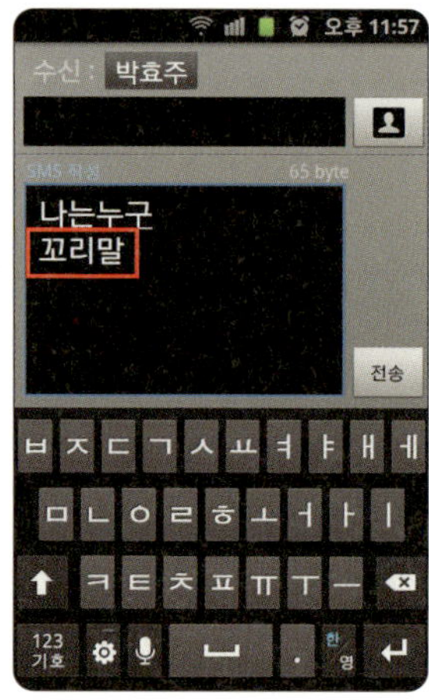

❼ **상용구 설정** : 상용구 설정은 전화가 왔을 때 하단 메뉴의 빠른 문자 보내기 내용을 수정합니다. 기본적으로 10개의 메시지가 입력되어 있습니다. 변경하고 싶은 문구를 선택하면 수정모드로 전환이 됩니다. 자신이 원하는 메시지를 적어둡니다.

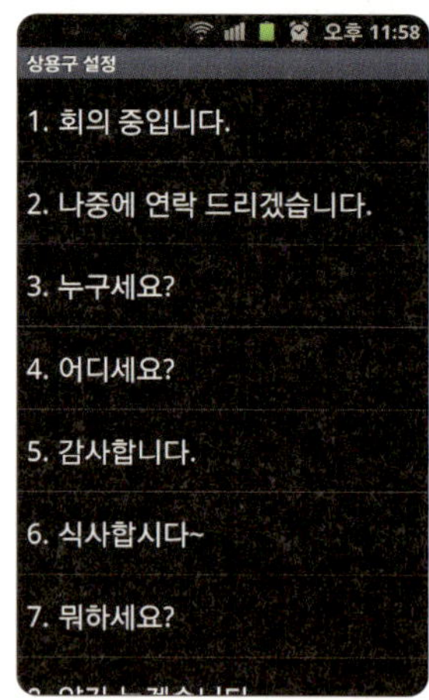

❽ **신용카드 문자 설정** : 문자 수신 시 이 설정에 등록된 문구가 들어간 문자는 신용카드 문자로 분류하는 기능입니다. 카드 사용 문자를 따로 분류하는 기능이라고 보면 됩니다. 자세한 내용은 도움말을 읽어 보면 됩니다.

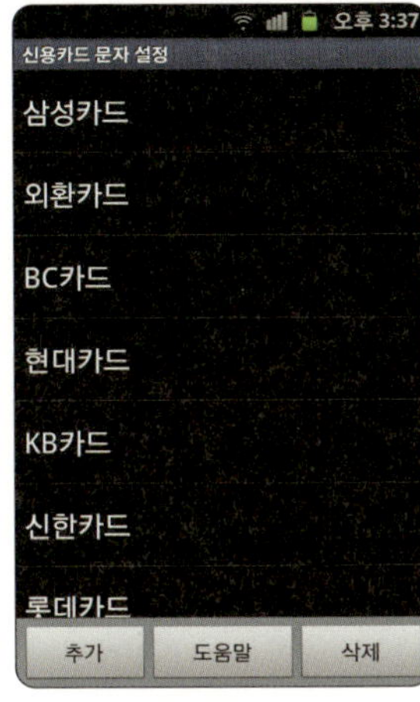

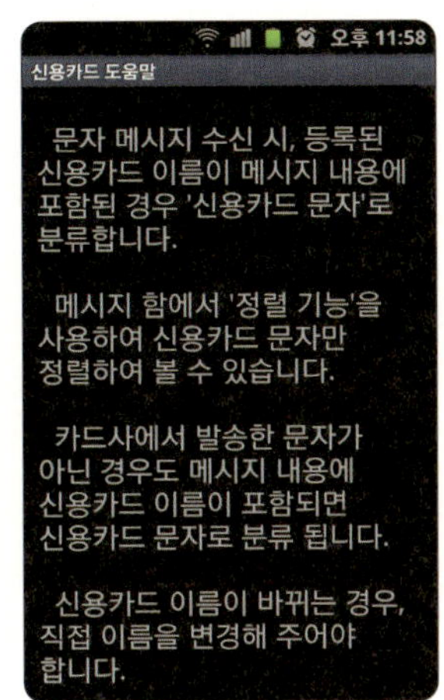

❾ **메시지 사용 기록** : 문자 메시지를 이용한 모든 기록을 보여줍니다. 단순히 기록을 확인하는 정도입니다.

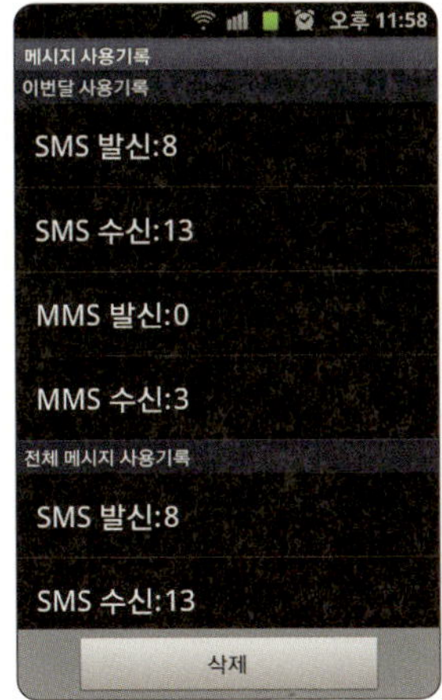

⑩ **폴더 보기 페이지당 메시지 개수** : 하나의 폴더나 말풍선에서 보이는 메시지 개수를 조정합니다. 기본값으로 두고 사용하면 되겠습니다.

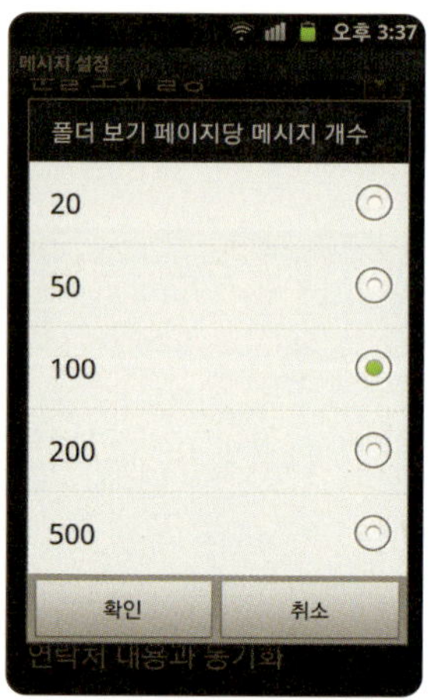

⑪ **연락처 내용과 동기화** : 연락처에 없는 번호로 문자가 온 경우에는 상대방 번호가 그대로 보이게 됩니다. 그런데 나중에 연락처에 이 번호를 등록하는 경우가 있습니다. 하지만 연락처에 등록을 해도 여전히 메시지함에는 번호만 나타나는 경우가 있습니다. 이런 경우 이 메뉴를 실행함으로써 연락처의 번호를 문자 메시지에 적용하게 됩니다.

[더보기]를 선택하면 보이지 않는 폴더로 이동을 할 수 있습니다. 예를 들면 USIM이나 스팸함이 이에 해당됩니다. 기본적으로 보이지 않지만 메뉴를 통해서는 언제든지 확인할 수 있습니다.

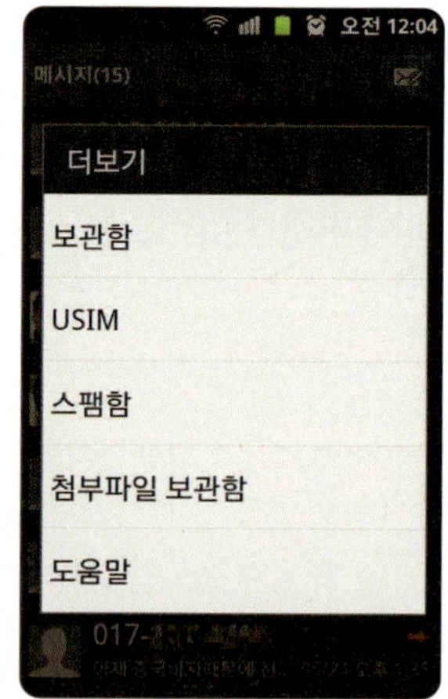

볼륨 키를 이용한 문자 크기 조절 방법

문자를 볼 때 문자의 글씨 크기가 너무 작다면 볼륨 키를 이용해서 글자 크기를 변경할 수 있습니다.

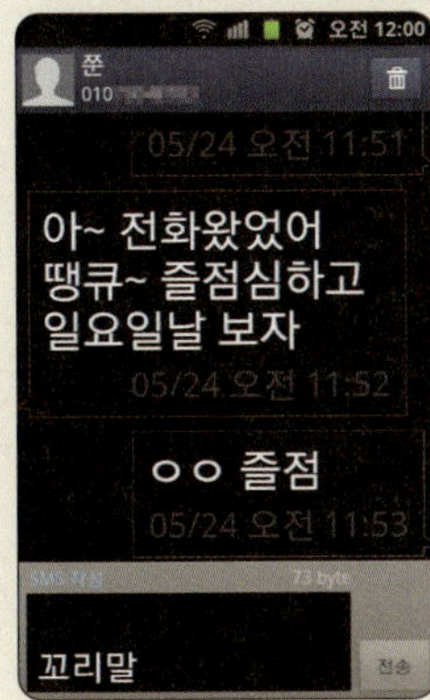

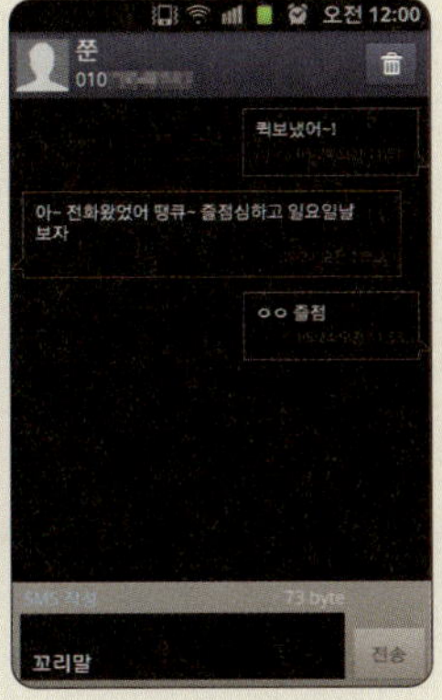

문자 메시지의 발신인 변경 방법

대화형 문자를 쓰다 보면 발신인 변경이 안 된다고 착각할 수 있습니다. 하지만 변경이 가능합니다. 문자 작성할 때 받는 사람의 연락처를 적는 부분을 터치한 후 메뉴 버튼을 누르면 발신인 변경이라는 메뉴를 볼 수 있습니다. 여기서 번호를 바꾸면 상대방에게 자신의 번호 대신 다른 번호로 해서 문자를 보낼 수 있습니다.

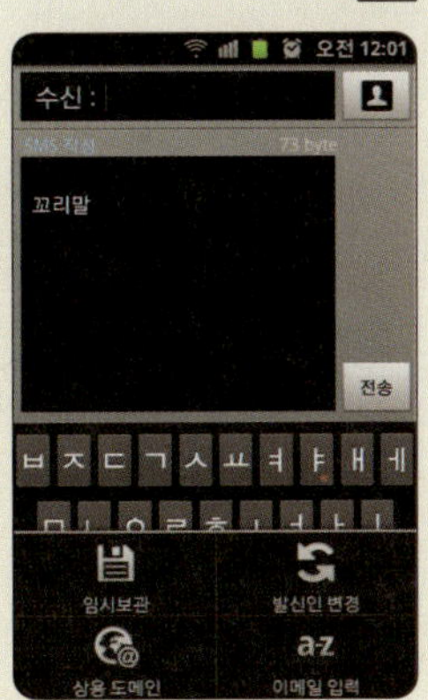

입력기에 숨겨진 기능 살펴보기

갤럭시의 터치 패드는 꽤 편합니다. 오타도 나지 않고 간격이나 크기가 적당해서 누르기 좋습니다. 이 키패드에는 숨겨진 기능이 있습니다. 대단한 기능은 아니지만 소소하게 자주 이용되는 부분입니다.

● 드래그를 이용한 키패드 전환

일단 키패드를 왼쪽이나 오른쪽으로 빠르게 드래그하면 키패드가 전환됩니다. 한글 → 영어 → 기호 형태로 돌아가면서 바뀌게 됩니다.

● 드래그를 이용한 입력 화면 확대

이번엔 위에서 아래로 빠르게 드래그하는 방법입니다. 위에서 아래는 키패드 내에서 위에서 아래로 드래그입니다. 예를 들면 쿼티 키패드 'ㅅ'에서 빠르게 아래로 드래그하면 키패드를 내릴 수 있습니다. 가끔 키패드 없이 화면을 봐야 할 때 이용하면 되겠습니다.

● 마침표를 이용한 특수기호 단축키

마지막으로 [.]키를 길게 누르고 있으면 자주 사용하는 특수기호를 입력할 수 있습니다.

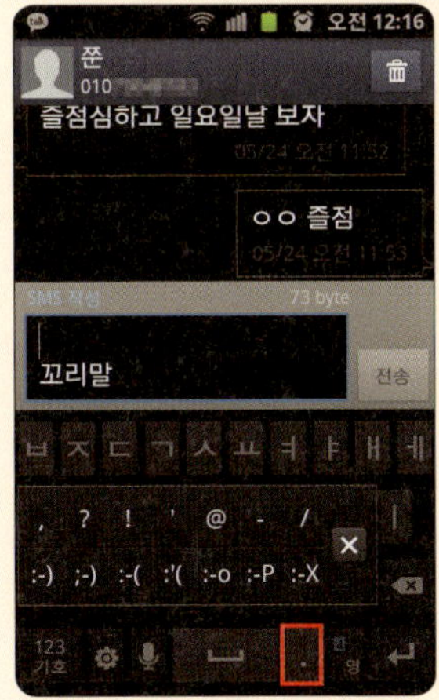

Chapter 05.

스마트폰의 핵심, 앱 활용하기

앱을 설치하고 사용하는 방법을 알아야 스마트폰을 적극적으로 활용할 수 있습니다. 그래서 이번 장에서는 앱 설치 방법에 대한 이야기를 하려고 합니다. 아이폰의 경우는 앱 설치가 앱스토어에서만 이루어지는 것에 비해 안드로이드에서는 앱 설치 방법이 다양합니다. Google 마켓, 통신사 마켓, 삼성 앱스 그리고 사용자에 의한 직접 설치 이렇게 총 4가지입니다.

안드로이드 기본 앱 스토어, 마켓(Market™)

안드로이드 기본 앱 스토어인 마켓을 이용하는 방법을 확인해보겠습니다. 사용이 쉽고 간단하여 이용하는 데 크게 어려운 점은 없습니다. 특히나 아이폰처럼 복잡한 등록 절차가 없어 누구나 Google 계정만 있다면 이용할 수 있는 장점이 있습니다.

안드로이드 마켓 살펴보기

스마트폰에서 앱이 빠진다면 '앙꼬' 없는 빵과 같습니다. 그만큼 둘을 뗄래야 뗄 수 없는 사이라고 할 수 있습니다. 안드로이드를 이용하면 누구나 사용하는 안드로이드 마켓을 살펴보겠습니다. 마켓은 메인 메뉴에서 쉽게 찾을 수 있습니다.

● 마켓의 메인 화면 구성

Google에서 제공하는 마켓의 메인 화면을 살펴보겠습니다. 안드로이드는 공식적으로는 이 Google 마켓을 통해서 앱을 설치하게 되어 있습니다.

❶ **검색** : 마켓 내에서 앱을 검색할 수 있습니다.

❷ **추천 앱** : 자동으로 로테이션되지만 드래그 또는 플릭으로 이동 가능합니다.

❸ **카테고리** : 3개의 큰 카테고리가 보여집니다만 이 중 게임 카테고리는 이용할 수 없습니다. 큰 카테고리를 선택하면 다시 세부적인 분류를 통해 볼 수 있습니다.

❹ **추천 애플리케이션** : 추천 앱을 보여줍니다. 마켓 접속 시마다 추천 앱이 바뀌게 됩니다.

게임 카테고리를 이용할 수 없는 이유 tip

국내에서 게임 등록은 오픈 마켓 이용 법률에 따라서 사전심의를 거쳐야 하는데 이를 따를 수 없는 Google은 국내에서만 게임 카테고리에 접속을 할 수 없도록 막았습니다. 하루 빨리 법안이 개정되어야 될 부분입니다.

● 메인 화면+메뉴 버튼

마켓에서 메뉴 버튼을 눌러본 화면입니다. 검색, 내 애플리케이션, 설정, 도움말을 볼 수 있습니다.

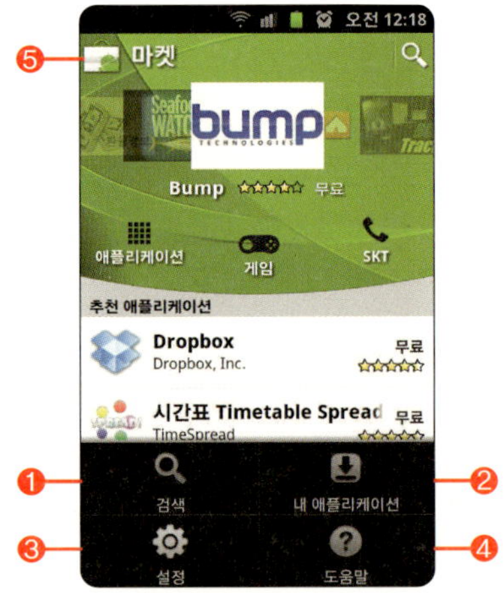

❶ **검색** : 앞서 설명한 검색 기능과 같습니다.

❷ **내 애플리케이션** : 마켓을 통해서 다운로드한 앱을 리스트로 보여줍니다. 따라서 이 메뉴에서는 다운로드 내역을 확인하고 앱 업데이트를 일괄 진행할 수 있습니다.

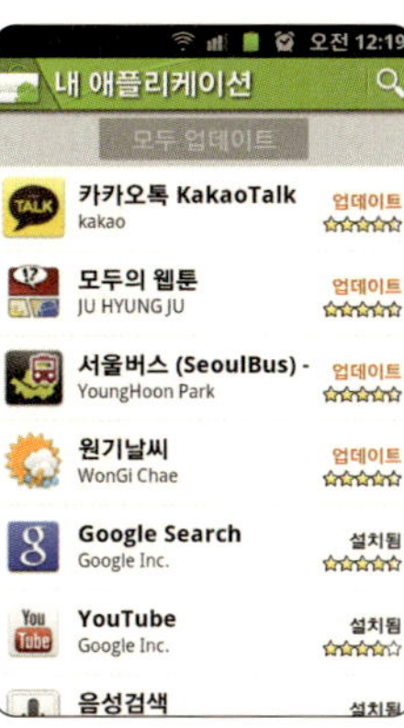

❸ **설정** : 앱 등급 지정과 새로운 업데이트 알림에 대한 설정 그리고 광고 수신에 대한 설정이 있습니다.

❹ **도움말** : 마켓 이용 방법에 대한 안내 페이지를 볼 수 있습니다.

❺ **홈** : 마켓의 메인 화면으로 이동합니다.

● 앱 설치

앱 설치는 몇 번의 터치만으로 이루어집니다. 임의로 페이스북을 설치해 보겠습니다.

01 앱을 선택하면 앱 소개 화면이 나옵니다.

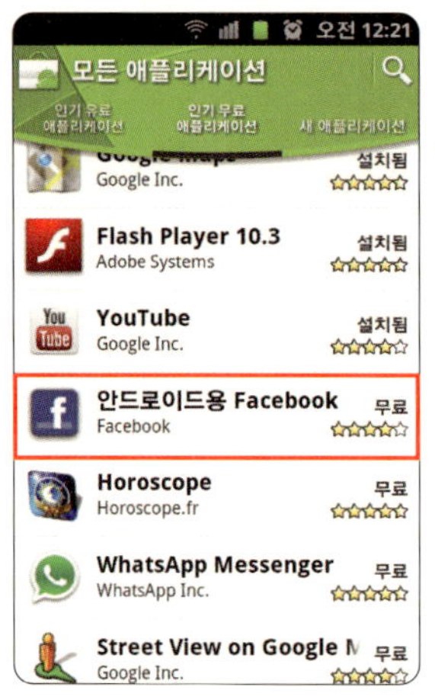

02 앱을 미리 볼 수 있는 스크린샷과 이미 사용을 한 사용자의 후기를 볼 수 있습니다. 무료는 크게 문제가 없지만 유료에서는 꼼꼼히 읽어 보는 것이 좋겠습니다. [무료]를 터치하면 [확인]으로 바뀌면서 앱의 기능이 표시됩니다. 이 부분을 잘 확인해야 나중에 악성 앱들을 막을 수 있지만 매번 확인한다는 것이 간단한 일은 아닙니다.

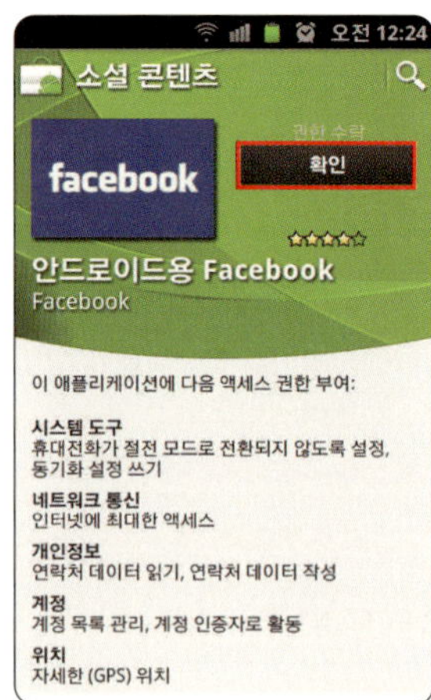

03 다시 한번 확인을 선택하면 설치가 진행됩니다. 설치는 자동으로 진행되니 계속해서 신경을 쓰지 않아도 됩니다. 앱 설치 중에는 알림창을 통해서 진행 상태를 볼 수 있습니다.

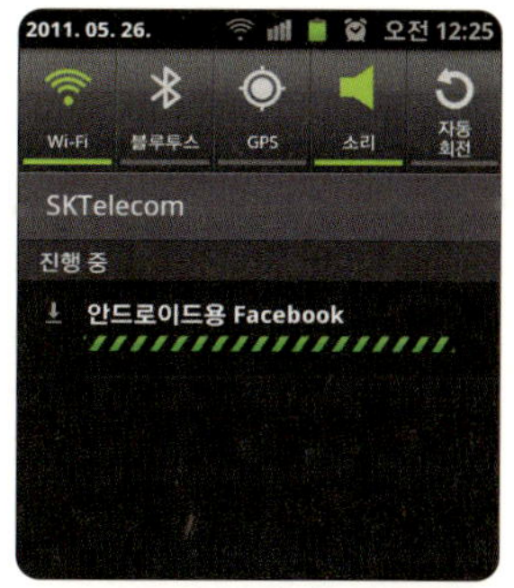

앱의 노출 순위를 결정하는 요소

tip

마켓에서 특정 카테고리나 전체 카테고리에 들어갔을 때 보이는 앱은 단순히 마구잡이 순서가 아닙니다. 맨 위에서부터 가장 인기가 좋은 앱순으로 정렬되어 있습니다. 이는 검색을 했을 때도 마찬가지입니다. 따라서 가장 위에 보이는 앱이 가장 인기 있는 앱이라고 보면 되겠습니다.

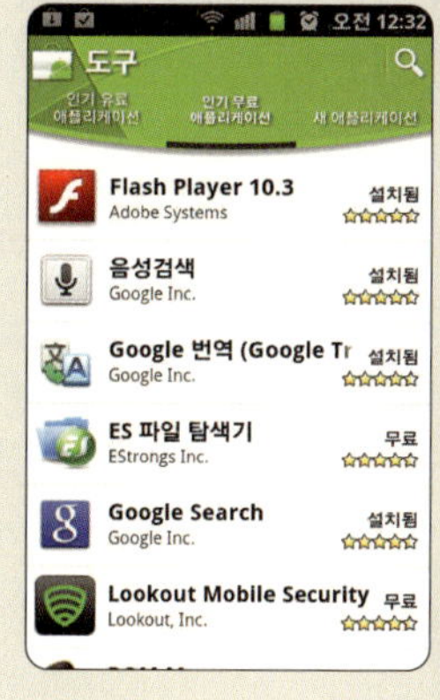

2 안드로이드 마켓 유료 결제 방법 살펴보기

Google 마켓과 앱 설치 방법까지 확인했습니다. 이번엔 유료 앱 구매에 대해 알아보겠습니다. 유료 앱 구매 및 설치는 조금 전에 설명한 앱 설치 방법과 같습니다. 다만 처음 이용 시 카드 등록을 해야 합니다.

01 유료 앱 카테고리에서 임의로 하나를 선택해보았습니다. 앞서 확인해 본 앱 설치와 다른 점이 있습니다. [무료] 부분이 [구입]으로 바뀌고 설치 단추에 앱 가격이 써있습니다. 구입을 위해 가격이 써있는 [US$3.91]을 터치합니다.

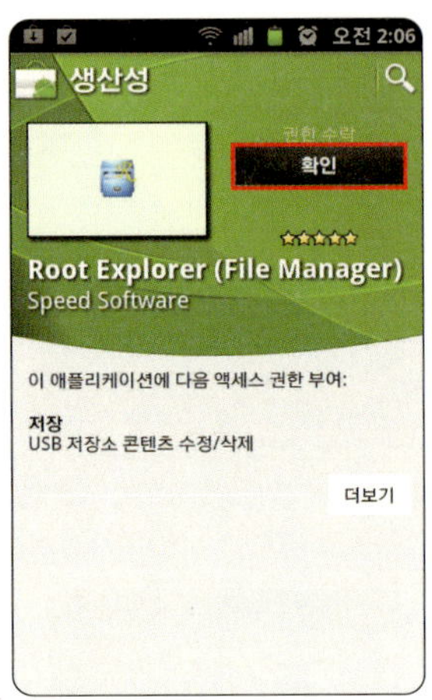

02 조금 전엔 바로 설치가 진행되었지만 유료 앱은 카드 등록이 필요합니다. 등록이 가능한 카드는 이미지에서도 보이지만 국내에서는 비자와 마스터카드뿐임을 알 수 있습니다. 이 2개의 카드가 없다면 Google 마켓에서 유료 앱 구매는 할 수 없습니다. 결제 방식을 [신용카드 추가]로 선택합니다.

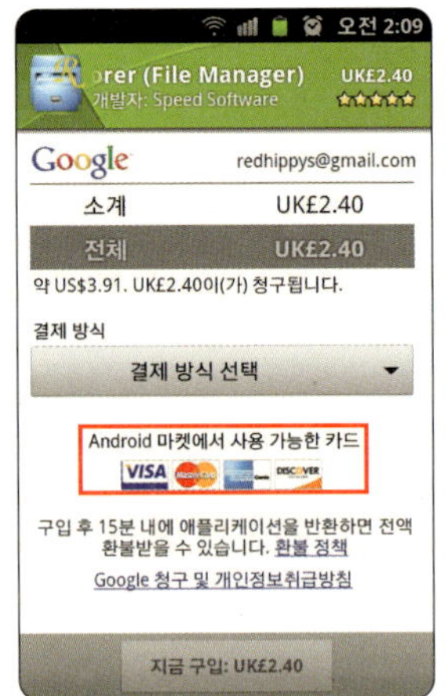

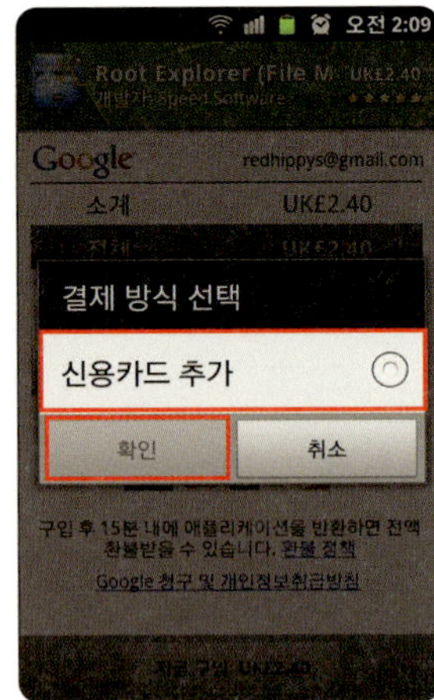

03 등록 화면으로 바뀌면 카드번호, 유효기간, 주소 등등의 정보를 모두 입력합니다. 주소 부분은 한글로 입력해도 무관합니다. 입력 중 우편번호는 반드시 xxx-xxx 형식으로 입력합니다.

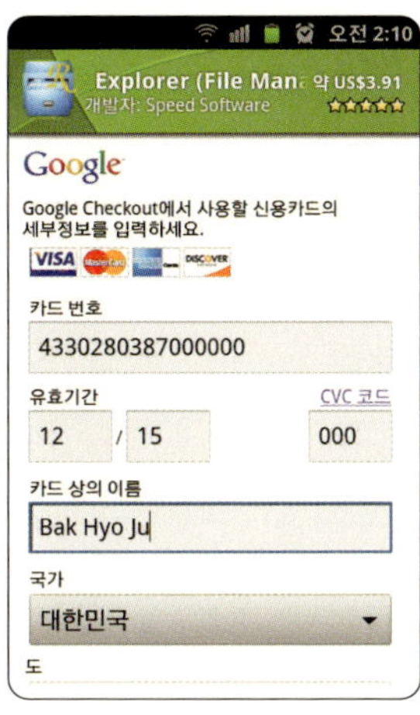

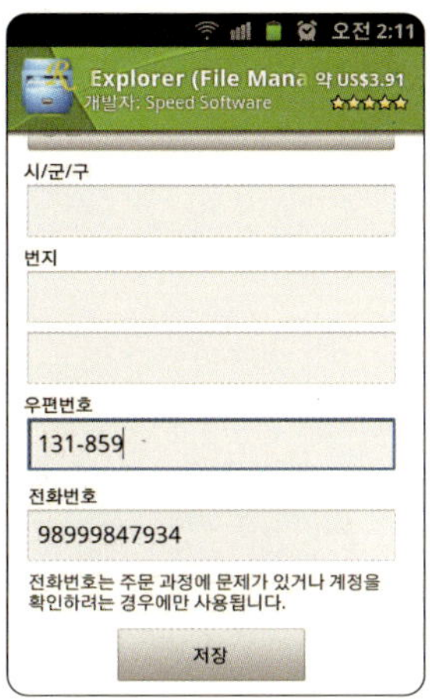

04 카드 정보를 모두 입력하고 나면 문자로 1달러가 결제되었다고 알림이 옵니다. 하지만 신경 쓰지 않아도 됩니다. 이 문자는 카드가 정상적으로 이용되는지 확인을 위한 결제로, 실제 청구되지 않습니다. 완료되면 결제 방식에 등록된 카드가 보입니다. 이제 어떤 유료 앱이든 카드 등록 절차 없이 쉽게 구매할 수 있습니다.

3 안드로이드 마켓 환불 방법 살펴보기

좋아 보이던 유료 앱 구입해 사용해보니 영 마음에 들지 않을 경우 어떻게 할까요? 바로 환불하면 됩니다. 환불은 Google 정책에 따라 15분 이내에는 아주 쉽게 가능하지만 15분이 지나면 조금 더 복잡하고 시간이 걸리는 절차를 밟아야 합니다.

● 구입 후 15분 전 환불 방법

01 [마켓]을 실행한 후 [메뉴]-[내 애플리케이션]을 선택합니다. 다운받은 앱 목록에서 환불 할 유료 앱을 선택합니다.

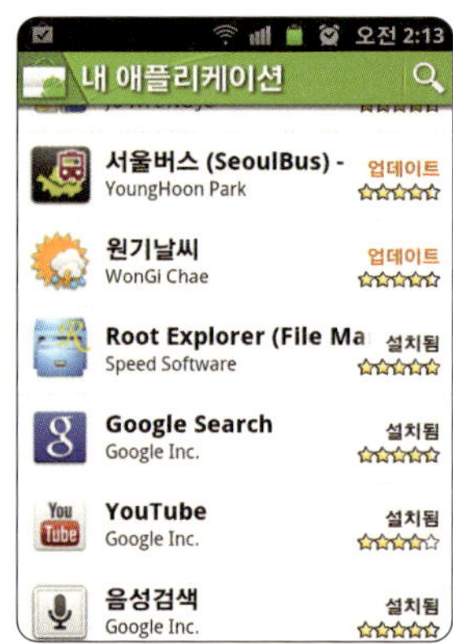

02 [환불]을 터치하면 설치된 앱이 제거됩니다. 그리고 바로 메일로 환불되었음을 알려줍니다.

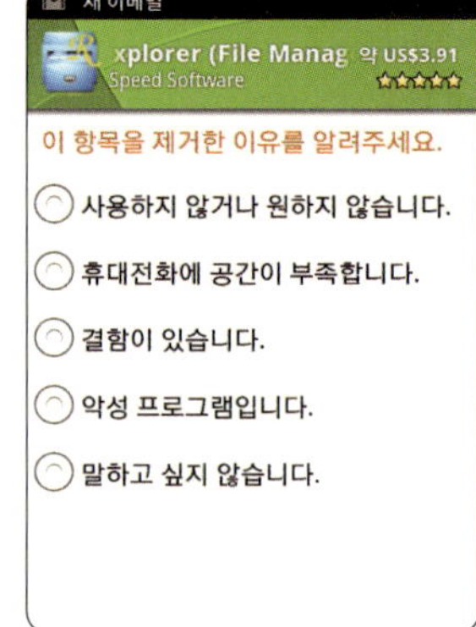

단, 이렇게 환불 받은 앱의 재구매 후에는 환불이 되지 않습니다. 필요할 때만 구입하고 환불하는 방식의 악용을 막기 위한 정책으로 생각됩니다.

● 15분이 지난 후 환불 방법

01 https://checkout.google.com/에서 계정에 로그인하여 [주문 보기]를 클릭합니다.

02 영수증 위쪽에 있는 [판매자 이름에 문의하기]를 클릭합니다.

03 [제목]-[교환/환불을 요청하고 싶습니다.]를 선택한 다음 [메시지] 입력란에 메시지를 입력합니다. 필요한 세부 정보를 입력한 후에 [이메일 보내기]를 클릭합니다.

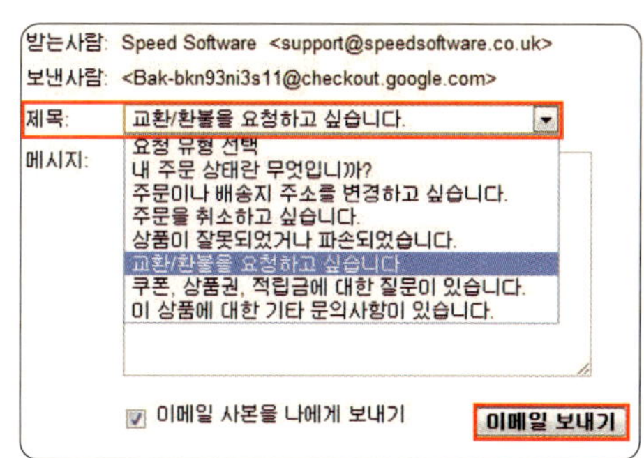

이렇게 메일을 보내도 판매자는 판매자의 정책에 따라 취소 요청을 수용하거나 수용하지 않을 수 있습니다. 취소된 주문은 자동으로 환불되며 복원할 수 없습니다.

Theme 10

T스토어

현재 국내의 통신사 마켓은 3개가 있습니다. T스토어, 올레 마켓, Oz스토어입니다. 여기서 가장 큰 앱스토어는 T스토어로, 가장 활성화가 많이 된 스토어입니다. 갤럭시 S2는 3개의 이동통신사에서 모두 판매하고 있어 각 스토어를 모두 소개해야 하지만 여기서는 T스토어만 소개하겠습니다.

T스토어는 안드로이드의 마켓에서 판매하지 않는 콘텐츠도 있어 국내 안드로이드 사용자에게는 득이 되는 점을 가지고 있습니다.

1 T스토어 메인 화면 살펴보기

일단 처음 확인해볼 부분은 메인 화면입니다. 안드로이드 마켓과 유사해 보이지만 조금 더 많은 정보를 포함하고 있습니다.

❶ **검색** : T스토어 내에서 앱을 검색할 수 있습니다. 마이크 아이콘을 통해서 음성 입력이 가능합니다.

❷ **카테고리** : 게임, FUN, 생활 등 다양한 카테고리가 있습니다. 카테고리 선택 시 아래쪽에 앱이 카테고리에 맞게 변경됩니다.

❸ **추천 앱** : 이미지를 통한 추천 앱을 보여줍니다. 이미지 선택 시 해당 앱 소개로 이동합니다.

❹ **정렬** : 유료 Best, 무료 Best, 추천, New 등의 주제별로 앱을 정렬해서 볼 수 있습니다. 맨 오른쪽의 화살표를 누르면 다른 정렬 항목을 볼 수 있습니다.

T스토어 메뉴 살펴보기

T스토어의 기본 메뉴들을 확인해보겠습니다. T스토어 메인 화면에서 메뉴 버튼을 누르면 하단에 메뉴가 나타나는 것을 볼 수 있습니다. 메뉴는 공지 사항, 마이 페이지, 검색, 다운로드, 이용 안내가 있습니다. 각 메뉴 역할을 확인해보겠습니다.

❶ **공지 사항** : T스토어에 관련된 다양한 사항을 확인합니다. T스토어의 새로운 서비스에 대한 안내도 확인할 수 있습니다. 그리고 공지사항은 T스토어 메인 화면에서

만 나오는 메뉴로 다른 메뉴에서는 메인이라는 메뉴가 나옵게 됩니다. 메인을 선택하면 T스토어 메인 화면으로 돌아옵니다.

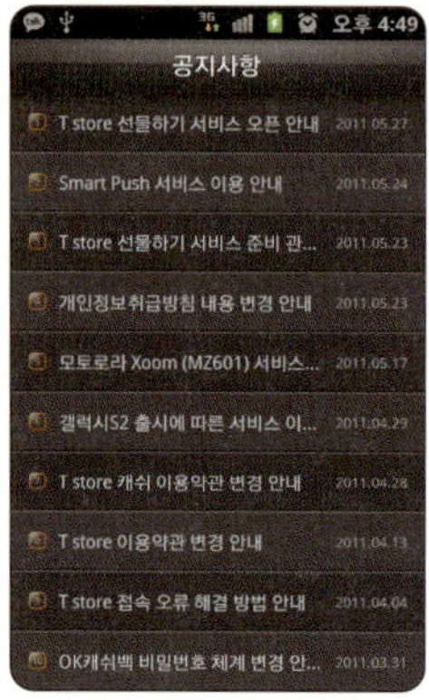

❷ **마이 페이지** : 구매 내역, 선물함 그리고 Cash 내역에 관한 정보를 확인합니다.

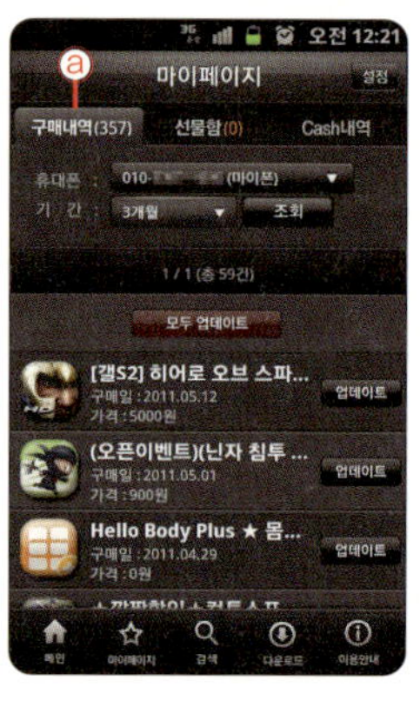
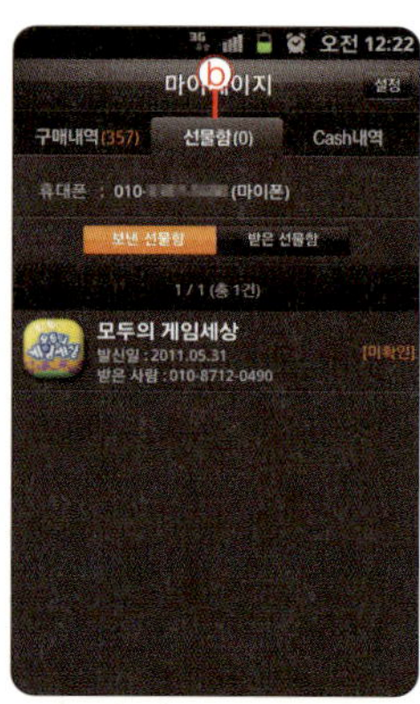
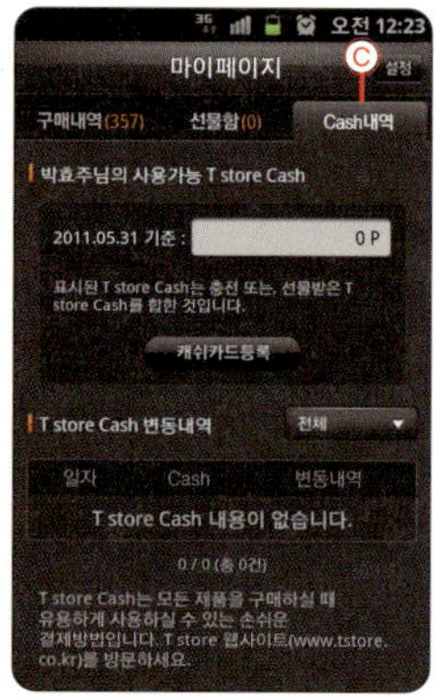

ⓐ **구매 내역** : 한 번 구매했던 앱을 다시 다운로드하거나 업데이트할 수 있습니다.

ⓑ **선물함** : 최근 업데이트된 T스토어에서 이용 가능한 메뉴로 친구에게 앱을 선물해주거나 친구가 보내준 앱을 확인하는 메뉴입니다.

ⓒ **Cash 내역** : T스토어 캐시를 확인하는 메뉴입니다. 카드 등록과 이용 내역 확인도 할 수 있습니다. 참고로 T스토어 캐시는 T스토어에서만 이용하는 간편한 결제 수단입니다.

❸ **검색** : T스토어 내의 앱을 검색합니다. 메인 화면 상단의 검색은 통합 검색이라고 한다면 검색 메뉴는 카테고리별 검색 기능을 가지고 있습니다.

❹ **다운로드** : 앱 설치의 진행 상황을 확인해 볼 수 있습니다. 앱 설치가 원활하지 않을 때 이 메뉴에서 재시도하거나 취소할 수 있습니다.

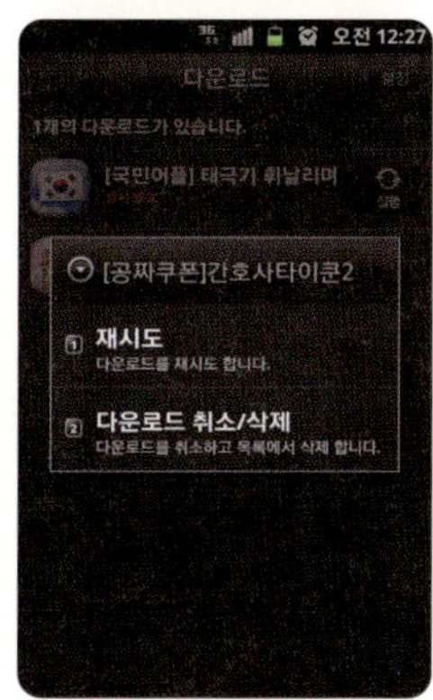

❺ **이용 안내** : T스토어 이용에 관련된 전반적인 내용을 담고 있습니다. 간단하게 확인해볼 용도라면 한 번 읽어보는 것도 나쁘지 않습니다.

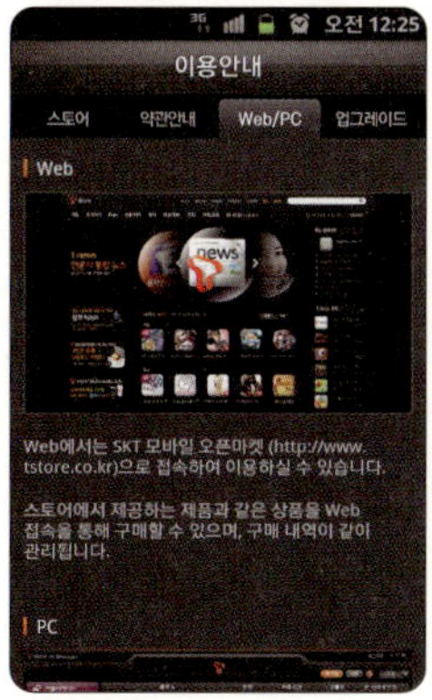

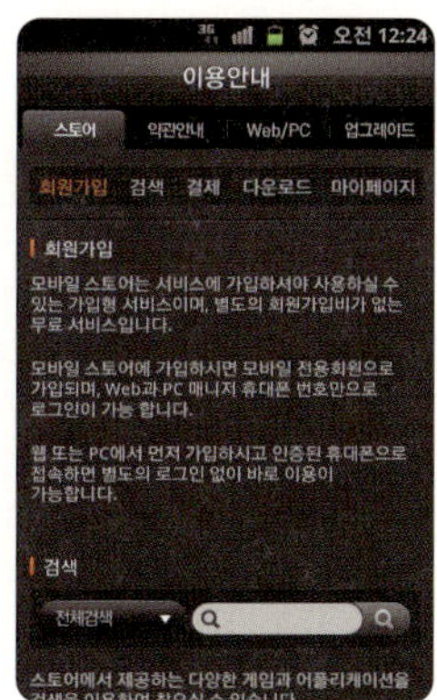

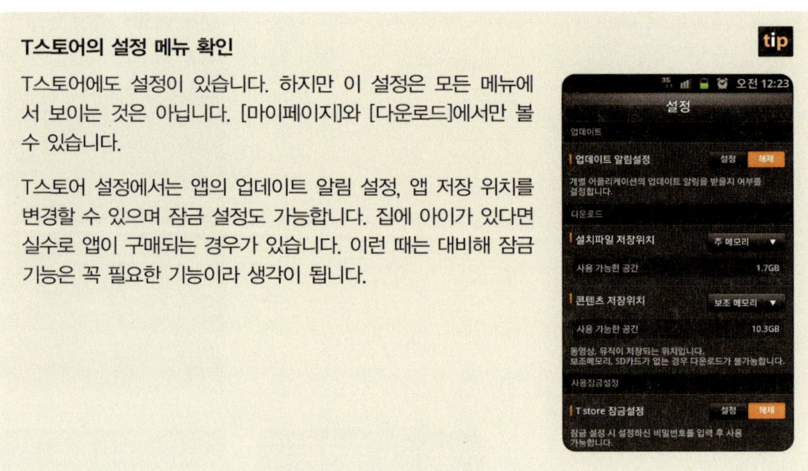

T스토어의 설정 메뉴 확인

tip

T스토어에도 설정이 있습니다. 하지만 이 설정은 모든 메뉴에서 보이는 것은 아닙니다. [마이페이지]와 [다운로드]에서만 볼 수 있습니다.

T스토어 설정에서는 앱의 업데이트 알림 설정, 앱 저장 위치를 변경할 수 있으며 잠금 설정도 가능합니다. 집에 아이가 있다면 실수로 앱이 구매되는 경우가 있습니다. 이런 때는 대비해 잠금 기능은 꼭 필요한 기능이라 생각이 됩니다.

3 앱 설치하기

마켓과 크게 다르지 않습니다. 원하는 앱을 찾아서 선택한 후 [구매하기]를 누르면 됩니다. 단 유료 앱은 구매 전에 앱 소개와 사용자의 후기를 잘 보고 선택하는 것이 중요합니다. [구매하기]를 누르면 결제 화면으로 이동합니다.

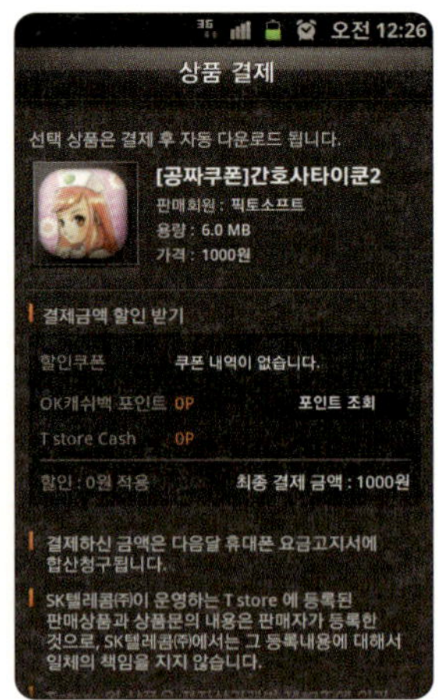

결제는 전화요금에 후불로 청구됩니다. 결제 안내 화면을 잘 보고 [결제하기]를 누르면 됩니다. 결제 전에 사용 중인 OK캐시백 카드가 있다면 등록하는 것이 좋습니다. 구매 금액의 4%를 포인트로 돌려줍니다.

최근 업데이트로 선물하기도 가능해졌습니다. 선물하기를 누르고 상대방 번호를 입력하면 앱의 사용 가능 여부를 확인하고 결제 페이지로 이동합니다. 여기부터는 앱 구매하기와 동일합니다.

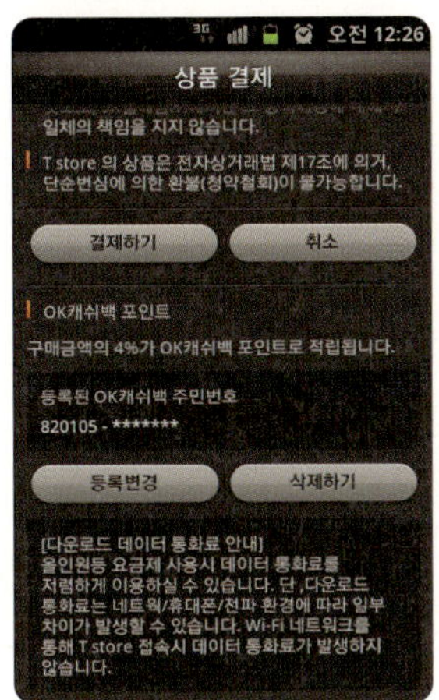

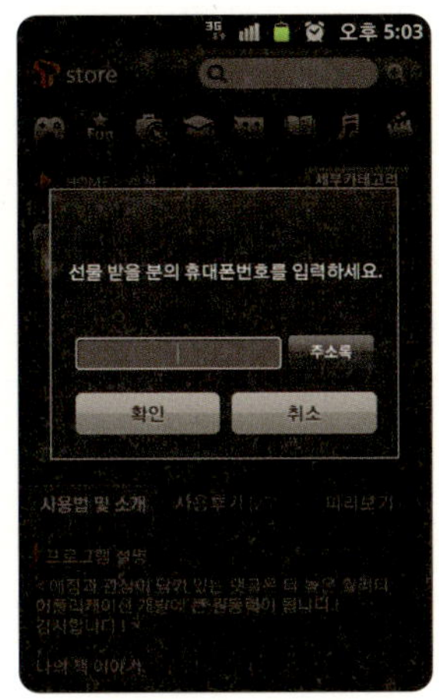

 구입한 앱 환불하기

원칙적으로 T스토어에서 구입한 앱은 환불이 되지 않습니다. 단, 콘텐츠의 치명적 오류 또는 시스템 오류로 인해 앱이 구동되지 않을 시에만 결제 취소가 가능합니다. 이때는 고객센터에 전화를 걸어 환불 신청을 하면 되겠습니다.

단, 앱의 구동 불가에 관해서는 사용자가 적극적인 증명을 해야 하며 이 자료를 통해서 판매자가 환불을 수락할 경우에만 가능합니다.

제12조(환불에 관한 규정)
① 본 서비스를 통하여 구매회원이 구매하는 디지털 상품은 구매 즉시 이용 가능한 상태가 되거나 이용하는 것으로 볼 수 있으므로 그 상품의 성격상 그리고 관계법령(전자상거래등에서의 소비자보호등에 관한 법률상의 청약철회 불가 사유 해당 등)상 구매후에는 환불이 불가합니다.
다만, 상품의 기능상 중대한 오류로 인하여 해당 상품의 본래 이용목적의 달성이 현저히 곤란하거나 불가능한 경우, 구매회원은 이미 구매 완료된 상품이라도 회사의 고객센터에 환불 요청을 할 수 있습니다. 고객센터는 환불 요청을 판매회원에게 전달하며 판매회원은 해당 환불 요청에 대해 심사하여 그 결과를 구매회원 및 회사에게 통보합니다. 위 심사결과에 따라 환불이 결정된 경우, 회사는 이용자에게 상품 판매 대금을 환불 조치 합니다.
② 환불을 요청하는 구매회원은 객관적인 입증자료를 회사 고객센터에 제공하여 상품의 하자 등 환불사유를 증명하여야 합니다.
③ 환불 요청 기간은 관련법령(전자상거래법)에서 규정하는 기간에 따릅니다.

Theme 1

삼성 앱스 (Samsung Apps™)

갤럭시S2의 펌웨어 업데이트 후, 삼성 앱스가 기본 앱스토어로 탑재되었습니다. 혹시나 업데이트 전이어서 삼성 앱스가 없다면 삼성모바일닷컴을 통해서 다운로드가 가능합니다.

삼성 앱스는 아직 많이 완전한 모습이라고 할 수 없습니다. 아직까지 유료 앱은 없으며 모두 무료만 제공합니다. 앱도 마켓이나 다른 앱스토어에서처럼 자동 설치가 아닌 다음 테마에 설명할 APK 설치 방법으로 설치하게 됩니다. 아직은 부족하지만 앞으로는 기대해볼 수 있는 스토어입니다. 삼성 앱스 이용법을 간단하게 확인해보겠습니다.

1 삼성 앱스 메인 화면 살펴보기

메인 화면에는 4개의 탭이 있습니다. 추천, Top, 카테고리, 검색입니다. 추천과 Top에서는 인기가 좋은 앱을 우선적으로 보여줍니다. 카테고리는 앱을 분류별로 살펴볼 수 있습니다. 마지막으로 검색은 앱을 찾는 메뉴입니다.

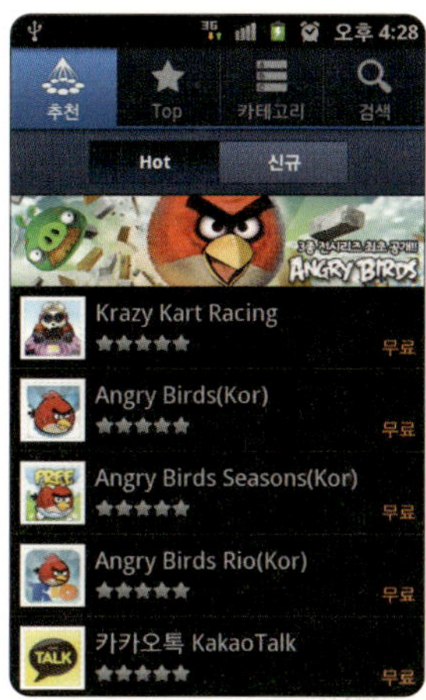

2 앱 설치하기

특별히 어려운 점은 없습니다. 인기 좋은 Angry Birds를 설치해보면서 앱의 설치 방법을 살펴보겠습니다.

01 설치할 앱을 선택합니다. 앱 소개 페이지가 나오면 [내려받기]를 눌러 앱을 설치합니다.

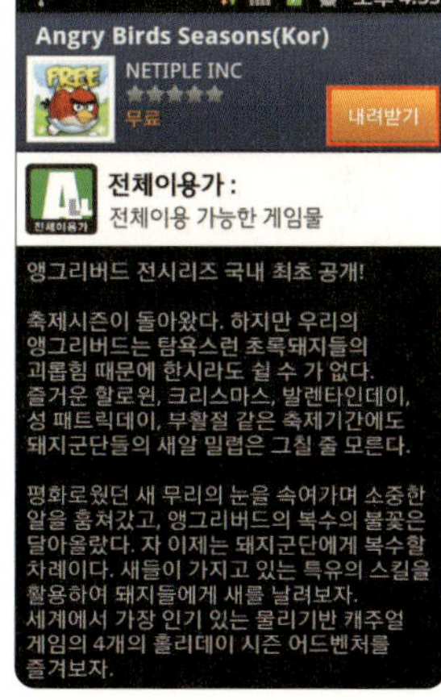

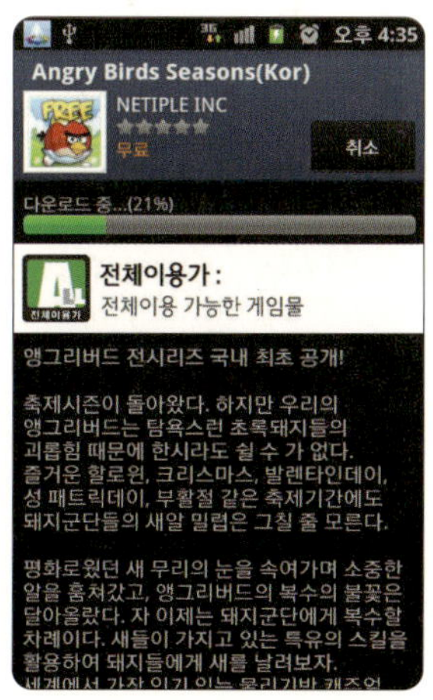

02 앞서 말한 대로 다운로드가 끝나면 자동으로 설치되는 것이 아니라 사용자가 몇 번의 확인 과정을 거쳐야 설치됩니다.

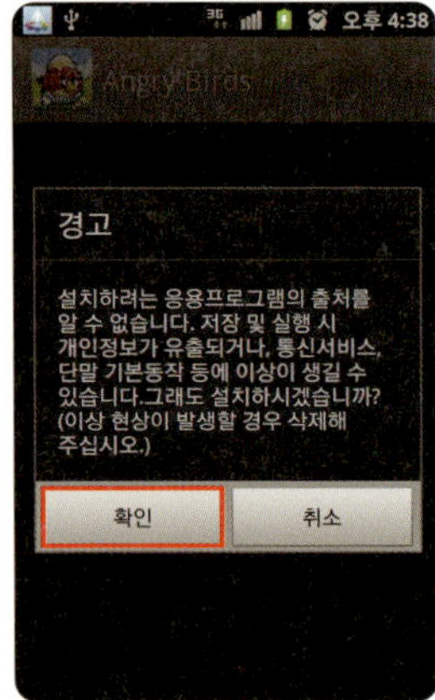

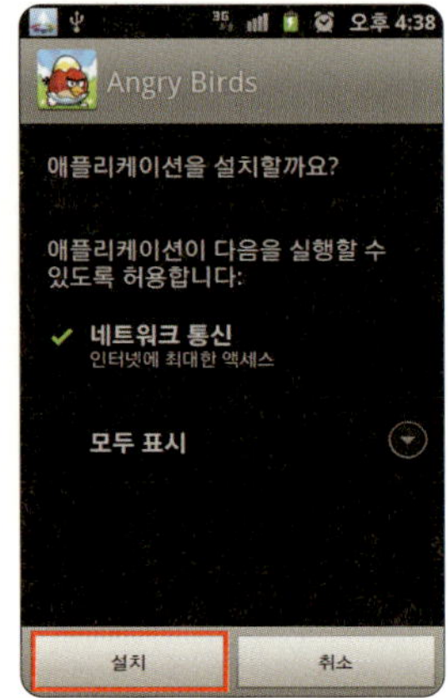

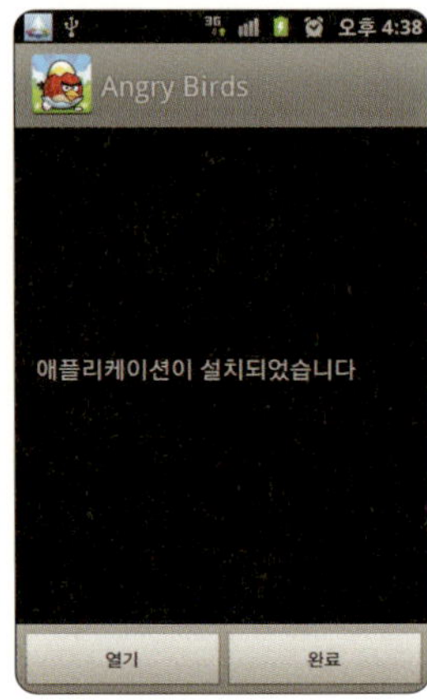

Theme 12

APK 파일의 설치

APK는 안드로이드의 애플리케이션 설치 파일 확장자를 가리킵니다. 생소하지만 안드로이드 사용자가 된 이상 익숙해져야 할 확장자 중에 하나입니다. Chapter 5에서 배울 마지막 내용은 설치 파일을 통한 직접 설치 방법입니다.

1 내장된 기본 APK 파일 설치하기

먼저 기본 내장 APK 파일을 설치하는 방법에 대해 살펴보겠습니다.

01 메인 메뉴에서 [프로그램 설치관리자]를 터치하면 자동으로 내장, 외장 메모리의 모든 APK 파일을 읽어와 목록으로 보여줍니다. 앱 이름 옆의 [설치됨]은 이미 설치된 앱을 나타내고, [업데이트]는 설치된 버전보다 상위 버전이라는 의미입니다.

02 설치 할 앱을 목록에서 선택합니다. '설치가 차단되었습니다' 라는 팝업이 나올 경우 [설정]을 터치합니다(이미 설정되어 있다면 다음 과정으로 진행됩니다). 제일 위에 위에 있는 [알 수 없는 소스]에 체크하고, 안내창이 나오면 확인을 선택해 팝업창을 닫아줍니다. 그리고 설치 화면으로 돌아가기 위해 취소 버튼을 눌러줍니다.

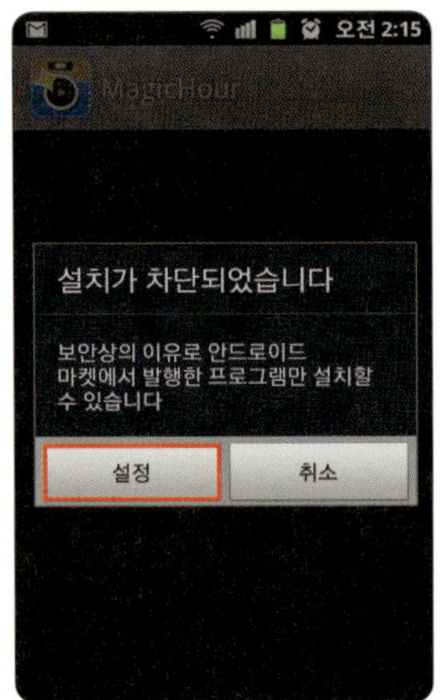

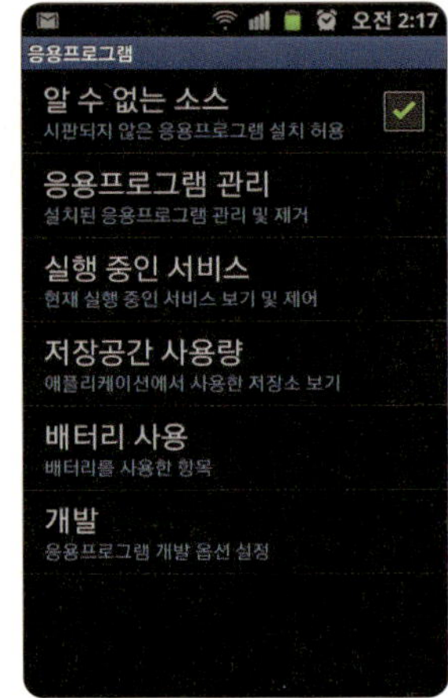

03 앱 설치에 관한 안내가 나오면 내용을 읽어 보고 [확인]을 터치합니다. 애플리케이션 설치 정보가 나타나면 확인하고 [설치]를 터치합니다.

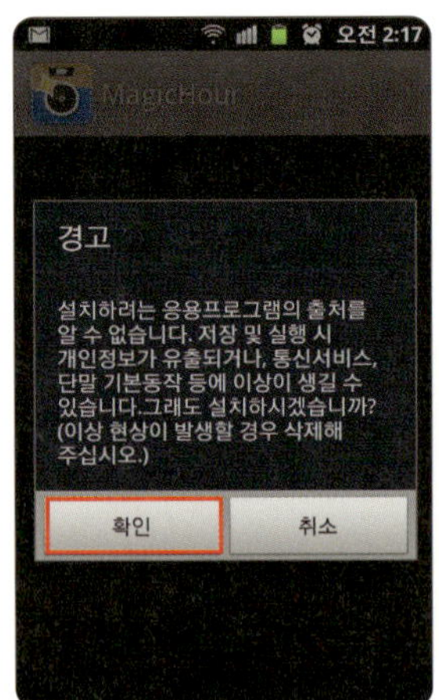

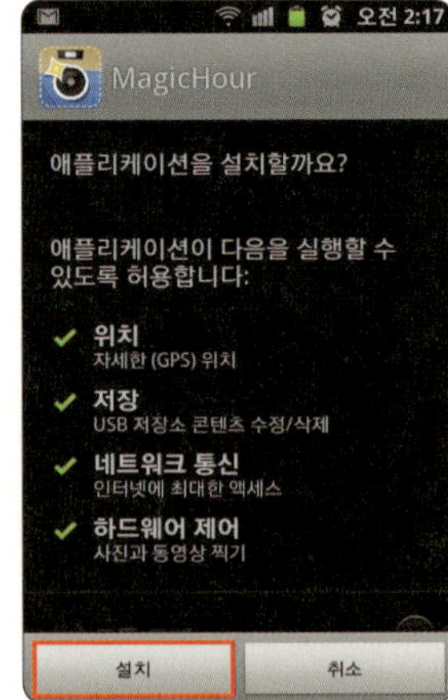

04 설치가 완료될 때까지 대기합니다.

설치 파일을 통한 직접 설치 방법이었습니다. 지금 확인해본 방법은 갤럭시S2에 이미 들어있는 기본 앱 설치 방법이었습니다. 이 방법을 이용하면 외부에서 다운로드한 APK 파일도 설치가 가능합니다.

APK 파일의 자동 설치 세팅 방법

갤럭시S2를 초기화하면 처음 부팅 후에 일부 앱이 자동으로 설치되는 것을 볼 수 있습니다. 이 기능을 통해서 사용자가 자주 이용하는 앱도 설치할 수 있습니다. 단, 초기화 전에 작업을 해둬야 초기화 후에 적용됩니다.

1 갤럭시S2를 PC의 이동식 디스크로 연결한 후, PC에서 갤럭시S2로 이동합니다. apk 폴더를 더블클릭합니다.

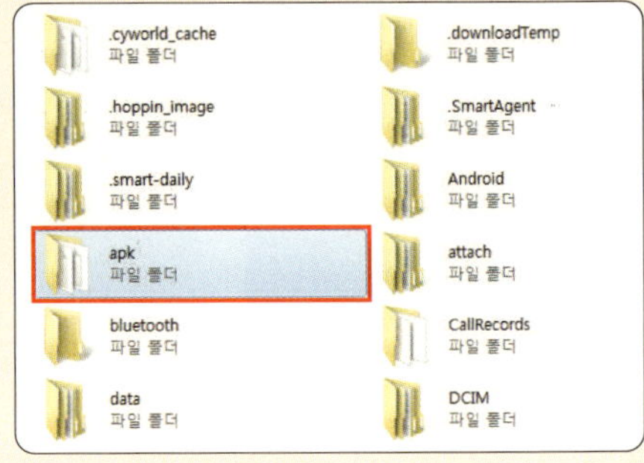

2 preload 폴더를 더블클릭합니다.

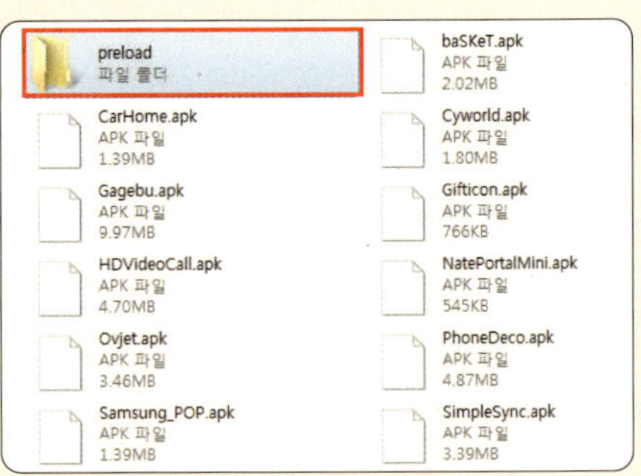

3 이 폴더 안에 자신이 설치하고 싶은 APK 파일을 복사합니다. 설치를 원치 않는 앱은 삭제하거나 다른 폴더로 이동하면 됩니다.

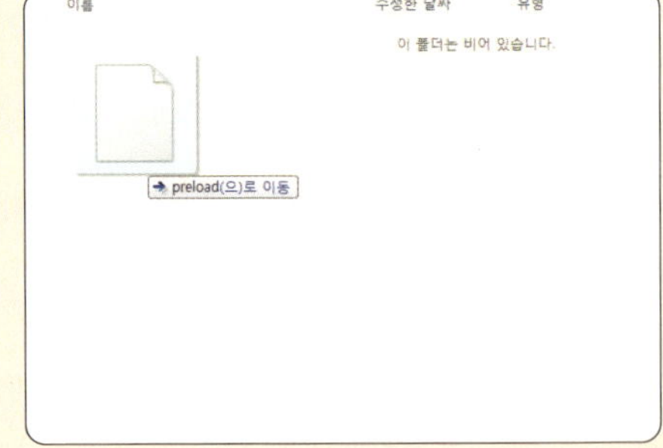

외부 APK 파일 설치하기

카페나 웹사이트에서 다운로드 받은 APK를 설치하는 방법에 대해 살펴봅니다.

01 APK 파일을 갤럭시의 메모리에 복사합니다. 복사는 아무 폴더에나 해도 상관없습니다. 하지만 깔끔한 정리를 위해 APK 폴더에 하겠습니다. 복사가 완료되면 PC와 연결을 해제합니다.

Cyworld.apk
APK 파일
1.80MB
HDVideoCall.apk
APK 파일
4.70MB
Ovjet.apk
APK 파일
3.46MB
PhoneDeco.apk
APK 파일
4.87MB
baSKeT.apk
APK 파일
2.02MB
CarHome.apk
APK 파일
1.39MB

preload
파일 폴더
hongbo.callrecorder-1.apk
APK 파일
34.7KB
Root_Explorer_v2.13.3.apk
APK 파일
203KB
SwitchPro.apk
APK 파일
255KB

> **APK 파일을 임의의 폴더에 복사해도 되는 이유** tip
>
> 안드로이드에서는 PC와 연결하거나 또는 새로운 콘텐츠 파일을 생성하면 미디어 탐색기가 자동으로 실행됩니다. 미디어 탐색기는 메모리의 새로운 콘텐츠를 전체 검색합니다. 따라서 어느 폴더에 복사해도 단말기에서 콘텐츠 파일을 찾아볼 수 있습니다.

02 이후에는 기본 APK 설치 방법과 동일합니다. '프로그램 설치관리자'를 실행해서 방금 복사한 APK를 선택하여 앱을 설치합니다. 설치가 완료된 후에 다른 APK를 계속 설치하려면 [완료]를, 설치한 앱을 바로 실행하려면 [열기]를 선택합니다.

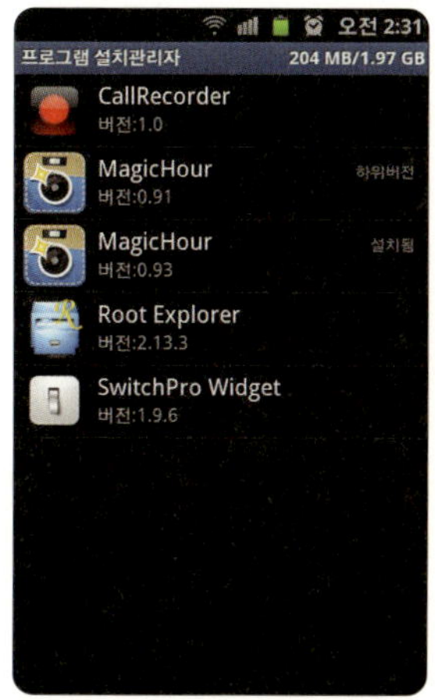

미디어 탐색을 못하게 하는 방법

미디어 탐색기가 모든 영역을 검색하기 때문에 불필요한 콘텐츠까지 모두 표시되는 점은 다소 불편합니다. 예를 들어 안드로이드 게임 중에서는 게임 데이터를 내부 메모리에 저장하는 경우가 많습니다. 이 경우 미디어 탐색기가 게임 데이터까지 모두 검색해서 갤러리나 뮤직 플레이어에서 보여주기 때문에 사용자는 불필요한 파일들까지 보게 됩니다. 이런 경우 말고도 불필요한 폴더를 검색하지 않게 함으로써 미디어 탐색 시간을 단축하는 효과도 볼 수 있습니다. 여기서는 갤러리의 data 폴더를 검색되지 않게 해보겠습니다.

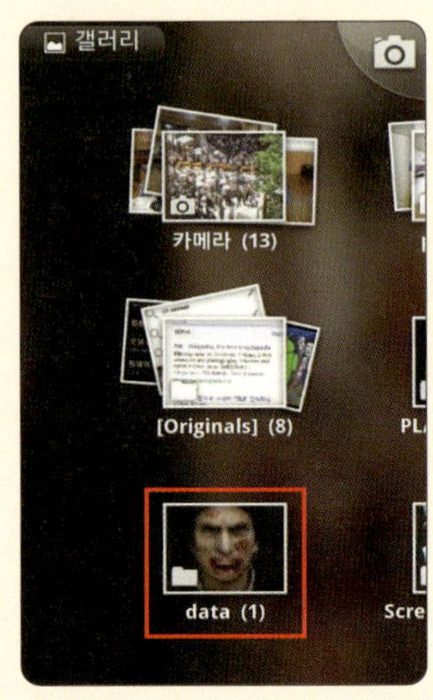

● 파일 탐색기를 이용하는 방법

1 파일 탐색기를 실행합니다(여기서는 'ES 파일 탐색기'를 사용했습니다). 탐색기를 통해서 검색을 하지 않거나 숨기고 싶은 폴더를 찾아 갑니다.

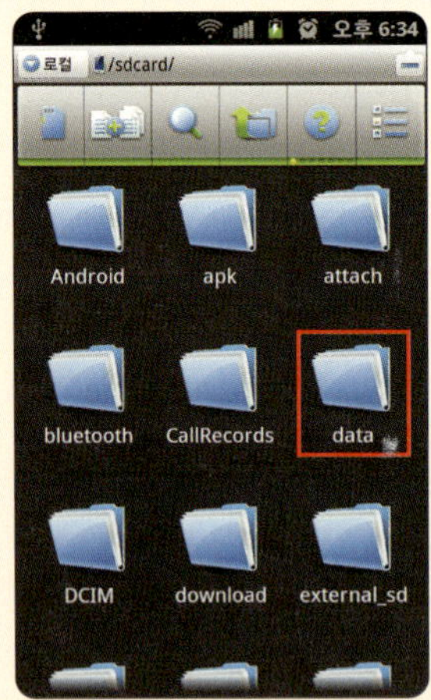

2 숨기고 싶은 폴더에서 메뉴 버튼을 눌러 새로운 파일을 만듭니다.

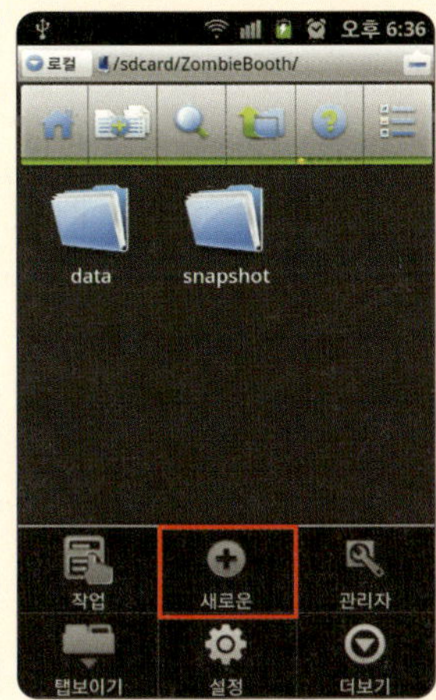

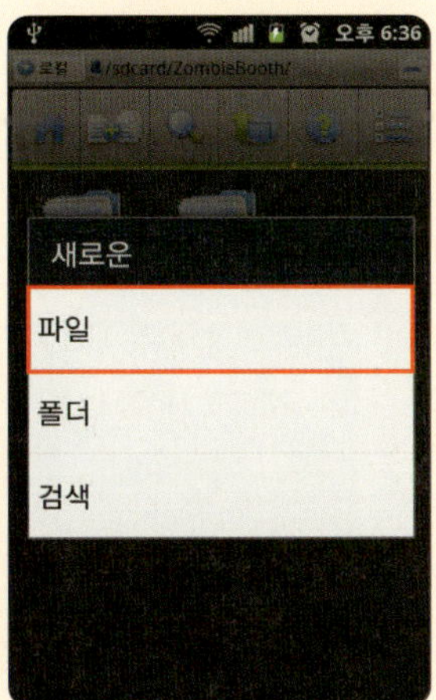

3 이때 파일의 이름은 '.nomedia'로 적습니다. 이렇게 한 뒤에 미디어 탐색을 한 번 하고 나면 해당 폴더는 사라지게 됩니다.

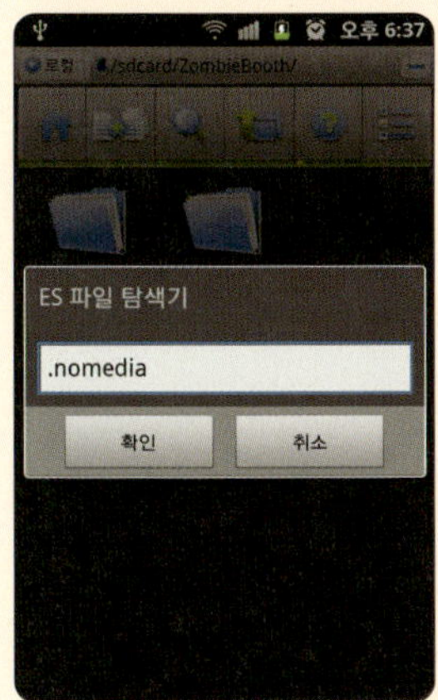

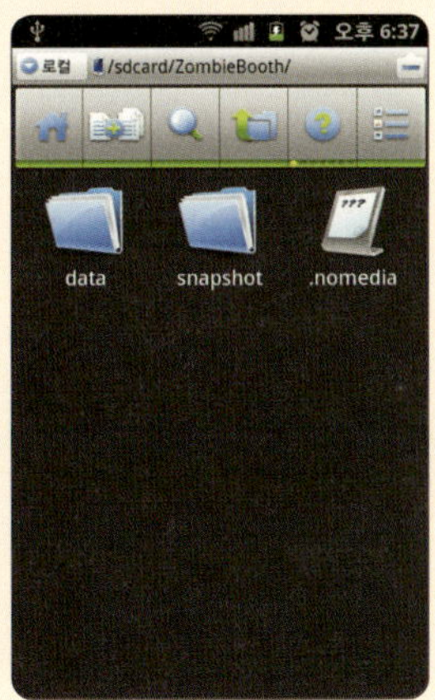

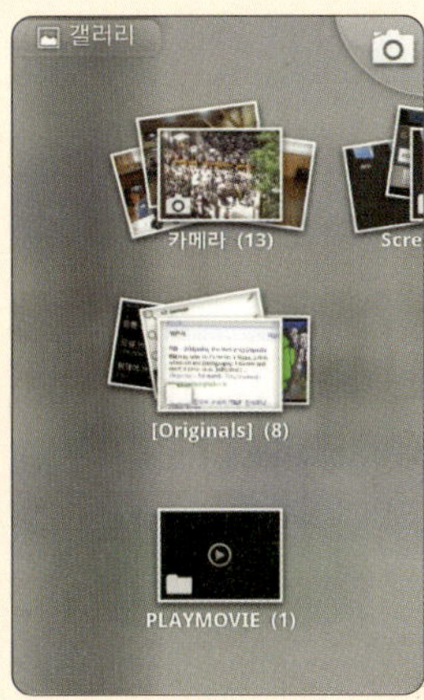

● 마켓의 앱을 이용하는 방법

앞에서 본 방법은 다소 번거로운 편입니다. 그래서 마켓의 앱을 이용한 방법도 같이 소개합니다.

1 마켓에서 'nomedia'로 검색하여 검색 결과 제일 위에 있는 'StudioKUMA .nomedia Manager'를 설치합니다.

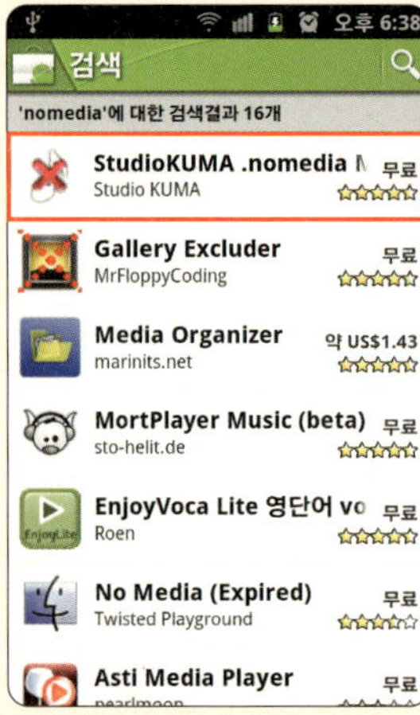

2 앱을 실행합니다. 숨기거나 검색을 하지 않을 폴더를 길게 터치한 후 [Disable Media Scanning]을 선택합니다.

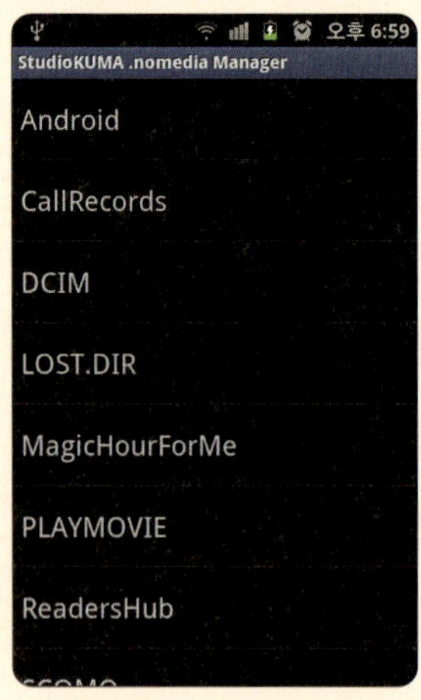

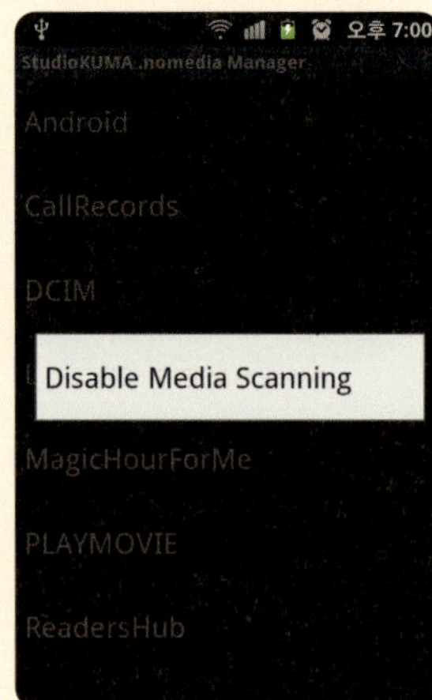

❸ 해제는 검색을 못하게 했던 폴더를 다시 길게 터치하여 나오는 메뉴를 선택합니다. 마찬가지로 검색을 못하게 설정한 뒤에 미디어 탐색기가 다시 구동되어야 숨김 폴더 설정이 적용됩니다.

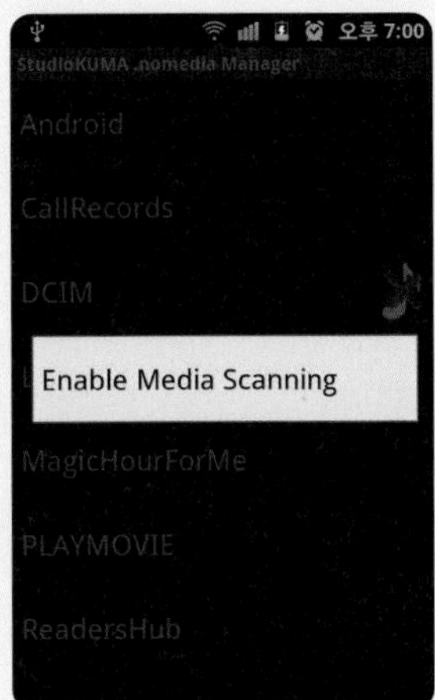

Chapter 06.

멀티미디어 활용하기

갤럭시S2는 멀티미디어에 탁월한 능력을 가지고 있습니다. 무인코딩 동영상 재생과 큰 화면은 다양한 콘텐츠를 즐기는 데 이상적입니다. PC에서 내려 받은 영화를 특별한 변환 작업 없이 갤럭시S2에 복사하기만 하면 재생이 가능하고 카메라도 800만 화소 자동 초점 카메라로 일반적인 사용에 무리가 없습니다. 폰을 PC와 연결하면 이동식 디스크로 인식하기에 파일을 복사, 관리할 때도 어렵지 않습니다. 그럼 지금부터 멀티미디어 활용에 대해 알아보겠습니다.

Theme 13

멀티미디어 활용을 위한 기본 설정

멀티미디어 기기로 활용을 하려면 간단한 조작 방법을 알아야 합니다. 어렵지 않은 부분이므로 간단하게 확인해보겠습니다.

PC와 갤럭시S2 연결하기

이동식 디스크는 우리가 흔히 말하는 USB 메모리 스틱을 말합니다. 갤럭시S2는 PC와 연결한 후 쉽게 이동식 디스크로 쓸 수 있습니다. 일단 USB 케이블로 PC와 갤럭시S2를 연결합니다. 알림창에 USB 연결 안내가 나타나면 알림을 선택합니다.

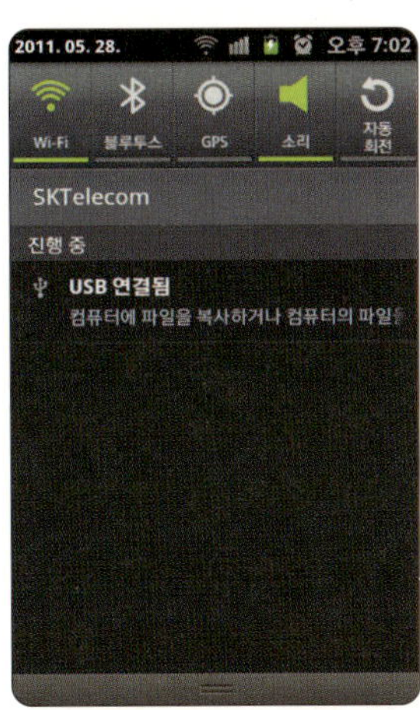

USB 저장소 사용을 선택하면 그 때부터 PC에서 이동식 디스크로 인식하게 됩니다. 그리고 안드로보이가 주황색으로 변한 것을 확인할 수 있습니다.

혹시 이동식 디스크가 2개 생기더라도 고민하지 않아도 됩니다. 갤럭시S2는 기본적으로 내장 16기가바이트의 메모리를 가지고 있는데 별도로 외장 메모리를 삽입해서 사용 중이라면 2개의 메모리가 PC에서 인식되기 때문입니다.

2 PC로 파일 이동/복사하기

이동식 디스크로 연결되었다면 파일 복사는 아주 쉽습니다. 이미 많이 사용해보았을 것이라고 생각합니다. 복사&붙여넣기나 드래그&드롭으로 복사해서 파일을 넣으면 됩니다.

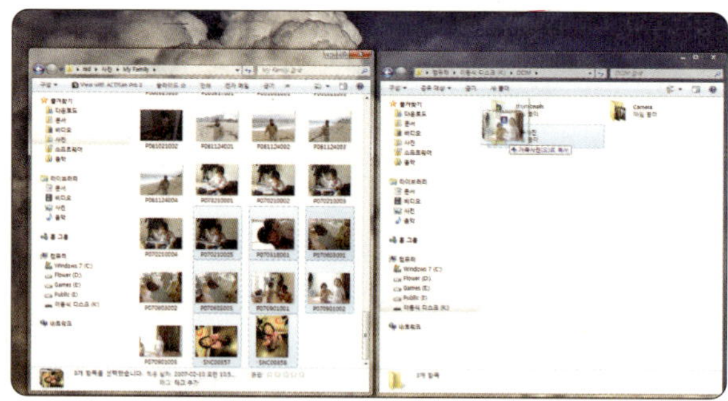

파일을 복사할 때는 폴더를 만들어서 넣어주는 것이 좋습니다. 안드로이드에서는 미디어 파일을 모두 인식하는데 정리 없이 넣으면 사용자 입장에서도 복잡한 구조로 이용해야 합니다. 따라서 가족사진을 넣는다면 '가족'이란 폴더를 만들고, 영화를 넣는다면 영화 제목으로 폴더를 만들어 복사하면 좋습니다.

Theme 14

멀티미디어 본격 활용

스마트폰은 MP3 플레이어, PMP, 디지털 카메라 등의 기능들을 모두 이용할 수 있습니다. 하나의 기기에서 모든 기능이 다 되기 때문에 스마트폰을 구입하는 사용자도 있습니다. 올인원 기기라고 볼 수 있겠습니다.

1 뮤직 플레이어 활용하기

갤럭시의 기본 음악 플레이어는 '뮤직' 입니다. 안드로이드 기본 뮤직 플레이어와는 조금 다른 삼성만의 UI를 가지고 있습니다. 앱을 실행하면 플레이어가 아닌 라이브러리를 먼저 보여줍니다. 라이브러리에는 폰 안에 있는 모든 음악 관련 파일들을 보여줍니다. 따라서 자신이 넣은 폴더의 파일만 재생하려면 폴더를 선택해서 재생하거나 재생 목록을 만들어야 합니다. 재생 목록을 만드는 것은 다소 불편하기 때문에 사용자가 노래를 복사할 때 폴더별로 잘 구분해서 복사하는 것이 좋습니다.

뮤직을 통해 음악을 재생하면 알림창과 잠금 화면에서도 간단히 컨트롤할 수 있습니다. 다만 위젯은 제공하지 않습니다.

● **상단 메뉴**

상단의 탭은 라이브러리를 구분하기 위한 메뉴라고 생각하면 되겠습니다. 기본으로 상단 탭에는 재생 목록, 앨범, 아티스트, 폴더로 구분되어 있습니다. 각 탭을 눌러보면 이해가 쉽습니다.

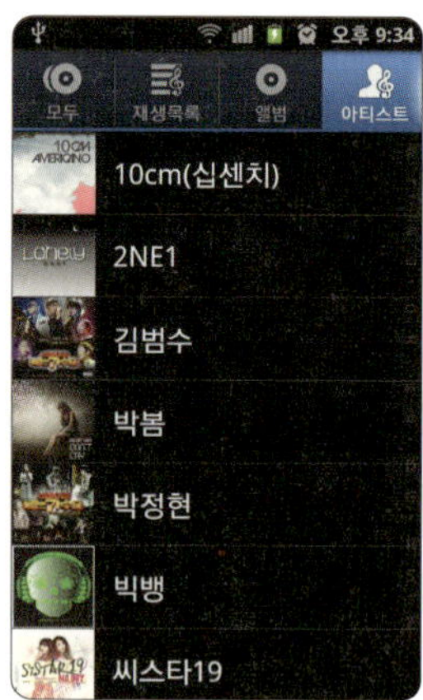

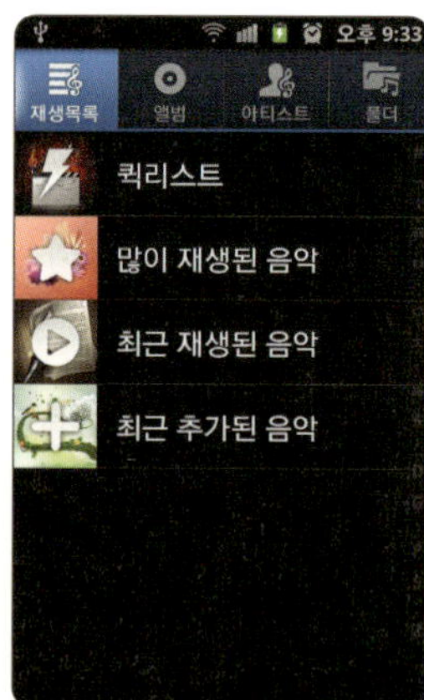

● 재생 중 화면 구성

이제 노래를 재생해보겠습니다. 아무 곡이나 선택하면 바로 재생으로 넘어갑니다. 재생 화면에서 볼 수 있는 메뉴들 설명입니다.

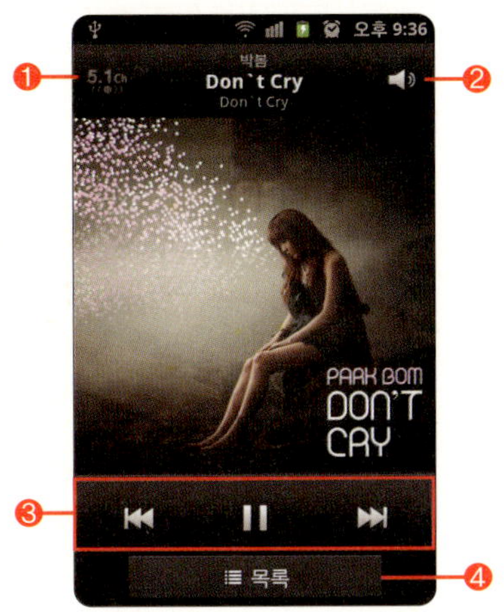

❶ **5.1ch** : 이어폰을 연결했을 때만 활성화되는 옵션으로 음향을 5.1 채널로 바꿔줍니다.

❷ **스피커** : 음량을 조절합니다. 볼륨 버튼을 통해서도 작동합니다.

❸ **플레이 컨트롤러** : 재생 위치를 확인 및 수정할 수 있고, 랜덤 재생 여부와 반복 재생을 설정할 수 있습니다.

ⓐ 랜덤 재생과 차례대로 재생하는 것을 토글로 선택할 수 있습니다.

ⓑ 반복 재생의 토글 버튼입니다. 한 번씩 클릭할 때마다 전곡 한 번 재생(▣), 한 곡 반복 재생(▣), 전곡 반복 재생(▣)으로 변경됩니다.

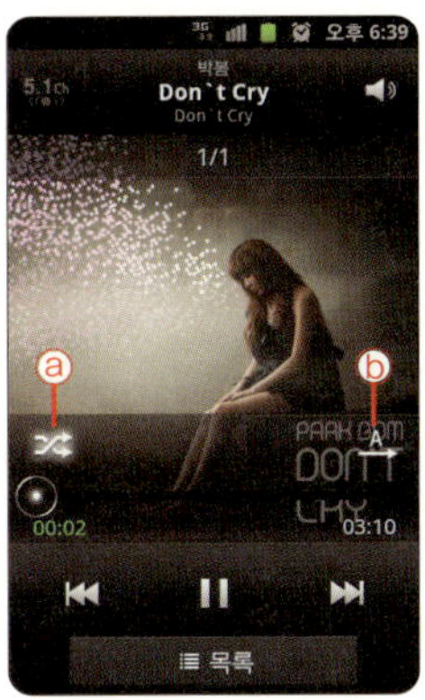

❹ **목록** : 음악 목록을 보여줍니다.

● 재생+메뉴 버튼

재생 중에 메뉴 버튼을 누르면 또 다른 메뉴들이 나타납니다.

❶ **퀵리스트에 추가** : 재생 목록을 퀵리스트로 추가합니다.

❷ **블루투스 헤드셋으로 듣기** : 블루투스와 연결 중일 때 이 메뉴를 통해서 헤드셋, 폰 재생을 오갈 수 있습니다.

❸ **음악 공유** : 메일, 문자 등으로 친구와 음악을 공유합니다.

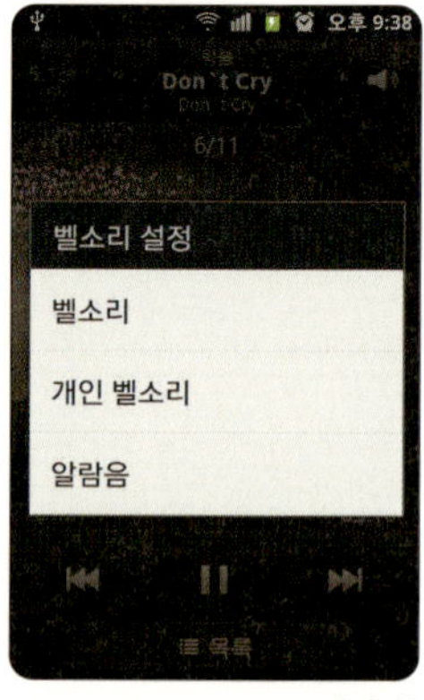

❹ **벨소리 설정** : 현재 재생 중인 곡을 벨소리로 적용합니다.

❺ **재생 목록에 추가** : 자신이 직접 만든 재생 목록에 추가합니다.

❻ **더보기** : [설정]과 [상세 정보]를 설정할 수 있습니다.

ⓐ **설정** : 이퀄라이저와 음향 효과를 설정할 수 있습니다.

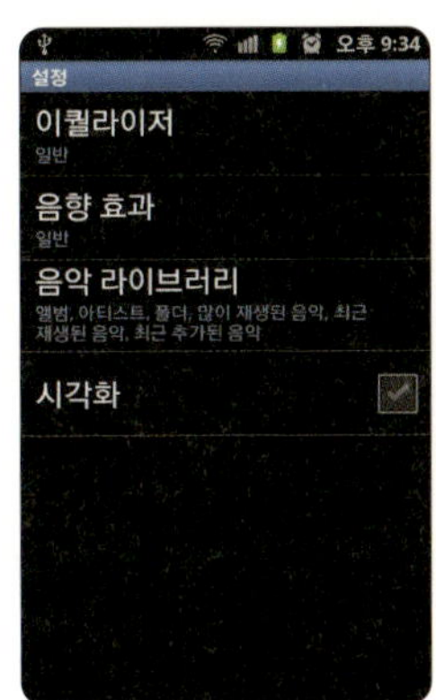

ⓑ **상세 정보** : 곡의 정보를 볼 수 있어 곡, 가수, 앨범 제목으로 웹이나 유투브에서 검색할 수 있습니다.

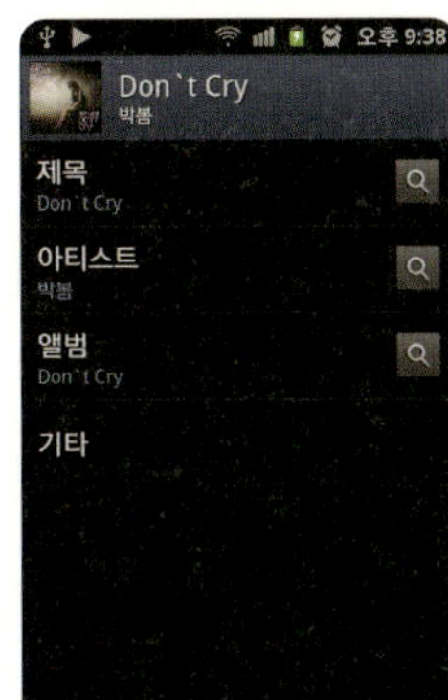

2 비디오 플레이어 활용하기

갤럭시는 동영상 재생에 탁월한 능력을 가지고 있습니다. PC에서 받은 동영상을 별도의 변환 없이 재생이 가능합니다. 따라서 사용자는 쉽게 동영상을 볼 수 있습니다. 파일 복사하기를 통해서 넣어둔 동영상은 비디오와 갤러리에서 확인이 가능합니다.

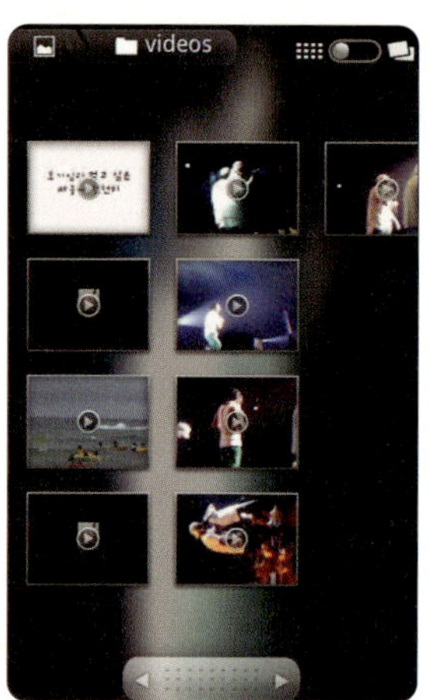

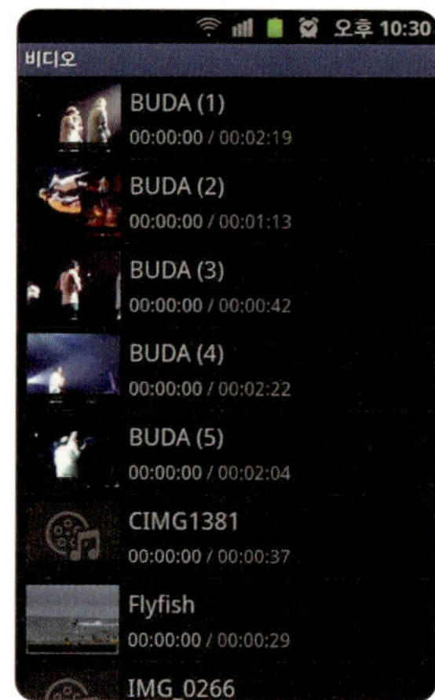

갤러리에서는 파일명으로 표시되지 않으므로 동영상을 볼 때는 비디오를 이용하는 것이 좋습니다. 비디오를 실행한 후 목록에서 재생하고 싶은 영상을 선택하면 됩니다. 자막 파일도 지원하기에 파일을 넣을 때 동영상과 같은 이름으로 넣어주면 됩니다.

● 재생+터치

영상 재생 중에 화면을 아무 곳이나 터치하면 재생 메뉴가 나오게 됩니다.

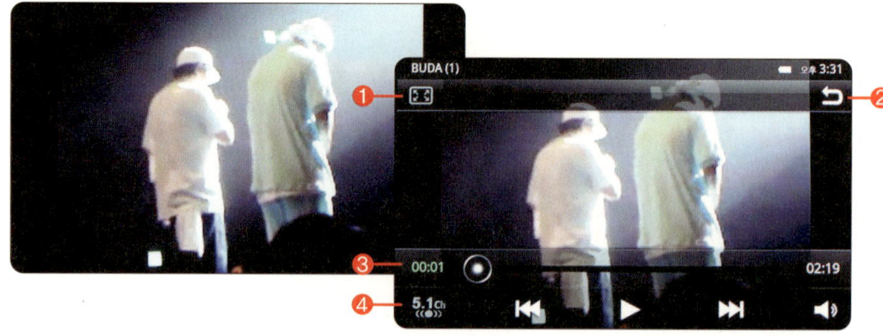

❶ 화면 크기를 변경합니다. 영화 비율에 따라서 여백이 생기는데 이 옵션을 통해서 전체 화면 원래 화면 등으로 변경할 수 있습니다.

❷ 재생을 취소하는 버튼입니다.

❸ 재생된 시간을 표시합니다. 그리고 그 옆의 동그라미는 재생 중인 위치를 표시합니다. 이 부분을 터치해서 이동하면 원하는 위치에서부터 재생할 수 있습니다.

❹ 이어폰을 연결하면 5.1채널로 음향 효과를 변경할 수 있습니다.

● 재생+메뉴 버튼

메뉴 버튼을 누르면 비디오에 관한 메뉴가 나옵니다. 여기서는 동영상 공유, 자막 설정, 비디오 설정을 할 수 있습니다. 비디오 설정에는 밝기 조절, 야외 자동 밝기 설정 등이 있습니다.

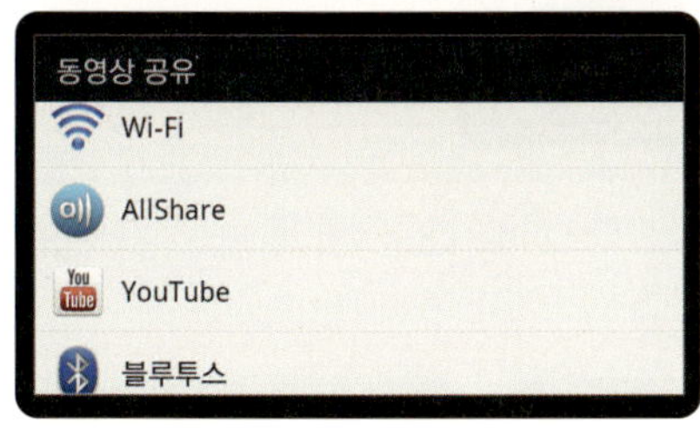

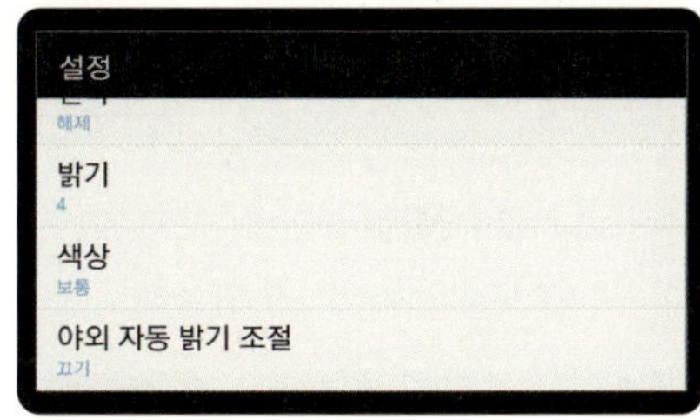

동영상 재생 중에는 전원 버튼이 홀드 버튼의 역할을 합니다. 전원 버튼을 누르면 오른쪽 위에 열쇠 모양의 아이콘이 생기고 이때부터는 어떤 터치도 작동하지 않습니다. 이는 불필요한 터치를 막기 위함입니다.

3 카메라 활용하기

갤럭시의 카메라는 800만 화소를 사용합니다. 따라서 최근 출시되는 스마트폰 카메라 중에서 가장 높은 급이라고 할 수 있습니다. 그리고 좋아진 스펙으로 인해 Full HD 영상 촬영과 재생도 가능합니다. 카메라의 활용이 더 커질 것으로 예상합니다. 갤럭시S2는 처음으로 가로와 세로 모드 모두를 지원합니다. 특별히 지원이라고 하긴 사소한 부분이지만 아이콘이 방향에 맞게 돌아갑니다.

카메라의 설정은 꽤 많습니다. 너무 많아 모두 모든 기능을 설명하기는 어렵습니다. 하나씩 터치해보면서 직접 사용해보도록 합니다.

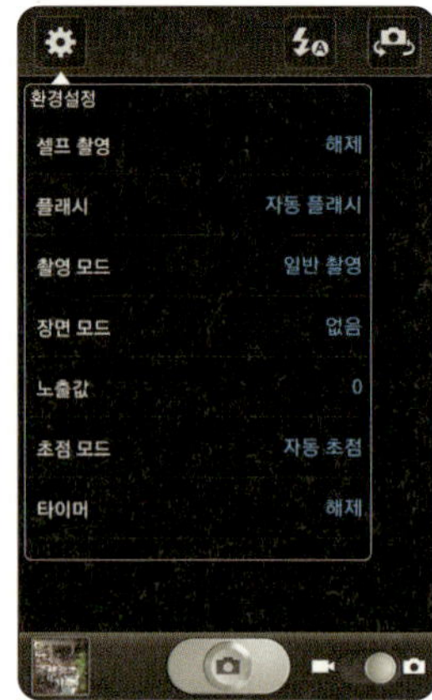

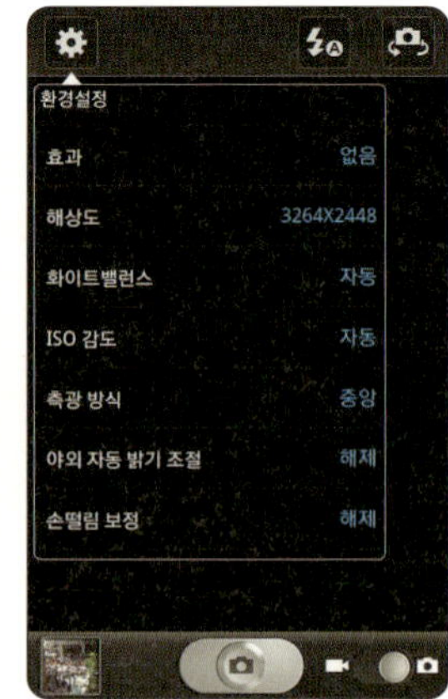

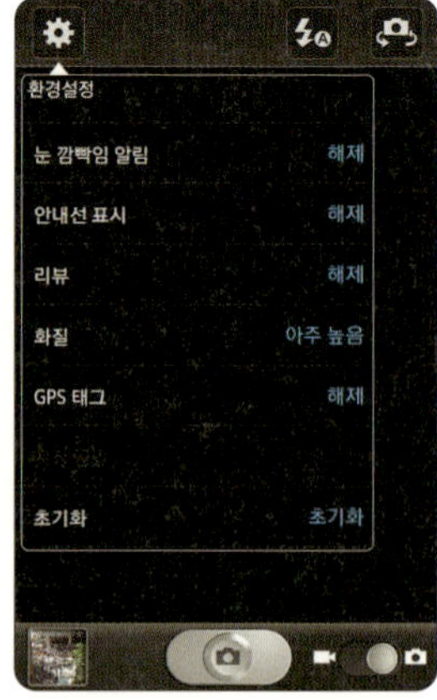

이번 갤럭시S2의 카메라는 약간 특별합니다. 자주 이용하는 설정을 사용자가 임의로 배치할 수 있도록 한 점입니다. 카메라를 실행한 후 메뉴 버튼을 눌러 편집을 선택하면 메뉴가 나옵니다. 여기서 자주 이용하는 아이콘을 위쪽에 배치할 수 있습니다.

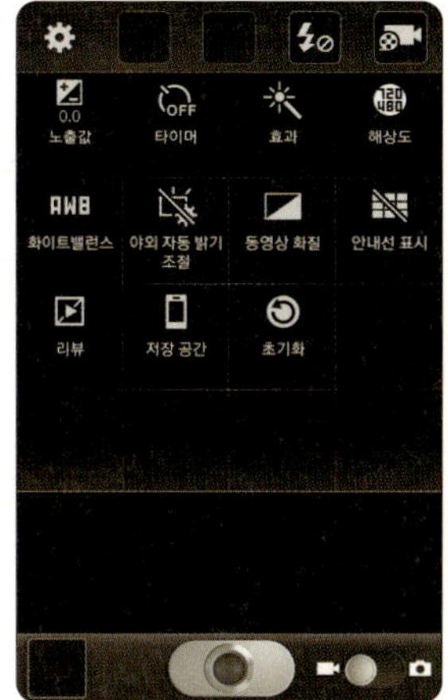

카메라에서도 찍은 사진을 볼 수 있습니다. '갤러리' 보다 많은 메뉴를 제공하진 않지만 나름 간편하게 이용이 가능합니다.

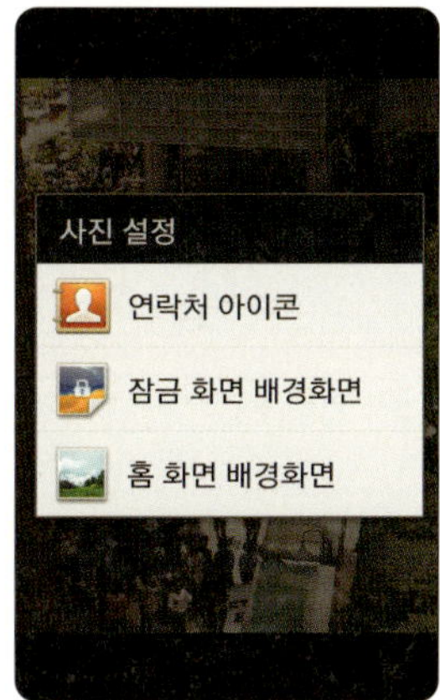

MP3 태그 정리하기

언제부터인가 MP3 플레이어에 앨범의 커버가 같이 나오고 MP3의 태그 정보를 보여주게 되었습니다. 예전처럼 단순히 노래만 재생하던 시대는 갔습니다. 따라서 MP3의 태그 정리가 하나의 일거리가 되었습니다.

갤럭시에 넣은 노래가 아무 이미지도 없고 곡에 대한 정보가 없다면 보기가 좋지 않고 라이브러에서의 구분도 되지 않습니다. 이럴 때는 PC에서 MP3에 태그를 넣으면 됩니다. 가장 많이 이용하는 Mp3tag를 이용하면 쉽게 바꿀 수 있습니다.

여러 개의 음악 파일을 동시에 변경할 수 있고 다양한 포맷을 지원합니다. 그리고 같은 앨범일 경우에 곡 순서도 자동으로 적용이 가능하며 앨범 이미지도 삽입이 가능합니다. 네이버에서 'mp3tag'로 검색하면 쉽게 찾을 수 있습니다.

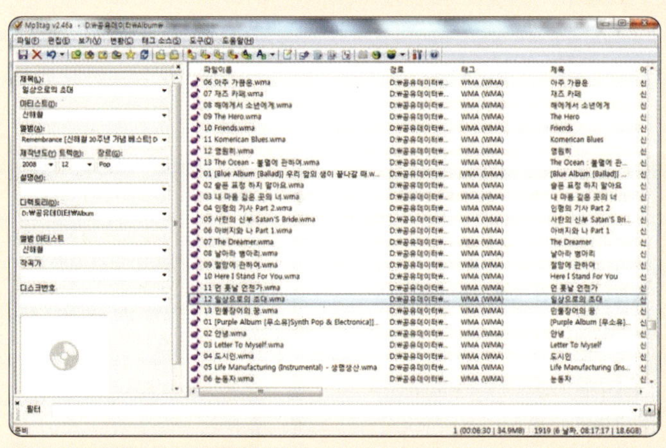

재생이 안 되는 영상 인코딩하기

갤럭시S2의 영상 재생 기능은 아주 뛰어나다고 했지만 모든 영상을 재생할 수 있는 것은 아닙니다. PC에서는 더 많은 코덱이 사용되기 때문에 갤럭시가 지원하지 않는 코덱으로 만들어진 영상은 재생할 수 없습니다. 이런 경우 이 영상을 갤럭시에서 재생하기 위해 인코딩해야 합니다. 인코딩해주는 툴도 다양하지만 여기선 사용이 쉬운 다음 팟인코더를 기준으로 설명하겠습니다.

1 http://tvpot.daum.net/application/PotEncoder.do에서 다음 팟인코더를 다운&설치합니다.

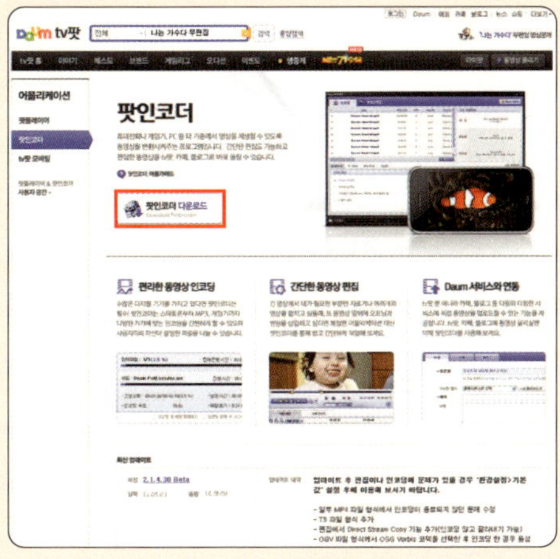

2 팟인코더를 실행합니다.

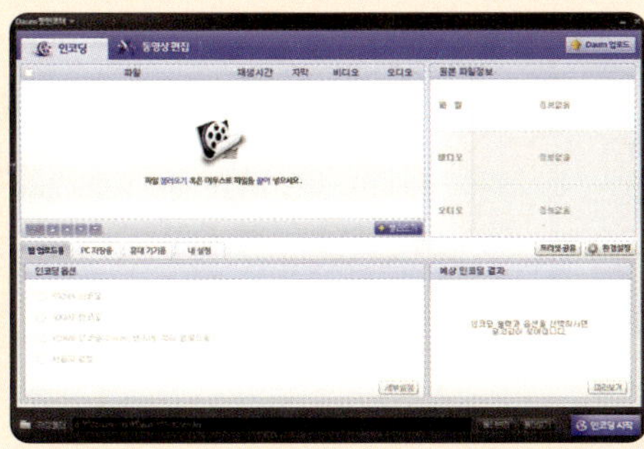

3 인코딩할 영상을 드래그&드롭하거나 팟인코더의 불러오기를 통해서 추가합니다.

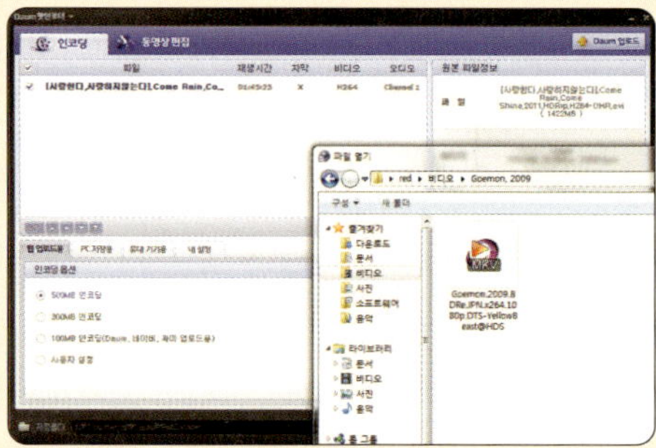

4 아래의 인코딩 옵션에서 [휴대기기용]-[애니콜]에서 [갤럭시S]의 옵션 중 하나를 선택합니다.

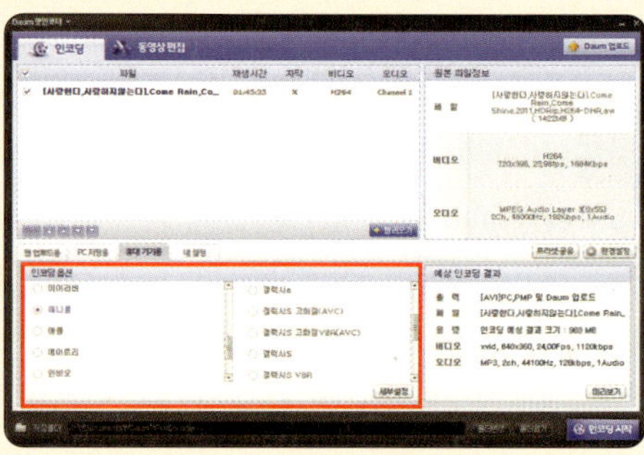

5 인코딩 시작을 누른 후 완료될 때까지 기다립니다.

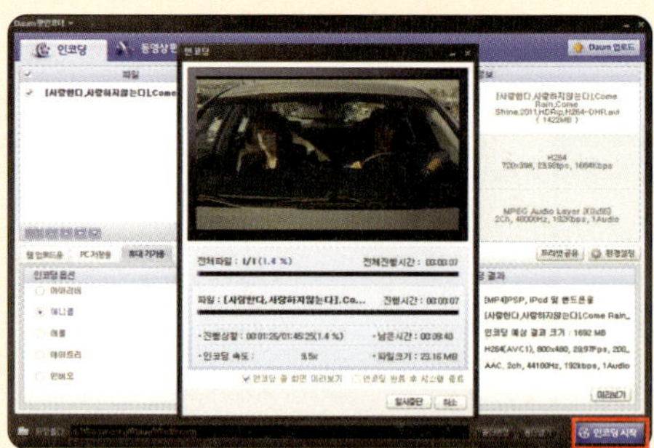

❻ 인코딩이 완료되었습니다.

특별히 어려운 점은 없습니다. 다만 아직 갤럭시S2 옵션이 추가되지 않아서 조금 아쉽지만 비슷한 환경을 갖춘 갤럭시S를 선택해도 문제는 없습니다.

Chapter 07.

사용자의 편의를 위한 여러 가지 설정하기

환경 설정은 개인적으로 가장 중요하게 생각하는 부분입니다. 어떤 운영체제든 이곳에서 기본적인 모든 설정을 바꿀 수 있으며 각종 편의 설정도 이곳에서 변경하기 때문입니다. 따라서 단말기를 사용함에 있어서 가장 익숙한 메뉴가 되어야 하지 않을까 합니다. 환경 설정은 홈 화면에서 [메뉴 버튼]-[환경 설정]이나 [메인 메뉴]-[환경 설정]을 통해서 들어갈 수 있습니다. 자주 이용되는 설정 부분만 콕콕 집고 넘어가겠습니다.

Theme 15

보안

보안은 스마트폰이 나오면서 항상 따라다니는 문제입니다. 환경 설정의 보안은 운영 체제를 위한 보안이 아닌, 사용자의 폰 내부 데이터를 보호하는 역할을 합니다. 폰을 잠글 때 사용할 비밀번호나 개인정보 초기화 등을 설정할 수 있습니다.

1 장소 및 보안 설정하기

여기서는 GPS 설정과 잠금 설정을 변경할 수 있습니다. 제일 처음 보이는 것이 GPS 설정입니다. 그리고 그 아래에는 잠금 화면 설정이 있습니다. 그리고 USIM 관련 설정을 볼 수 있습니다. 지도, 내비게이션 등 GPS를 사용하는 프로그램 이용 시 내 위치 정보의 수신 방법을 선택합니다.

❶ **무선 네트워크 사용** : 3G 네트워크 또는 Wi-Fi로 내 위치를 확인할 수 있도록 설정합니다. 단, 약간의 데이터 사용량이 발생합니다.

❷ **GPS 위성 사용** : GPS 위성을 사용합니다. GPS 위성을 사용하면 위치 정보를 상세히 알 수 있으나 배터리 소모량이 많아집니다.

❸ **GPS 도우미 사용** : 위성 정보를 제공하는 서버에 접속하여 수신한 정보를 이용해 내 위치를 찾도록 설정합니다. 역시나 데이터 사용량이 발생합니다.

기본적으로 첫 번째와 세 번째는 활성화시켜두고 GPS 위성만 상황에 따라서 켜고 끄면 되겠습니다.

❹ **화면 잠금 설정** : 스마트폰의 보안 설정입니다. 설정을 해두면 해당 패턴이나 비밀번호를 입력해야 폰을 사용할 수 있게 됩니다. 안드로이드에서는 3가지의 잠금 설정 방법을 제공합니다.

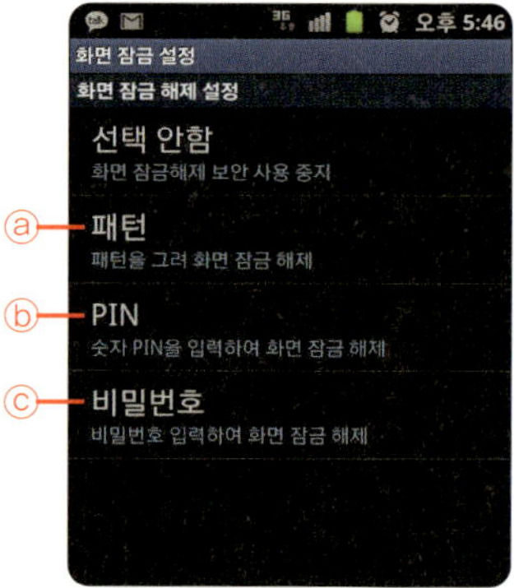

ⓐ **패턴** : 일정한 패턴을 사용자가 지정하고 그 후에는 같은 패턴을 그려줌으로써 잠금 설정이 풀립니다. 안드로이드 기본 잠금 설정이고 가장 쉽게 느껴지는 설정입니다.

ⓑ **PIN** : 익숙하게 사용했던 4개의 숫자를 지정하는 방법입니다.

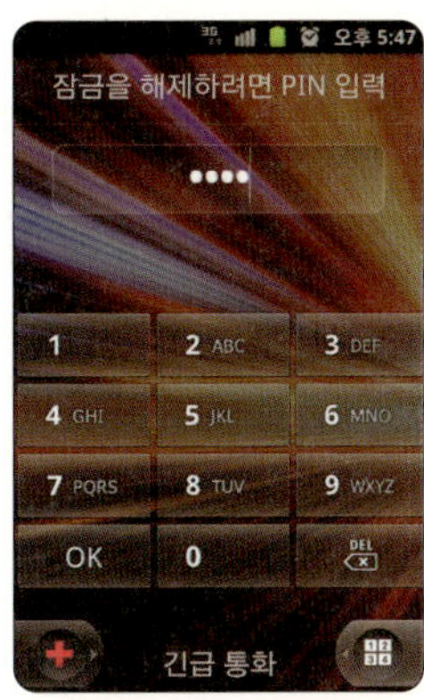

ⓒ **비밀번호** : 4개의 숫자가 아닌 영문과 숫자를 조합해서 설정합니다. PIN 잠금이 조금 약하다고 생각된다면 비밀번호 설정을 사용합니다.

❺ **USIM 설정** : 앞에서 살펴본 잠금 설정은 폰에만 보안이 적용되는 설정입니다. 이번에는 USIM 보안을 설정하는 방법에 대해 알아봅니다. 이 설정은 USIM 카드에만 보안이 적용되므로 2가지 설정을 모두 해두면 혹시 생길 수 있는 상황에서도 데이터를 지킬 수 있습니다.
USIM 보안 설정에서는 현재 USIM을 다른 폰에서 사용하지 못하도록 하는 설정과 다른 USIM 카드를 현재 단말기에서 사용하지 못하도록 하는 2가지 설정을 제공합니다.

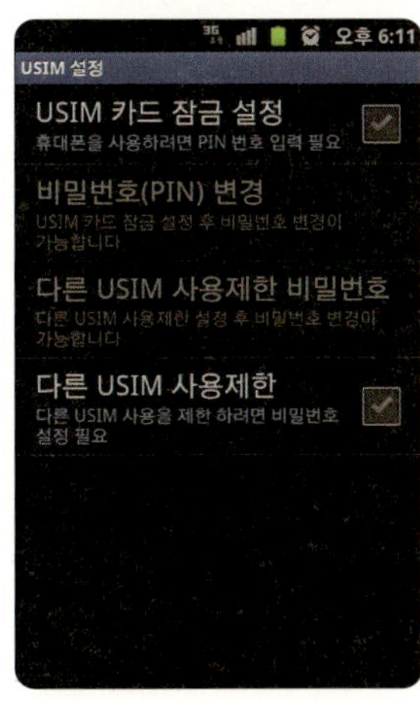

처음 설정을 위해서는 비밀번호 입력이 필요합니다. 이때 입력할 비밀번호는 0000입니다. 0000을 눌러서 설정한 뒤에 별도로 비밀번호 변경을 해야 합니다. 2개의 설정 모두 0000을 이용합니다. 혹시나 이전에 설정한 적이 있다면 그 때 정한 비밀번호를 눌러야 합니다.

2 개인 정보 보호하기

이 설정은 갤럭시S2의 데이터를 백업하거나 폰을 초기화시키고 싶을 때 이용합니다. 중앙의 [기본값 데이터 재설정]을 터치하여 등록된 Google 계정을 삭제할 수 있습니다. 이 때 [내장 메모리 지우기]를 옵션으로 선택할 수 있습니다. 하지만 내장 메모리에는 사진을 비롯해 다양한 데이터와 콘텐츠가 들어가기 때문에 미리 백업을 하지 않았다면 초기화하지 않는 것이 좋습니다.

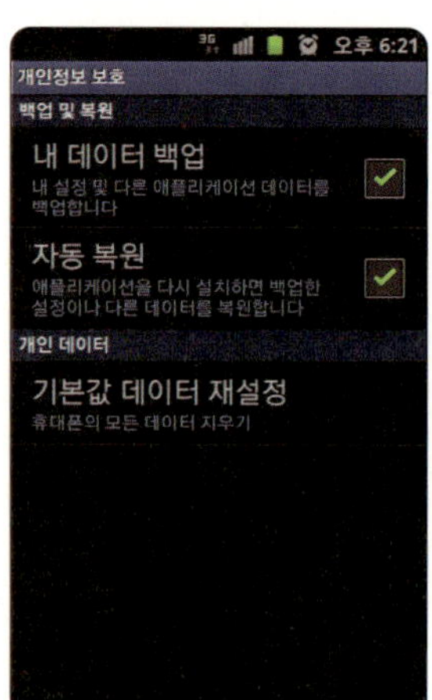

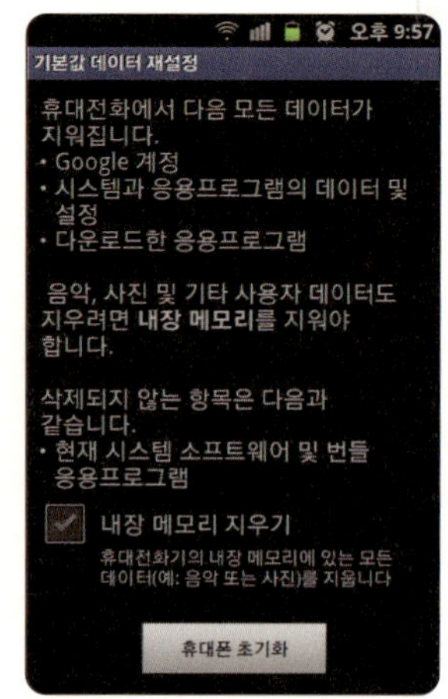

1 Theme 6 음향/디스플레이/언어

소리와 화면 설정은 언제나 붙어 다니는 항목이면서 가장 많이 바뀌는 설정 중 하나입니다. 이 항목에서는 벨소리 변경, 전체 음량 조절, 배경 변경, 진동 켜기 끄기 등의 작업을 할 수 있습니다. 언어 설정에서는 키패드 설정도 같이 하게 됩니다.

1 소리 기능 설정하기

안드로이드의 볼륨은 다양하게 나뉘어 있습니다. 기존의 폰들은 진동, 소리, 무음으로 폰 상태에 따라서 모두 변경 사항이 적용되었습니다. 하지만 안드로이드는 이 부분이 모두 나뉘어 있습니다. 따라서 사용자는 무음으로 했는데도 알람이 울리거나 MP3를 재생했더니 큰 소리로 노래가 나올 수 있습니다.

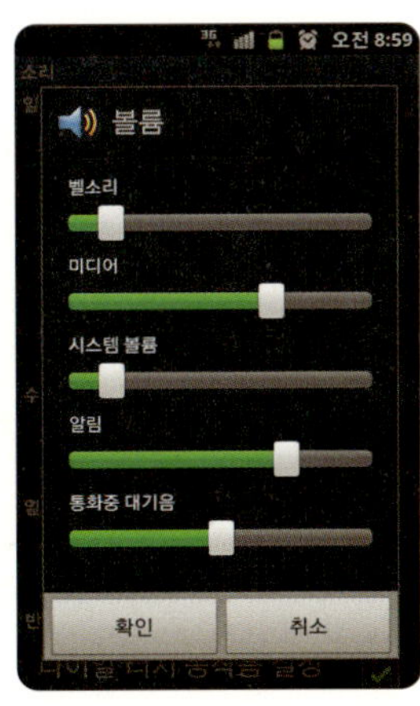

약간 찾기가 힘들 수 있는 터치 시 진동 항목도 여기에 있습니다. [햅틱 반응] 항목을 체크하면 터치 시 진동이 옵니다. 기본으로 체크가 되어 있습니다.

볼륨 조절에서 시스템 볼륨을 줄이면 터치 시 나는 버튼음을 나지 않게 할 수 있습니다.

시스템 볼륨 쉽게 조절하는 방법 tip

홈 화면에서 볼륨 버튼을 누르면 벨소리 음량만 바뀌게 됩니다. 그리고 콘텐츠가 실행 중일 때는 미디어 음량이 조절됩니다.
이와 같은 형태로 시스템 음량은 다이얼 화면에서 조정이 가능합니다. 홈 화면에서 전화를 누른 후에 볼륨 버튼을 움직이면 됩니다.

디스플레이 기능 설정하기

디스플레이에서는 화면에 관련된 다양한 설정을 제공합니다. 밝기 조절을 비롯해서 화면 모드, 서체, 조명 시간 등 디스플레이 관련된 모든 설정을 합니다.

배경 화면 변경은 홈 화면에서도 가능하지만 여기서도 가능합니다. 여기서는 잠금 화면의 배경도 변경할 수 있습니다. 그리고 가속도 센서나 자이로스코프 센서의 보정도 합니다.

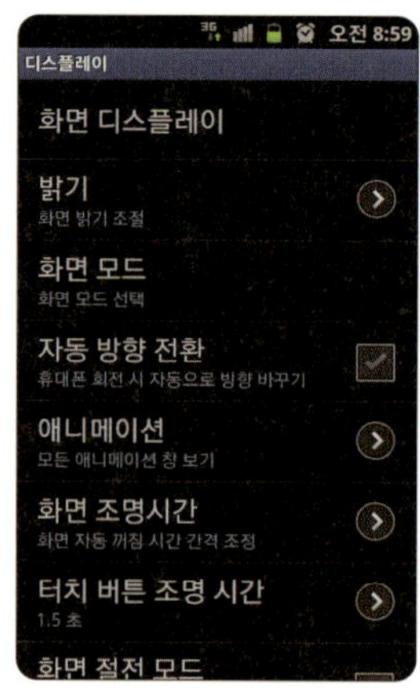

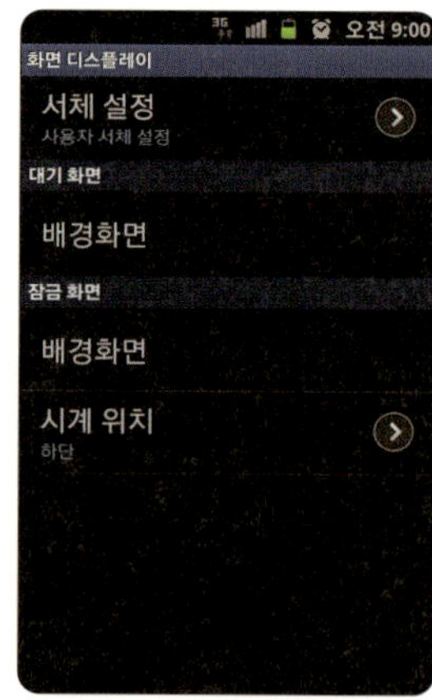

ⓐ **선명한 화면** : 화려하고 선명한 화면으로 보여줍니다.

ⓑ **표준 화면** : 일반적인 사용 환경에 가장 알맞은 표준 화면으로 보여줍니다.

ⓒ **영화 화면** : 약간 어두운 곳에서 영화를 보는 듯한 화면으로 보여줍니다.

밝기 조절 쉽게 하기 tip

디스플레이 설정에서 밝기 모드를 수동으로 변경한 경우에만 이용할 수 있습니다. 언제든 밝기를 조정하고 싶다면 알림창을 터치합니다. 터치한 상태로 왼쪽으로 드래그하면 어두워지고 오른쪽으로 드래그하면 밝아집니다.

3 언어 및 키패드 설정하기

사실 처음 설정한 뒤에는 거의 찾지 않게 되는 설정 중에 하나입니다. 언어를 바꾸는 상황도 드물고 익숙해진 키패드를 바꾸는 일도 드물기 때문입니다. 하지만 필요에 의해 설정을 하는 경우가 있으니 간단히 확인해보겠습니다.

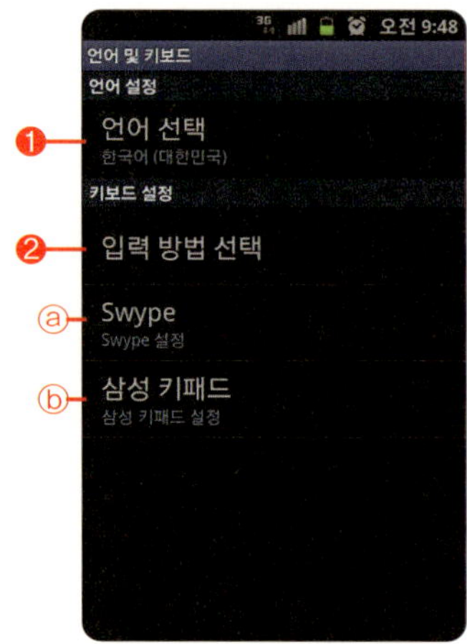

❶ **언어 선택** : 한글과 영어 중 선택합니다. 더 많은 언어로도 변경이 가능하지만 그건 앱을 통해서만 가능합니다.

❷ **입력 방법** : 입력 방법은 Swype와 삼성 키패드가 있습니다.

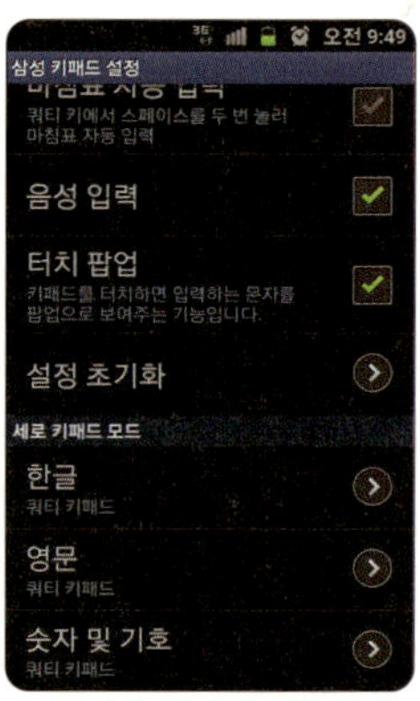

ⓐ **Swype** : 쿼티 키패드 모양이지만 쓰는 방법은 연속 입력 방식입니다. 따라서 터치한 상태로 계속 드래그로 이어서 글씨를 입력하면 됩니다. 영문을 입력할 때는 꽤 빠른 속도로 입력이 가능해서 해외에서는 큰 화제가 되기도 했던 입력 방식입니다. 하지만 한글에서 사용하기에는 다소 무리가 있습니다.

ⓐ **삼성키패드** : 기본으로 설정된 키패드입니다. 최초 사용 시에는 입력 방식이 천지인으로 되어 있습니다. 쿼티로 설정을 변경할 수 있습니다.

Theme 17 네트워크와 응용프로그램

네트워크와 응용 프로그램은 설정 중에서 가장 자주 찾는 2개의 메뉴입니다. 특히 무선 네트워크 설정은 갤럭시S2의 단골 설정이라고 할 수 있습니다. 그리고 응용프로그램 설정도 생각 외로 자주 찾게 되는 메뉴입니다.

1 무선 및 네트워크 설정하기

태블릿 PC나 스마트폰에서 무선 인터넷 기능은 큰 장점 중에 하나입니다. 그 중에서도 특히 무선 인터넷의 비중은 꽤 큰 편입니다. 알림창의 퀵버튼으로 쉽게 Wi-Fi나 블루투스를 제어할 수 있지만 그래도 이 설정에 와야 하는 경우가 많습니다. 익숙해질 필요가 있습니다.

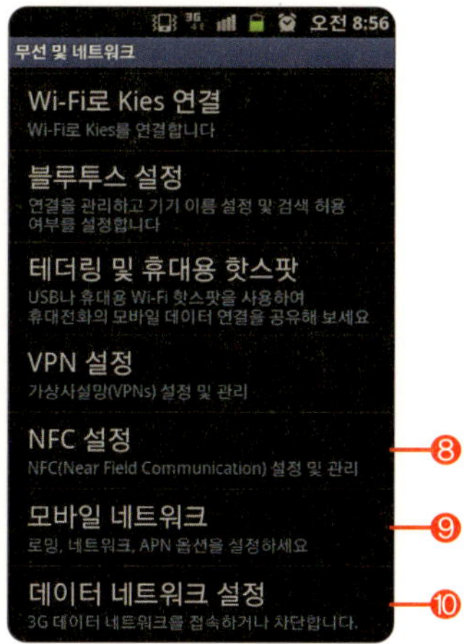

❶ **비행기 탑승 모드** : 비행기를 탈 때 설정하는 옵션으로 설정을 하게 되면 안전을 위해 전화, 메시지, 인터넷 등의 통신 관련 기능이 제한됩니다.

❷ **Wi-Fi 설정** : 무선 근거리 통신망의 상표명인 Wi-Fi는 흔히 무선 인터넷을 칭합니다. Wi-Fi를 켜고 끌 수 있고, 저장된 AP를 삭제합니다.

01 [메인 메뉴]-[환경 설정]-[무선 및 네트워크]-[Wi-Fi 설정]을 터치하고 [Wi-Fi]의 오른쪽 체크 박스를 선택해서 Wi-Fi를 켭니다.

02 자동으로 검색된 많은 AP 중에서 열쇠 모양의 보안이 없는 것은 바로 연결이 가능하며 열쇠 모양이 되어 있는 AP는 비밀번호를 알아야 연결이 가능합니다.

03 이미 등록된 AP 중에서 필요 없는 것은 길게 터치한 뒤에 '저장하지 않음'을 선택해서 연결 등록을 해제합니다.

Wi-Fi 사용 중 절전 모드 tip

Wi-Fi가 연결된 상태에서 스마트폰이 절전 모드 상태로 바뀌면 연결되어 있던 Wi-Fi가 자동으로 해제됩니다. 이때, 데이터 네트워크 설정이 접속 허용으로 설정된 경우 자동으로 3G 네트워크에 연결되어 요금이 부과될 수 있습니다. 따라서 절전 모드를 사용하지 않으려면 Wi-Fi 절전 설정을 변경해주면 됩니다.

[Wi-Fi 설정]-[메뉴 버튼]-[고급 설정]-[Wi-Fi 절전 정책]을 선택하면 3가지 항목이 나타납니다.

ⓐ **화면이 꺼질 때** : 화면 조명이 꺼지면 절전 모드로 전환됩니다.

ⓑ **케이블 연결 시 항상 켜짐** : Wi-Fi가 켜져 있는 상태에서 충전기나 USB 케이블을 연결하면 절전 모드로 전환되지 않도록 설정합니다.

ⓒ **전환 안 함** : Wi-Fi가 켜져 있는 경우에는 절전 모드로 전환되지 않도록 설정합니다.

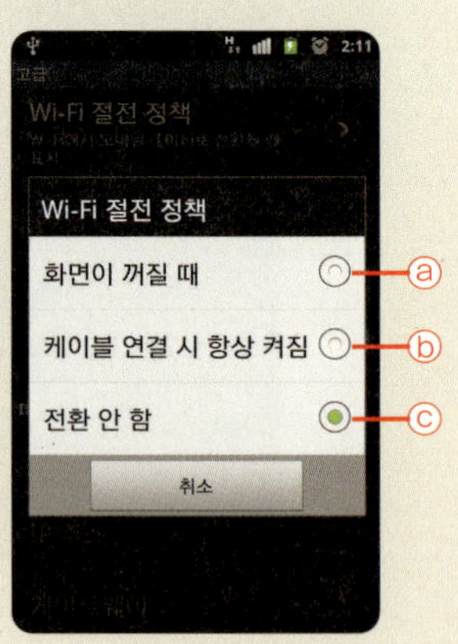

❸ **Wi-Fi 다이렉트 설정** : 동일한 Wi-Fi 네트워크 내에 있는 기기 간에 파일을 주고받을 수 있도록 설정합니다.

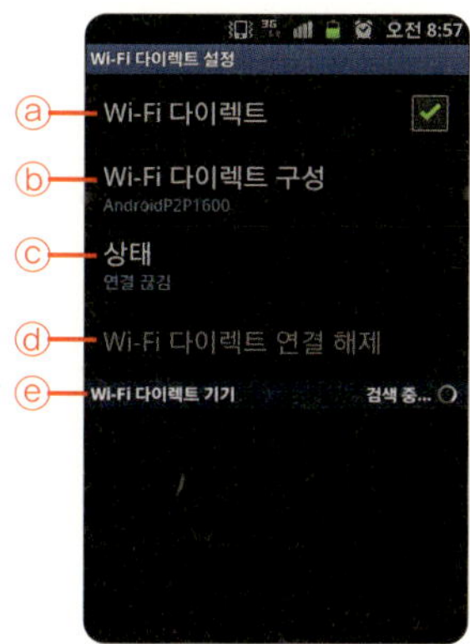

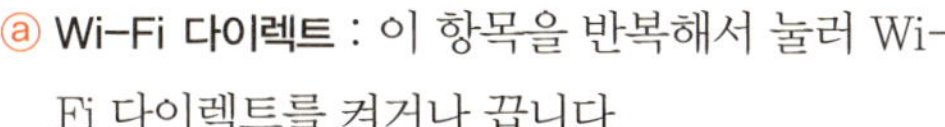

ⓐ **Wi-Fi 다이렉트** : 이 항목을 반복해서 눌러 Wi-Fi 다이렉트를 켜거나 끕니다.

ⓑ **Wi-Fi 다이렉트 구성** : Wi-Fi 다이렉트 연결 시 사용될 기기 이름과 비밀번호를 설정합니다.

ⓒ **상태** : Wi-Fi 다이렉트 연결 상태를 확인합니다.

ⓓ **Wi-Fi 다이렉트 연결 해제** : 연결된 Wi-Fi 다이렉트를 해제합니다.

ⓔ **Wi-Fi 다이렉트 기기** : 주변의 Wi-Fi 다이렉트 기기 검색 결과입니다.

❹ **Wi-Fi로 Kies 연결** : Wi-Fi로 Samsung Kies 프로그램을 연결할 수 있습니다. 먼저, PC와 갤럭시S2가 같은 AP에 연결되어 있어야 합니다. 따라서 같은 공유기에 접속하거나 갤럭시S2의 Wi-Fi 핫스팟 기능을 이용해 PC가 갤럭시S2에 접속되면 이용이 가능합니다.

❺ **블루투스 설정** : 블루투스를 관리합니다. 이 설정에서 다른 블루투스 기기와 연결을 하거나 연결을 차단합니다. 다른 기기와 연결을 위해서는 [내 기기 검색 허용] 항목에 체크해야 합니다. 검색 결과에 나온 기기를 선택하면 자동으로 페어링이 진행됩니다.

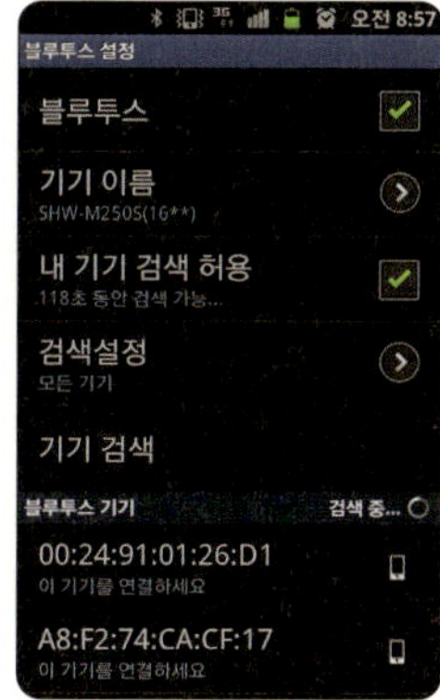

❻ **테더링 및 휴대용 핫스팟** : 이 기능은 인터넷 공유라고도 할 수 있습니다. 갤럭시를 통해서 다른 기기가 인터넷에 연결할 수 있습니다.

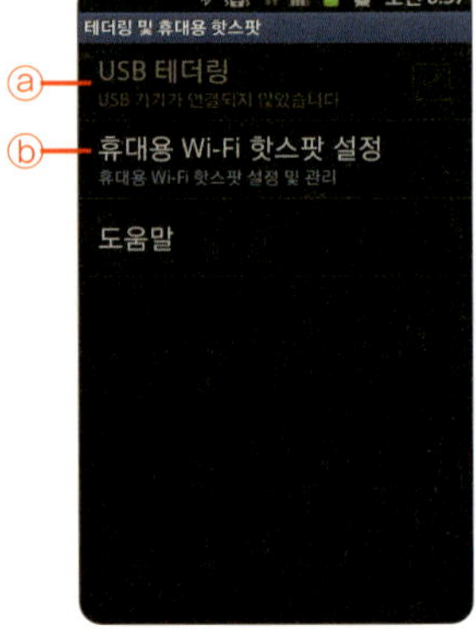

ⓐ **USB 테더링** : 인터넷이 지원되지 않는 환경에서 USB 케이블로 PC와 스마트폰을 연결한 후 테더링 서비스를 실행하면 스마트폰의 3G 네트워크 망을 이용해 PC에서 인터넷을 실행할 수 있습니다.

ⓑ **휴대용 Wi-Fi 핫스팟** : 갤럭시S2를 무선 공유기로 만들어 주는 메뉴입니다. 인터넷이 지원되지 않는 환경에서 노트북이나 기타 다른 무선 장치가 갤럭시S2의 네트워크 망을 통해 인터넷에 접속할 수 있습니다.

휴대용 Wi-Fi 핫스팟 설정하기 tip

1 [휴대용 Wi-Fi 핫스팟]을 체크합니다.
2 다른 기기의 Wi-Fi를 활성화시킨 후, 검색된 무선 AP 중에서 AndroidHotSpot ****을 선택합니다.
3 보안이 설정되어 있으면 보안키를 입력한 후 사용하면 됩니다.

USB 테더링이나 Wi-Fi 핫스팟을 이용하면 데이터 소모가 많아집니다. 따라서 자신의 요금제를 확인해 적당히 이용해야 합니다. 그리고 Wi-Fi 핫스팟의 경우에는 배터리 소모도 커지기 때문에 필요할 때만 이용하는 것이 좋습니다.

마지막으로 보안 설정을 해서 다른 사용자가 무단으로 내 네트워크를 이용하지 못하도록 하는 것이 좋습니다.

❼ **VPN 설정** : VPN(Virtual Private Network)이란, 분리된 각각의 두 네트워크를 가상 사설망을 이용해 하나의 네트워크로 인식시켜 사용하는 것으로, 외근 시 회사 내부에 있는 서버에 접속해서 사용할 수 있게 해줍니다.

❽ **NFC 설정** : 스마트폰에 탑재된 NFC(Near Field Communication) 기능을 이용해 주소록, URL, 메모 등 다양한 콘텐츠의 태그를 읽고 교환하도록 설정 또는 해제할 수 있습니다.

❾ **모바일 네트워크** : 모바일 네트워크 및 해외 로밍 시 사용할 네트워크 사용 환경을 설정할 수 있습니다.

❿ **데이터 네트워크 설정** : 이 곳은 3G 데이터 연결 설정을 변경할 수 있습니다. 무제한 요금을 쓴다면 [접속 허용]으로 설정을 변경하는 것이 편합니다.

ⓐ **접속 허용** : 3G 데이터 통신을 이용할 수 있도록 합니다.

ⓑ **허용하지 않음** : 3G 데이터 통신을 이용할 수 없도록 차단합니다.

ⓒ **부팅 시 접속 여부 물어보기** : 전원을 켤 때마다 접속 허용 여부를 묻는 알림 창이 나타나게 합니다.

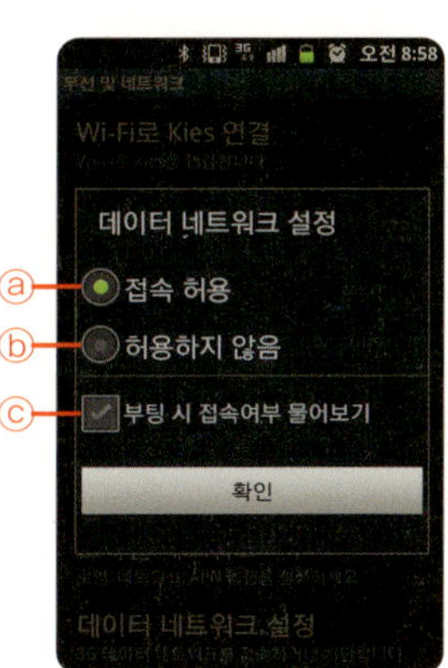

2 응용프로그램 관리하기

앱에 관련된 설정 방법을 살펴보겠습니다. 설치한 앱을 삭제하거나 실행 중인 서비스의 확인 및 저장 메모리 확인, 개발 관련 설정을 할 수 있습니다.

❶ **알 수 없는 소스** : 마켓에 등록되어 있지 않은 프로그램을 설치할 수 있도록 허용 또는 제한합니다.

❷ **응용프로그램 관리** : 설치된 프로그램을 확인하거나 삭제할 수 있습니다.

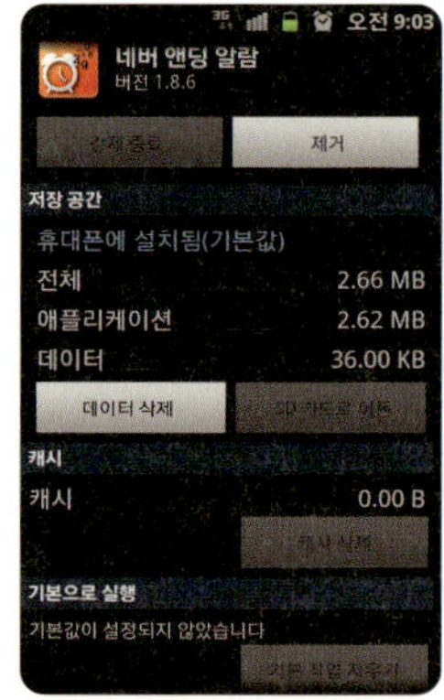

❸ **실행 중인 서비스** : 스마트폰 사용 중에 실행된 각종 서비스를 확인 또는 중지할 수 있으며, 기능별로 사용된 메모리 용량을 확인할 수 있습니다.

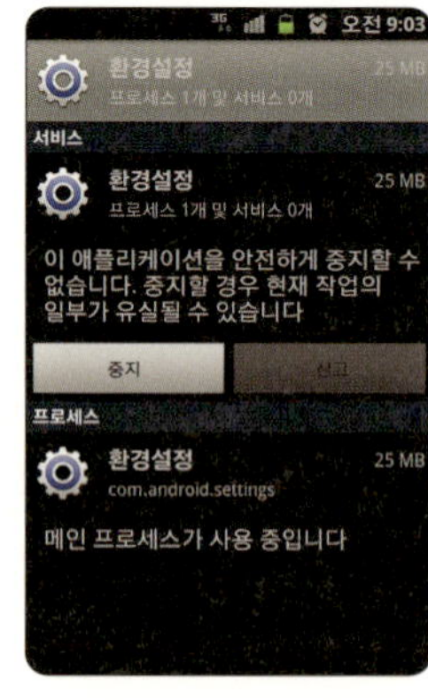

❹ **저장 공간 사용량** : 스마트폰에 설치된 전부를 보여줍니다. 프로그램의 메모리 용량을 확인하거나 삭제할 수 있습니다.

❺ **배터리 사용** : 배터리 사용 내역을 항목별로 확인할 수 있습니다.

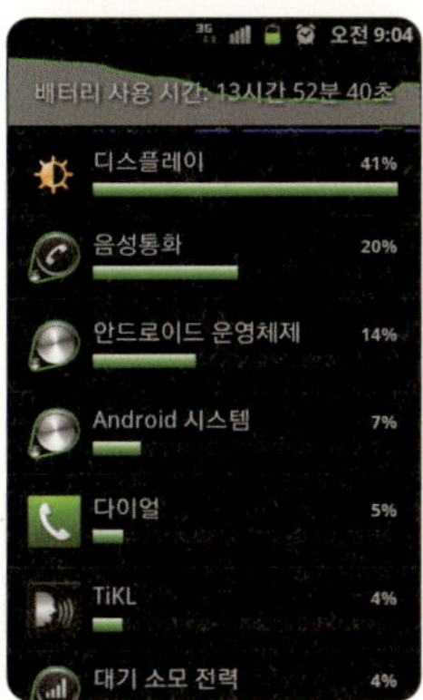

❻ **개발** : 선택하면 USB 디버깅, 모의 위치 허용 항목이 나타납니다.

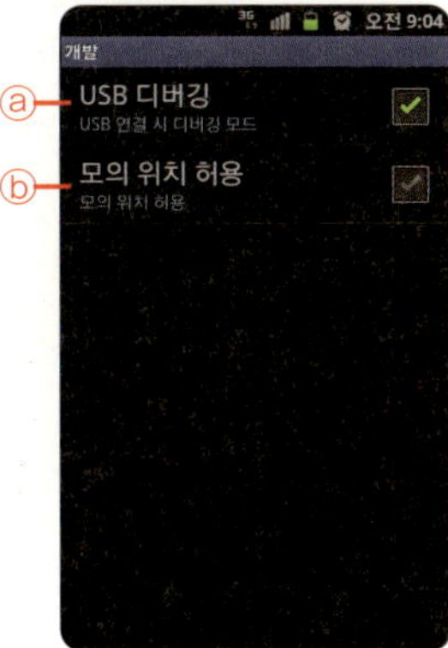

ⓐ **USB 디버깅** : USB 케이블이 연결된 경우 디버그 모드를 실행하도록 설정 또는 해제합니다. 디버그 모드가 되면 폰에서 일어나는 다양한 이벤트에 관한 기록을 확인할 수 있습니다.

ⓑ **모의 위치 허용** : 모의 위치를 허용하도록 설정 또는 해제합니다.

Theme 18

통화, 절전, 모션

기능 설정 모음입니다. 통화에 있어서 여러 가지 편의 기능 설정, 배터리를 효율적으로 사용하기 위한 절전 기능 그리고 갤럭시S2를 더 편하게 이용하기 위한 모션 기능 설정까지 기능에 대한 내용들을 확인해 보겠습니다.

통화 설정하기

통화와 관련된 주요 설정이 모여 있습니다. 발신, 수신 관련 옵션 그리고 영상통화에 관한 설정도 있습니다. 주요 기능을 확인해보겠습니다.

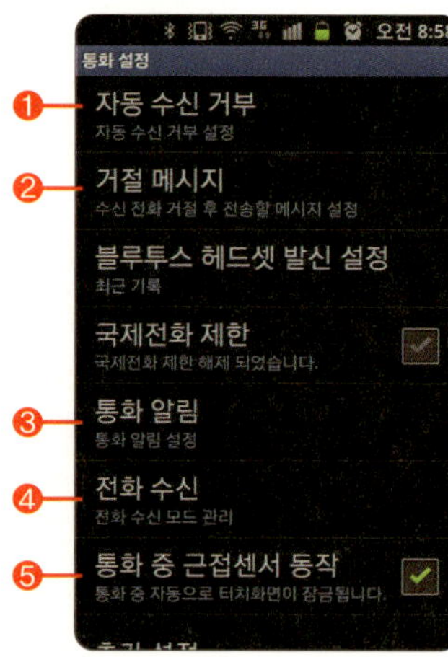

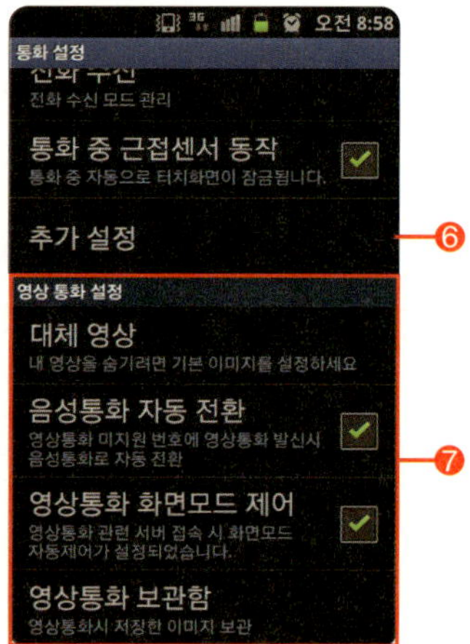

❶ **자동 수신 거부** : 수신 거부에 대한 설정과 수신 차단 번호를 관리합니다.

❷ **거절 메시지** : 걸려 온 전화를 거절할 경우 전송할 메시지를 설정할 수 있습니다. 최대 6개까지 설정이 가능합니다.

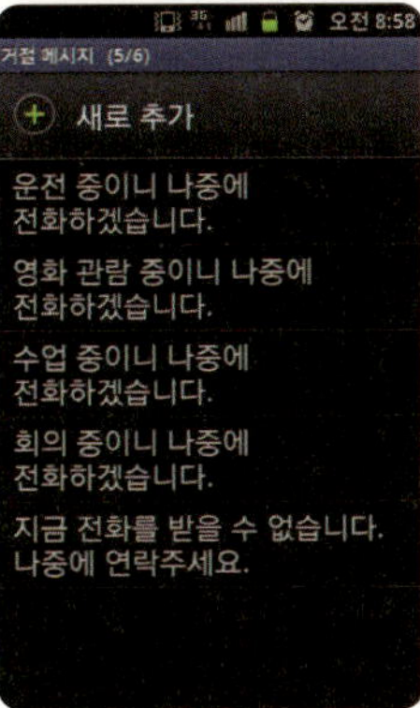

❸ **통화 알림** : 발신 시 진동, 통화 상태 알림음, 통화 중 알림에 대한 설정을 합니다. 발신 시 진동은 상대방이 전화를 받으면 진동으로 알려주는 기능입니다.

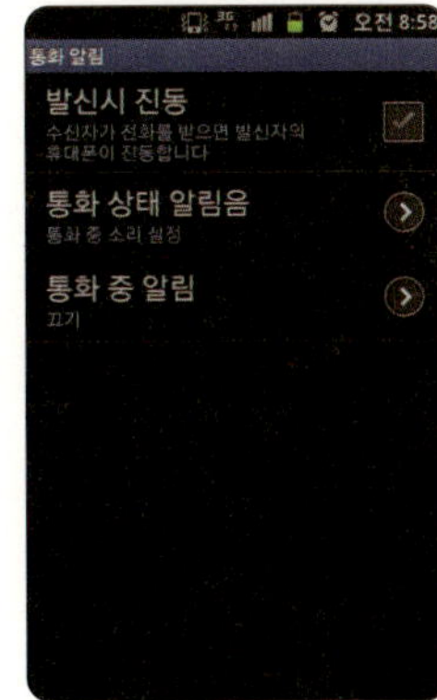

❹ **전화 수신** : 전화 수신 방법에 대한 설정을 합니다. 여기서는 홈 키로 전화 수신이나 전원 버튼으로 전화 종료를 설정할 수 있습니다.

❺ **통화 중 근접센서 동작** : 통화 시 스마트폰을 귀 가까이 대면 근접 센서가 동작해 화면 조명이 꺼지면서 터치 화면이 자동으로 잠기도록 설정 또는 해제하는 메뉴입니다.

❻ **추가 설정** : 네트워크 기본설정, 발신번호표시 제한, 발신번호 표시 3개의 항목이 있습니다.

❼ **영상 통화 설정** : 영상 통화 시 대체 영상을 보내거나 영상통화 자동 전환 설정을 합니다.

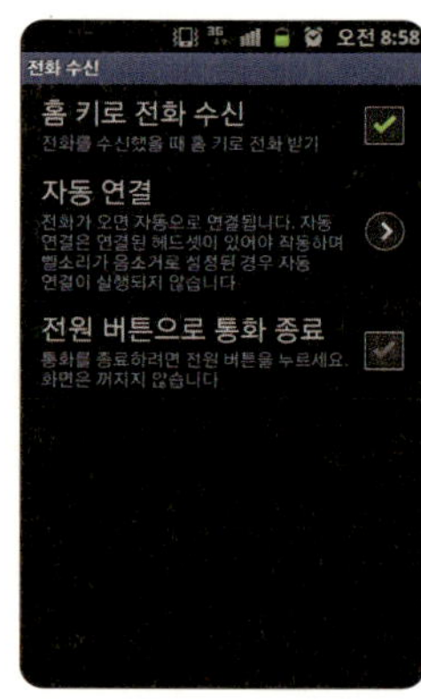

2 절전 모드 설정하기

스마트폰의 남은 배터리량이 적을 때 자동으로 절전 모드로 전환하여 배터리 소모량을 줄일 수 있도록 설정하는 메뉴입니다. 절전 모드가 동작하게 될 시점을 정한 뒤에 동작할 항목에 체크하면 됩니다. 배터리 절약 팁도 제공합니다.

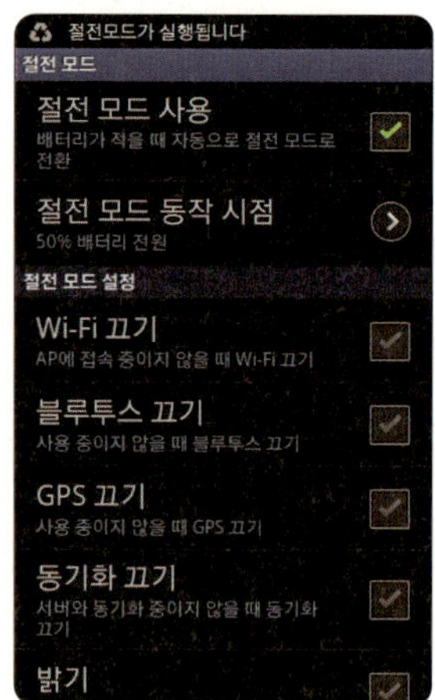

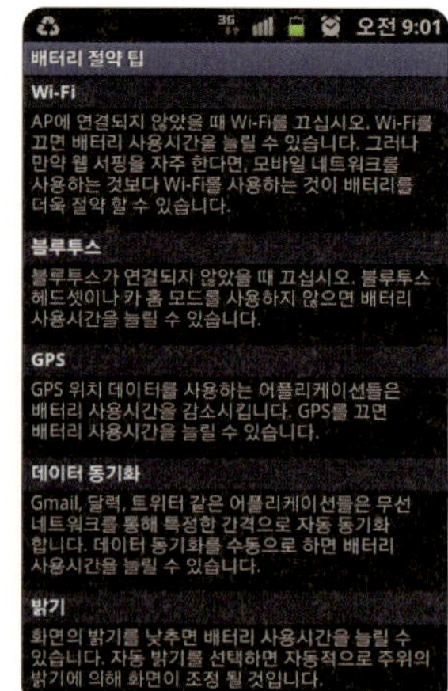

3 모션 기능 설정하기

아이콘의 이동이나 화면의 확대, 축소를 모션으로 할 수 있게 한 기능입니다. 갤럭시 S2에만 들어간 기능으로 나름 유용한 기능입니다.

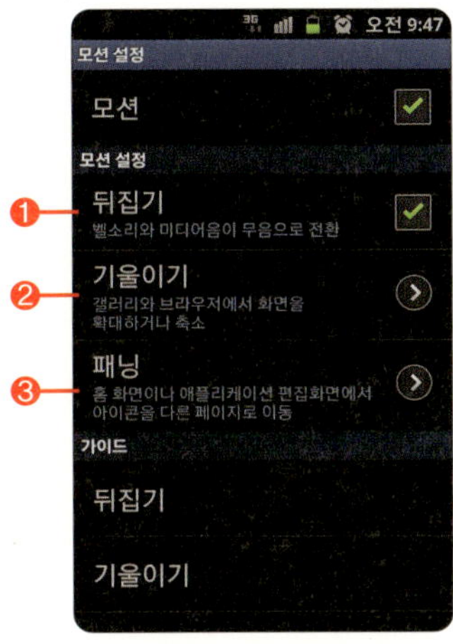

❶ **뒤집기** : 전화 수신이나 미디어 재생 시 스마트폰을 뒤집으면 무음 상태가 되도록 설정 또는 해제합니다.

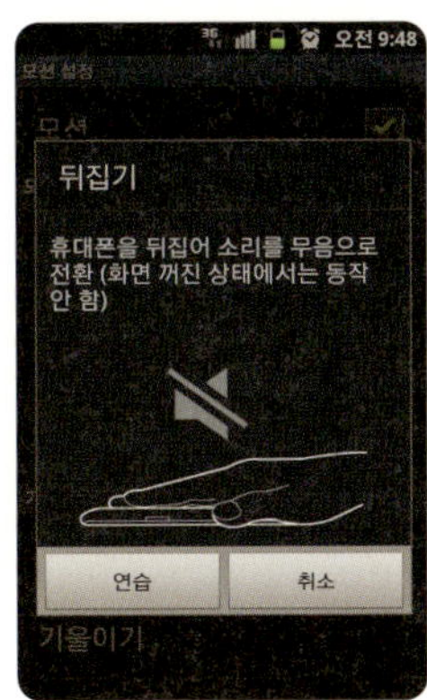

❷ **기울이기** : 갤러리, 인터넷 실행 시 스마트폰의 두 지점을 누른 상태에서 앞뒤로 기울여 화면을 확대, 축소할 수 있도록 설정 또는 해제하며, 동작 기능 감도의 세기를 설정합니다.

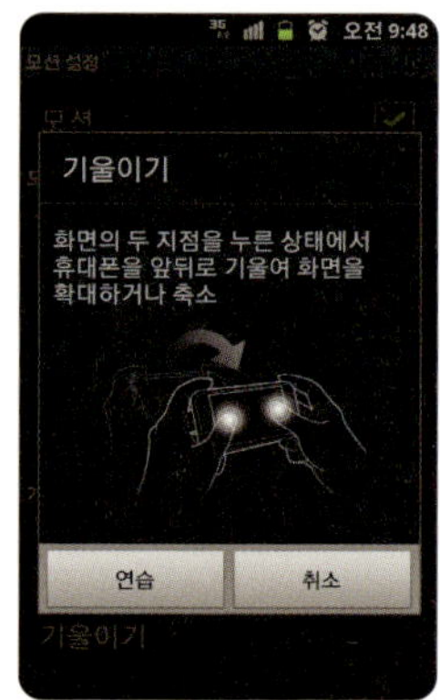

❸ **패닝** : 홈 화면 또는 애플리케이션 편집 화면에서 스마트폰을 좌우로 움직여 아이콘을 다른 페이지로 이동할 수 있도록 설정 또는 해제하며, 동작 기능 감도의 세기를 설정합니다.

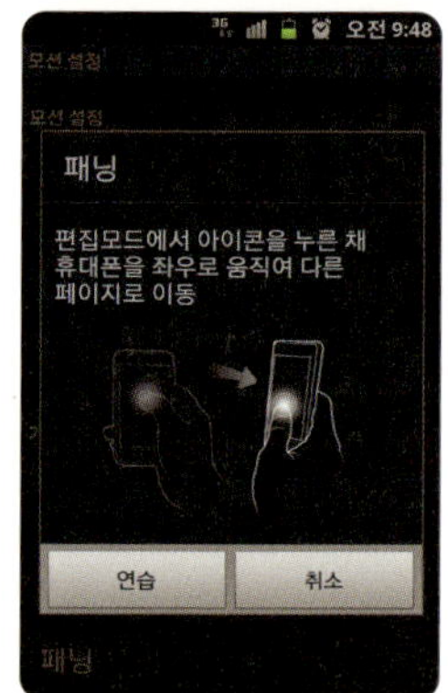

19 Theme 기타 간단한 설정 체크

지금까지 주요 기능의 설정과 관련된 내용을 살펴보았습니다. 이번 테마에서는 간단하게 설정할 수 있는 남은 항목들을 살펴보고 Part 1을 마무리짓겠습니다.

● SD 카드 및 휴대폰 메모리

내장 메모리 및 외장 메모리의 남은 메모리 확인하고 메모리를 초기화할 수 있습니다.

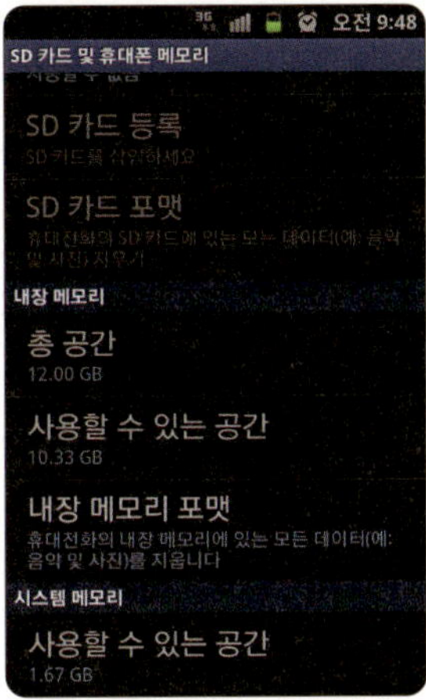

● 음성 입력 & 출력

Google 음성 인식기 사용 환경을 설정하거나 한국어와 영문 텍스트 등을 음성으로 읽어주도록 설정할 수 있습니다.

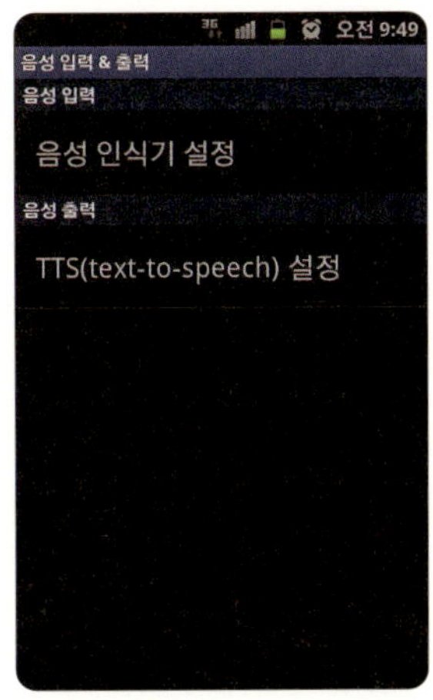

● 접근성

마켓에서 제공하는 Talkback 프로그램을 설치하여 한국어와 영문 텍스트 등을 음성으로 읽어주도록 설정할 수 있습니다.

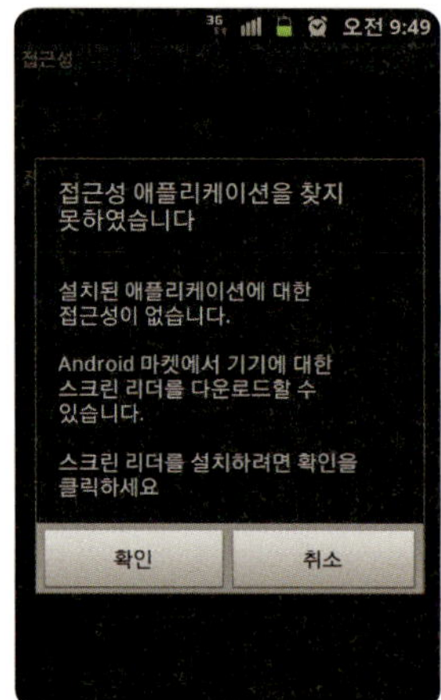

● 도크 설정

스마트폰 거치대에서 음성 출력에 관한 설정을 합니다.

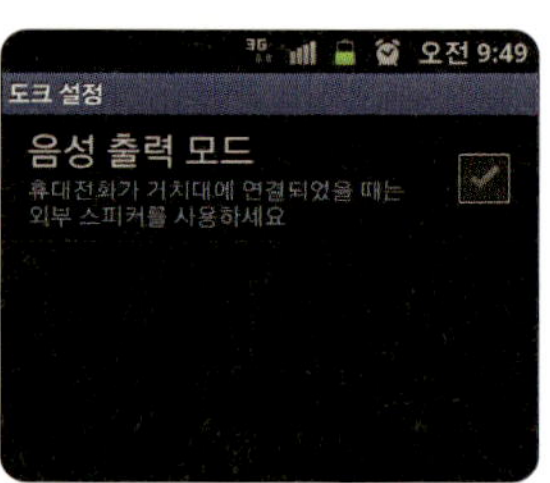

● 날짜 및 시간

폰의 시간을 설정합니다. 기본은 네트워크 제공값을 사용하도록 되어 있는데 혹시나 이 시간이 맞지 않는다면 수동으로 설정한 후에 시간을 조정할 수 있습니다.

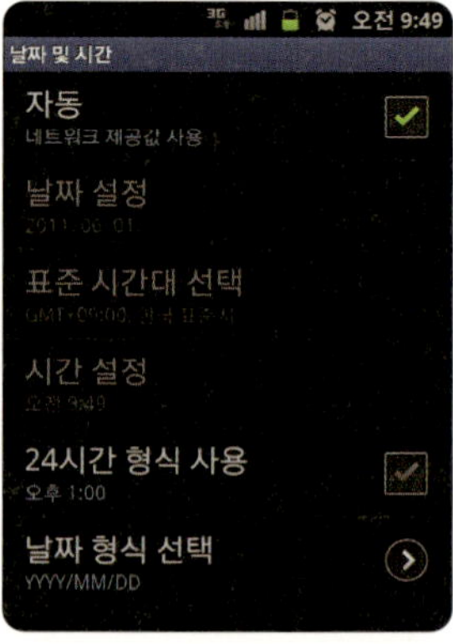

휴대폰 정보

폰 관련 다양한 정보를 확인합니다. 펌웨어 버전, 커널 버전, 휴대폰 상태 등이 있습니다.

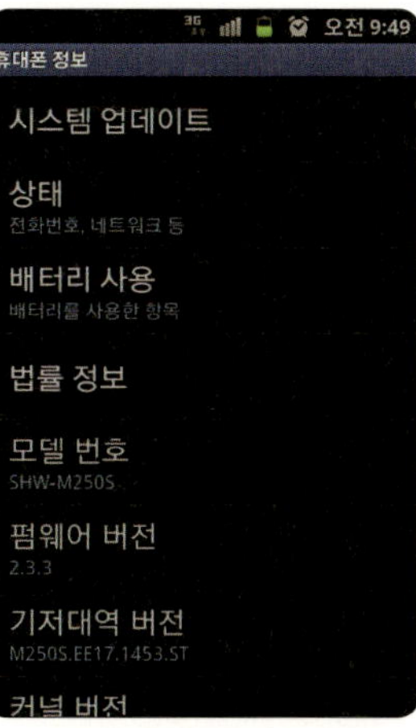

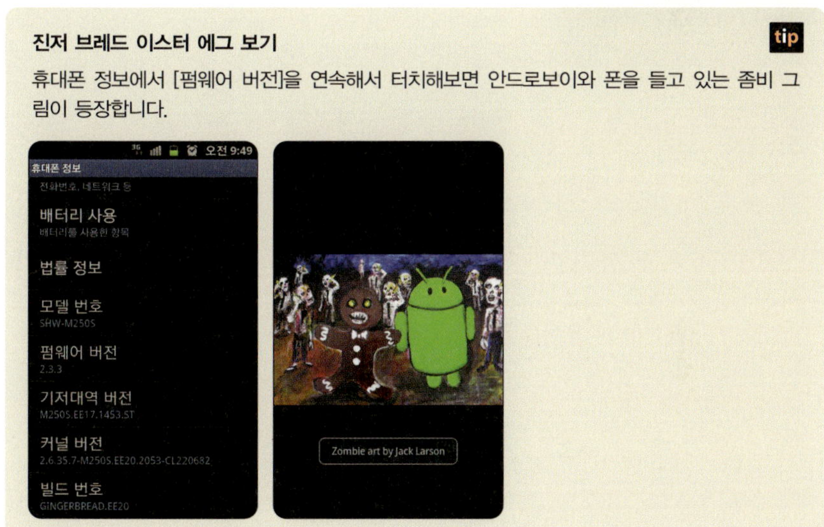

진저 브레드 이스터 에그 보기 tip

휴대폰 정보에서 [펌웨어 버전]을 연속해서 터치해보면 안드로보이와 폰을 들고 있는 좀비 그림이 등장합니다.

GALAXY S2

PART 2

갤럭시S2의 스마트 활용 시나리오

Part 1에서는 갤럭시S2의 기본 사용 방법에 대해 살펴보았습니다. 그러나 사실 기기 구입 시 제공되는 매뉴얼 이외의 책을 구매해서 보려고 할 때는 갤럭시S2를 남들보다 좀 더 잘 활용해서 쓰고 싶기 때문일 것입니다. 그래서 Part 2에서는 구체적인 활용 사례를 상황별 시나리오로 보면서 여러분들도 따라 해볼 수 있도록 구성했습니다. 자신에게 맞는 상황을 예상하며 따라해보면 금세 갤럭시S2 고수가 되어 있는 자신을 발견할 수 있을 것입니다.

Chapter 01.

시나리오 1 : 클라우드 컴퓨팅으로 비즈니스 효율 높이기

클라우드는 인터넷상의 서버 공간을 두어 언제 어디서든 데이터를 동기화할 수 있는 시스템을 말합니다. 예를 들어 인터넷 웹 브라우저를 통해 Google 캘린더에서 일정을 입력하면 동시에 여러분의 갤럭시S2에서도 같은 내용의 일정을 확인할 수 있습니다. 둘 중 하나만 수정하더라도 양쪽 데이터가 모두 자동으로 동기화됩니다. USB나 외장 하드와 같은 별도의 저장 장치를 들고 다니지 않아도 인터넷이 되는 곳이면 어디서든 자료를 편리하게 관리할 수 있습니다.

꼼꼼하지 못한 기획팀 양대리의 허둥지둥 하루 일과

기획 업무를 담당하는 양대리는 늘 참신한 아이디어에 목 말라 있습니다. 그런데 이상하게도 중요한 일이 생기거나 좋은 아이디어가 떠올랐을 때 메모를 하려고 하면 평소에는 주변에 굴러다니던 펜과 종이가 어디로 갔는지 보이질 않습니다. 그래서 언제부터인지 휴대폰으로 메모를 입력하곤 합니다. 그러나 입력할 때 불편할 뿐만 아니라 다시 PC나 종이로 옮길 때에도 불편하여 잘 관리되지 않습니다. 그러다보니 기획서 작성할 때마다 매번 여기 저기 흩어진 아이디어 노트를 정리하는 것도 일이고, 필요한 메모가 어디에 있는지 보이지 않아 한숨부터 나옵니다.

이렇게 메모를 모아 기획서를 작성하느라 시간을 허비했더니 퇴근 후에 약속 시간이 다 되었는데도 내일 오전까지 마무리해야 할 문서 작업이 완료되지 않았습니다. 하는 수 없이 집에서 작업하기 위해 외장 하드에 데이터를 저장해서 가방에 챙겨넣고보니 아차, 집에 있는 컴퓨터에는 회사에서 사용하는 오피스 프로그램이 설치되어 있지 않습니다. 하는 수 없이 동료에게 한턱 내기로 한 후 노트북을 빌려 데이터를 저장하고 무겁게 어깨에 매고 약속 장소로 향합니다.

하루에도 수십 건의 참신한 아이디어들이 머리를 스쳐갑니다. 그때마다 매번 펜과 종이를 찾지 않으셨나요? 또한 작업에 필요한 수많은 파일들을 이동할 때마다 외장 하드에 복사해서 가지고 다니지 않으신가요? 스마트폰 고수들은 이런 문제를 어떻게 해결하고 있을까요?

갤럭시S2와 함께라면 아이디어 메모부터, 파일 관리까지 항상 완벽하게!

양대리는 사소한 일부터 중요한 회의 내용까지 메모할 일이 생길 때마다 갤럭시S2를 꺼냅니다. 좋은 아이디어가 갑자기 떠올랐을 때 급하게 펜과 종이를 찾을 필요 없이 Evernote로 메모할 수 있어 정말 유용합니다. 글씨뿐만 아니라 사진을 찍거나 목소리를 바로 녹음하여 저장할 수도 있으며, 바로 웹과 PC에 연동되어 두 번 정리할 필요가 없기 때문입니다. 기획서를 작성할 때도 바로 편집하고 첨부할 수 있어 효율적으로 업무 시간을 활용할 수 있습니다.

또한 클라우드 기반의 파일 관리 앱을 활용하여 장소에 구애받지 않고 파일을 수정 및 보관하니 더욱 완벽하게 업무를 처리할 수 있게 되었습니다. 사무실에서 주로 사용하는 오피스 프로그램에 붙여넣기하고, 편집한 파일을 Dropbox에 올려두기만 하면 됩니다. 이렇게 하면 인터넷이 되는 곳이면 어디서든 파일을 볼 수 있고 '모바일 오피스앱'으로 바로 간단한 수정도 할 수 있습니다. 하루의 일과를 정리한 후에는 Evernote로 일기를 쓰고 마무리합니다.

Theme 01

클라우드 메모 앱

스마트폰에서 사용할 수 있는 메모 앱의 종류는 다양합니다. Easy Note, 컬러노트, 3banana notes 등 각각의 특징이 있는 메모 앱들이 많습니다. 메모 앱 가운데 최고의 메모 관리 솔루션으로 인정받는 Evernote를 소개합니다.

●Evernote

이름	Evernote
카테고리	생산성
만든이	Evernote Corp.
가격	무료
마켓	안드로이드 마켓
설명	클라우드 기반의 통합 메모 앱

Evernote는 현재 존재하는 거의 모든 스마트폰을 지원하는 메모 앱입니다. 스마트폰의 종류에 상관없이 설치 및 사용할 수 있으며, 당연히 갤럭시S2에서도 사용할 수 있습니다. Evernote가 유용한 점은 어느 기기에서 메모를 하든 자동으로 인터넷 서버와 동기화된다는 점입니다. 또한 첨부 파일을 설정하거나 음성 메모가 가능하여 인기만점인 앱입니다.

일단 Evernote를 사용하려면 계정을 만들어야 합니다. www.evernote.com에서 계정을 만들고, PC용 Evernote 프로그램을 설치합니다. 스마트폰에서 앱을 다운받은 후 계정을 만들어도 됩니다.

갤럭시S2에서 메모를 해도 되고 PC에서는 Evernote 홈페이지 또는 PC용 Evernote 프로그램을 통해 메모를 할 수 있습니다.

무료 회원과 유료 회원의 서비스가 다르며, 유료 회원은 월 US $5 또는 연 US $45의 비용을 지불해야 합니다. 유료 회원의 경우 PDF, 오디오 등의 다양한 형식의 업로드를 지원합니다.

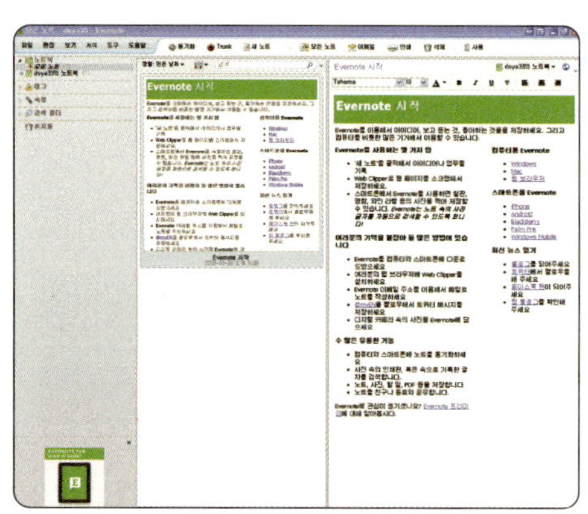

앱의 가격 변동 tip

앱은 생성 및 소멸 주기가 있는 프로그램입니다. 일부 앱은 가격의 변동(할인, 환율)이 있을 수 있으므로 참고하세요.

회원 유형	업로드 용량
무료 회원	60MB/월
유료 회원	1GB/월

또한 Evernote의 녹음 기능을 활용하여 회의 내용을 녹음할 수 있습니다. 이렇게 녹음된 내용은 나중에 회의록을 작성하거나 강의 자료로 활용할 수 있습니다. Evernote와 함께라면 꼼꼼한 회의록 정리는 문제 없습니다.
어려운 도표나 그림 등을 저장할 때는 갤럭시S2로 사진을 찍어 Evernote 메일로 전송하기만 하면 됩니다.

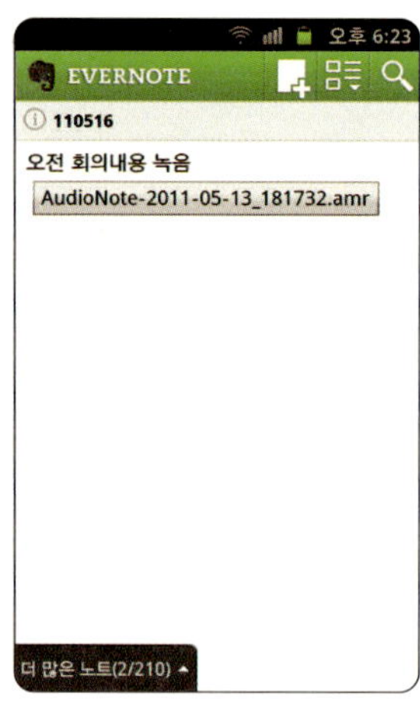

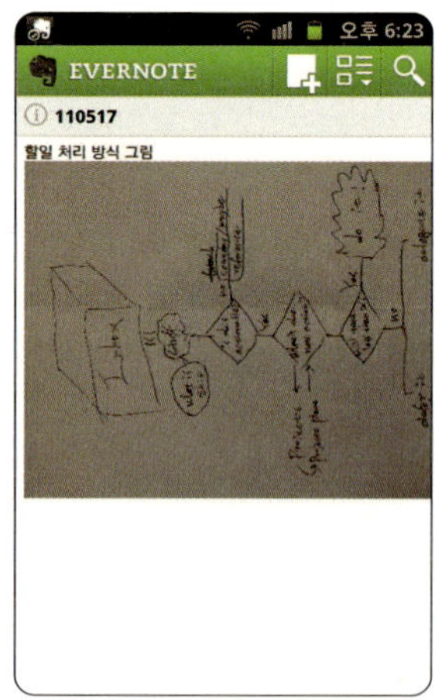

녹음된 내용과 전송된 내용은 모두 Evernote 서버에 저장되므로 PC 프로그램 동기화를 통해 PC에서 재편집할 수 있습니다.

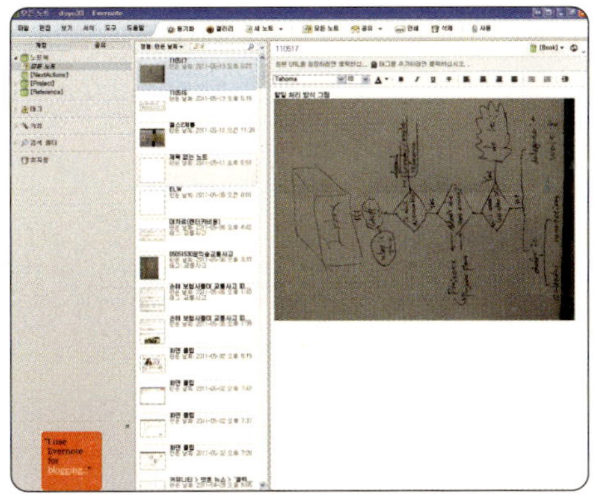

갤럭시S2 홈 화면에 Evernote 위젯을 두고 바로 바로 다양한 방식의 메모를 할 수 있으며, 저장된 정보를 메일로 전송하거나 친구들과 공유할 수 있습니다.
또한 네트워크 프린터가 존재한다면 인쇄도 가능합니다.

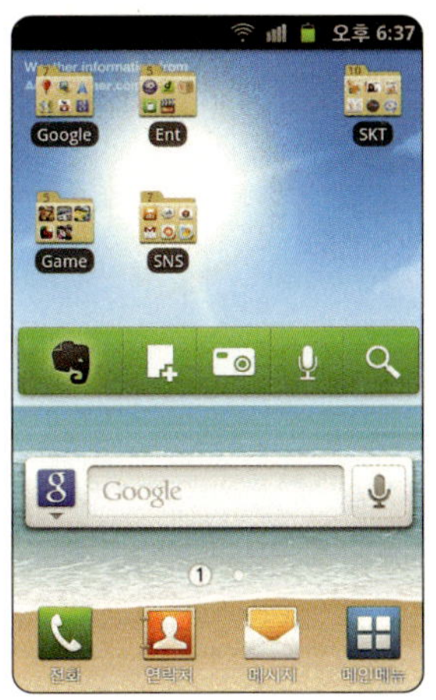

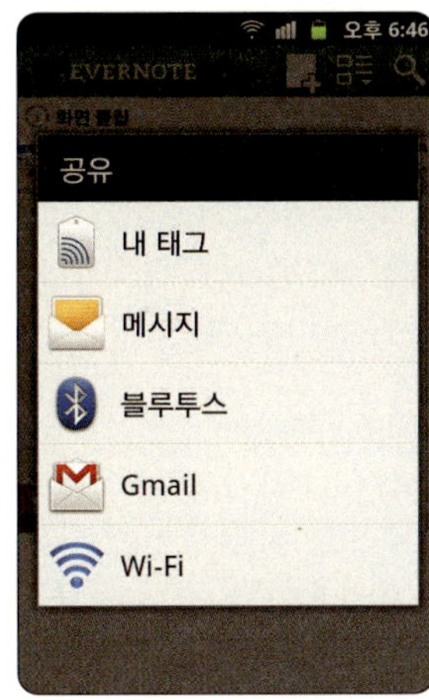

지금까지 Evernote를 활용할 수 있는 기본 기능 위주로 살펴보았습니다. 이 밖에도 다양한 활용 방안들이 많습니다. Evernote는 사용자 모임이 생길 정도로 막강한 통합 메모 앱입니다.

Evernote 사용 시 요금 관련 주의할 점 tip

네트워크 사용 시 Wi-Fi 혹은 3G 접속이 필요합니다. 올인원55 요금제 이상 가입되어 있지 않으면 과다한 요금이 청구될 수 있습니다.

Theme 02

클라우드 스토리지 앱

파일을 USB와 외장 하드에 담아 다니면서 분실이나 파손을 걱정해 본 사람들이라면 클라우드 기반의 파일 관리 앱의 사용을 권장합니다. 이러한 앱 가운데 가장 대표적인 Dropbox, ucloud mobile(유클라우드), U+Box의 특징과 사용 방법에 대해 살펴봅니다.

● Dropbox

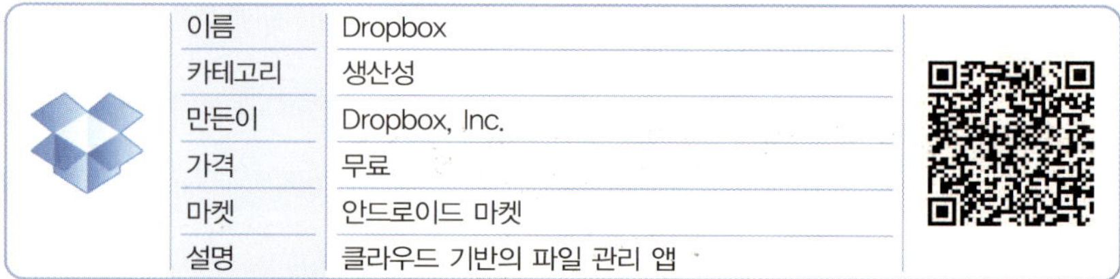

이름	Dropbox
카테고리	생산성
만든이	Dropbox, Inc.
가격	무료
마켓	안드로이드 마켓
설명	클라우드 기반의 파일 관리 앱

회사에서 업무용으로 사용하는 PC, 집에서 사용하는 PC, 갤럭시S2에서 인터넷을 연결할 수 있는 상태라면 Dropbox를 활용하여 장소에 구애받지 않고 파일을 저장하거나 불러온 후 작업할 수 있습니다.

일단 Dropbox를 사용하려면 인터넷에서 계정을 만들어야 합니다. PC에서 인터넷 브라우저로 https://www.dropbox.com에 접속한 후 가입합니다. [Download Dropbox]를 클릭하면 PC용 Dropbox 프로그램을 설치할 수 있습니다. 물론, 갤럭시S2에서 Dropbox 앱을 다운받아 계정을 만들 수도 있습니다.

Dropbox 홈 화면에서 메뉴 버튼을 터치하고 [New]를 터치하면 파일의 형식을 묻는 팝업창이 나타납니다. 원하는 원하는 목록을 선택합니다.

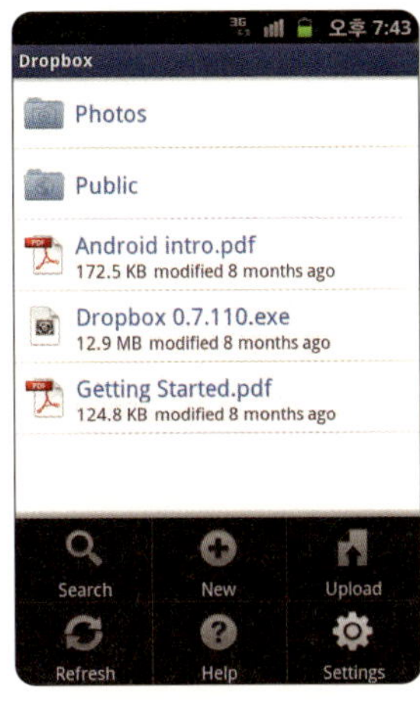

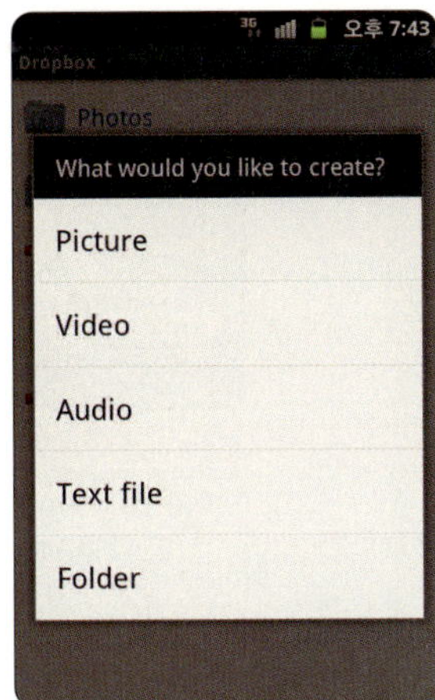

사진, 비디오, 오디오, 텍스트, 폴더 등을 새롭게 생성할 수 있으며, [Upload]를 터치하면 갤럭시S2에 있는 파일을 웹과 PC용 프로그램에 바로 동기화할 수 있습니다.

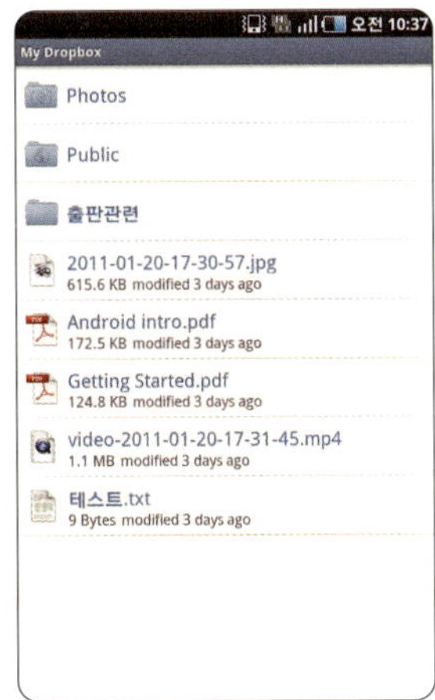

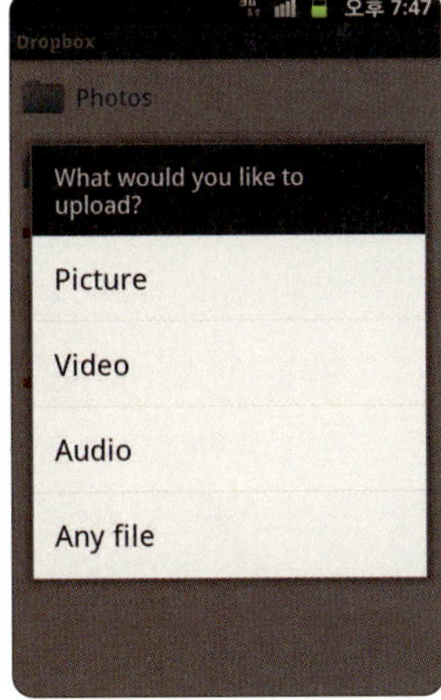

PC에 Dropbox 프로그램을 설치하고 나면 Dropbox 동기화 폴더가 생성되는데, 이때 동기화 폴더에 파일을 이동하기만 해도 자동으로 Dropbox 서버에 파일이 전송됩니다.

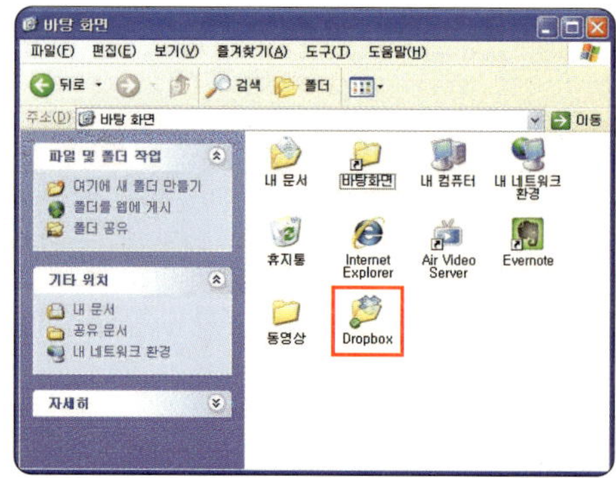

동기화된 파일들은 웹 브라우저를 통해 확인할 수 있으며 동시에 갤럭시S2에서도 동기화된 파일들을 확인하고 볼 수 있습니다.

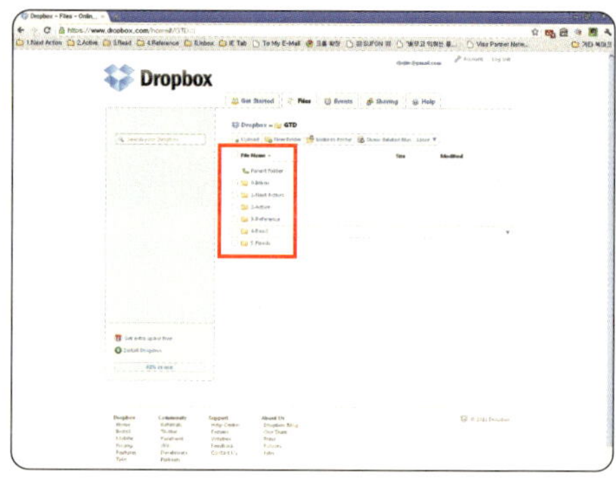

집의 PC와 회사의 PC에 같은 아이디의 Dropbox를 설치하면 두 Dropbox의 파일들은 자동으로 동기화되기 때문에 이제 회사에서 작업을 마치고 집으로 가기 전에 USB 메모리 등에 저장하거나 이메일로 전송해둘 필요가 없습니다. 집에 도착하여 PC를 켜는 순간 작업한 파일이 자동으로 동기화되어 있기 때문입니다.

갤럭시S2의 Dropbox에서 문서 파일을 터치하면 모바일 오피스 프로그램으로 불러와서 간단한 편집을 할 수 있으며, 실시간으로 편집된 파일이 웹과 PC에 동기화됩니다. 언제 어디서든 인터넷만 된다면 업무가 가능합니다.

Dropbox 사용 시 요금 관련 주의할 점 tip

네트워크 사용 시 Wi-Fi 혹은 3G 접속이 필요합니다. 올인원55 요금제 이상 가입되어 있지 않으면 과다한 요금이 청구될 수 있습니다.

● ucloud mobile(유클라우드)

이름	ucloud mobile(유클라우드)
카테고리	생산성
만든이	KT Corporation
가격	무료
마켓	안드로이드 마켓
설명	클라우드 기반의 파일 관리 앱

ucloud mobile 역시 클라우드 기반의 파일 관리 앱입니다. 올레 인터넷/모바일 이용자라면 50GB를 무료로 사용할 수 있어 KT를 통해 개통한 사람들이 눈여겨 볼 만합니다.

ucloud mobile을 사용하기 위해서 인터넷에서 계정을 만들어야 합니다. PC에서 인터넷 브라우저로 http://www.ucloud.com/에 접속한 후 가입합니다. PC용 ucloud 프로그램을 설치할 수 있습니다. 다른 파일 관리 앱과 마찬가지로 갤럭시 S2에서 ucloud mobile 앱을 다운받아 계정을 만들 수도 있습니다.

ucloud mobile 홈 화면에서 메뉴 버튼을 터치하고 [업로드]를 터치하면 업로드 안내가 나옵니다. 다시 메뉴 버튼을 터치하면 파일을 업로드할 수 있습니다.

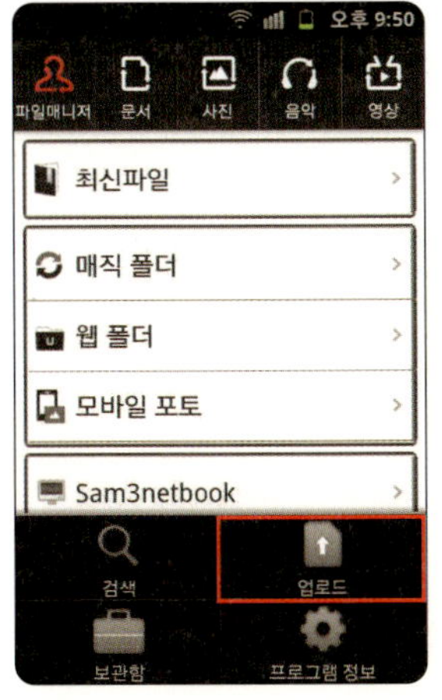

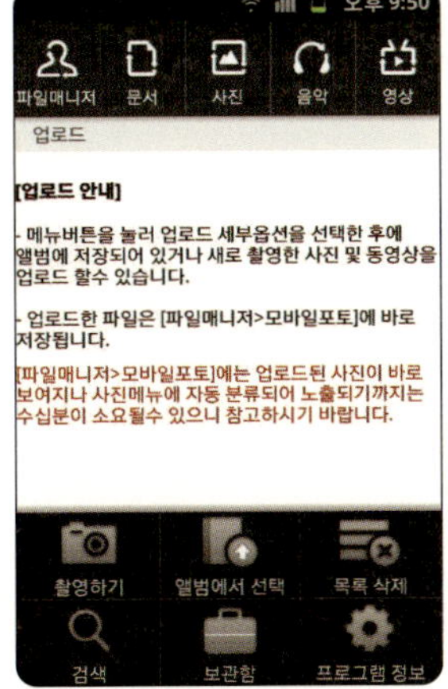

문서, 사진, 음악, 영상 등을 새롭게 생성할 수 있으며, [Upload]를 터치하면 갤럭시 S2에 있는 파일을 웹과 PC용 프로그램에 바로 동기화할 수 있습니다.

PC에 ucloud 프로그램을 설치하고 나면 Dropbox와 마찬가지로 동기화 폴더가 생성되며, 같은 아이디어로 접속 시 자동으로 동기화됩니다.

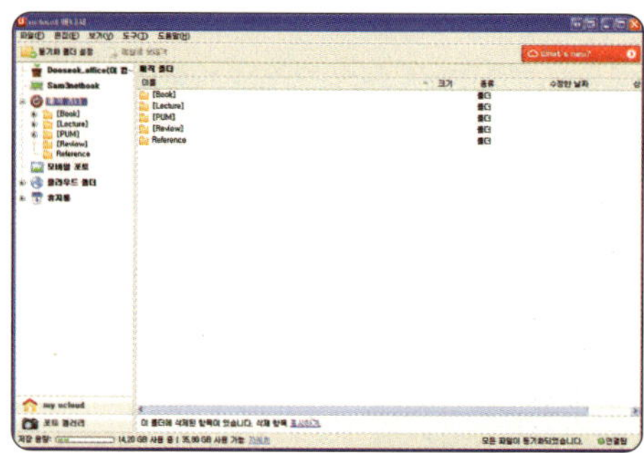

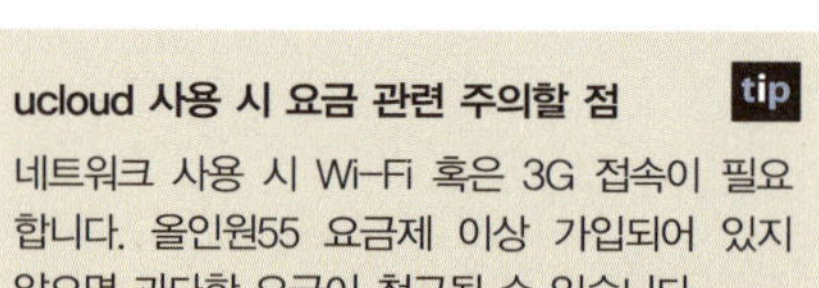
ucloud 사용 시 요금 관련 주의할 점 tip

네트워크 사용 시 Wi-Fi 혹은 3G 접속이 필요합니다. 올인원55 요금제 이상 가입되어 있지 않으면 과다한 요금이 청구될 수 있습니다.

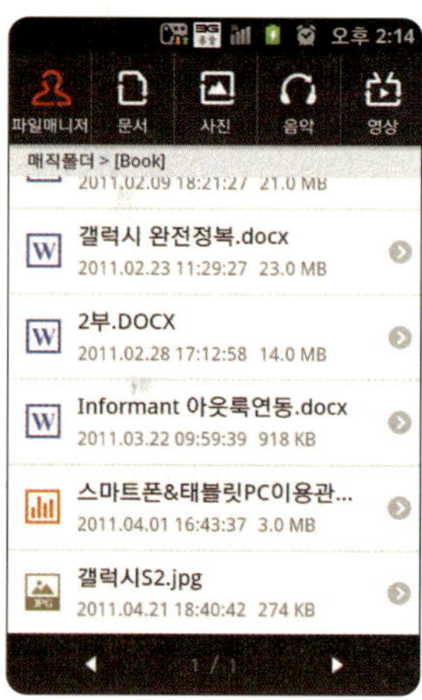

U+Box

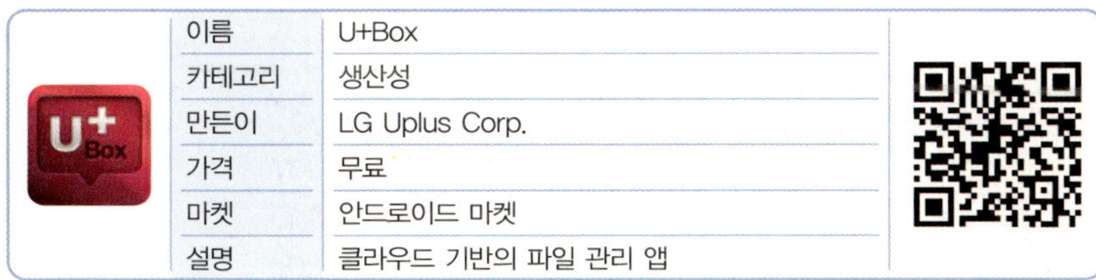

이름	U+Box
카테고리	생산성
만든이	LG Uplus Corp.
가격	무료
마켓	안드로이드 마켓
설명	클라우드 기반의 파일 관리 앱

U+Box 역시 클라우드 기반의 파일 관리 앱입니다. U+ 인터넷 또는 모바일 이용자라면 15GB를 무료로 사용할 수 있어 LG U+를 통해 개통한 사람들이 눈여겨 볼 만합니다.

U+Box를 사용하려면 인터넷에서 계정을 만들어야 합니다. PC에서 인터넷 브라우저로 www.uplusbox.co.kr에 접속한 후 가입합니다. PC용 Dropbox 프로그램을 설치할 수 있습니다.

회원 유형	무료 및 유료 제공 용량
U+Box 가입 무료 회원	15GB 무료 제공(15일간 보관 가능)
U+인터넷, U+모바일 인증 무료 회원	10GB 무료 제공(15일간 보관 가능)
유료 회원	100GB/3,000원(무제한 보관 가능)

U+Box 앱의 [My Media]에서 사진, 음악, 영상, 문서별로 동기화된 파일을 확인할 수 있으며, 다양한 VOD를 유·무료로 즐길 수 있습니다.

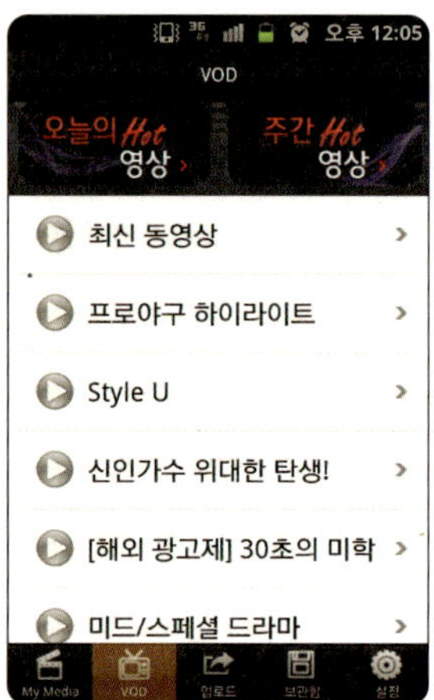

업로드를 터치하면 갤럭시S2에 있는 파일을 웹과 PC용 프로그램에 바로 동기화됩니다. 동기화된 파일들은 웹 브라우저를 통해 확인할 수 있으며 동시에 갤럭시S2에서도 동기화된 파일들을 확인하고 볼 수 있습니다.

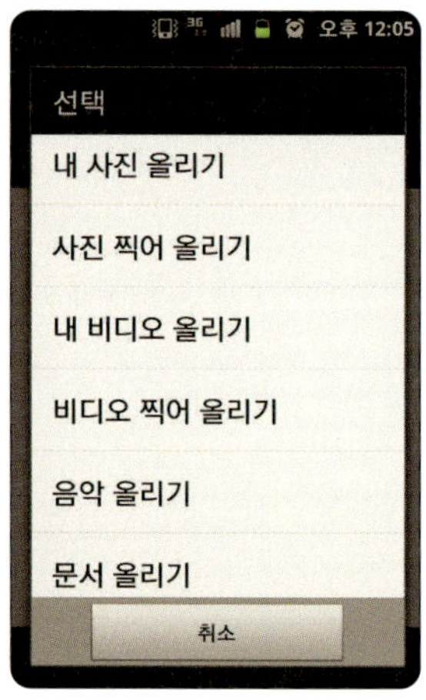

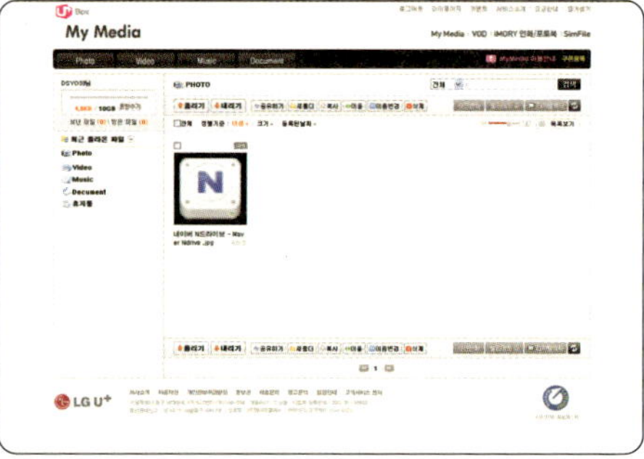

HDTV로 U+Box의 VOD와 직접 올린 동영상도 고화질로 감상할 수 있습니다.

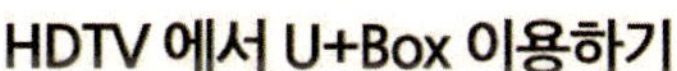

U+Box 사용 시 요금 관련 주의할 점

네트워크 사용 시 Wi-Fi 혹은 3G 접속이 필요합니다. 올인원55 요금제 이상 가입되어 있지 않으면 과다한 요금이 청구될 수 있습니다.

0 Theme 3 오피스 앱

외부에 있을 때 문서를 확인하고 수정하기 위해서 노트북을 항상 들고 다니려면 무겁기도 하고 번거롭습니다. 그렇다고 PC방에서 처리하자니 돈도 들고 사용해야 할 오피스 프로그램이 없을 수도 있으며, 무엇보다 보안이 걱정됩니다. 이번에 소개해 드리는 앱들은 스마트폰으로 언제 어디서나 문서를 바로 확인하고 간단한 편집을 할 수 있어 유용한 앱들입니다.

● Polaris Office

Polaris Office는 갤럭시S2에서 기본적으로 제공하는 앱이므로 따로 표 양식으로 설명을 제공하지 않습니다.

갤럭시S2에 기본으로 들어있는 모바일 오피스 앱인 Polaris Office를 이용하면 워드, 엑셀, PPT, PDF 등을 읽고 수정할 수 있습니다. 작업한 문서를 웹에 보관하면 시간과 장소에 상관없이 문서를 불러와서 작업이 가능해집니다.

작업한 문서를 웹에 보관하기 위해서는 인터넷에서 가입 절차가 필요합니다. http://www.box.net/home 에서 우측 상단의 [Sign Up]으로 들어갑니다. [Personal]을 선택하고 우측에 이름, 이메일, 비밀번호, 전화번호 등을 기입하고 아래 [Continue]를 선택하면 방금 기입한 이메일로 확인 메일을 보냅니다. 기입했던 이메일 계정에서 확인 링크를 선택해주면 가입 절차가 완료됩니다.

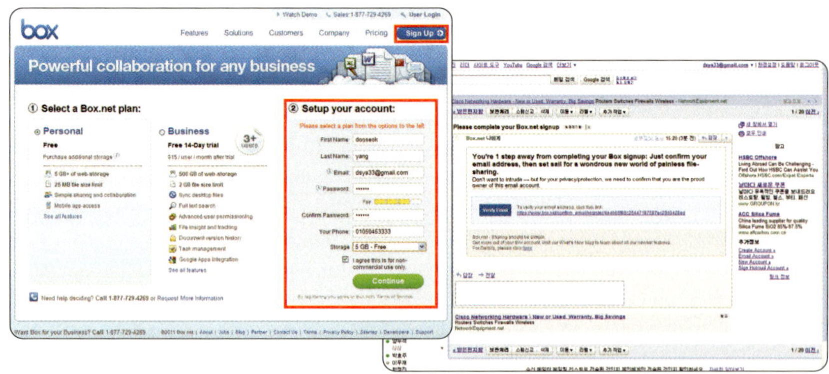

맨 왼쪽 [새로 만들기] 탭을 터치하면 폴더와 오피스 문서를 새롭게 생성할 수 있습니다. [내 파일] 탭에서는 갤럭시S2의 내부 파일을 볼 수 있습니다.

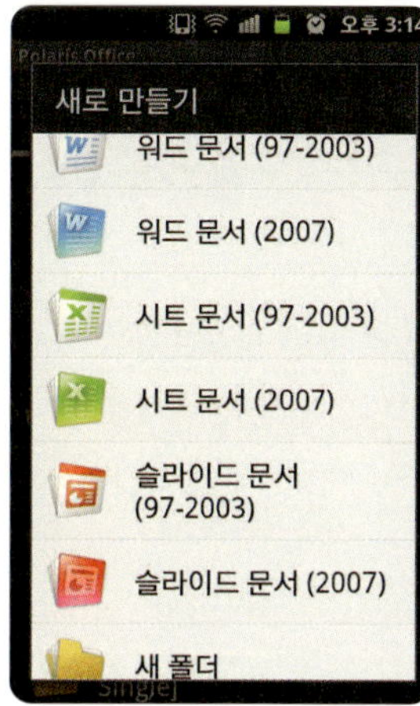

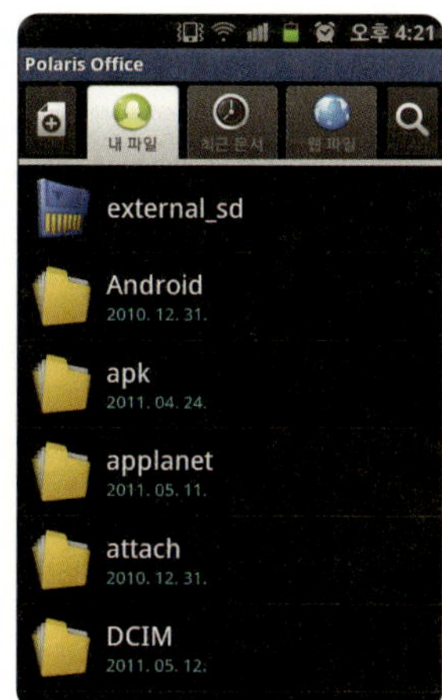

[웹 파일] 탭의 [Box.net]에서 가입 정보를 기입하고 계정을 생성하면 서버에 저장된 문서를 불러와 작업할 수 있는 클라우드 기반의 서비스입니다.

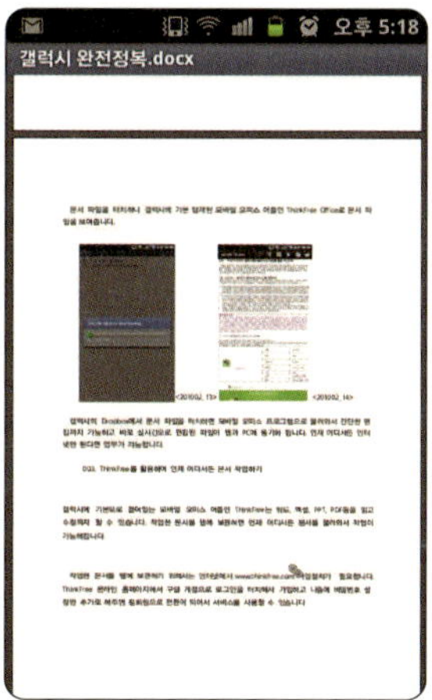

Polaris Office 사용 시 요금 관련 주의할 점 tip

네트워크 사용 시 Wi-Fi 혹은 3G 접속이 필요합니다. 올인원55 요금제 이상 가입되어 있지 않으면 과다한 요금이 청구될 수 있습니다.

● 씽크프리 오피스 모바일

이름	씽크프리 오피스 모바일
카테고리	비즈니스
만든이	ThinkFree Mobile
가격	US $14.99
마켓	안드로이드 마켓
설명	모바일 오피스 앱

예전 갤럭시S와 갤럭시탭에 기본으로 들어있던 모바일 오피스 앱인 씽크프리 오피스 모바일이 갤럭시S2에는 빠져있습니다. 아쉬워할 분들을 위해 간단하게 소개해 봅니다. 사용법은 Polaris Office Office와 거의 같습니다. 워드, 엑셀, PPT, PDF 등을 읽고 수정할 수 있으며, 클라우드 기반의 서비스입니다.

작업한 문서를 웹에 보관하기 위해서는 인터넷에서 가입 절차가 필요합니다. 씽크프리 오피스 모바일 온라인 홈페이지 http://www.thinkfree.com/에서 구글 계정으로 로그인하여 가입합니다. 나중에 비밀번호만 추가 설정하면 정회원으로 전환되어서 서비스를 사용할 수 있습니다.

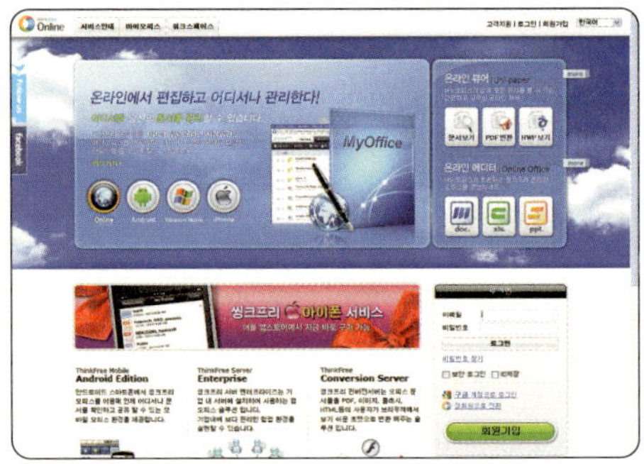

[홈] 탭에서는 각 탭에 대한 설명을 볼 수 있고, [내 문서] 탭에는 갤럭시S2의 내부 파일을 볼 수 있습니다.

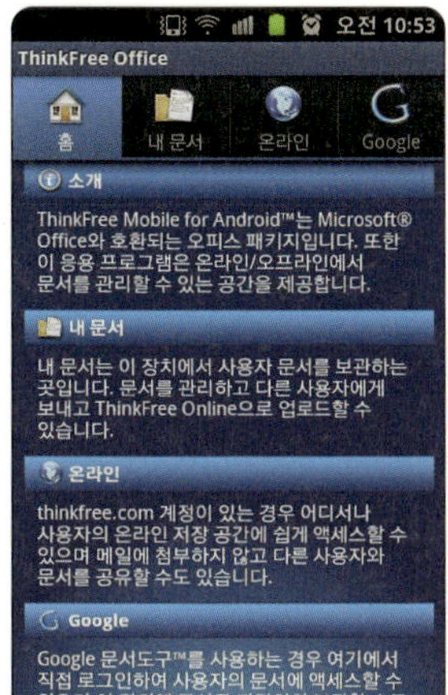

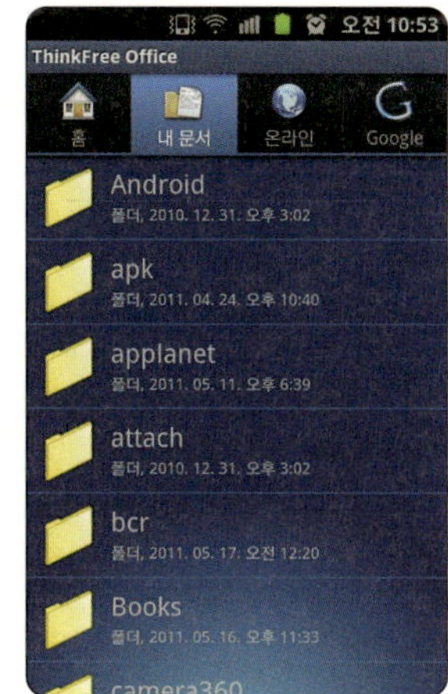

[온라인] 탭에서 가입 당시 기입했던 Gmail 주소와 비밀번호를 입력하고 로그인하면 씽크프리 오피스 모바일 온라인 홈페이지의 파일과 자동으로 동기화되어 있습니다. 메뉴 버튼을 터치하고 [새 폴더]를 터치하면 새로운 폴더를 생성하고 웹에 업로드할 수 있습니다. 기존 파일을 터치하면 팝업이 나오고 [다운로드]를 선택하면 파일을 불러와서 편집이 가능합니다.

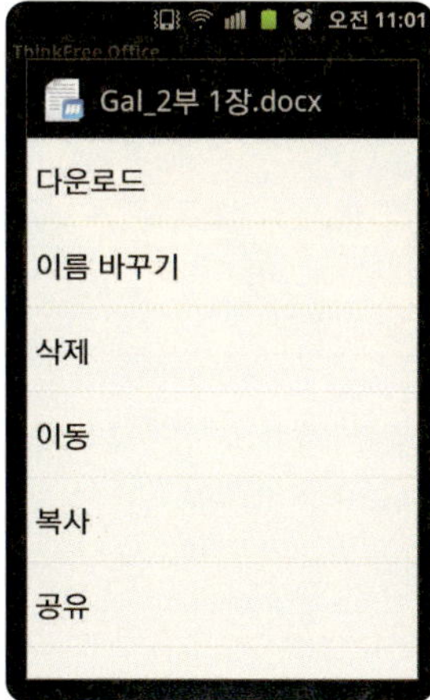

클라우드 기반의 서비스이라 [Google] 탭에서 구글 계정 정보로 로그인하면 문서를 보거나 편집할 수 있습니다.

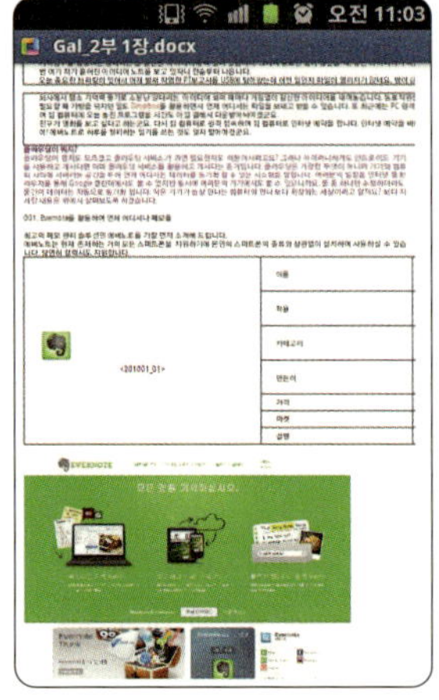

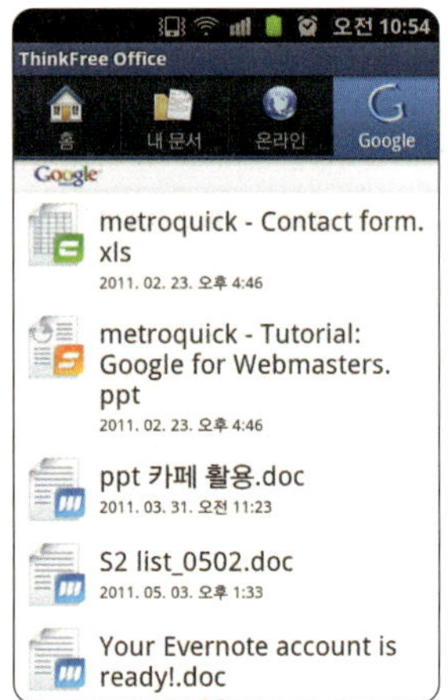

씽크프리 오피스 모바일 사용 시 요금 관련 주의할 점 tip

네트워크 사용 시 Wi-Fi 혹은 3G 접속이 필요합니다. 올인원55 요금제 이상 가입되어 있지 않으면 과다한 요금이 청구될 수 있습니다.

● Documents To Go 3.0 Main App

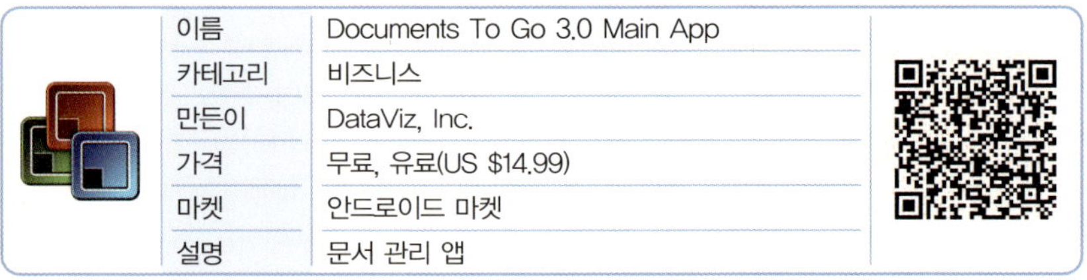

이름	Documents To Go 3.0 Main App
카테고리	비즈니스
만든이	DataViz, Inc.
가격	무료, 유료(US $14.99)
마켓	안드로이드 마켓
설명	문서 관리 앱

Word, Excel, PowerPoint 파일과 PDF 등 PC와 동기화하면 갤럭시S2로 읽고 편집할 수 있는 앱입니다. 구글 문서와 Dropbox 등의 온라인에서도 문서 공유, 수정이 가능하며 오랜 시간 동안 개발되어 대부분의 모바일 OS를 지원하는 최강의 문서 앱 Documents To Go 3.0 Main App를 소개합니다.

Documents To Go 3.0 Main App 메인 화면에서 왼쪽 하단의 [+]를 터치하면 직접 새로운 문서 파일을 생성하고 간편하게 공유할 수 있습니다. [Google Docs]를 터치하여 구글 메일 주소와 비밀번호로 로그인하면 구글 문서를 불러와서 작업할 수 있습니다.

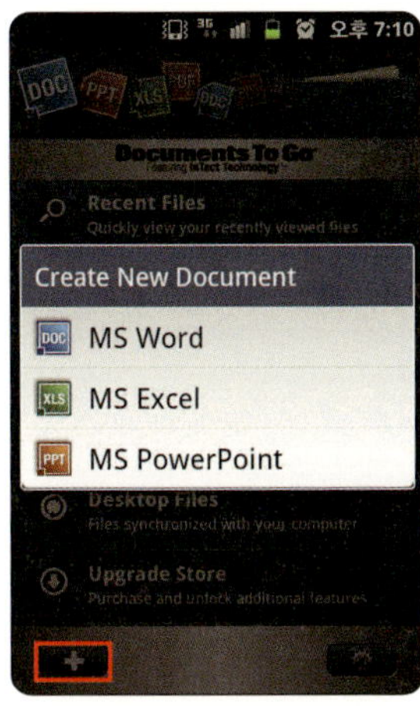

[Desktop Files]에서는 PC용 프로그램과 파일을 동기화할 수 있습니다. PC와의 공유는 http://www.dataviz.com/으로 접속해서 컴퓨터에 앱을 설치해야 합니다.

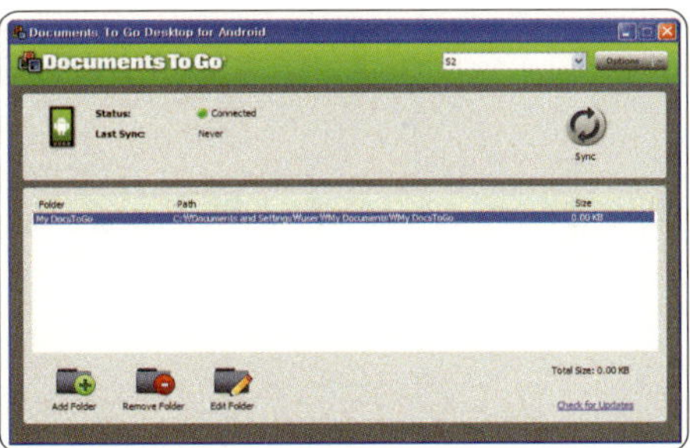

메뉴 버튼을 터치하면 각종 문서 작업에 필요한 기능들을 활용할 수 있습니다.

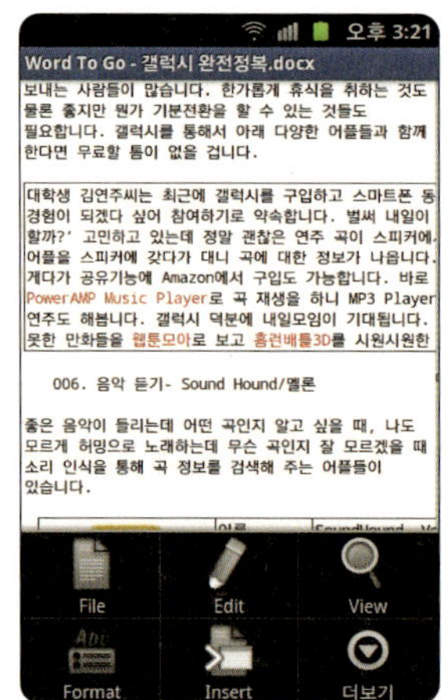

문서를 각 페이지별로 볼 수 있으며, 풀스크린, 가로 보기, 세로 보기, 폰트 설정, 정렬 등 문서 편집 작업이 가능합니다.

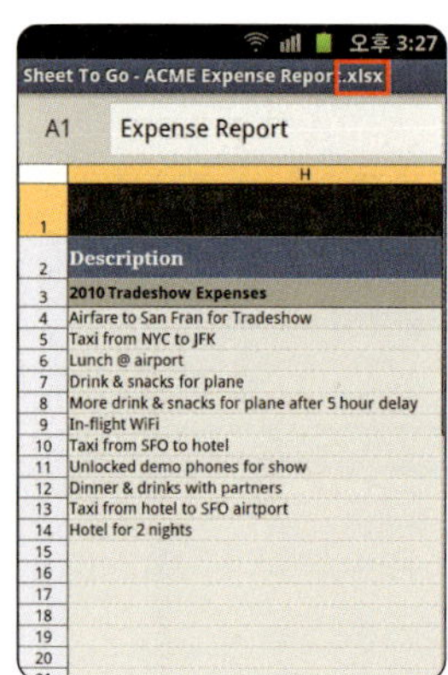

이 밖에도 메일로 보내기, Google Docs, Dropbox 등과 동기화를 통해 파일을 볼 수가 있습니다. 온라인으로 공유는 물론, 다양한 문서 작업이 가능한 최강의 앱입니다.

Documents To Go 3.0 Main App 사용 시 요금 관련 주의할 점 tip

네트워크 사용 시 Wi-Fi 혹은 3G 접속이 필요합니다. 올인원55 요금제 이상 가입되어 있지 않으면 과다한 요금이 청구될 수 있습니다.

● 한컴오피스 한글 뷰어 안드로이드 에디션

이름	한컴오피스 한글 뷰어 안드로이드 에디션
카테고리	비즈니스
만든이	hancom
가격	무료
마켓	안드로이드 마켓
설명	한글 문서 보기 앱

국내에서는 한글 문서(*.hwp)를 많이 씁니다. 최근까지 스마트폰에서 한글 파일을 보기가 어려웠는데요. 한컴오피스 뷰어로 한글 파일과 MS Office 문서(*.ppt, *.doc, *.xls)뿐만 아니라 그림 파일과 각종 오디오, 비디오 파일까지 볼 수 있습니다. 또 한글 파일을 웹 메일에서 볼 수 있게 변환 서비스가 같이 제공됩니다.

파일 매니저로 한글 파일의 읽기, 이동, 복사, 파일 관리에서부터 최근 열어본 한글 문서의 목록을 폴더로 구성하여 보여줍니다. 암호가 설정된 한글 문서와 배포용 한글 문서 보기가 가능합니다.

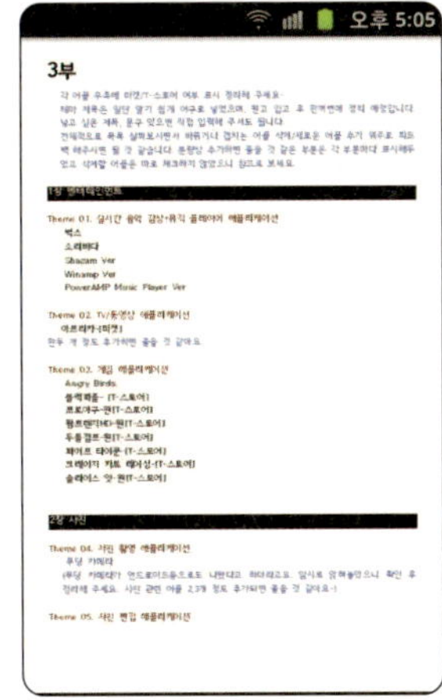

한글 파일을 길게 누르고 있으면 파일의 읽기, 이동, 복사, 파일 관리 팝업이 나타납니다. 여기서 [보내기]를 선택하면 다양한 공유가 가능하고, 이메일로 보내는 기능도 사용할 수 있습니다. 한글 뷰어에 저장되어 있는 한글 문서뿐만 아니라, 이메일에 첨부된 한글 문서도 바로 볼 수 있습니다.

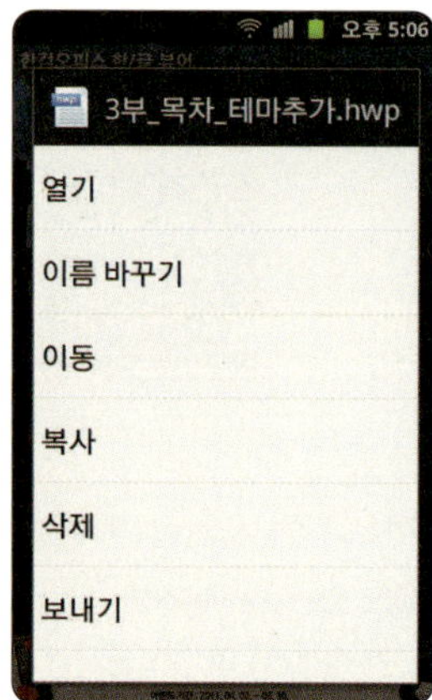

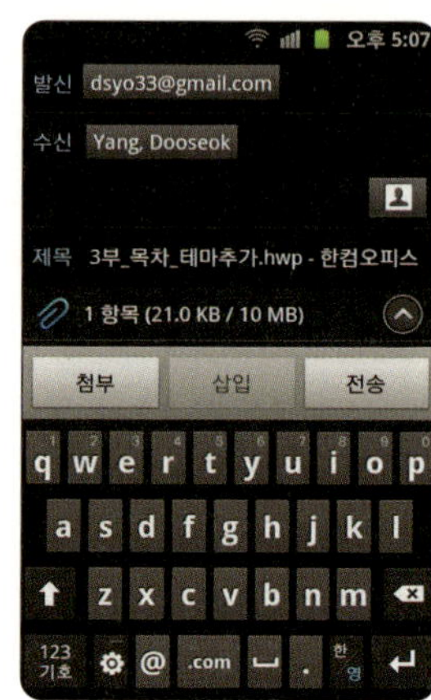

한컴오피스 한글 뷰어 안드로이드 에디션 사용 시 요금 관련 주의할 점 tip

네트워크 사용 시 Wi-Fi 혹은 3G 접속이 필요합니다. 올인원55 요금제 이상 가입되어 있지 않으면 과다한 요금이 청구될 수 있습니다.

OfficeSuite Pro

Documents To Go와 함께 가장 많이 애용되고 있는 막강한 모바일 오피스 솔루션으로, Microsoft Word, Excel, PowerPoint 파일은 물론 PDF, 구글 문서 등을 갤럭시S2로 읽고 편집할 수 있는 기능까지 갖춘 앱입니다.

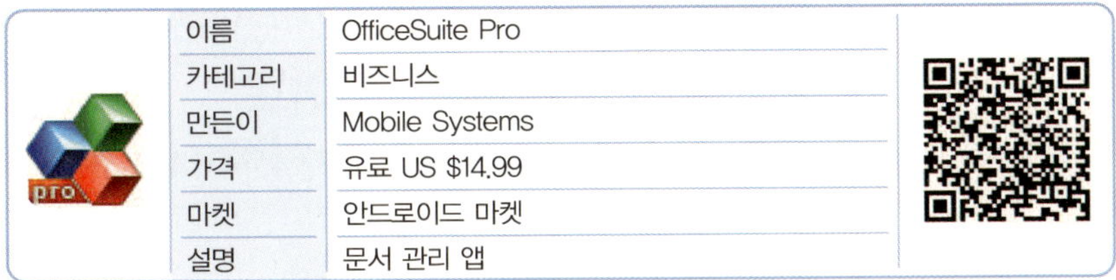

이름	OfficeSuite Pro
카테고리	비즈니스
만든이	Mobile Systems
가격	유료 US $14.99
마켓	안드로이드 마켓
설명	문서 관리 앱

구글 문서와도 연동되며 문서 풀 스크린이 지원됩니다. 읽기 모드에서 페이지를 잡아 스크롤할 수 있습니다.

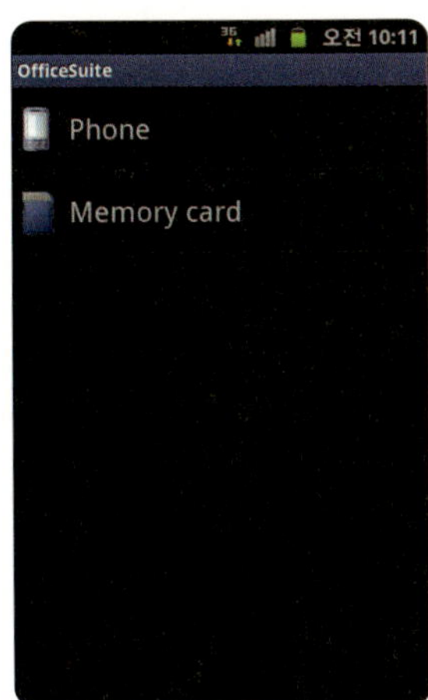

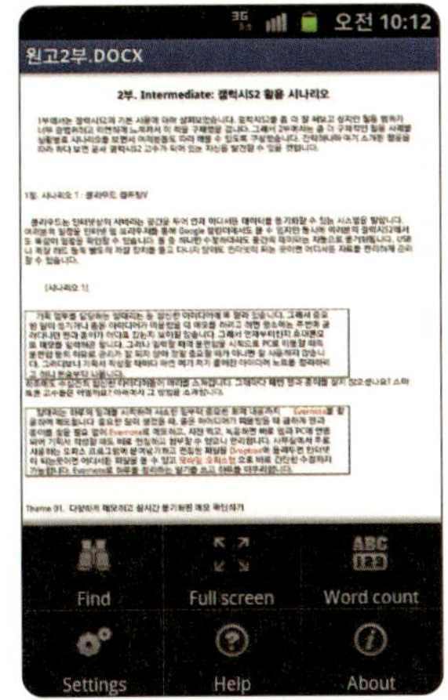

Chapter 02.

시나리오 2 : 원격 제어로 외부에서 컴퓨터 켜고 조작하기

원격 제어란 회사에서 업무용으로 사용하는 PC나 가정용 PC를 외부에서 켜고, 제어하는 기능입니다. 다소 어려운 내용일 수 있기 때문에 설명하기에 조심스러운 부분도 있지만 조금 관심을 갖고 정보를 얻으려고 노력한다면 굉장히 매력 있는 기능일 것이라 확신합니다.

자주 깜박하는 성격의 양대리의 허둥지둥 하루 일과

양대리는 오늘 중요한 브리핑이 있어서 어제 집에서 밤새 작업한 파일을 USB에 담아왔습니다. 그런데 어쩐 일인지 파일이 열리지가 않습니다. 집에는 컴퓨터 다루는 걸 어려워하시는 어머니밖에 안 계시지만, 한번 부탁드릴 생각으로 전화해 보았습니다. 그러나 마침 외출을 하셨는지 아무도 전화를 받지 않습니다. 브리핑 시간은 점점 다가오고, 할 수 없이 어제 저녁까지 회사에서 작업한 파일에 생각나는 대로 수정해서 회의에 들어갑니다. 부족한 자료를 들고 발표를 하려니 자신감도 생기지 않아 어젯밤 준비한 열정의 10분의 1도 발휘하지 못한 것 같아 너무나 아쉽습니다.

하루종일 침울하게 있다가 퇴근을 하려고 하는데, 오늘따라 지하철에는 그 흔한 무가지도 없네요. MP3 플레이어로 음악을 들으며 집으로 향합니다.

양대리처럼 애써 작업한 중요한 파일이 오류가 나거나 USB를 깜빡하고 두고와 난감했던 경험이 있다면 다음에 소개하는 앱들을 업무에 활용해보시기 바랍니다. 보다 편리하면서도 업무 효율은 더욱 높아질 것입니다.

갤럭시S2와 함께라면 원격 제어를 활용하여 언제 어디서나 완벽한 비즈니스로 마무리!

아차! 오늘 중요한 브리핑을 준비하느라 어제 집에서 밤새 작업한 파일을 미쳐 챙기지 못했네요. 그런데도 양대리는 당황하지 않습니다. 사실 얼마 전까지 USB나 외장하드에 진행 중인 서류를 담아 다니면서 필요할 때 가방을 뒤지고는 했었는데, Dropbox를 활용하면서 언제 어디서든 파일을 보내고 받을 수 있기 때문입니다.

또 최근에는 PC 원격 제어 프로그램 Rview Remote까지 쓰면서 더욱 안심입니다. Rview Remote로 집에 있는 PC에 접속합니다. PC가 꺼져있어도 갤럭시S2의 웹 브라우저에 즐겨찾기해둔 공유기 DDNS 도메인을 이용하여 접속하고, 'Wake On Lan' 기능으로 PC를 켤 수 있습니다. 잠시 후, Remote View를 실행하니 갤럭시S2에 가정용 PC와 똑같은 화면이 나타납니다! 어제 밤새 작업한 파일이 바탕화면에 있습니다.

파일을 전송 받고 난 뒤 시간도 아낄 겸해서 오늘 놓친 방송을 다운받아놔야겠군요. 오늘도 뿌듯하게 일과를 마치고 집으로 돌아갑니다. 집에 도착하니 지난 주 놓쳤던 <무한도전>이 PC에 다운로드되어 있네요.

Theme 04

갤럭시S2로 PC를 켜기 위한 기본 설정

LAN 카드의 WOL(Wake On Lan) 기능은 집 또는 회사의 꺼져있는 PC를 외부에서 켜는 방식입니다. 집이나 회사의 PC에 자료를 놓고 왔다거나 필요할 때 원격제어로 접속하기 위해 PC를 켜둘 필요가 없습니다. 여기서 설명하는 방법을 숙지한다면 외부에서 PC를 켤 수 있습니다.

● 원격 제어할 PC의 WOL 기능 지원 여부 확인

WOL을 설정하기 위해서는 WOL 기능을 지원하는 메인보드, LAN 카드로 구성된 PC, WOL 기능과 원격 관리 기능을 지원하는 공유기가 필요합니다. 원격 제어를 위한 PC에 WOL 기능을 지원하는 LAN 카드가 꽂혀 있는지 확인해야 합니다.

01 PC에서 [시작]-[제어판]-[시스템]-[하드웨어 탭]-[장치관리자]의 순서로 클릭하면 [네트워크 어댑터] 항목에서 현재 설치된 LAN 카드 목록을 확인할 수 있습니다. LAN 카드 목록에서 마우스 오른쪽 버튼을 클릭하고 [속성]을 클릭합니다.

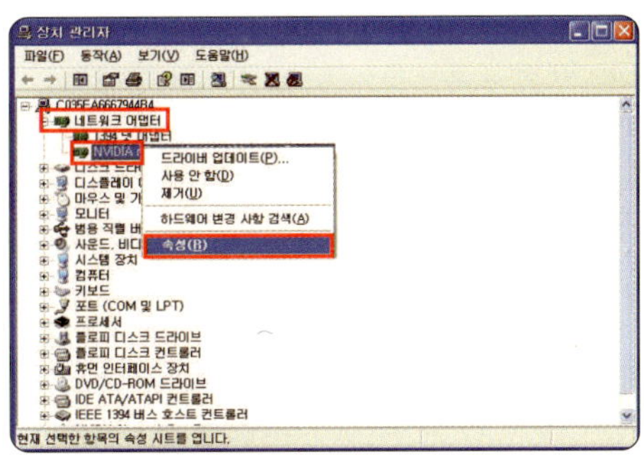

02 상단의 [고급] 탭을 클릭하면 네트워크 장치 속성을 보면 WOL 기능을 끄고 켤 수 있는 옵션이 있습니다. WOL 기능을 Enable로 해두어야 WOL 기능을 사용할 수 있습니다. 현재 출시된 대부분의 LAN 카드는 WOL 기능을 지원하며 기본 설정으로 Enable로 되어 있습니다. 따라서 이후 설명할 공유기 설정만 잘 잡아주면 됩니다.

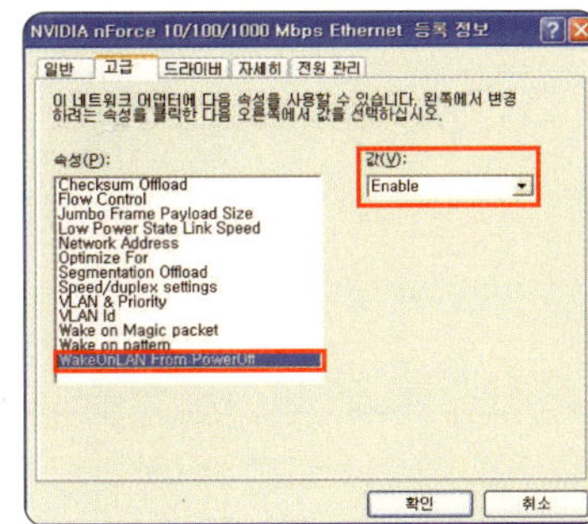

갤럭시S2의 활용도를 높여주는 공유기 tip

갤럭시S2와 같은 모바일 기기의 활용도를 높이기 위해서는 집이나 회사에서 유무선 공유기를 사용하는 경우가 많습니다. Wi-Fi를 이용하면 무료이면서 빠른 무선 데이터 기능을 여러 기기에서 분배해서 사용할 수 있기 때문입니다.

PC의 네트워크 주소를 IP라고 합니다. 대부분의 가정용 인터넷은 고정 IP가 아니라서 IP가 변경됩니다. PC의 IP를 알아야 내 PC에 접속할 수 있는데 PC를 끄고 켤 때마다 IP가 매번 변경되기 때문에 PC를 찾지 못하고 결국 접속할 수가 없습니다. 하지만 공유기를 사용하면 공유기에 할당된 IP는 공유기가 꺼지지 않는 한 변경되지 않기 때문에 외부 네트워크에서 본인의 공유기를 찾아가기가 쉬워집니다.

공유기가 WOL을 지원해야 WOL 기능을 가진 LAN 카드에 신호를 보내 PC를 깨울 수 있습니다. 또한 DDNS 기능을 이용하여 'XXX.XXX.XXX.XXX'와 같은 어려운 IP 주소를 'http://'로 시작하는 자신만의 고유 도메인 주소로 바꾸어 쉽게 기억할 수 있습니다. 또한 DDNS 기능을 이용하면 IP 주소가 변경되더라도 도메인 주소는 변경되지 않기 때문에 언제나 쉽게 자신의 PC에 접속할 수 있습니다.

● 공유기 설정

최근 출시된 대부분의 공유기는 앞에서 설명한 두 가지 기능을 기본적으로 지원합니다. 공유기와 WOL 지원 LAN 카드를 확인했다면 본격적으로 '갤럭시S2로 집에 있는 PC 켜기'를 위한 세팅을 해보겠습니다. 일반적으로 가장 많이 쓰이는 iptime 공유기를 이용하여 설명할 예정이며, 대부분의 공유기 설정법과 유사합니다.

01 PC의 IP인 '192.168.0.1'을 입력하여 공유기로 접속합니다(공유기마다 접속 IP가 다를 수 있습니다). [관리도구]를 클릭합니다.

02 [고급 설정]-[특수 기능]-[WOL 기능]을 클릭하고, [현재 접속된 PC의 MAC주소로 설정]을 체크 표시하고, [추가]를 클릭합니다.

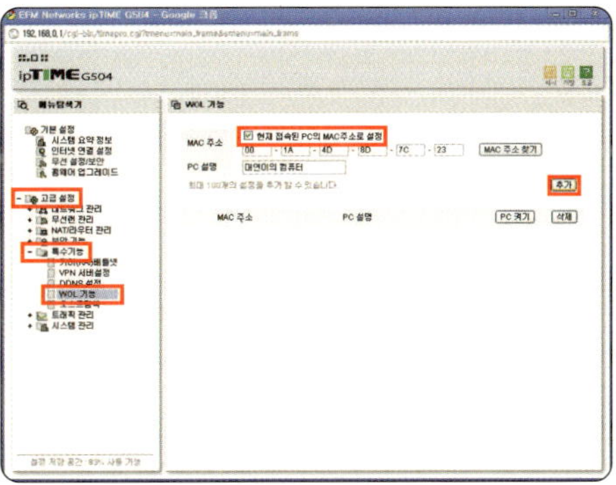

03 WOL PC로 등록되었습니다.

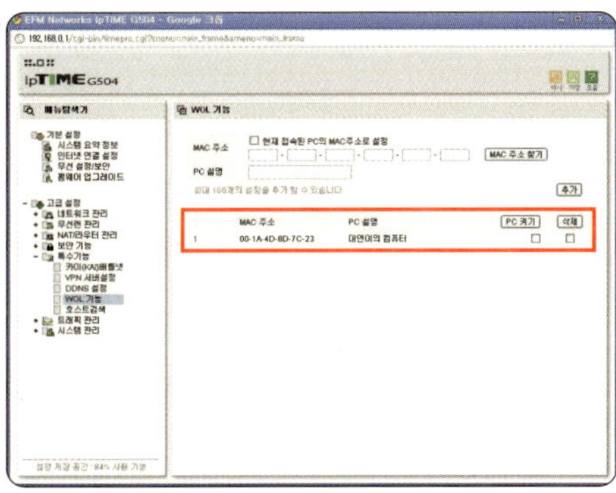

04 다음은 DDNS를 설정해야 합니다. DDNS(Dynamic Domain Name System)는 일반적으로 유동 IP를 사용하는 PC에 별도의 호스트 이름을 붙여주어 URL 창에 IP 주소가 아닌 미리 정한 호스트 이름으로 접근할 수 있도록 해주는 서비스입니다. DDNS 세팅 메뉴에서 자신이 원하는 서비스 공급자 및 호스트 이름을 정한 뒤 추가하여 등록을 시도합니다.

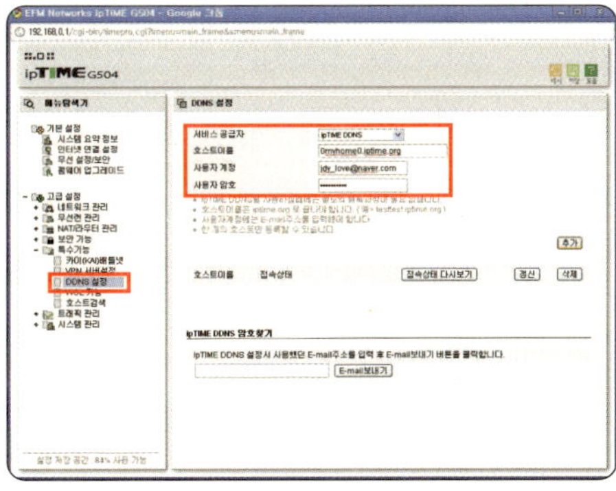

05 동일한 호스트 이름이 있을 경우 여러 번의 시도를 통해 자신만의 호스트 이름을 정하여 등록을 마칩니다.

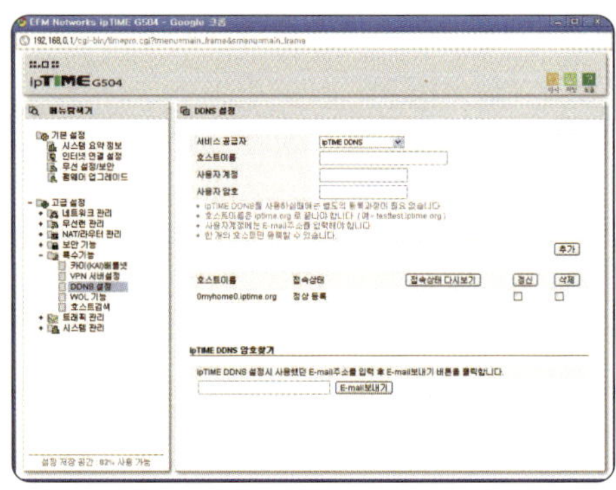

● 갤럭시S2를 이용해 원격으로 PC 제어

등록을 마쳤으면 이제 자신의 갤럭시S2로 가정용 PC를 원격으로 켜보도록 하겠습니다. 만약 DDNS 설정을 할 수 없다면 본인의 현재 IP를 통해 공유기에 접속할 수 있습니다. 갤럭시S2에서 모바일 브라우저를 실행하여 자신의 공유기 IP 또는 방금 등록한 DDNS 주소를 입력합니다. 입력하자 많이 보던 화면이 나타납니다. 바로 방금 설정한 공유기 설정 화면입니다. 관리 도구로 들어가 이미 설정해 둔 WOL 세팅 메뉴로 들어갑니다. 이미 등록되어 있는 자신의 PC를 선택하여 PC 켜기 버튼을 클릭합니다. 'PC를 켜시겠습니까?' 와 같은 팝업 창에서 승인을 누르면 가정용 PC에 전원이 들어옵니다.

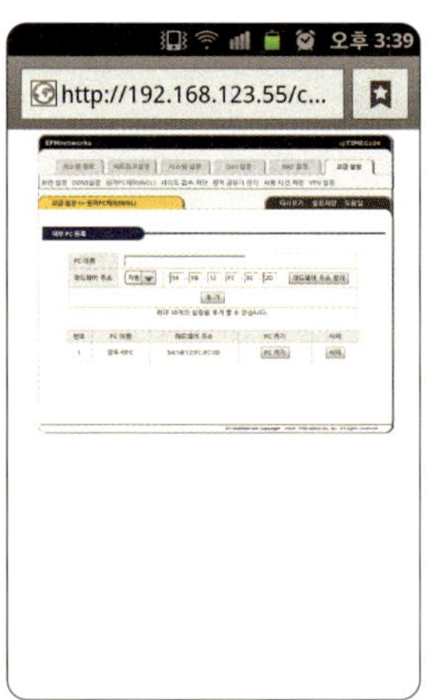

이제 드디어 우리는 언제 어디서든지 가정용 PC를 깨울 수 있게 되었습니다. 원격 제어를 위해 하루 종일 PC를 켜놓지 않아도 됩니다. 이제 다음 페이지에서 원격 제어 앱을 소개하겠습니다.

Theme 05

PC 원격 접속 앱

갤럭시S2에서 원격제어로 PC로 접속해서 할 수 있는 일들은 무궁무진합니다. PC에서 할 수 있는 대부분이 가능합니다. 집이나 회사에서 업무용으로 사용하는 PC에 접속해 문서 작성이나 이메일 발송, 인터넷 뱅킹, PC용 온라인 게임을 할 수 있고, 회사 밖에서도 업무를 보거나 중요 문서를 집에 두고 와도 일 처리가 가능합니다. 시간이 오래 걸리는 인코딩이나 프로그램 다운로드와 같은 일을 외부에서 조작할 수도 있습니다.

● RemoteView for Android

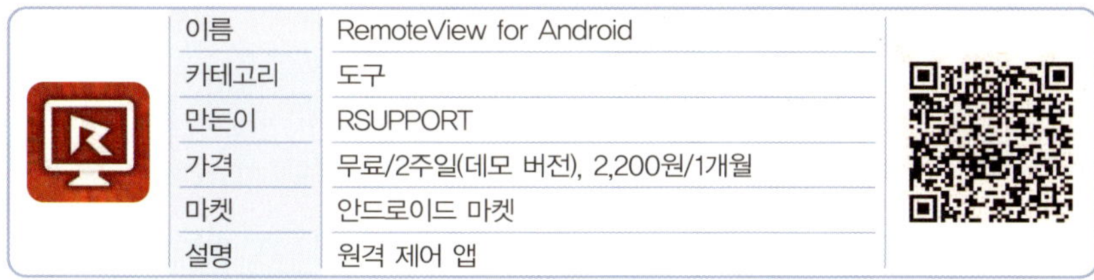

이름	RemoteView for Android
카테고리	도구
만든이	RSUPPORT
가격	무료/2주일(데모 버전), 2,200원/1개월
마켓	안드로이드 마켓
설명	원격 제어 앱

RemoteView는 네이트온 메신저의 원격 제어 기능을 개발한 RSUPPORT에서 개발한 앱입니다. 집에서 사용하는 인터넷의 속도 그대로 보여주면서 화면만 전송하는 방식이므로 트래픽 양이 모바일 인터넷을 이용할 때보다 월등히 적습니다.

일단 RemoteView 홈페이지(http://www.rview.net)에 접속하여 회원 가입을 합니다. RemoteView는 유료 서비스이지만 2주일간 데모 버전으로 사용할 수 있습니다. 회원 가입 후에는 메일 인증 과정을 한 번 더 거쳐야 로그인할 수 있는 시스템으로 되어 있습니다.

일반적으로 원격 제어 앱은 원격 제어 PC에 에이전트 서버를 설치합니다. 로그인한 후 상단의 [원격제어]-[원격PC]를 클릭하여 에이전트 설치합니다. 자세한 방법은 [이용안내] 탭을 클릭하여 확인합니다.

갤럭시S2에서 RemoteView 앱을 실행하고 아이디와 비밀번호를 입력하여 로그인하면 현재 본인의 아이디로 등록된 PC 목록이 보입니다. 현재 PC의 전원이 켜져 있는지도 확인할 수 있습니다. 만약 PC의 전원이 꺼져있다면 앞에서 배운 WOL 기능을 사용하여 PC를 깨웁니다.

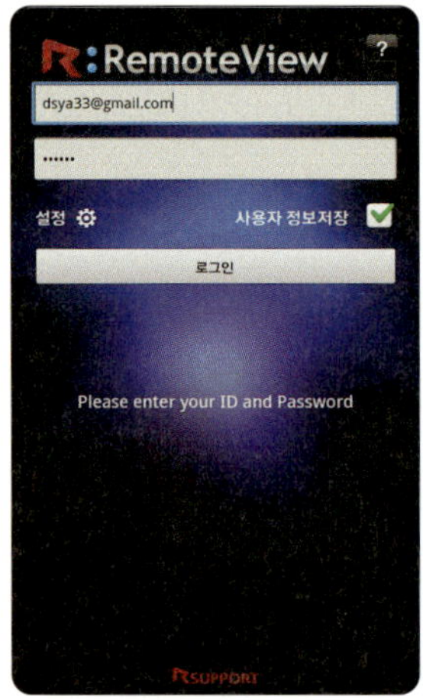

원격 접속 제어를 원하는 PC를 선택하면 잠시 뒤에 원격지의 PC 화면이 갤럭시S2 화면에 보입니다. 원격 접속 중인 갤럭시S2 화면 아래에 접속 PC를 제어하기 위한 부가 기능들이 아이콘으로 제공되어 있습니다.

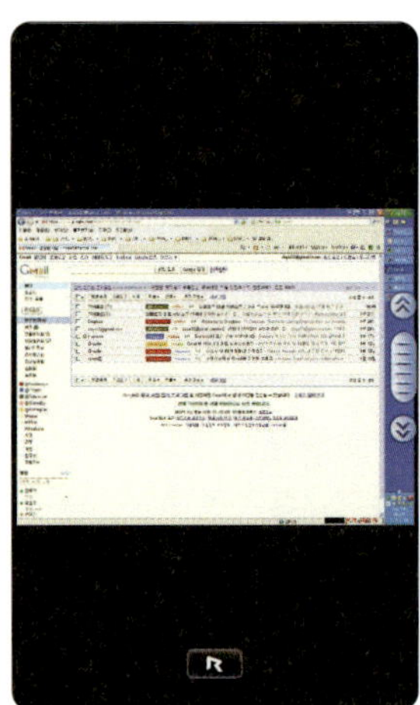

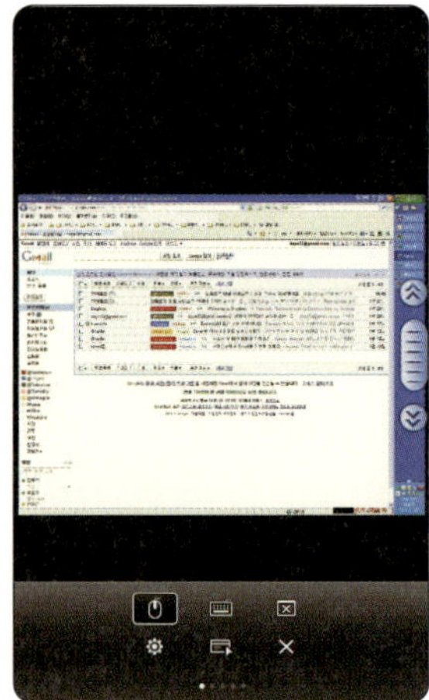

영화를 예약하려고 할 때는 집에 있는 PC로 원격 접속하여 인터넷 예약을 할 수 있습니다. PC에 설치되어 있는 알툴바의 알패스 기능을 이용하여 자동 로그인하면 더욱 편리하고 빠르게 이용할 수 있습니다. 공인인증서로 접속도 가능하며 G마켓으로 가서 값싸게 영화 쿠폰을 구매한 뒤에 쿠폰으로 영화를 예매할 수도 있습니다. 보고 싶었던 책도 인터파크에서 결제할 수 있습니다.

매달 요금을 내야 하는 부담은 있지만 그만큼 편리하고 안정적인 원격 제어 앱입니다. 또한 갤럭시S2뿐만 아니라 PC에서도 원격 제어를 할 수 있다는 장점이 있습니다.

RemoteView 사용 시 요금 관련 주의할 점 tip

네트워크 사용 시 Wi-Fi 혹은 3G 접속이 필요합니다. 올인원55 요금제 이상 가입되어 있지 않으면 과다한 요금이 청구될 수 있습니다.

● CrazyRemote Pro

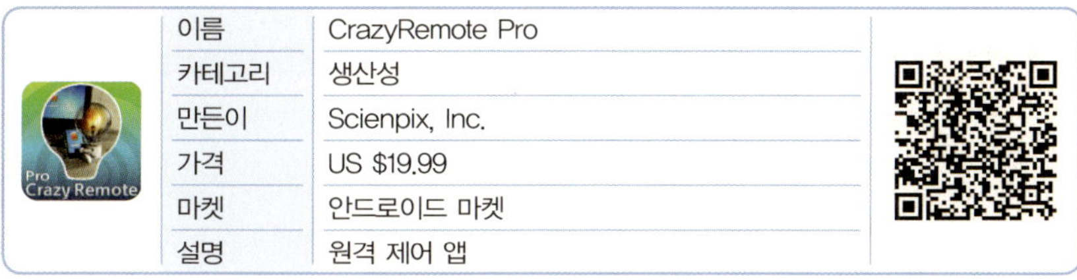

이름	CrazyRemote Pro
카테고리	생산성
만든이	Scienpix, Inc.
가격	US $19.99
마켓	안드로이드 마켓
설명	원격 제어 앱

CrazyRemote Pro 역시 PC 원격 제어 앱으로, 갤럭시S2를 이용하여 집 또는 회사에서 사용하는 PC를 제어할 수 있습니다. 다른 원격 제어 앱보다 빠른 프레임 레이트(Frame Rate)를 제공해 음악, 동영상, 게임 등이 실시간으로 빠르게 구동됩니다. PC 웹브라우징, 인터넷 뱅킹, 업무용 프로그램, 이메일을 포함하여 PC에서 할 수 있는 대부분을 갤럭시S2를 통해 가능하도록 해주는 앱입니다. Wi-Fi와 3G를 통해서 언제 어디서나 멀리 떨어져 있는 PC를 제어할 수 있습니다.

PC용으로 CrazyRemote 홈페이지(http://www.crazyremote.com)에서 CrazyRemote 서버를 무료로 설치합니다.

클라이언트 접속 시 사용할 패스워드를 지정한 후, 설정을 모두 마치면 자동으로 연결되면서 연결 창이 PC의 우측 하단에 나타납니다.

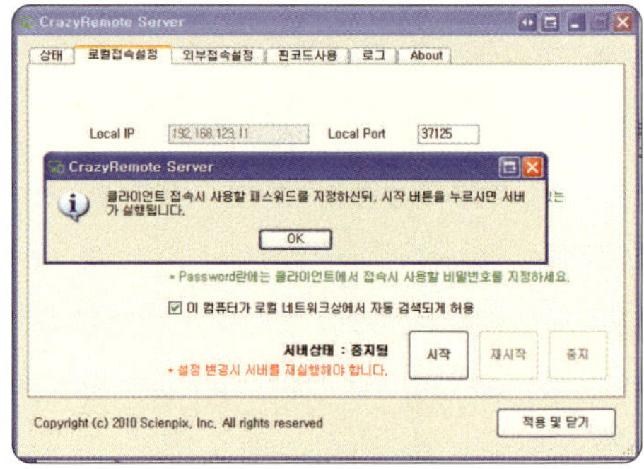

CrazyRemote 초기 화면에서 [Computer List], [추가]를 차례대로 터치한 후, CrazyRemote Server의 정보를 입력하고 [저장하기]를 터치합니다. PC의 이름이 추가된 것을 확인한 후, [접속]을 터치하면 갤럭시S2의 화면에서 PC 화면이 보입니다.

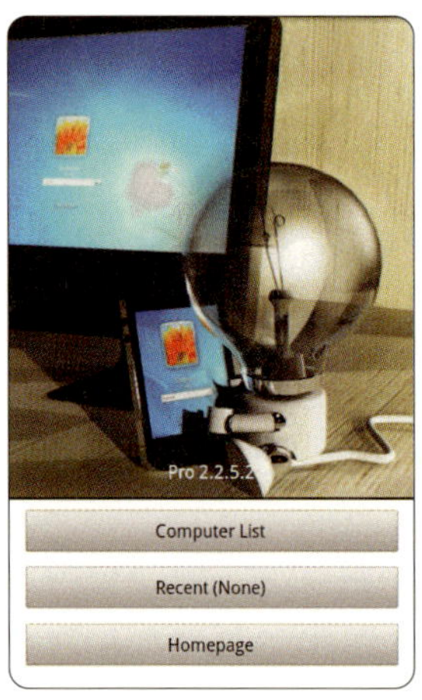

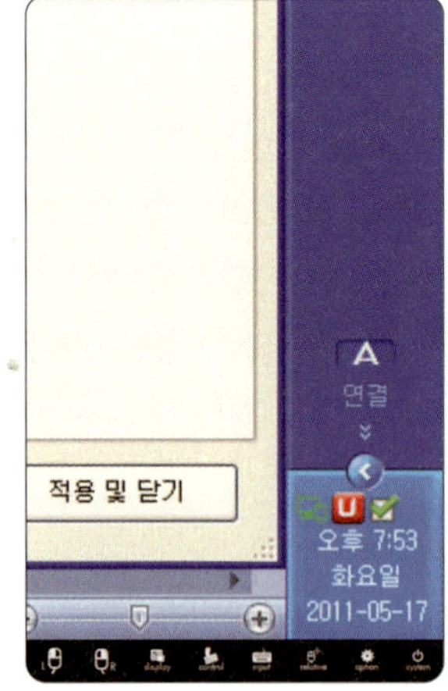

가로 보기가 지원되고 단일 및 듀얼 모니터도 지원합니다. 화면 하단의 메뉴 아이콘 또는 다양한 손가락 동작을 통해 제어할 수 있습니다.

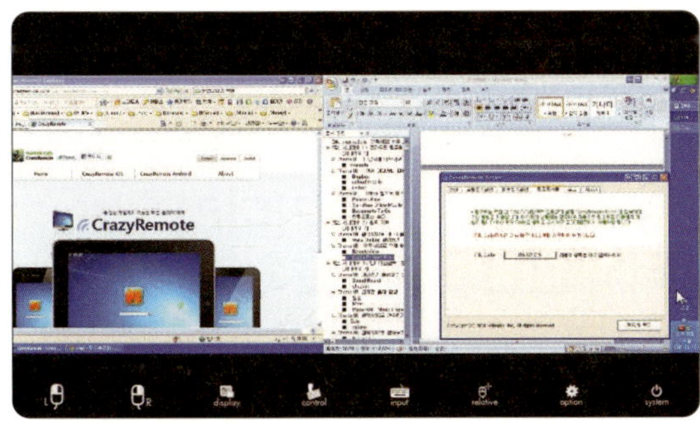

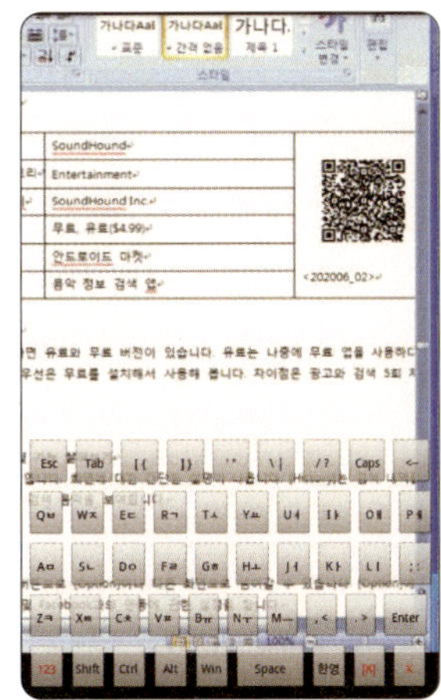

이 밖에도 일반 모드와 게임·동영상 모드를 따로 선택해서 용도에 따라서 적합한 화면을 제공합니다. 일반 모드에서는 선명하고 부드러운 스크롤 기능을 발휘합니다. 게임·동영상 모드에서는 빠른 프레임으로 게임과 영화를 빠르고 쾌적하게 즐길 수 있으며 PC의 소리도 갤럭시S2를 통해 들려줍니다. 모든 작업이 암호화되어서 보다 안전한 작업 환경을 제공합니다.

CrazyRemote Pro 사용 시 요금 관련 주의할 점 tip

네트워크 사용 시 Wi-Fi 혹은 3G 접속이 필요합니다. 올인원55 요금제 이상 가입되어 있지 않으면 과다한 요금이 청구될 수 있습니다.

Chapter 03.

시나리오 3 : 짜투리 시간이 기다려지는 만능 엔터테인먼트 앱 즐기기

혼자 있는 시간에도 갤럭시S2만 있으면 걱정이 없습니다. 다양한 엔터테인먼트 앱들이 있어서 심심할 틈이 없습니다. 여기서는 좀 더 개성 있게 활용하는 사례를 보려고 합니다.

하루 일과 중 은근히 많은 짜투리 시간을 멍하니 허비하는 대학생 김연주 씨

대학생 김연주 씨는 시험 기간이 끝나고 해서 오랜만에 친한 친구와 저녁약속을 합니다. 약속 시간보다 일찍 도착하여 근처 카페에서 커피 한 잔 주문해두고 기다립니다. 혼자 앉아 있는 옆사람들도 친구를 기다리고 있는 것 같은데, 만화책도 보고 게임도 하는 모습이 엄청 재밌어 보입니다. 앗, 오늘 발매된 나** 가수의 새 앨범을 듣는 사람들도 있습니다. 오늘따라 읽을 책도 가지고 오지 않아 멍하니 창 밖을 보는데 옆자리 사람들이 하는 이야기가 들려옵니다. 얼핏 보니 밴드 모임인 것 같은데 악기가 없네요. 어! 근데 스마트폰으로 악기를 연주하기 시작합니다. 너무 신기합니다.

바쁜 시간을 보내고 난 후에 오는 여유 시간을 무료하게 보내는 사람들이 많습니다. 한가롭게 휴식을 취하는 것도 물론 좋지만 뭔가 기분전환할 수 있는 것들도 필요합니다. 갤럭시S2를 통해서 다음과 같은 앱들과 함께 한다면 무료할 틈이 없을 겁니다.

갤럭시S2와 함께라면 혼자 있어도 즐겁게! 남는 시간을 신나게!

대학생 김연주 씨는 최근에 갤럭시S2를 구입하고 스마트폰 동호회에 나갔다가 스마트폰 밴드를 결성한다는 소식에 재미있는 경험이 되겠다 싶어 참여하기로 약속합니다. 벌써 내일이 첫 모임인데 시험기간이라 추천 곡을 준비하지 못했습니다. '어떤 곡을 할까?' 고민하고 있는데 정말 괜찮은 연주가 스피커에서 들려옵니다. 이거다 싶어 얼른 갤럭시S2를 꺼내 SoundHound 앱을 스피커에 갖다대니 곡에 대한 정보가 나옵니다. 바로 가사도 확인할 수 있고 YouTube로 동영상도 볼 수 있습니다. 게다가 공유 기능에, Amazon에서 구입도 가능합니다. 바로 갤럭시S2로 멜론에서 곡을 다운받습니다. 기본 음악 플레이어도 좋지만 PowerAMP Music Player로 곡을 재생하니 MP3 플레이어가 필요없습니다. 미리 다운 받아둔 Guitar: Solo Lite로 연주도 해봅니다. 갤럭시S2 덕분에 내일 모임이 기대됩니다.

시험도 끝났고 해서 편한 마음으로 침대에 누워서 그 동안 보지 못한 만화들을 웹툰 모아로 보고, 시원시원한 갤럭시S2 화면으로 홈런배틀3D를 즐기다 보니 시간 가는 줄을 모르겠네요.

0 Theme 6

음악 정보 검색 앱

좋은 음악이 들리는데 어떤 곡인지 알고 싶을 때, 또는 전에 들어봤던 곡인 것 같은데 정확히 기억이 나지 않는 답답한 순간은 해결해줄 수 있는 음악 앱들이 있습니다. 소리 인식을 통해 곡 정보를 검색해 주는 앱들에 대해 살펴보겠습니다.

● SoundHound

이름	SoundHound
카테고리	음악 및 오디오
만든이	SoundHound Inc.
가격	무료, 유료(US $4.99)
마켓	안드로이드 마켓
설명	음악 정보 검색 앱

안드로이드 마켓에서 SoundHound를 검색하면 유료와 무료 버전이 있습니다. 일단 무료를 설치해서 사용해본 후, 더 필요하다고 느낄 때 유료로 업데이트하면 됩니다. 2가지 버전의 차이점은 광고와 검색 5회 제한 정도입니다.

SoundHound 앱을 설치한 후 실행한 첫 화면입니다. 화면에 대한 간단한 설명이 나옵니다. [History]는 검색 내역을 보여주고 [What' s Hot]은 인기있는 검색 음악을 보여줍니다.

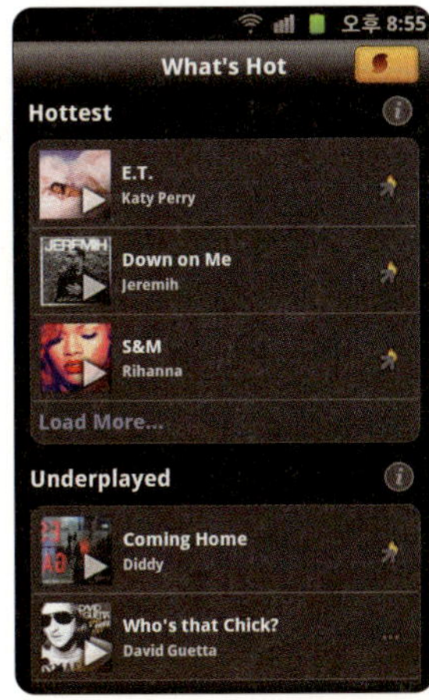

각 화면에서 메뉴 버튼을 터치하여 [Options]나 다른 화면으로 넘어갈 수 있습니다. [Options]에서는 검색 위치와 진동 결과 알림 및 Facebook과의 연동에 관한 설정을 합니다.

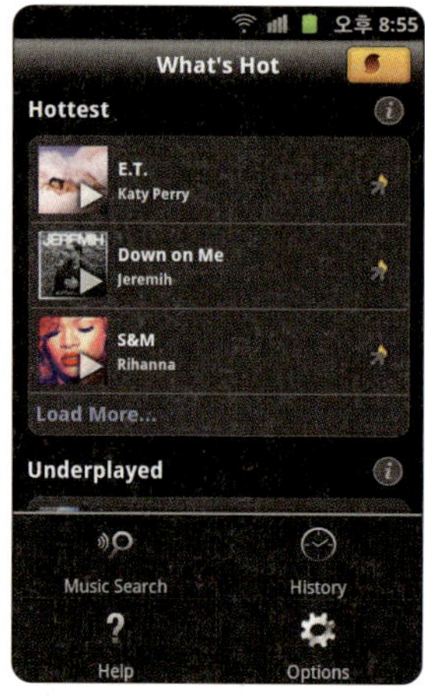

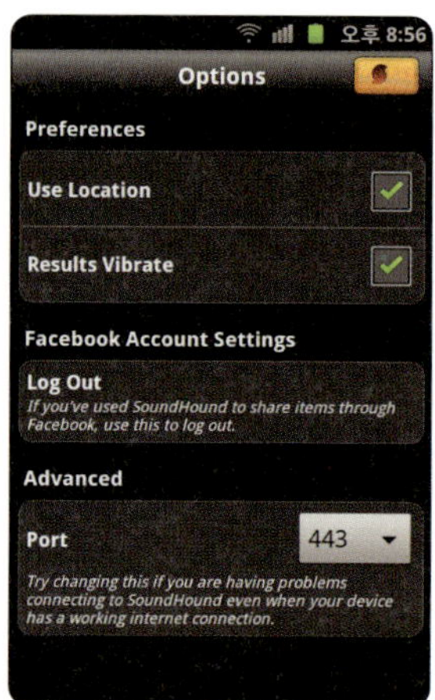

처음 화면의 오랜지색 큰 버튼을 누르고 음악이 나오는 쪽으로 마이크를 향하기만 하면 됩니다. 검색 후 음악과 관련 정보들을 보여줍니다.

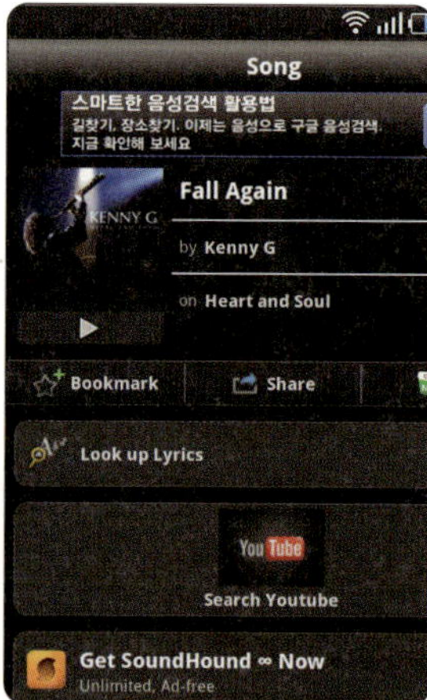

SoundHound 사용 시 요금 관련 주의할 점 tip

네트워크 사용 시 Wi-Fi 혹은 3G 접속이 필요합니다. 올인원55 요금제 이상 가입되어 있지 않으면 과다한 요금이 청구될 수 있습니다.

● Shazam

이름	Shazam
카테고리	음악 및 오디오
만든이	Shazam Entertainment Limited
가격	무료, 유료(US $4.85)
마켓	안드로이드 마켓
설명	음악 정보 검색 앱

Shazam도 SoundHound와 같이 음악 정보를 검색하고 SNS로 공유할 수 있는 앱입니다. 무료 앱과 유료 앱이 있고 태그가 5회로 제한되는 차이점이 있습니다. 역시 위젯을 제공합니다. 2012년 1월까지 무제한으로 태그할 수 있는 특별 프로모션 앱을 마켓에서 다운받을 수 있습니다.

재생 중인 곡을 확인하여 Amazon에서 바로 구입할 수 있습니다. 친구가 태그한 곡을 들어보고 바로 나의 태그리스트에 추가할 수 있으며, 곡이나 앨범 리뷰, 아티스트 정보 및 디스코그래피, 가사 등을 볼 수 있습니다. Shazam Widget은 홈 화면에서 바로 태그할 수 있고, 페이스북과 트위터에서 태그를 공유할 수도 있습니다.

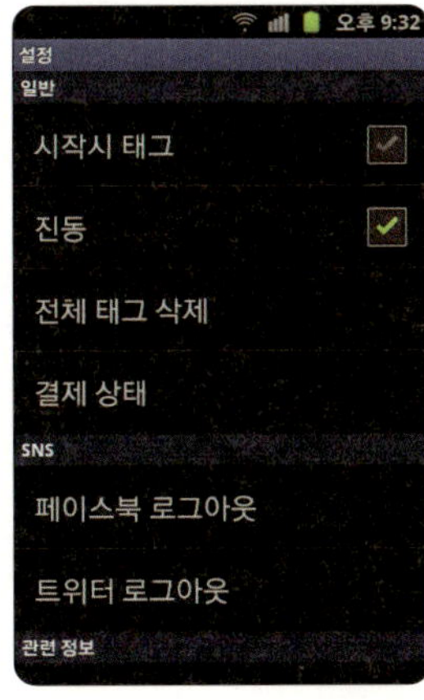

실시간 vs 다운로드 음악 감상 앱

일반 휴대폰을 사용하던 사용자들도 스마트폰 구입을 고려하게 되는 가장 큰 이유 중에 하나가 음악 감상이라고 합니다. 갤럭시S2는 빠르고 큰 용량으로 음악 감상을 더욱 즐겁게 해주며, 따로 인코딩 작업을 할 필요가 없어 더욱 편리합니다.

● 멜론

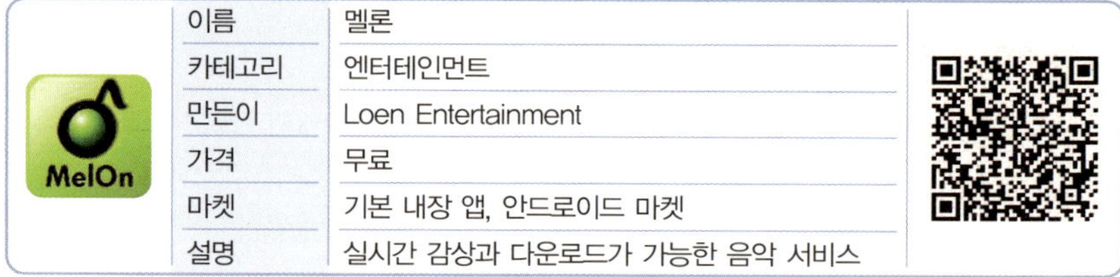

이름	멜론
카테고리	엔터테인먼트
만든이	Loen Entertainment
가격	무료
마켓	기본 내장 앱, 안드로이드 마켓
설명	실시간 감상과 다운로드가 가능한 음악 서비스

멜론은 SKT로 개통한 갤럭시S2에 기본으로 설치되어 있는 앱입니다. 따로 설명이 필요없을 정도로 유명한, 실시간 감상과 다운로드가 가능한 음악 서비스입니다. 멜론 위젯으로 홈 화면에서 편리하게 음악을 재생할 수 있습니다.

멜론 홈페이지(www.melon.com) 및 멜론 상품에 가입하면 PC와 갤럭시S2 앱으로 최신 음악과 어학 콘텐츠를 다운로드 및 스트리밍으로 즐길 수 있습니다.

[Melon] 화면에 이해하기 쉽게 종류별로 메뉴가 구성되어 있습니다.

맨 아래쪽에는 최근에 들었던 음악 정보를 볼 수 있으며 바로 재생 가능합니다. [Library]에서는 분류별로 음악을 재생할 수 있습니다. [Playlist]에서는 다운로드되고 저장된 음악 목록과 실시간 감상한 음악 목록이 있습니다.

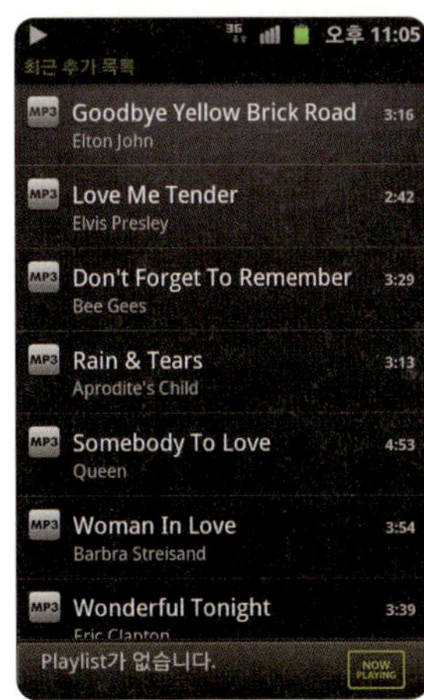

[검색]에서는 분류별로 실시간 순위로 정렬되어 있어 쉽게 인기 곡을 찾아 들을 수 있습니다. [설정]에서는 로그인할 수 있으며, 각각의 설정이 이해하기 쉽게 설명되어 있습니다.

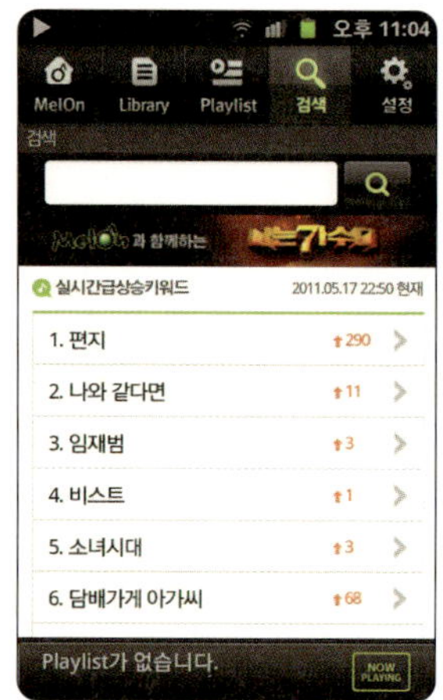

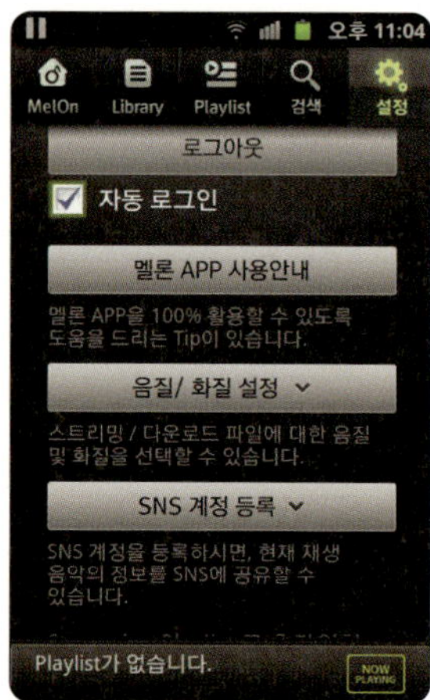

트위터 등으로 재생 음악의 정보도 공유할 수 있습니다. DCF 기간 연장, 셔플, 멜론 위젯이 있어 음악 재생이 편리합니다.

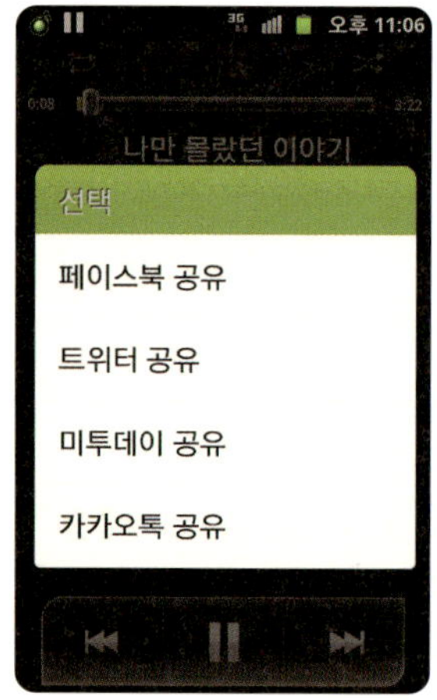

멜론 상품 구매 시 유의할 점 **tip**

멜론 상품을 구매하려면 휴대폰이 등록되어야 서비스 가입이 가능합니다. 실시간 감상은 데이터 요금이 많이 발생됩니다. 올인원 55 요금제 이상 가입되어 있지 않으면 주의해야 합니다.

● PowerAMP Music Player

이름	PowerAMP Music Player
카테고리	음악 및 오디오
만든이	Max MP
가격	US $4.99
마켓	안드로이드 마켓
설명	음악 재생 플레이어 앱

기본 뮤직 플레이어도 좋지만 좀 더 세부적인 음질을 설정할 수 있고 다양한 인터페이스를 제공하는 음악 재생 프로그램에 대해 알아봅니다. PowerAMP Music Player는 대부분의 음악 파일 형식을 지원하며 소리 조절이 매우 편하고, 다양한 이퀄라이저 설정을 제공합니다. 폴더별 재생 메뉴가 있어 폴더를 지정하면 거기에 있는 음악만 재생하고 다른 폴더에 벨 소리나 다른 음원들은 검색되지 않습니다. 입맛에 맞게 설정해서 음악 재생이 가능합니다. 이어폰 연결/분리 시 자동 재생/정지 기능이 있어 편리합니다.

강력한 기능에 비해 첫 화면은 간결합니다. 메뉴 버튼을 누르면 PowerAMP Music Player의 추가 메뉴들이 나옵니다.

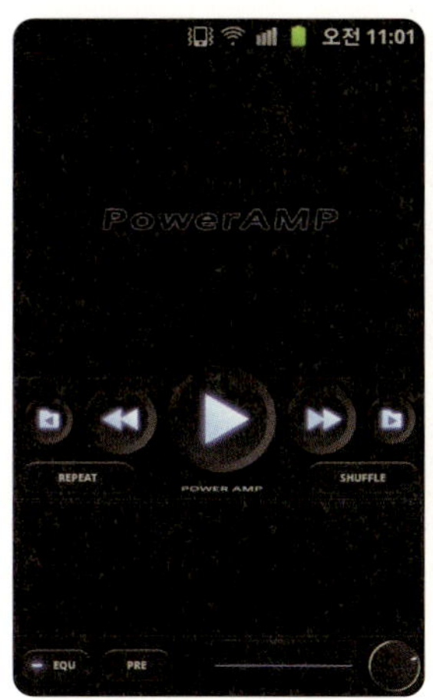

하단 메뉴에서 [Folder/Lib]을 터치하고 다음 화면에서 가운데 [Select Folders]를 터치해서 음악 폴더를 선택하고 추가 설정합니다.

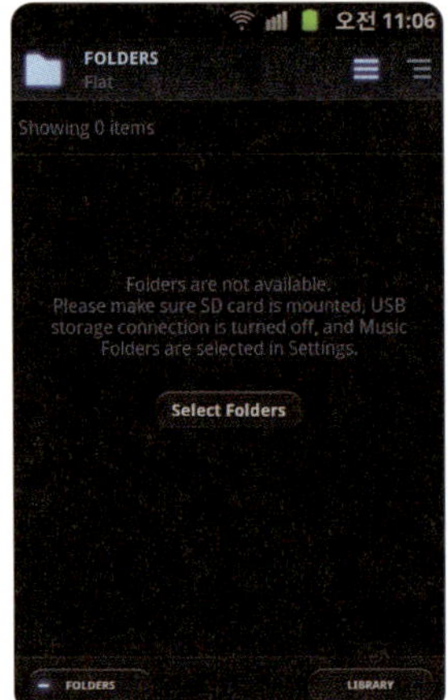

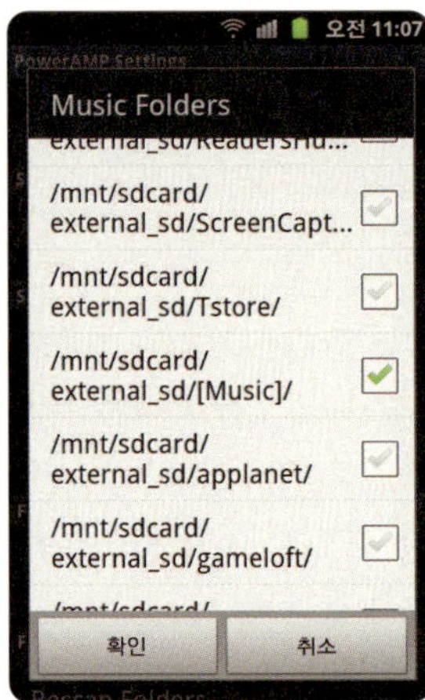

시작 화면과 폴더 설정 등 다양한 설정이 가능합니다.

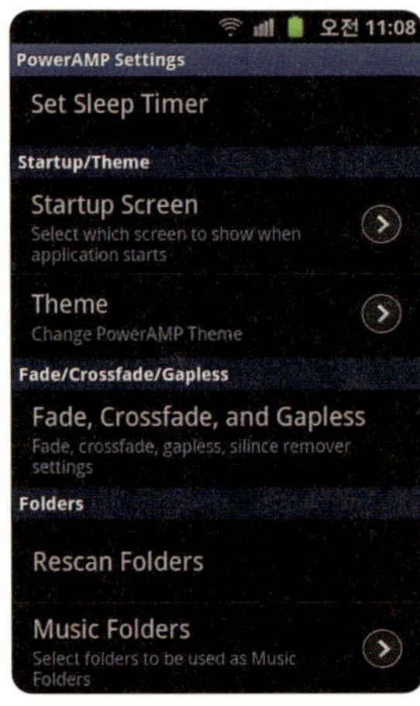

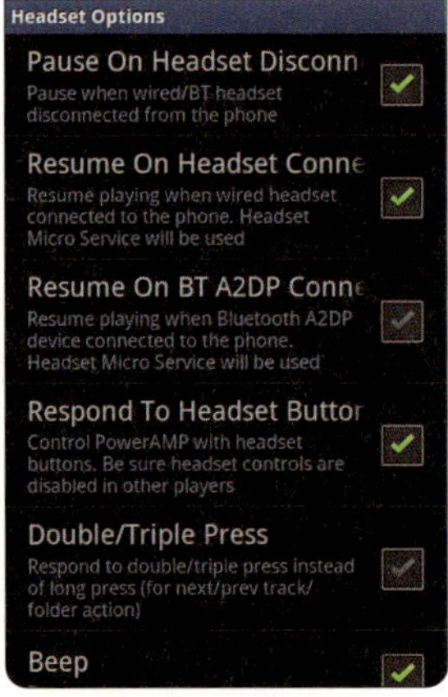

헤드셋 옵션 설정으로 이어폰 연결/분리 시 자동 재생/정지 기능이 있어 편리합니다. 재생 중 우측 하단의 볼륨 조절 다이얼을 터치하면 BASS, TREBLE, VOLUME을 세밀하게 조절하여 설정할 수 있습니다.

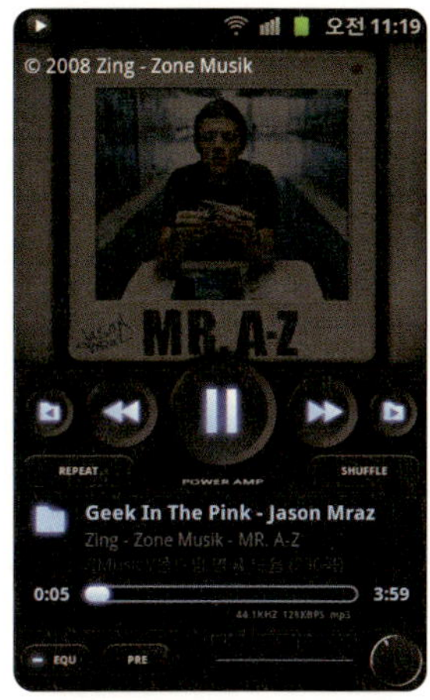

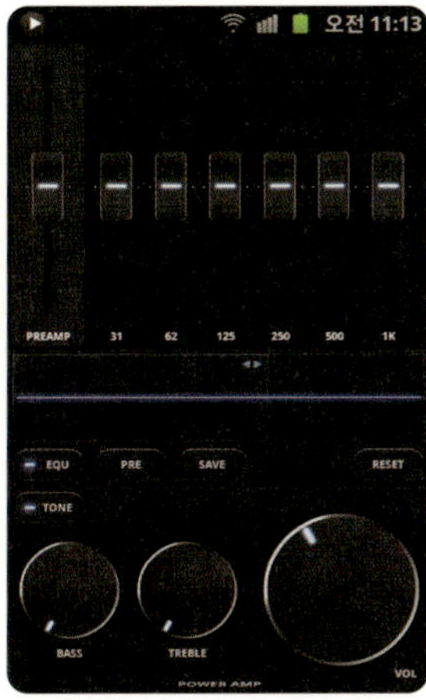

폴더별 재생 메뉴가 있어 폴더를 지정하면 거기에 있는 음악만 재생하고 다른 폴더의 벨 소리나 다른 음원들은 검색되지 않습니다. 설정에서 [Lock Screen Widget]을 체크하면 잠금 화면에서 고급스러운 Lock 위젯으로 음악을 제어할 수 있습니다.

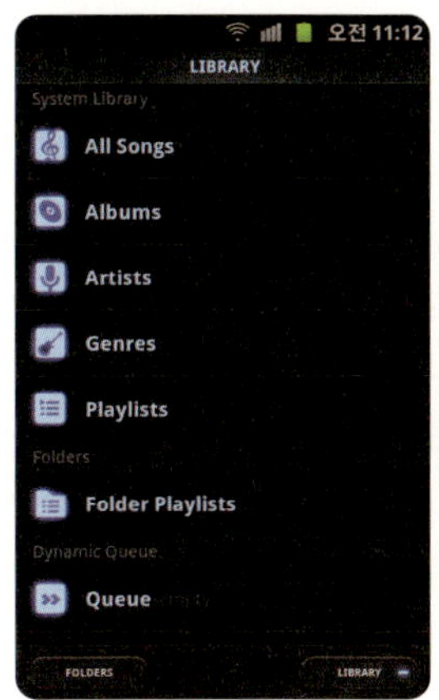

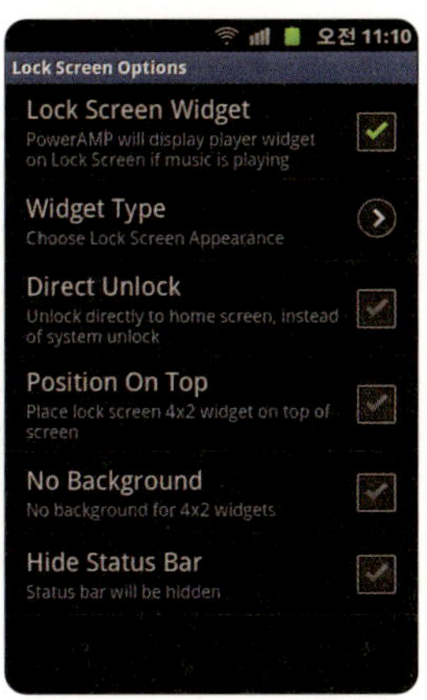

연주 앱

얼마 전 아이폰으로 반주를 넣고 노래를 불렀던 '아이폰녀'가 큰 인기를 끌었었습니다. 최근 주변에서 스마트폰으로 밴드 활동하는 모습을 자주 봅니다. 조만간 '갤럭시녀' 또는 '갤럭시남'이 나오지 않을까 싶네요.

●Guitar : Solo Lite

이름	Guitar : Solo Lite
카테고리	엔터테인먼트
만든이	Coding Caveman
가격	무료
마켓	안드로이드 마켓
설명	악기 연주 앱

최근에 직장인 밴드 열풍입니다. 해보고 싶다는 마음 굴뚝 같지만 악기 가격이 부담되어서 주저하는 사람이라면 갤럭시S2로 기타 연주를 해볼 수 있습니다.

첫 화면에서 메뉴 버튼을 누르면 추가 메뉴들이 나옵니다. [Play Music]을 터치하면 음악 파일을 탐색합니다.

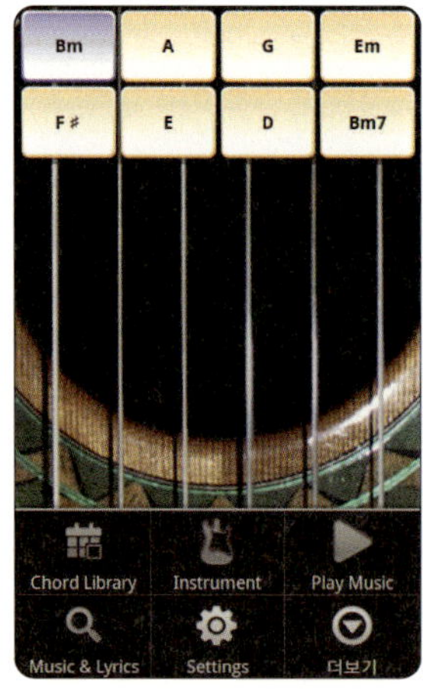

음악이 재생되면서 기타 연주가 됩니다. [Chord Library]에서 다시 메뉴 버튼을 누르면 추가 메뉴가 나와 코드 편집 등을 다룰 수 있습니다.

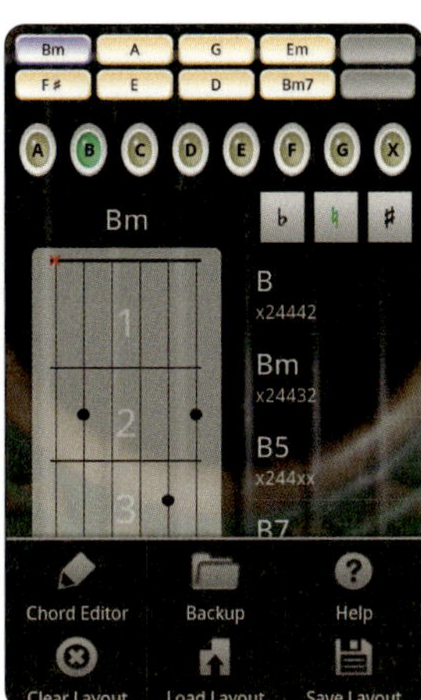

만화 앱

자신이 좋아하는 웹툰이 매주 정해진 요일에 업데이트되는 것만을 손꼽아 기다리는 분들이 많습니다. 갤럭시S2를 이용해 출퇴근길이나 쉬는 시간에 방금 올라온 따끈따끈한 웹툰을 바로 볼 수 있습니다.

● 웹툰 모아(Webtoon MOA)

이름	웹툰 모아(Webtoon MOA)
카테고리	만화
만든이	GoldSky&SilverOcean
가격	무료
마켓	안드로이드 마켓
설명	만화보기 앱

웹툰 모아는 네이버, 다음, 네이트, 파란, 야후, 스포츠 신문, 아이온 등의 웹툰, 카툰, 만화를 간단히 볼 수 있도록 한 앱입니다.

PC에서 즐기던 웹툰을 갤럭시S2에서 만나볼 수 있습니다. [웹툰작가] 탭에서는 좋아하는 작가의 근황을 알 수 있도록 블로그와 홈페이지로 바로 갈 수 있는 서비스를 제공합니다.

매일 업데이트되는 최신 만화를 인기순으로 볼 수 있고 최근에 본 만화를 [MY 웹툰]에 저장해 편리하게 이용할 수 있습니다.

● jjComics Viewer

'제이제이코믹스 뷰어(jjcomics viewer)'는 압축 파일이나 이미지 파일을 읽어올 수 있는 앱입니다. 코믹뷰어는 개인휴대단말기(PDA) 시절에도 존재했던 애플리케이션입니다. 윈도폰에서 이 애플리케이션을 사용했던 사람들은 안드로이드용이 없어서 아쉬웠을 것입니다. 제이제이코믹스 뷰어는 이런 사람들을 위해 이번에 안드로이드 버전으로 새롭게 나왔습니다.

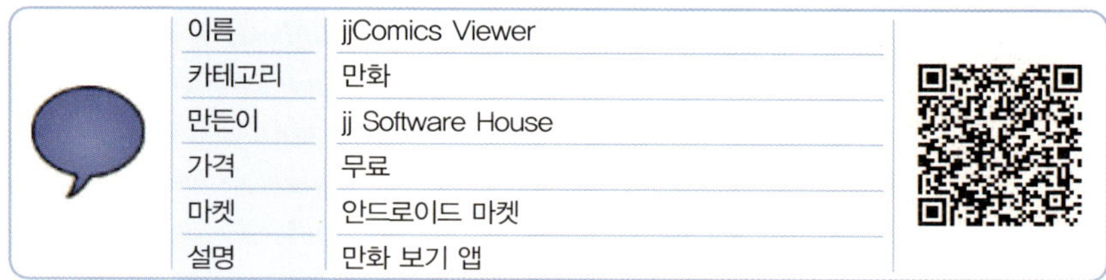

이름	jjComics Viewer
카테고리	만화
만든이	jj Software House
가격	무료
마켓	안드로이드 마켓
설명	만화 보기 앱

jjcomics viewer가 지원하는 파일은 *.zip, *.rar, *.cbz, *.cbr 같은 압축 파일을 비롯해 *.jpg, *.png, *.bmp 등 각종 이미지 파일입니다. 파일만 다양하게 지원하는 게 아니라, 설정도 다양하게 할 수 있습니다. 만화책을 쉽게 볼 수 있게 이미지 크기가 자동으로 조절되고, 이미지를 반으로 나눌 수 있습니다. 북마크 등의 기능도 제공합니다. 만화책을 한쪽씩 볼 수도 있고, 마지막으로 봤던 부분부터 이어서 볼 수도 있습니다. 이 밖에도 환경설정에서 터치로 페이지 넘김을 설정할 수 있고, 하드웨어 키를 이용해 각종 액션을 할 수 있도록 설정할 수 있습니다. 메모리 파일도 관리할 수 있어, 별도로 탐색기를 실행하지 않아도 됩니다.

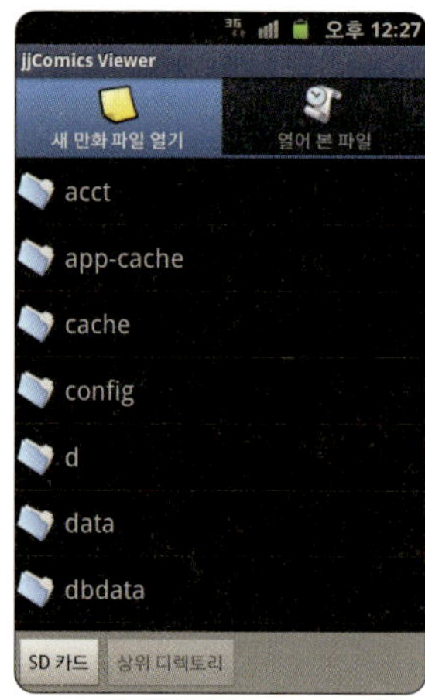

Theme 10

게임 앱

국내 안드로이드 마켓에는 게임 앱을 받을 수가 없습니다. 그래서 각각의 통신사 스토어(SKT : T스토어, KT : 올레마켓, LG U+ : Oz스토어)에서 다운로드받아야 합니다. 게임을 구매하기 전에 충분히 살펴보고 구매하세요.

● 홈런배틀3D

이름	홈런배틀3D
카테고리	게임
만든이	㈜ 컴투스
용량	6.3MB
가격	5,000원
마켓	T스토어

T스토어에서 홈런배틀3D로 검색한 후 게임을 구매해서 즐길 수 있습니다.

처음 게임을 시작하면 간단한 작동 방법을 익힐 수 있도록 안내됩니다. 따라서 하다 보면 작동 방법이 매우 쉬워서 어렵지 않게 게임 방법을 익힐 수 있습니다. 여러 가지 게임 방식을 택할 수 있고 게임 설정도 어렵지 않게 할 수 있습니다.

[MATCHUP]을 선택해서 전 세계 홈런배틀3D 유저와 게임을 할 수 있습니다. 혼자서 즐기는 것도 재미있지만 전 세계 게임 유저와 경합하다 보면 통쾌한 스릴을 맛볼 수 있습니다.

이 밖에도 다양한 게임을 갤럭시S2에서 즐길 수 있습니다. 이젠 게임을 위해서 따로 게임기를 사서 들고 다닐 필요가 없어진 거죠.

● Armored Strike Online

이름	Armored Strike Online
카테고리	게임
만든이	Requiem Software Labs, Inc
가격	US $3.99
마켓	안드로이드 마켓
설명	온라인 게임

※ 안드로이드 마켓의 게임은 QR코드를 제공하지 않습니다. 통신사 마켓을 통해 검색하거나 APK 파일을 구해서 즐기세요.

게임 포트리스를 기억하시나요? 밤을 새서 즐길 정도로 중독성이 강한 게임입니다. 혼자서 하는 게임도 재미있지만 온라인을 통해서 전 세계 유저들과 경합을 벌이면서 채팅도 하고 직접 공간을 개설해서 친한 친구들과 온라인으로 게임을 즐길 수 있습니다.

최초 화면에서 [Settings]를 터치해서 취향에 맞게 설정할 수 있습니다.

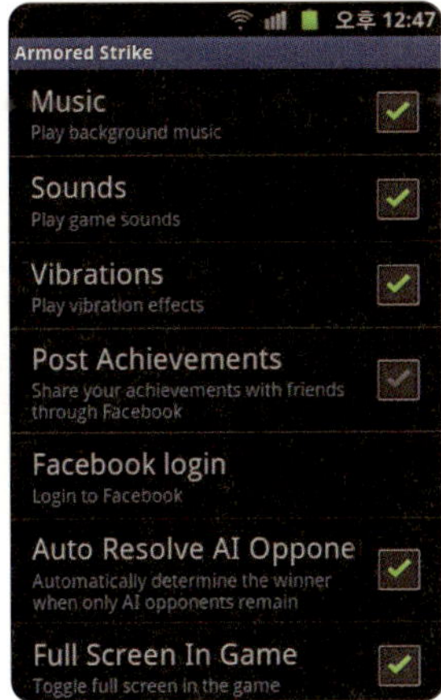

게임에 대한 안내 설명이 있어 게임 방법을 쉽게 익힐 수 있으며, 혼자서 게임을 즐기거나 전 세계 유저들과 대전할 수 있습니다.

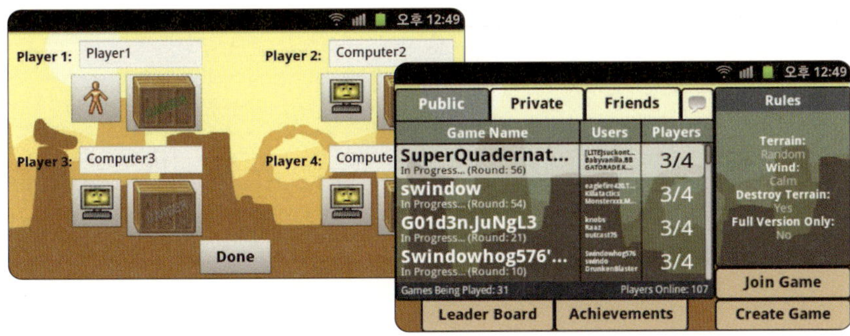

온라인 게임 중에 채팅하거나 직접 게임 공간을 만들어서 친구들을 초청해서 즐길 수 있습니다.

Chapter 04.

시나리오 4 : 야무지고 꼼꼼하게 일정 관리하기

하루 중 나와 가장 오랜 시간 붙어있는 건 무엇일까요? TV도, PC도, 사랑하는 나의 애인도 아닌 바로 내 손 안의 휴대폰이랍니다. 심지어 자는 순간에도 옆에서 한시도 떼어놓을 수 없죠. 그렇게 언제나 나와 함께하는 나의 휴대폰이 나만의 비서가 된다면 CEO가 부럽지 않겠죠? 그래서 나만의 최고의 비서가 되어주는 일정 관리 앱을 소개해 드리려고 합니다.

빽빽하고 변동이 많은 일정 때문에 허둥대는 나열심 씨

나열심 씨는 연초에 1년 계획을 세우고 다시 한 달 단위로 계획을 짜고 뿌듯한 마음으로 다이어리를 가방에 고이 챙깁니다. 그런데 분주히 일을 하고 있는데 뭔가 놓친 것 같은 기분이 자꾸 듭니다. 그때마다 다이어리를 보고 일정과 할 일을 점검해 봅니다. 점심시간이 되어 식사를 하고 여유있게 차 한잔하자는 동료의 말에 흔쾌히 동행합니다. 즐거운 기분으로 사무실에 들어와 다이어리를 보는데 깜짝 놀랍니다. 1시에 고객과 강남역에서 미팅이 있었던 것을 깜빡 한 것입니다. 고객에 전화를 하고 서둘러 나갔지만 죄송한 마음뿐입니다. 급하게 나가느라 고객의 기록을 회사에서 업무용으로 사용하는 PC에 두고 와 고객과의 미팅도 만족스럽지 못하게 마무리합니다. 아쉬운 마음으로 회사로 돌아오는 길에 강남역에 들러서 해야 할 일이 있다는 것이 생각났습니다. 미팅 나간 김에 겸사겸사 처리하면 좋았을 일을 다시 돌아가자니 억울하기만 합니다.
정신 없이 돌아다니는 동안 다이어리는 열어볼 시간도 없습니다. 잠들기 전 부랴부랴 펼쳐보았지만 다이어리에 있는 수많은 할 일들은 반도 못 이루고 내일로 넘겨야 합니다. 내일은 반드시 100% 완수하리라 다짐하며 잠이 듭니다.

위 사례와 비슷한 경험을 해본 사람들이라면 다이어리가 어떻게 될지 상상이 될 겁니다. 보다 능동적인 일정 관리를 하고 있는 다음 사례를 보고 여러분의 갤럭시S2를 훌륭한 비서로 활용해 보시는 건 어떨까요?

갤럭시S2와 함께라면 똑똑하고 야무진 개인 비서가 생긴다!

나열심 씨는 갤럭시S2로 일정 관리를 합니다. 실시간으로 메일을 확인할 수도 있고, 일정을 수정하면 바로 웹과 PC에 연동되어 일정 관리가 한결 편해졌습니다. 최근에는 할 일 관리의 새로운 패러다임인 'GTD 방법론'을 적용해서 Toodledo, Pocket Informant를 사용하는데, 갤럭시S2와 PC 어디에든 일정과 할 일을 등록하기만 하면 효율적인 방식으로 시간에 맞춰 알려줍니다. Pocket Informant를 실행하면 자동으로 PC로 입력한 일정이 동기화됩니다. PC나 갤럭시S2 한쪽에만 업무를 추가해도 양쪽에 동일하게 적용되어 효율적입니다. 이때 갤럭시S2에서 고객과의 1시 미팅을 알려주는 알람이 울립니다. 여유 있게 약속장소에 미리 나가 고객을 기다리며 Pocket Informant에 저장해둔 지난 번 미팅 내용을 확인합니다. 고객과의 미팅을 마치고 집으로 돌아오는 길에 위치 알람이 울립니다. 강남역 근처에 온 것을 확인한 Pocket Informant가 근처에 할 일이 있음을 위치 알림 기능을 통해 알려주네요. 모두 처리하고 회사로 돌아가는 길에는 Pocket Informant를 이용하여 고객과의 미팅 회의록을 적어둡니다. 해야 할 일정들을 알아서 알려주는 Pocket Informant가 있으니 개인비서를 두는 것 같습니다.

Theme 1 일정 관리를 위한 GTD 시스템의 이해

대다수의 학생이나 직장인들은 해야 할 일은 많은데 시간은 한정되어 있다보니 보다 효율적인 시간 관리와 할 일 관리 방식에 대해서 고민합니다. 그래서 수첩이나 시스템 다이어리 또는 아웃룩 일정 등의 PC용 프로그램들을 사용해 보지만 좀 더 실천적인 방식이 필요해 보입니다.

● 일정 관리를 위한 GTD 시스템의 이해

최근에 David Allen의 GTD 방법론을 적용한 일정 관리 앱들이 많습니다. 그만큼 효과적이란 방증이 아닐까 생각되어 간략히 소개할까 합니다. GTD에 관한 보다 자세한 설명은 http://www.davidco.com/에서 확인할 수 있습니다.

먼저 할 일들을 Inbox라는 틀 안에 모두 수집하고 나서 각각의 할 일들을 GTD 방식의 처리 과정을 통해서 버릴 것인지, 바로 처리할 것인지, Project, Contexts, 마감시한 등의 기준으로 분류 과정을 거칩니다. 그 다음은 실행만이 여러분의 몫이 되는 것입니다.

- **Inbox** : 일정이나 할 일이 생기면 일단 모아두는 곳입니다. 형식은 따로 없습니다.
- **Project** : 할 일이 실행하기엔 여러 단계가 필요한 경우에 하나의 Project를 구성하고 세부화를 통해 실행합니다.
- **Contexts** : 할 일을 처리할 수 있는 상황, 조건 등을 지정하는 작업입니다.

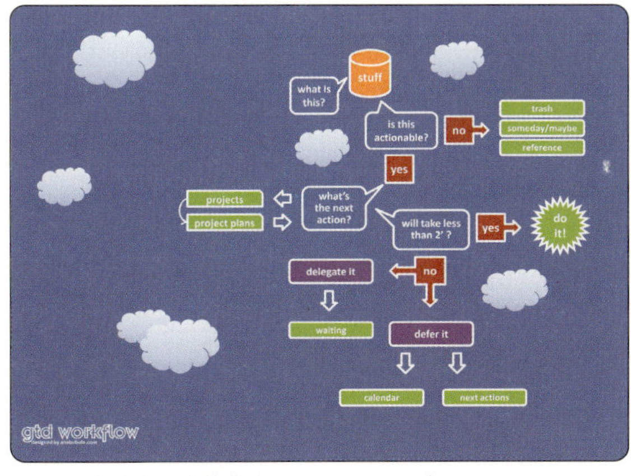

GTD 처리 방식 도식화(*출처 : anabubula.com)

● Toodledo를 이용한 GTD 시스템의 활용

할 일 관리 클라우드 서비스인 Toodledo를 소개합니다. 기존에 아웃룩의 작업과도 웹 동기화되어 편하게 자신의 할 일을 관리할 수 있습니다. 또 Pocket Informant와도 동기화됩니다.

Toodledo를 사용하려면 Toodledo 홈페이지(http://www.toodledo.com)에서 가입해야 합니다. 접속 후 우측 중간에 [Register]를 클릭하여 간단하게 가입할 수 있습니다.

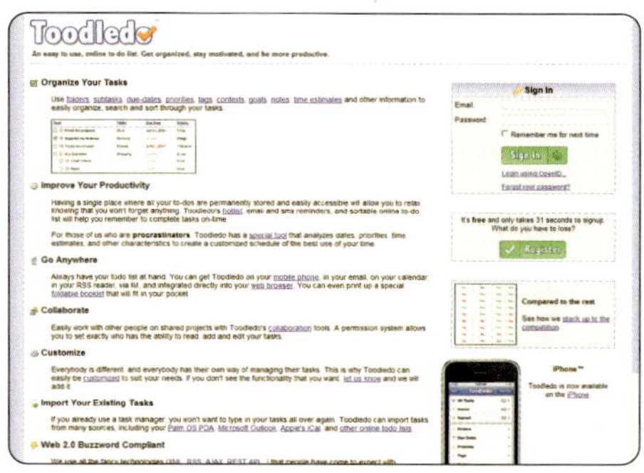

아래 화면은 메인 페이지이고 별도로 Toodledo Outlook Sync라는 프로그램을 깔아서 기존에 쓰던 아웃룩의 할 일과 동기화했습니다. 우측 하단의 트레이에 Toodledo Outlook Sync 아이콘에서 마우스 오른쪽을 클릭해서 Option에서 동기화 설정을 해줍니다.

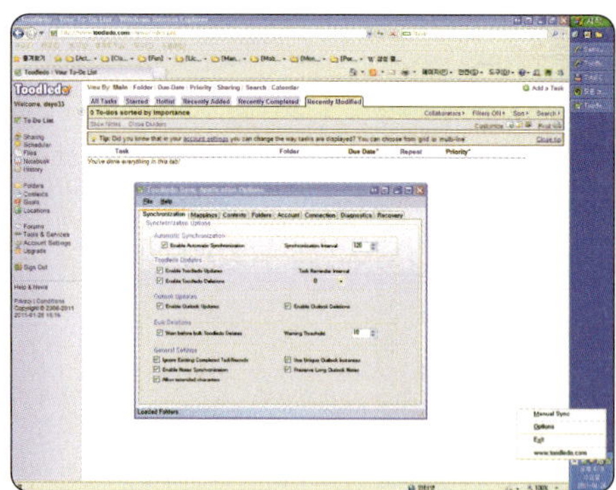

Theme 12

일정 관리 앱

개인적으로 스마트폰의 활용면에서 제일 신경쓰고 중요하다고 생각하는 부분이 일정 관리입니다. 할 일과 일정을 등록만 해놓고 실행이 없다면 아무 의미가 없습니다. 언제 어디서나 갤럭시S2의 위젯을 통해서 일정을 확인할 수 있고, PC에서도 확인, 추가, 수정 작업이 가능해야 합니다. 거기에 알람 기능까지 잘 활용한다면 일정을 놓치는 일이 없을 것입니다.

● Pocket Informant

이름	Pocket Informant
카테고리	생산성
만든이	Web Information Solutions, Inc.
가격	US $9.99
마켓	안드로이드 마켓
설명	일정 관리 앱

Pocket Informant는 과거 윈도우 모바일폰을 사용하던 시절부터 단연 최고의 일정 관리 앱으로 손꼽아 왔습니다. 일정 관리와 관련하여 가장 많은 기능과 편의성을 제공하기 때문입니다. Pocket Informant는 월간, 주간, 일간 일정 보기 기능은 물론이고 Toodledo, 구글 캘린더 등의 싱크를 지원하기 때문에 웹 브라우저를 통해 편리하게 일정과 작업을 입력하고 간단하게 네트워크를 통해 본인의 스마트폰과 동기화할 수 있습니다. 게다가 다양한 스마트폰 OS를 지원하므로 어떤 스마트폰을 사용하든 상관없이 Pocket Informant의 진가를 맛볼 수 있습니다. 안드로이드용 앱이 개발된 지 얼마 되지 않아 아직 완성도가 떨어지지만 계속 업데이트되고 있어 향후 기대되는 앱입니다.

기본 화면은 일 단위, 주 단위, 월 단위, 일정 단위, 할 일 단위 보기 등의 아이콘이 하단에 위치해 선택이 가능합니다. 메뉴 버튼을 터치하거나 원하는 날짜를 터치하면 새로운 일정이나 할 일을 등록할 수 있습니다.

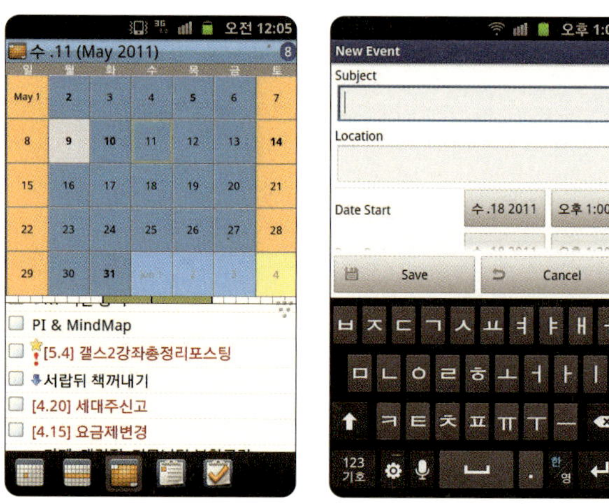

할 일 아이콘을 선택하고 메뉴 버튼의 필터를 터치하면 GTD 방식의 필터 선택이 가능합니다.

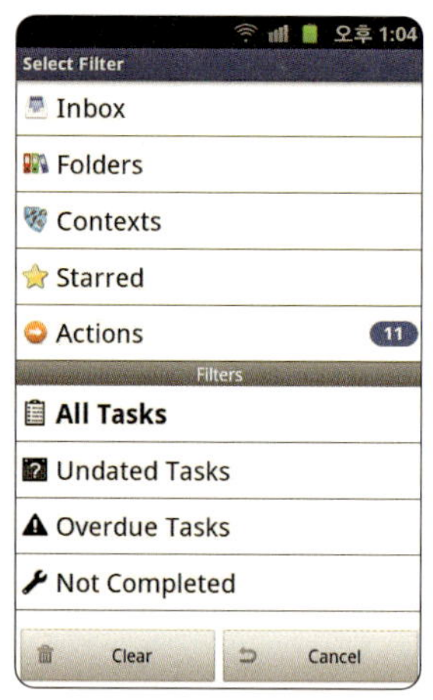

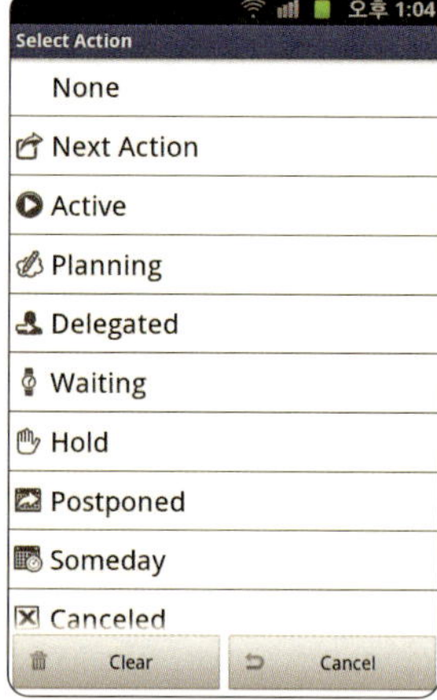

구글 캘린더와는 자동으로 동기화되고 할 일 동기화는 설정에서 [Synchronization]을 터치합니다. Toodledo와의 동기화 설정을 할 수 있습니다.

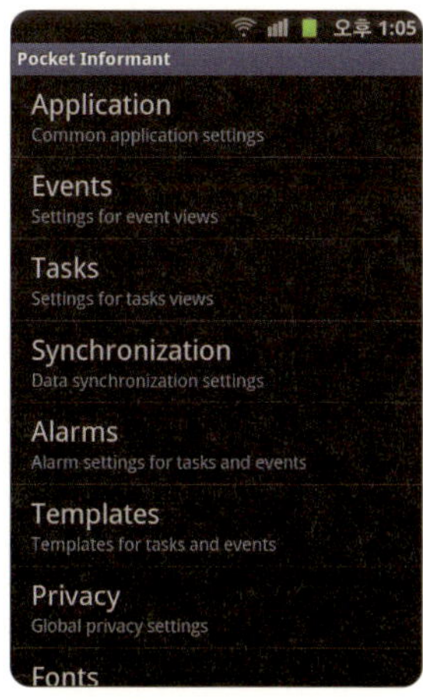

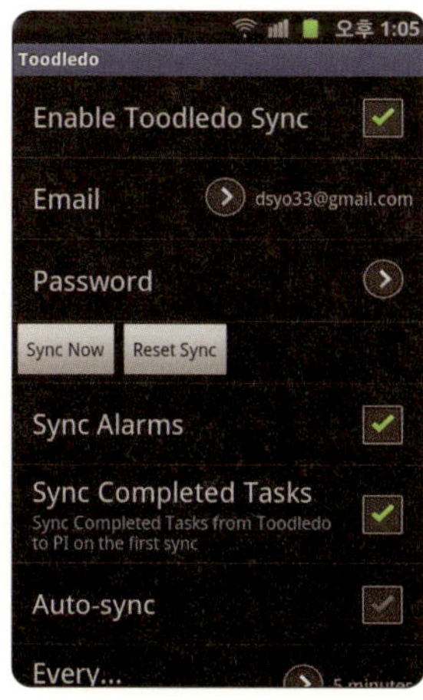

● CalenGoo

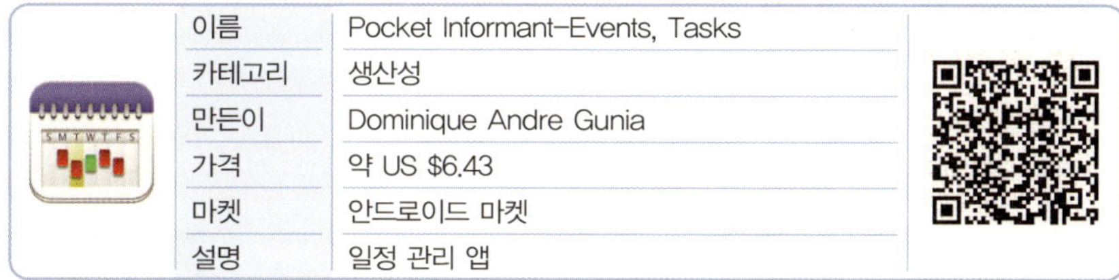

이름	Pocket Informant-Events, Tasks
카테고리	생산성
만든이	Dominique Andre Gunia
가격	약 US $6.43
마켓	안드로이드 마켓
설명	일정 관리 앱

CalenGoo는 Google Calendar와 연동이 가능한 일정 관리 앱입니다.

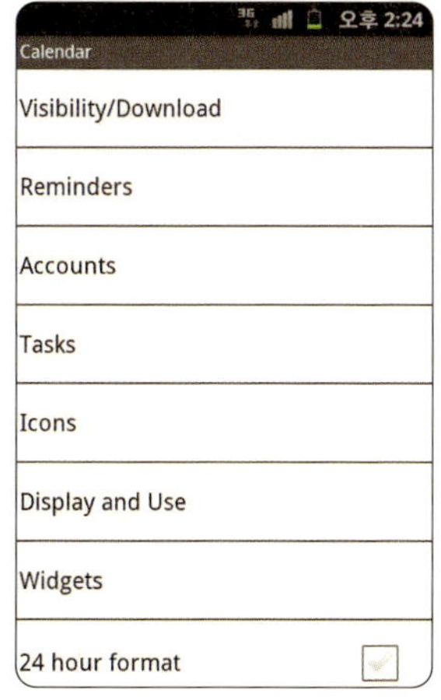

다섯 가지의 Calendar(day, week, month, agenda, landscape day) 보기를 지원합니다. 드래그&드롭으로 쉽게 일정을 수정할 수 있고 가로 보기도 지원합니다.

앱을 통하지 않고 홈 화면에서 다양한 위젯으로 일정을 직접 열고 수정이 가능합니다. Google 할 일과 연동이 가능하고 이 밖에도 다양한 기능을 제공합니다.

● Jorte

이름	Jorte
카테고리	생산성
만든이	Johospace Co.,Ltd.
가격	무료
마켓	안드로이드 마켓
설명	일정 관리 앱

Jorte 단독으로 동작하거나 구글 캘린더와 연동하여 사용할 수 있는 일정 관리 앱입니다. 알림 및 반복 설정이 가능합니다.

월 보기, 주간 보기, 국경일 설정이 가능하고 일정 데이터를 CSV 파일로 내보내거나 들여오기가 가능하고 옆으로 돌리면 자동으로 가로 화면으로 보여줍니다.

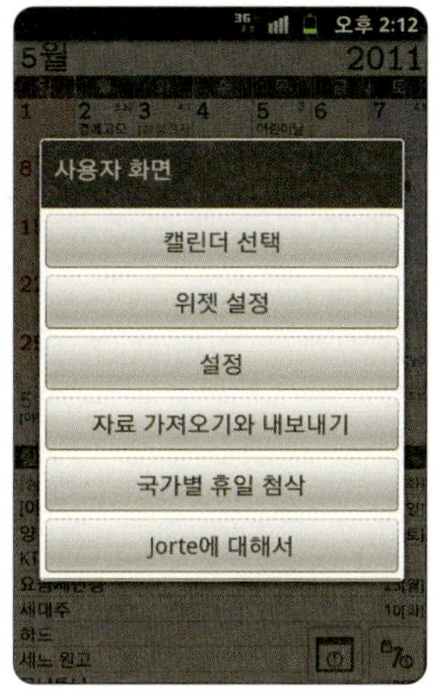

중요한 일정이나 완료된 일정 등을 색깔로 표시할 수 있으며, Google Voice와 Google Maps를 사용할 수 있습니다. Google Calendar와 연동해서 다양하고 넓은 위젯을 지원합니다.

Chapter 05.

시나리오 5 : 메신저와 소셜 네트워크(SNS)로 언제 어디서나 소통하기

최근 스마트폰과 함께 소셜네트워크(SNS: Social Network Service)에 대한 관심이 뜨겁습니다. 정보의 부족과 갈등의 해소를 위해 소통이 필요하다고 합니다. 스마트폰의 등장과 함께 최근에 소통 경로가 다양해졌습니다. 얼마 전까지만 해도 휴대폰으로 단문형 문자 메시지를 쓰고 PC로 싸이월드와 네이트를 즐겨하면서 주변의 지인들과 소통했었습니다. 하지만 최근에는 카카오톡 등으로 대화형 문자를 주고 받고, PC에서 하던 네이트온을 갤럭시S2로 언제 어디서든 즐깁니다. 또 쌍방향 실시간 소통이 가능한 트위터와 페이스북으로 온라인 인맥을 관리하고 다양한 부류의 사람들과 소통하며 정보를 얻습니다.

대인관계가 넓어지면서 매달 오르는 통화와 문자 요금에 한숨짓는 소통남 씨

소통남 씨는 오늘 휴대폰 요금서를 받아보고는 한숨을 쉽니다. 회사일과 동호회를 통해 알게된 사람들이 점점 늘어나게 되어 문자와 통화량이 많이 늘어났기 때문입니다. 매번 아낀다고 아꼈는데도 휴대폰 요금이 매달 오르고 있습니다. 통화량도 얼마 되지 않은 것 같은데 이렇게 가다가는 통신비가 아까워서 지인들과의 연락을 줄여야겠다고 생각했습니다. 더욱이 외국에 유학가 있는 애인과의 통화도 줄여야겠습니다. 요즘 다들 Facebook과 Twitter를 한다길래 PC로 가입해서 해보지만 외근하고 돌아오면 너무 많은 글들에 질려서 볼 엄두도 내지를 못합니다. 주변 동료들은 스마트폰으로 어디서든 실시간으로 글을 보고 댓글을 달 수 있답니다. 이참에 소통남 씨도 스마트폰으로 바꾸고 싶지만 지금 갖고 있는 휴대폰의 약정이 너무 많이 남아 있어서 한숨만 깊어집니다.

요즘 가계 지출에서 통신비 부담이 굉장합니다. 게다가 스마트폰으로 바꾸면서 데이터 비용까지 생각하다 보니 더욱 부담이 심한데요. 이 책을 읽고 계신 분들 대부분 약정 요금제로 가입했을 것입니다. 이 장에서 소개하는 무료 문자, 통화 앱을 적극 활용하신다면 좀 위로가 될 것입니다. 또한 지인들뿐만 아니라 온라인에서 정말 다양한 사람들과 요금 부담 없이 소통해 보세요. 신세계가 여러분을 기다리고 있습니다.

갤럭시S2와 함께라면 언제 어디서나 소통하는
즐거움을 느낄 수 있다! 게다가 무료로!

소통남 씨는 휴대폰에서 갤럭시S2로 바꾸고 난 뒤로 쉴새없이 문자음이 울립니다. 주변에서 문자 비용이 많이 나오겠다고 걱정합니다. 그러나 실제로는 실시간 무료로 채팅할 수 있는 카카오톡으로 언제 어디서든 문자 요금 걱정 없이 친구들과 대화하는 중입니다. Facebook과 Twitter로 정말 다양한 사람들과 정보를 주고 받으면서 힘든 일로 고민하고 있으면 얼굴을 본 적도 없는 사람들이 해결책을 제시해 줍니다. 갤럭시S2만 있으면 언제 어디서나 실시간 글을 확인하고 바로 답글을 달 수 있어서 최근에는 갤럭시S2로 가장 많이 사용하는 앱이 되었습니다. IM+를 통해 미국에 사는 친구가 MSN 계정으로 안부를 물어옵니다. 계정만 만들어 놓고 사용하지 않던 메신저들을 하나로 통합해서 볼 수 있으니 너무 편리합니다. 또 Skype 계정도 같이 연결하여 외국에 있는 애인이 로그인되어 있는 것을 확인하고 바로 Skype를 사용해서 전화합니다. 서로 Wi-Fi만 연결되어 있으면 통화료 걱정 없이 무제한 무료 통화가 가능합니다.

Theme 13

무료 메신저 앱

무료 메신저는 스마트폰 사용의 편리함을 가장 직접적으로 느낄 수 있는 서비스입니다. 통신사에서 유료로 제공하던 단문형 메시지에 비해 대화 형식으로 볼 수 있어 채팅처럼 사용할 수 있고, 사진이나 동영상 등도 무료로 공유할 수 있습니다. 최근 네이버, 다음에서도 무료 메신저 서비스를 시작했습니다. 앞으로 더욱 안정적이고 다양한 무료 메신저를 사용할 수 있을 것입니다.

● 카카오톡 Kakao Talk

이름	카카오톡 Kakao Talk
카테고리	커뮤니케이션
만든이	kakao
가격	무료
마켓	안드로이드 마켓
설명	무료 문자 앱

국내에서 개발한 스마트폰용 무료 문자 채팅 앱으로 이미 많이 사용되어 너무나 유명해진 카카오톡을 소개합니다. 카카오톡에 처음 접속하면 간단한 정보 입력과 인증 절차를 거친 후에 친구 리스트가 자동으로 갱신됩니다. 상단 트레이를 내려서 실행하는 것도 가능합니다.

[친구] 탭에서 채팅을 원하는 친구를 선택하면 아래 노란색 바탕에 간단한 정보와 함께 채팅을 시작할 수 있도록 팝업이 나타납니다. 잠김 화면 상태에서도 다음과 같이 팝업으로 바로 문자 내용을 확인할 수 있으며 [설정]에서 변경할 수 있습니다. [보기]를 터치하면 바로 대화 방식의 문자 창에서 대화를 이어갈 수 있습니다.

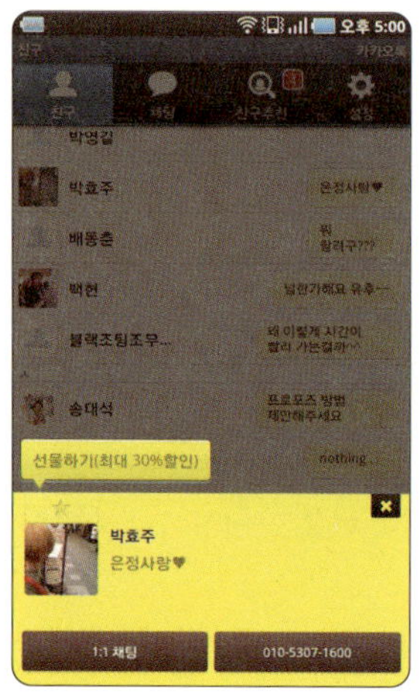

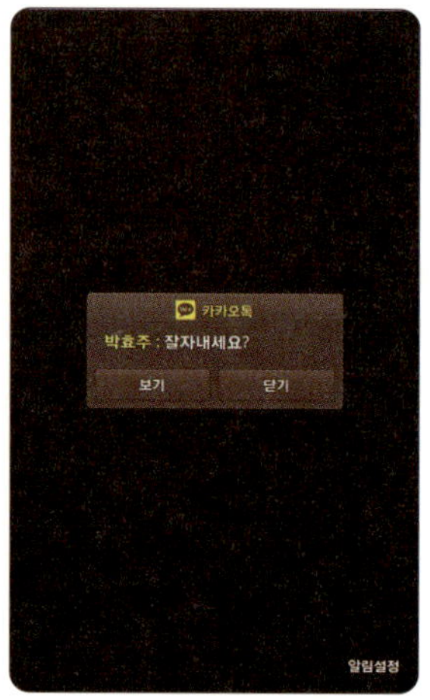

[채팅] 탭에서는 그 동안 채팅했던 기록들이 고스란히 그룹화되어 대화의 흐름을 한 눈에 확인할 수 있습니다.

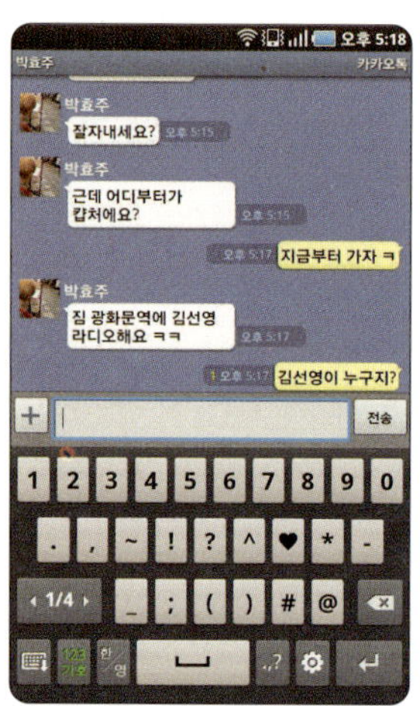

요즘 주변에서 '카카오톡 하냐' 고 물어보는 사람들이 자주 보입니다. 그만큼 앱의 완성도도 높고 다른 스마트폰 사용자와도 채팅이 가능한, 팔방미인 앱입니다.

● IM+

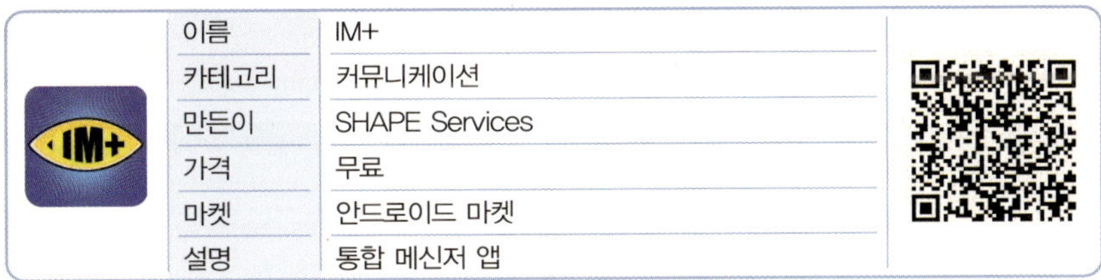

이름	IM+
카테고리	커뮤니케이션
만든이	SHAPE Services
가격	무료
마켓	안드로이드 마켓
설명	통합 메신저 앱

IM+는 Skype, AOL, MSN, Facebook, Yahoo, Google Talk, ICQ, 등을 하나로 관리하는 통합 메신저 기능을 합니다. 너무 많아 관리하기 힘든 메신저를 IM+ 하나로 관리하면 정말 편하겠죠? 각 메신저별로 앱을 따로 깔아서 복잡하게 사용하지 않아도 하나의 앱으로 여러 메신저를 통합해서 관리할 수 있습니다.

IM+를 처음 구동한 후 해당 계정을 터치합니다. 계정이 있는 메신저를 터치해서 각 계정의 로그인 정보를 입력합니다.

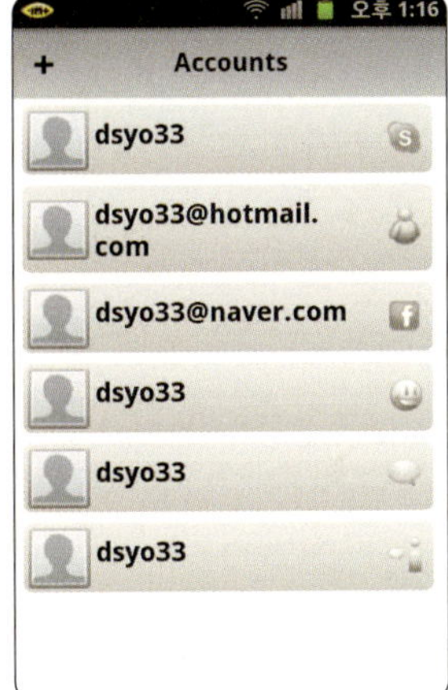

계정 정보를 입력하고 메뉴 버튼을 터치하고 하단에 [Connect All]을 터치합니다. 기존에 등록되어 있던 친구들이 바로 화면에 자동으로 불러옵니다. 채팅을 원하는 친구를 선택하면 바로 채팅할 수 있는 창이 나옵니다.

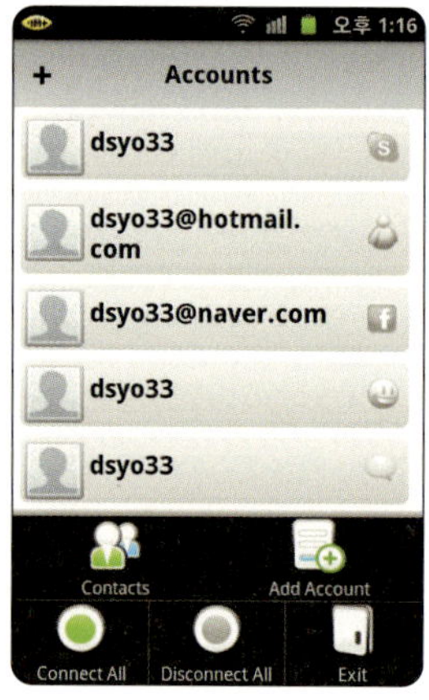

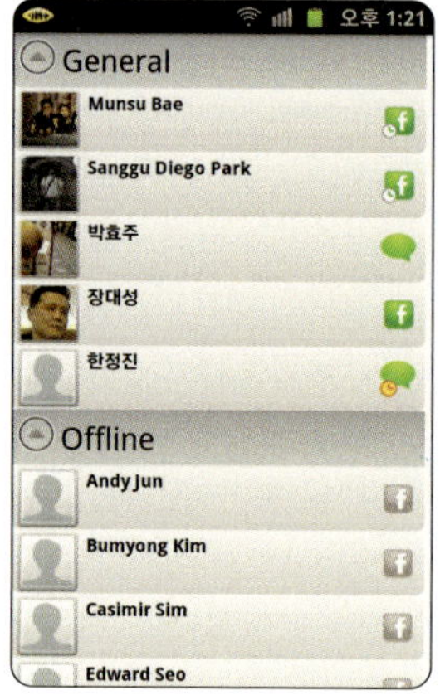

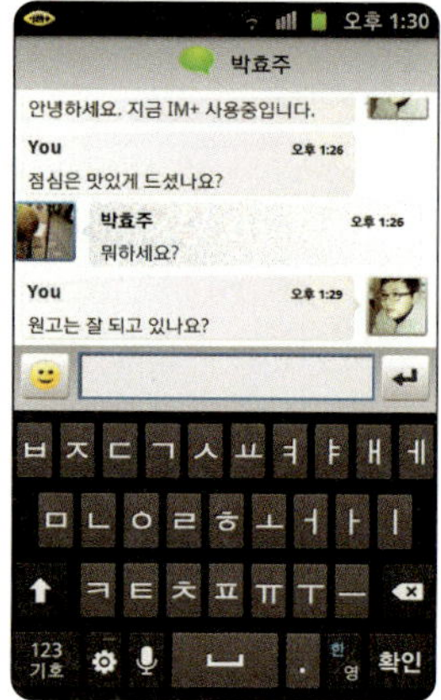

Android, BlackBerry, iPhone, Symbian, Windows Phone 등 스마트폰의 기종에 구애 받지 않고 대화할 수 있습니다. 또한 음성 메시지나 사진도 전송할 수 있어 이제 더 이상 값비싼 MMS 문자를 보내지 않아도 됩니다. 이젠 사용하지 않던 메신저로 한동안 뜸했던 친구가 안부를 물어올 겁니다. IM+ 덕분에 홈 화면도 깔끔해지고 격조했던 친구들과도 연락이 자연스러워집니다.

Theme 14

소셜 네트워크 앱

갤럭시S2에는 소셜허브가 들어가면서 페이스북, 트위터, 미투데이 이 세 가지 서비스를 한 곳으로 묶어서 관리할 수 있도록 하고 있습니다. 굉장히 편리한 소셜허브지만 SNS(소셜네트워크서비스)에 생소한 분들은 각기 서비스를 이해할 수 있도록 기본 앱을 사용해보고 개인의 취향에 맞춰 사용해보는 것도 좋을 듯합니다.

● 안드로이드용 Facebook

이름	안드로이드용 Facebook
카테고리	커뮤니케이션
만든이	Facebook
가격	무료
마켓	안드로이드 마켓
설명	소셜 네트워크 서비스

Facebook은 스마트폰을 만났을 때 그 진가가 발휘됩니다. 이제 PC 앞에서만이 아니라 언제 어디서든 Facebook 친구들과 대화할 수 있습니다. 페이스북 공식 안드로이드 앱인 Facebook의 간단한 사용 방법과 특징에 대해 살펴봅니다.

Facebook을 하기 위해서 당연히 계정이 필요합니다. 인터넷에서 가입해서 기존에

사용 중인 사람은 앱에서 바로 로그인 후 사용하면 됩니다. 계정이 없으면 앱의 첫 실행 시 가입 여부를 물어볼 때 기입하고 가입합니다.

갤럭시S2에 최적화되어서 홈 화면이 실행됩니다. 우측 상단에 바로 글을 작성할 수 있는 아이콘과 친구를 검색할 수 있는 아이콘이 있고 [댓글]이나 [좋아요]를 원하는 글에 달 수 있습니다.

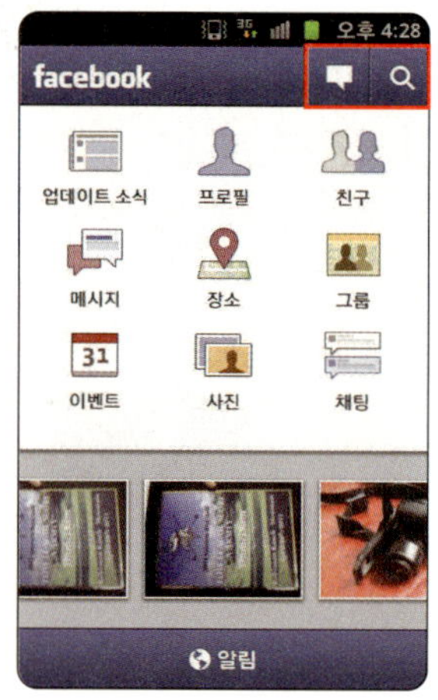

인터넷에서 하던 대부분의 기능을 갤럭시S2에 최적화된 화면으로 불편함 없이 사용할 수 있습니다. 채팅 기능으로 언제든지 로그인되어 있는 친구들과 쪽지도 주고 받을 수도 있습니다.

갤럭시S2로만 페이스북을 하기엔 페이스북의 매력을 다 느낄 수 없을 겁니다. PC와 갤럭시S2에 연동되는 페이스북으로 또 다른 온라인 인맥의 홍수에 빠져보세요. 새로운 즐거움이 기다리고 있습니다.

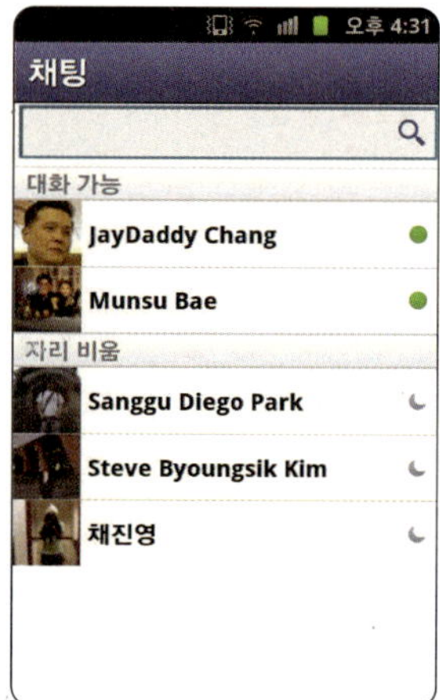

● Twitter

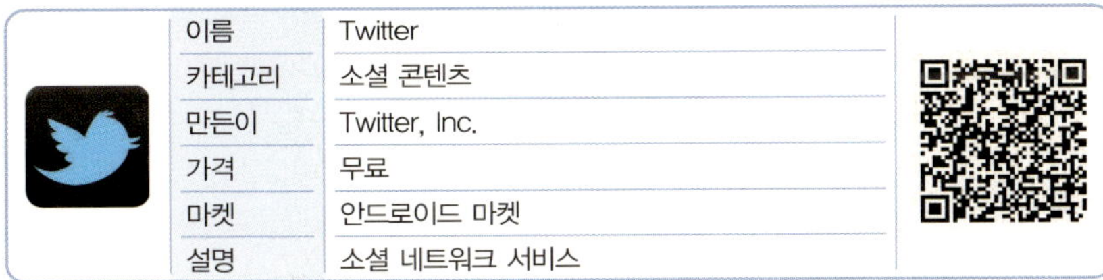

이름	Twitter
카테고리	소셜 콘텐츠
만든이	Twitter, Inc.
가격	무료
마켓	안드로이드 마켓
설명	소셜 네트워크 서비스

다양한 트위터 앱이 있지만 처음 사용할 때는 복잡한 기능이 많은 앱보다는 기본 기능에 충실한 앱이 더 편할 것입니다. 트위터에서 만든 기본 트위터 앱입니다.

트위터 계정이 있으면 바로 계정 정보를 입력하고 로그인합니다. 계정이 없다면 먼저 가입을 하고 로그인합니다.
트위터에서 친구를 만들어보겠습니다. 화면 우측 상단의 검색 아이콘을 터치하고 검색 화면이 나오면 맨 밑에 [주소록 불러오기를 이용…]을 터치합니다.

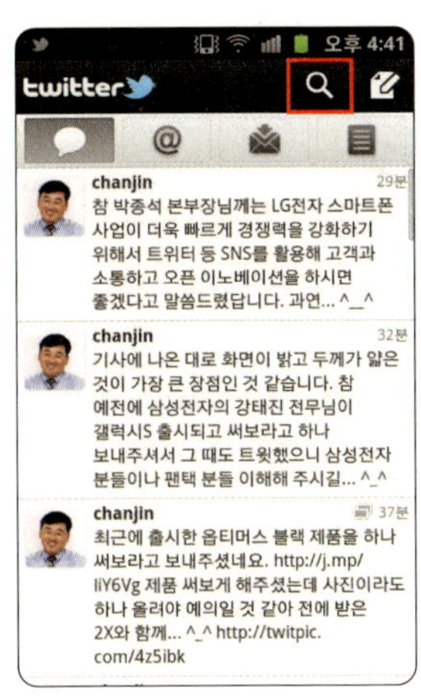

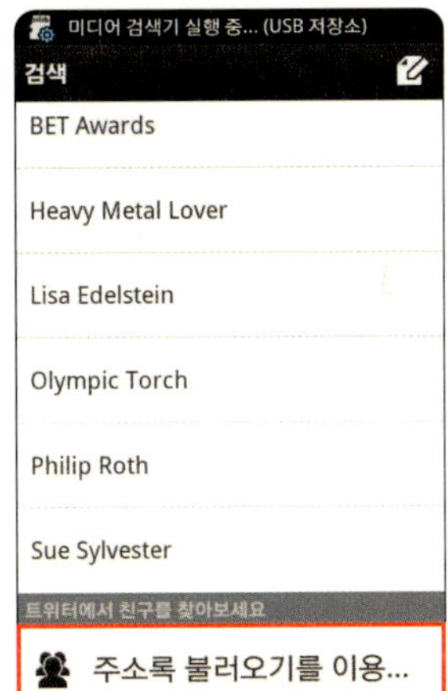

연락처 화면에서 트친(트위터 친구)을 원하는 연락처 옆에 [+] 아이콘을 터치합니다. 선택이 완료되면 우측 상단의 완료를 터치합니다. 트위터에 글쓰기를 하기 위해서 우측 상단의 글쓰기 아이콘을 터치하면 화면이 나옵니다. 글을 작성하고 우측 상단에 [트윗]을 터치하면 트위터에 글쓰기가 완료됩니다.

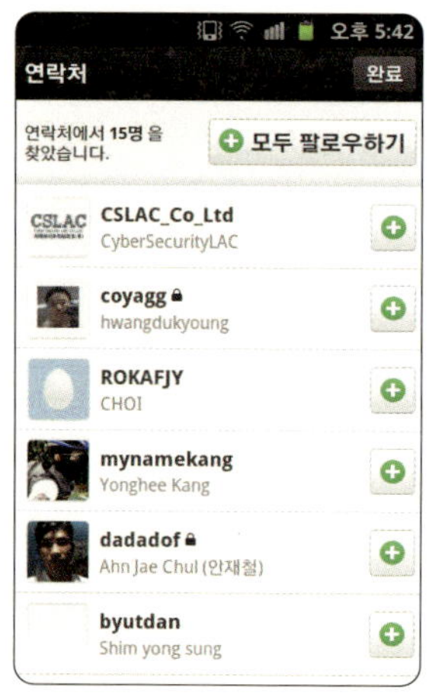

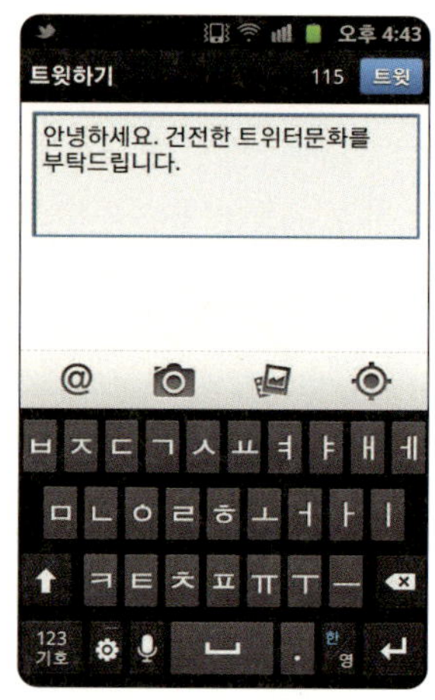

●미투데이

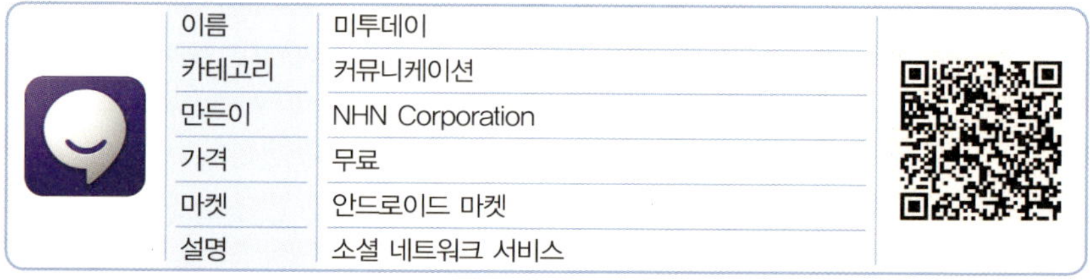

이름	미투데이
카테고리	커뮤니케이션
만든이	NHN Corporation
가격	무료
마켓	안드로이드 마켓
설명	소셜 네트워크 서비스

네이버에서 만든 국내 SNS입니다. 블로그 등 네이버의 각종 서비스와 연동되어 네이버 서비스를 자주 사용하는 사람에게 유용한 앱입니다.

기존에 네이버 아이디가 있다면 있으면 바로 계정 정보를 입력하고 로그인합니다. 계정이 없다면 중간에 [회원 가입]을 터치해서 가입을 먼저 합니다.

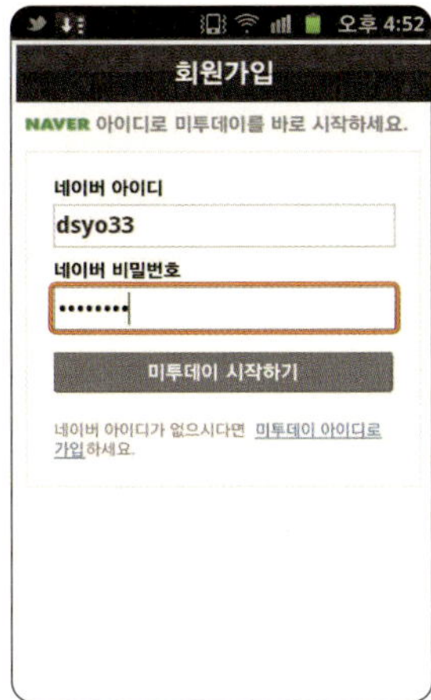

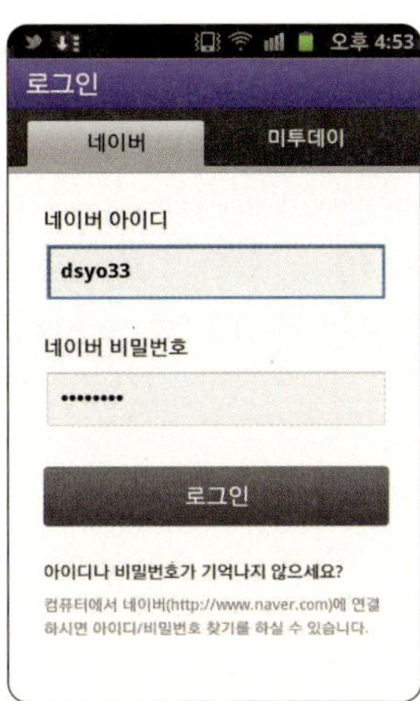

메인 화면에서 친구들의 소식을 접할 수 있습니다. 상단의 입력 창을 터치하면 글쓰기 화면이 나오고 글을 작성하고 [올리기]를 터치하면 미투데이에 글쓰기가 완료됩니다.

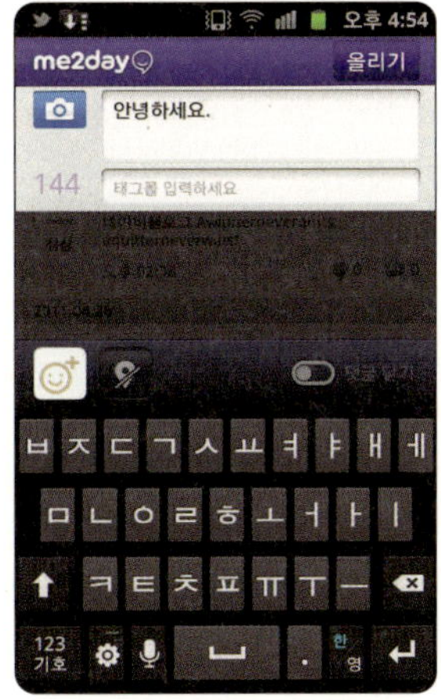

Chapter 06.

시나리오 6 : 학습과 e-Book 앱으로 똑똑하게 공부하기

공부하는 학생들에게 시간은 무엇보다 중요합니다. 그러다 보니 통학하는 교통편에서도 짬을 내서 공부하려는 학생들을 많이 볼 수 있습니다. 무거운 가방을 매고 통학하는 학생들에게 갤럭시S2는 가방에서 무거운 책과 사전을 대신해줄 수도 있고 선생님이 될 수도 있습니다. 넓은 화면으로 동영상 강좌를 보면서 공부하고 틈틈이 e-Book으로 교양을 쌓으면서 스마트해지는 학생들이 많이 늘기를 바랍니다.

등하굣길에서 시간을 낭비하고 있는 최공부 군

고등학생 최공부 군은 최근에 이사를 해서 통학하는 데만 왕복 3시간은 족히 걸립니다. 가방에는 두꺼운 사전들과 입시를 위해 필독해야 하는 만만치 않은 책들과 PMP 등이 들어있습니다. 지하철 안에서 PMP로 동영상 강좌를 보면서 교재를 같이 봅니다. 앉아서 갈 때는 괜찮지만 서서 갈 때는 이마저도 포기하고 PMP로 미드를 보면서 학교로 갑니다. 근데 어제 피곤해서 인코딩을 못하는 바람에다 본 것뿐이네요. 그냥 부족한 잠이나 자야겠네요.

저도 학창 시절 때 무거운 가방을 메고 먼 거리를 통학하면서 힘들어했던 기억이 납니다. 그 때야 오로지 책만으로 통학 시간에 공부했었지만 지금은 수많은 디지털 기기들을 활용해서 공부하는 시대입니다. 그 중에 갤럭시S2를 아래 사례처럼 공부에 활용한다면 많은 도움을 얻을 수 있을 것입니다.

갤럭시S2와 함께라면
언제 어디서든 공부하고, 책도 읽는다!

고등학생 최공부 군은 통학 시간이 오래 걸려도 걱정이 없습니다. 학교를 가면서 갤럭시S2로 다양한 강의를 볼 수 있습니다. 영어 공부도 할 겸 미국 드라마를 갤럭시S2에 넣기만 했는데도 재생되니 너무 편리하네요. 인코딩 없이 거의 모든 영상이 재생가능하고 자막을 기본 인식해서 실행되는 갤럭시S2는 매력덩어리입니다. 모르는 단어는 바로 갤럭시S2에 기본으로 들어있는 사전으로 확인합니다. 무거운 사전에서 해방되니 가방이 너무 가벼워져서 좋습니다. 또 갤럭시S2 안에 리더스허브와 같은 도서관과 서점 앱이 많아서 마음만 먹으면 어디서든 책을 실컷 볼 수 있어서 통학 시간이 지루할 틈이 없네요.

Theme 15

학습 앱

공부에 왕도가 없다는 건 옛날 얘기죠. 공부에 왕도는 있습니다. 무거운 사전을 들고 다니다 보면 공부하기도 전에 지칩니다. 도무지 풀리지 않는 문제도 바로 갤럭시S2로 바로 바로 검색해서 해결해보겠습니다.

● 갤럭시S2 사전

갤럭시S2 사전은 갤럭시S2에서 기본적으로 제공하는 앱이므로 따로 표 양식으로 설명을 제공하지 않습니다.

아직도 집에 두꺼운 사전 한두 권씩은 소장하고 있을 것입니다. 예전에 그렇게 두꺼운 사전을 들고 학교와 도서관을 이동했던 시절이 있었는데요. 그래서 얼마 전까지 전자사전을 많이 갖고 다녔습니다. 지금은 사전기능으로만 제한된 제품이 아닌 다양한 기능의 갤럭시S2로 두꺼운 사전이나 전자 사전을 대신할 수 있습니다.

갤럭시S2에 기본으로 들어있는 사전으로 단어를 검색한 모습입니다. 해당 단어의 발음도 확인할 수 있습니다. 검색된 화면에서 메뉴 버튼을 터치하면 형광펜, 사전전환, 단어장, 사전 설정 등을 다룰 수 있습니다. 예문 중에 모르는 단어가 나오면 해당 단어를 '꾹' 터치합니다. 그러면 복사와 검색할 수 있는 팝업이 나타납니다.

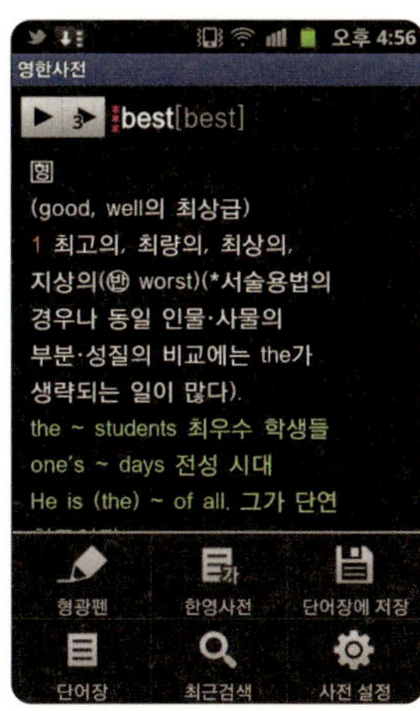

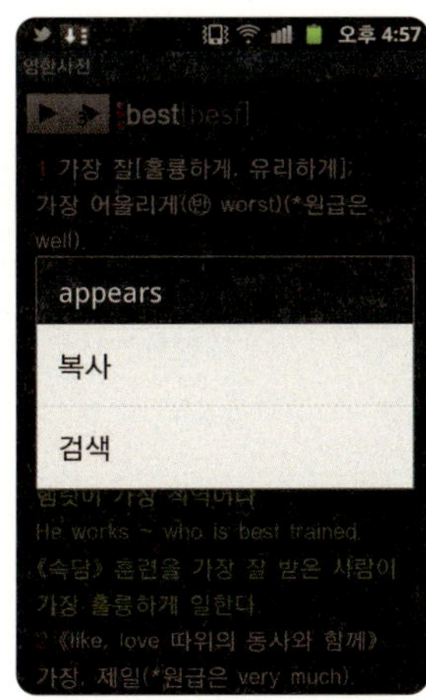

갤럭시S2에서 간단히 검색하고 별도의 단어장으로 관리하면 다음에 찾아 보는 데도 도움이 됩니다.

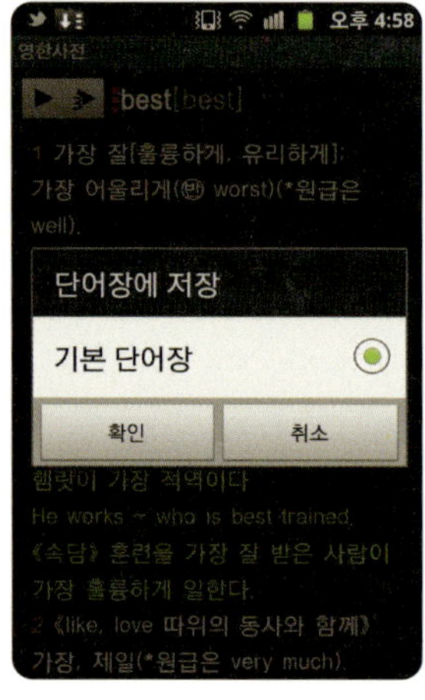

이 외에도 안드로이드 마켓과 통신사 앱스토어에서 다양한 사전 앱들을 다운 받아 사용할 수도 있습니다.

● StudyMaster(스터디마스터)

'스터디 마스터' 는 문제를 풀고 답을 확인하는 학습지 같은 앱입니다. 문제집을 들고 다니면서 공부를 하는 게 보통이지만 이제는 갤럭시S2 하나만으로도 이동 중에 쉽게 공부할 수 있습니다. 갤럭시S2을 사용하는 많은 학생들과 취업을 위해 오늘도 공부에 열을 올리는 많은 이들에게 딱맞는 앱입니다.

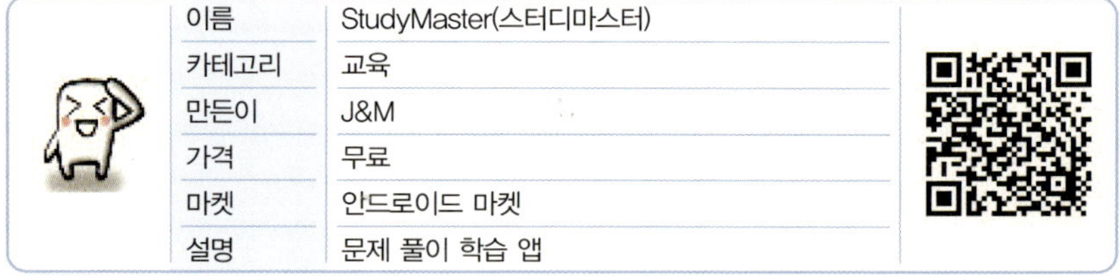

이름	StudyMaster(스터디마스터)
카테고리	교육
만든이	J&M
가격	무료
마켓	안드로이드 마켓
설명	문제 풀이 학습 앱

'스터디 마스터'는 내가 필요한 문제들을 가지고 문제집을 만들 수 있습니다. 그리고 만든 문제집을 스터디 마스터 서버를 통해 공유가 가능합니다. 문제집을 만들 때는 ??스터디 마스터 웹사이트(www.masteros.co.kr)에 접속해야 만들 수 있습니다. O/X, 객관식, 주관식의 방식으로 만들 수 있고, 만들어진 문제를 풀 때도 다양한 방법으로 풀 수 있습니다. 객관식의 경우엔 보기가 계속 섞이기 때문에 한 번 풀었던 문제집을 다시 풀어도 됩니다. 그룹 기능도 제공하기 때문에 자신이 공부하거나 관심 가는 분야로 그룹을 만들어 공부를 하거나 같은 관심사를 가진 친구들을 모집할 수 있습니다. 이렇게 모인 그룹원끼리는 문제집 공유나 짧은 글을 통해 정보 공유도 가능합니다. 설정엔 꽤 많은 선택사항이 있습니다. 선택 사항 대부분이 문제풀이와 관련이 있는 설정으로 사용자의 입맛에 맞게 문제풀이 환경을 조성할 수 있어 학습 능률을 더 올릴 수 있습니다.

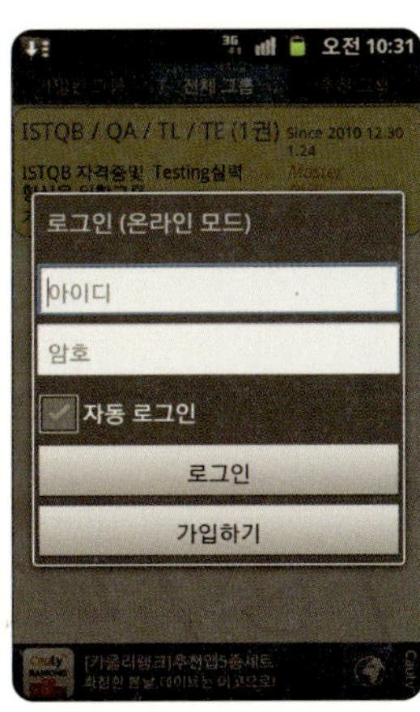

Theme 16

e-Book 앱

이동 중 지하철이나 버스에서 책을 보려고 하면 무겁게 들고 봐야 해야 하지만, 갤럭시S2로 e-Book을 보면 가볍게 걸어다니면서도 볼 수 있습니다. 언제 어디서나 바로 꺼내서 볼 수 있어 틈틈이 남는 시간을 알차게 보낼 수 있습니다. 갤럭시S2와 함께라면 책과 좀 더 친해져보세요.

● 리더스허브

리더스허브는 갤럭시S2에서 기본적으로 제공하는 앱이므로 따로 표 양식으로 설명을 제공하지 않습니다.

갤럭시S2에 기본으로 들어있는 리더스허브입니다. 교보 eBook, 조선일보의 textore, SERI를 통해 도서, 신문, 잡지, 보고서 등을 구매할 수 있어 갤럭시S2만 있으면 서점과 도서관에 가지 않아도 책을 볼 수 있습니다. 또한 본인이 가지고 있는 PDF 문서나 TXT 문서를 읽을 수도 있습니다. 라이브러리에서 구매한 콘텐츠를 손쉽게 관리할 수 있습니다. 실제 서재의 모습과 유사한 리더스허브의 모습입니다.

도서를 선택해서 화면을 터치하면 상단에서 폰트, 화면 밝기, 검색, TTS(음성으로 읽어주는 기능) 등을 설정할 수 있습니다.
책을 읽다가 모르는 단어가 나오면 터치로 선택해 사전을 검색할 수도 있습니다.

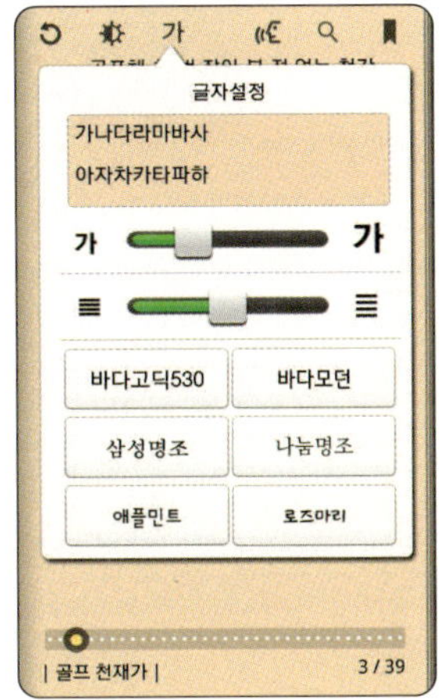

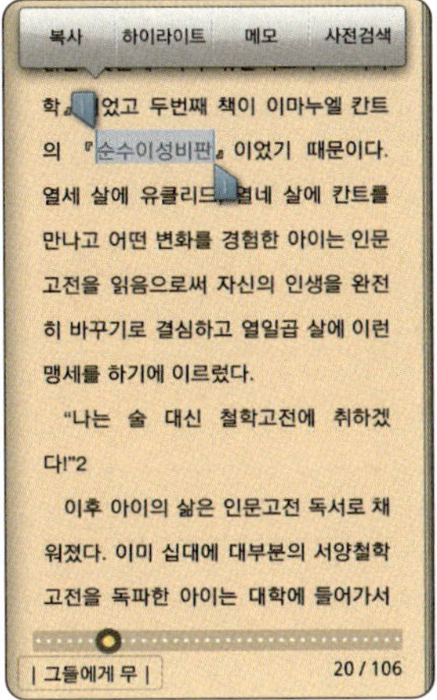

Textore와 교보문고 등의 온라인 서점을 통해서 신문, eMagazine, eBook, eComics 등의 장르별 콘텐츠도 무료, 유료로 구매해서 즐길 수 있습니다.

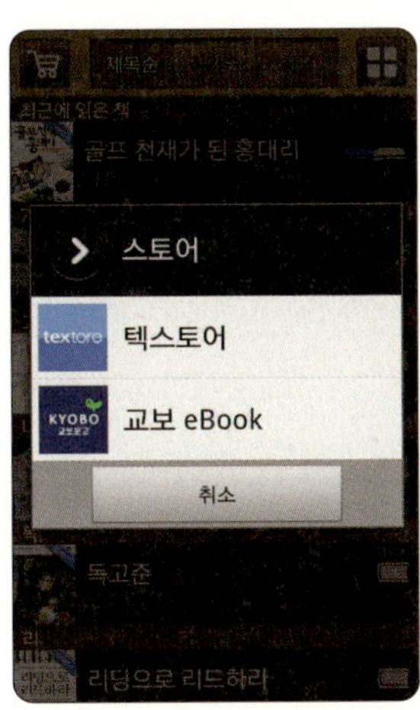

이제 신간 서적은 물론 들고 다니기 힘들었던 모든 책들 갤럭시S2 하나로 해결해보세요. 그리고 이제 걸어 다니는 도서관을 경험해 보세요.

● Kindle

이름	Kindle
카테고리	도서 및 참고자료
만든이	Amazon Mobile
가격	무료
마켓	안드로이드 마켓
설명	도서 관리 앱

e-Book을 구매할 수 있는 앱입니다. Amazon에서 운영되는 Kindle은 정말 셀 수 없을 만큼 다양한 서적을 보유하고 있습니다. 기존에 Kindle을 통해 e-Book을 구매하셨던 분들은 이제 본인의 갤럭시에 고스란히 옮겨와 읽을 수 있게 되었습니다. 특히 Kindle을 통해 영어 원서나 전공서적을 구입하면 실제 도서보다 저렴하고 해외배송 없이 바로 구매가 가능합니다. Kindle은 영영사전 기능도 제공합니다. 리더스 허브의 경우 현재 점진적으로 추가되고 있지만 아직 콘텐츠 규모면에 있어서 Amazon 서적을 따라가기엔 벅차 보입니다.

Amazon.com에 계정이 있다면 메일 주소와 비밀번호를 입력하고 가운데 [Register]를 터치합니다. 계정이 없다면 초기 화면 맨 아래 [Don't have an Amazon.com account?]를 터치합니다. 모바일 브라우저를 통해 amazon.com에서 필요한 정보를 기입하고 계정을 만듭니다.

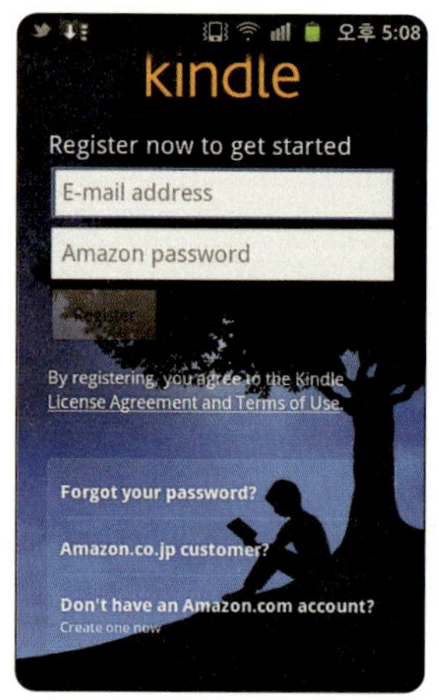

로그인해서 Kindle을 실행하면 기본으로 3가지의 도서가 나오는데, 이것은 무료로 제공되는 도서입니다. 메뉴 버튼(▤)을 터치해서 kindle Store를 터치해서 들어가봅니다. 다양한 도서들을 검색하고 구매할 수 있습니다.

도서 내에서 폰트 조절, 가로 보기, 사전 검색 등의 기능들이 제공됩니다.

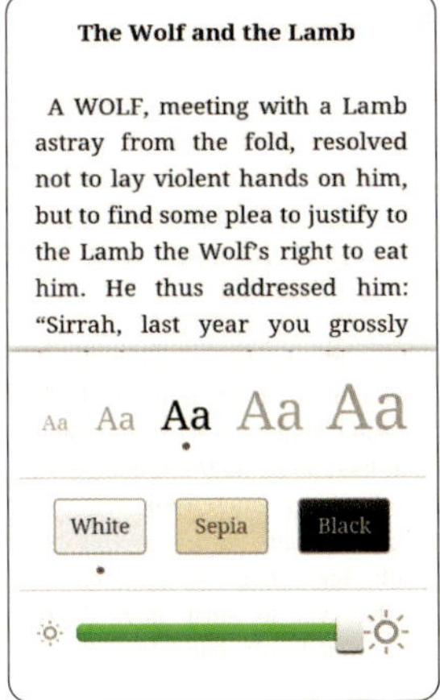

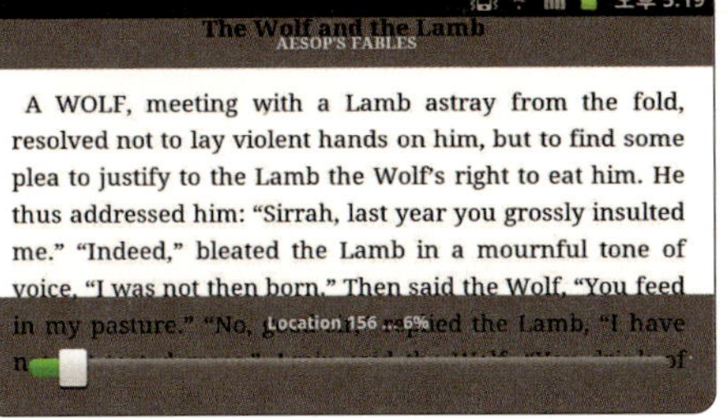

GALAXY S2

오전 8:30

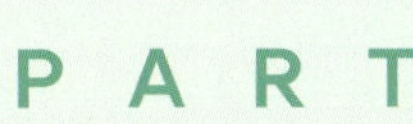

강력추천, 안드로이드폰을 빛내주는 앱

앞의 Part 2에서는 상황별 시나리오에 맞춰 앱을 소개해보았습니다. 상황별로 나누어 설명하다보니 다양한 앱을 소개하기에는 무리가 있어 이번 Part에서 유용한 앱들을 소개해보려고 합니다. 많은 앱들이 우후죽순 생겼다가 사라지기도 하는데, 비교적 수명이 길고, 앱의 완성도가 높은 순으로 선별하여 살펴보겠습니다. 갤럭시S2로 전화나 문자 메시지만 보내거나 몇 가지 간단한 앱만 사용하는 사람들은 이번 Part에서 다양한 앱들을 살펴보고 자신에게 맞는 앱을 다운로드 받아 나의 생활 방식에 적용해보는 것은 어떨까요?

Chapter 01.

심심할 틈이 없는 만능 엔터테인먼트 앱 즐기기

사람들이 스마트폰을 찾는 대표적인 이유 가운데 하나가, 여러 가지 전자제품을 들고 다니기 번거롭기 때문이라고 합니다. 갤럭시S2만 있으면 다양한 엔터테인먼트 앱을 다운로드받아 MP3 플레이어, DMB, PMP, 게임기 대용으로 즐길 수 있습니다.

Theme 01 실시간 음악 감상 +뮤직 플레이어 앱

젊은 사람들이 가장 많이 들고 다니는 전자제품 중 가장 대표적인 것이 MP3 플레이어입니다. 하지만 요즘 스마트폰이 그 영역을 대신하고 있는 추세입니다. 기본적으로 내장되어 있는 뮤직 플레이어도 좋지만 음악 전문 사이트에서 제공하는 음악 앱들은 완성도가 높고, 실시간 스트리밍 감상도 가능하여 더욱 편리합니다.

● 벅스

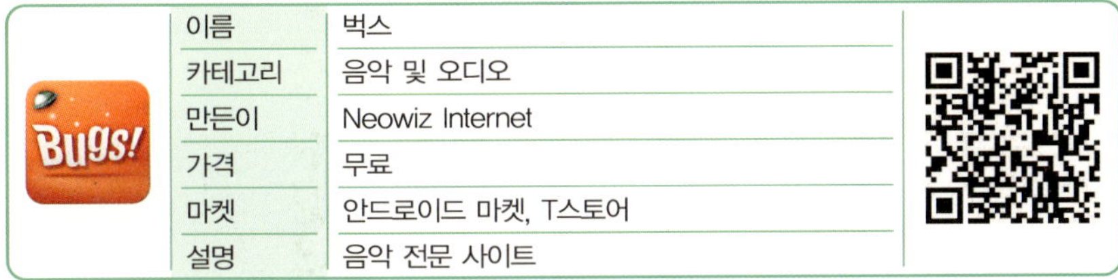

이름	벅스
카테고리	음악 및 오디오
만든이	Neowiz Internet
가격	무료
마켓	안드로이드 마켓, T스토어
설명	음악 전문 사이트

PC에서 즐기던 온라인 음악 감상 서비스인 벅스의 안드로이드 앱입니다.

홈 화면에서 위젯을 지원하므로 인기 음악과 최신 앨범을 실시간 감상 또는 다운로드 받아 즐기기 편합니다. 앨범 이미지와 가사보기를 지원하고, 트위터를 통해 공유할 수도 있습니다. '오프라인 플레이리스트'를 통해서 데이터 접속을 하지 않아도 음악 감상을 할 수 있습니다.

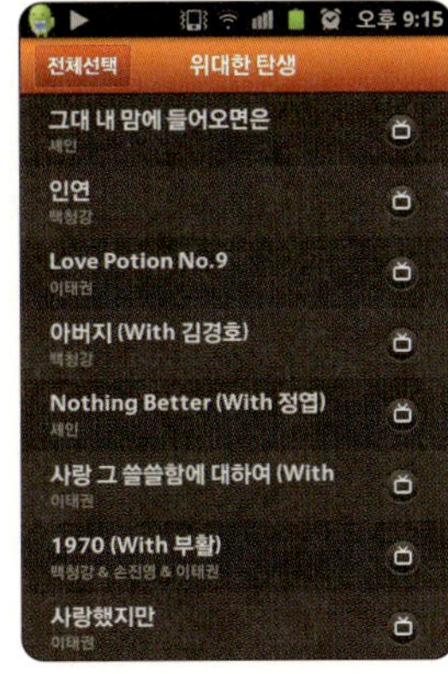

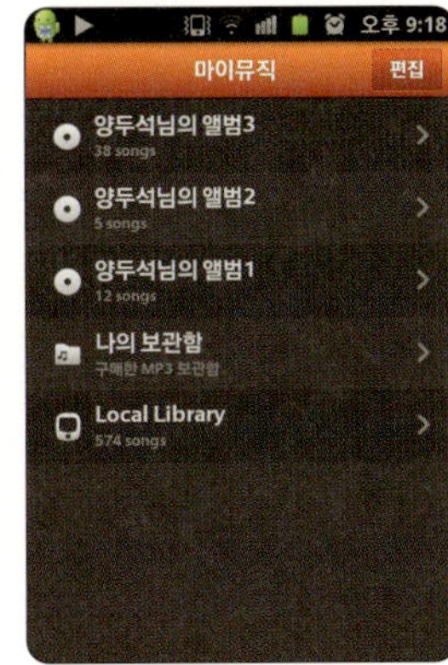

● Winamp

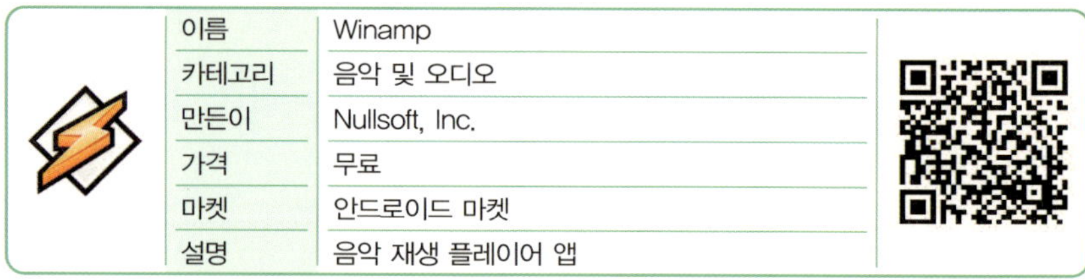

이름	Winamp
카테고리	음악 및 오디오
만든이	Nullsoft, Inc.
가격	무료
마켓	안드로이드 마켓
설명	음악 재생 플레이어 앱

PC에서 익숙한 뮤직 플레이어 Winamp가 안드로이드 앱으로 나왔습니다. Power AMP Music Player와 견줄 만한 앱입니다.

PC와 무선 동기화도 지원하고 iTunes Library의 음악을 가져올 수 있으며 다양한 인터넷 라디오에 접속할 수도 있습니다. 보다 자세한 사용은 http://www.winamp.com/android를 참고합니다.

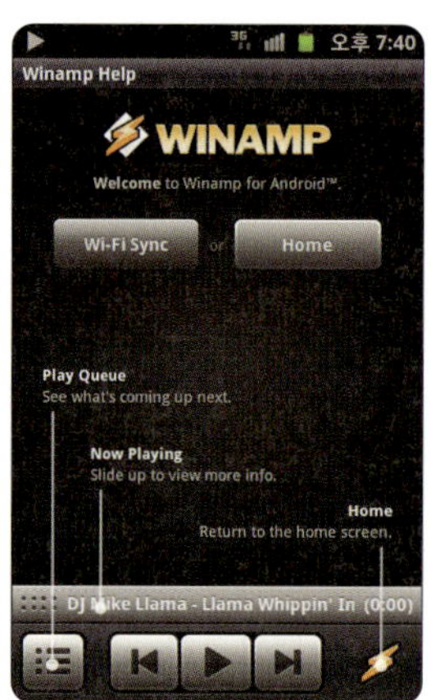

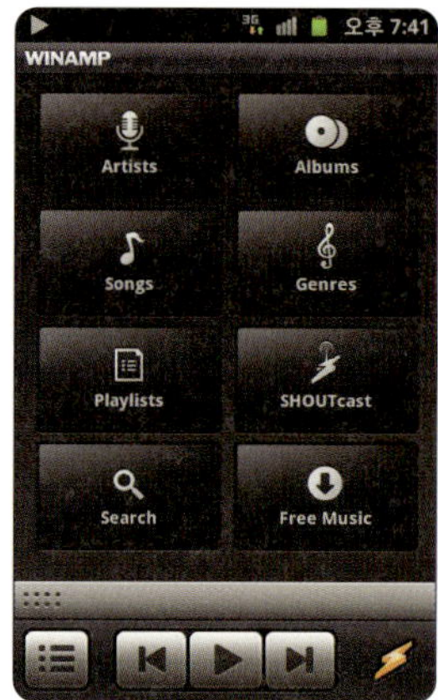

● bTunes Music Player

이름	bTunes Music Player
카테고리	미디어 및 동영상
만든이	Brandon Ayers
가격	US $1.49
마켓	안드로이드 마켓
설명	음악 재생 플레이어 앱

bTunes Music Player는 실행하면 깔끔한 인터페이스를 볼 수 있습니다. 하지만 어디서 많이 본 듯한 모습입니다. 다름이 아니라 아이폰의 뮤직 플레이어와 인터페이스가 상당히 비슷하다는 것을 알 수 있습니다.

설정에서는 잠금 화면에서 재생 컨트롤 표시, 폴더 지정 재생, MP3 노래의 커버 이미지 자동 다운 등의 설정이 가능합니다. 이밖에도 다양한 설정을 제공하지만 크게 변경할 만한 부분은 없습니다. bTunes Music Player는 1가지의 위젯만 제공합니다. 음악을 재생하는 데 있어서 bTunes Music Player가 가볍게 느껴집니다. 곡 넘김이나 곡 탐색 시 상대적으로 빠른 동작을 보여주기 때문입니다.

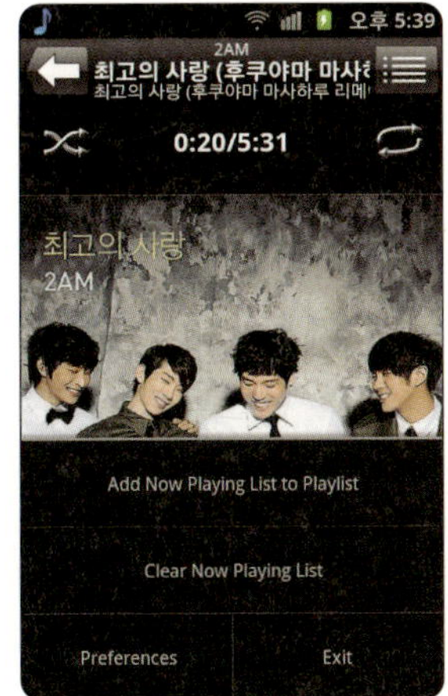

Theme 02

TV/동영상 앱

스마트폰이 출시되기 이전부터 TV를 볼 수 있는 DMB 기능은 많은 사람들의 사랑을 받았습니다. 스마트폰에서 보고싶은 드라마나 스포츠 중계를 생방송으로 볼 수 있는 앱을 소개합니다. 또한 동영상 사이트로 유명한 유투브의 동영상을 저장하여 보거나 라디오를 들을 수 있는 앱도 소개합니다.

● 아프리카TV

이름	아프리카TV
카테고리	미디어 및 동영상
만든이	NOWCOM
가격	무료
마켓	안드로이드 마켓
설명	실시간 개인 방송 시청 앱

아프리카TV는 실시간 개인 방송 시청은 물론 안드로이드 단말을 이용한 방송하기 기능을 제공하는 앱입니다. 아프리카 방송 컨텐츠는 개인 BJ가 직접 만드는 순수 UCC 컨텐츠입니다.

보이는 라디오, 음악 방송, 게임 방송, 시사 방송 등 다양한 컨텐츠를 경험할 수 있습

니다. 제공되는 컨텐츠는 베스트 BJ 방송과 시사/현장, 스포츠 등의 일부 컨텐츠로 제한됩니다. 아프리카의 모든 컨텐츠를 경험하고 싶다면, www.afreeca.com을 방문해서 이용해야 합니다.

● 튜브메이트

이름	튜브메이트
카테고리	엔터테인먼트
만든이	Devian Hong
가격	무료
마켓	안드로이드 마켓
설명	유튜브 영상 다운로드 앱

※ 튜브메이트는 경로가 자주 변경되어 QR코드가 안정적으로 연결되지 않습니다. 마켓에서 직접 검색하거나 설치 파일을 이용하세요.

튜브메이트는 유튜브 영상을 폰에 저장할 수 있게 해줍니다.

튜브메이트의 특징은 유튜브 모바일 사이트와 화면이 똑같다는 점이 특징입니다. 따라서 이 앱을 통해 유튜브를 이용해도 이질감이 없습니다.

다운로드는 다양한 화질로 선택할 수 있습니다. 영상을 내려받는 도중에 다른 작업도 할 수 있습니다. 굳이 영상을 다 내려받을 때까지 기다리지 않아도 되고, '알림창' 에서 내려받기가 완료됐는지 확인할 수 있습니다. 동영상을 내려받는 도중에 급한 일이 생겨서 내려받기를 취소해도 상관없습니다. '이어받기' 가 가능하기 때문입니다. 내려받은 동영상은 내장된 동영상 플레이어를 통해 언제든지 재생이 가능합니다.

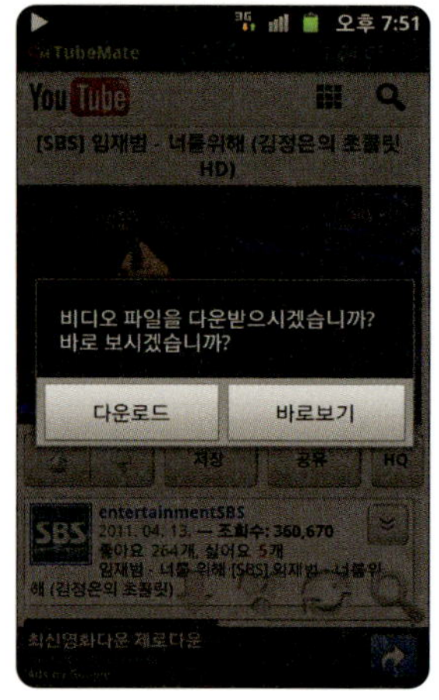

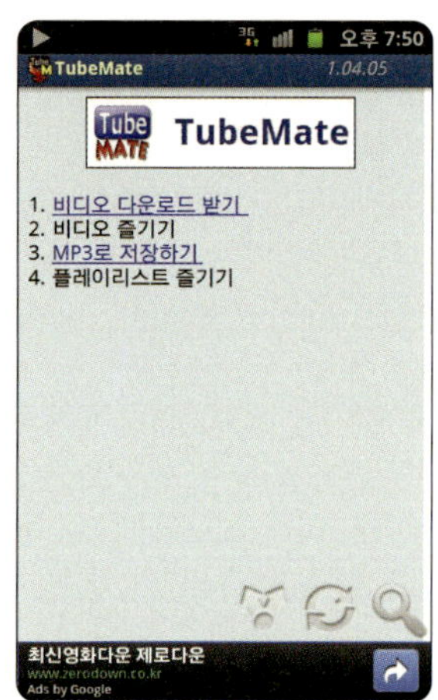

● R-2 Player(R2, 알투)

이름	R-2 Player
카테고리	엔터테인먼트
만든이	KBSi
가격	무료
마켓	안드로이드 마켓
설명	라디오 플레이어 앱

R-2 Player는 차세대 멀티 채널 라디오 플레이어입니다. R-2 Player는 다이얼을 돌려 채널을 변경하는데 이런 모습은 예전 라디오를 사용할 때를 떠올리게 하는 부분으로 사용자들의 감성을 자극하는 부분이기도 합니다.

청취 화면에서는 라디오 청취 중에 바로 사연을 보낼 수 있도록 하단에 [사연] 탭을 구성하였습니다. 이용을 위해서는 회원가입이 필요합니다. 사연 외에 편성표과 선곡표도 제공하고 있어 라디오 정보를 쉽게 확인할 수 있습니다. R-2 Player는 기본적으로 3세대(3G)를 이용한 라디오 청취가 제한돼 있습니다. 이 기능을 해제하려면 설정에서 [해제]를 선택하면 됩니다. 이동 중이거나 무선랜(와이파이) 서비스 지역에서 청취하기 어려울 때 설정을 해제하면 됩니다.

Theme 03 게임 앱

누군가를 기다린다거나 장거리 이동 등 남는 시간이 생겼을 때 갤럭시S2와 함께라면 지루하지 않게 보낼 수 있습니다. 무료한 시간을 날려버릴 수 있는 게임 앱이 매우 다양하기 때문에 어쩌면 게임에 빠져서 기다리는 시간이 아쉽게 느껴질지도 모르겠습니다. 게임심의에 관련된 법 때문에 국내 안드로이드 마켓에서는 게임 카테고리가 열리지 않습니다. 게임을 다운로드 받기 위해서는 각 통신사 마켓을 이용해야 합니다.

● 블럭퍼즐 2

이름	블럭퍼즐 2
카테고리	엔터테인먼트
만든이	mToy
가격	무료
마켓	안드로이드 마켓
설명	퍼즐 게임 앱

익숙하면서도 약간은 새로운 형태의 퍼즐 게임입니다. 테트리스를 해본 사용자라면 알 수 있는 도형들이 등장합니다. 그리고 한가운데에는 반투명의 사각형이 있습니다.

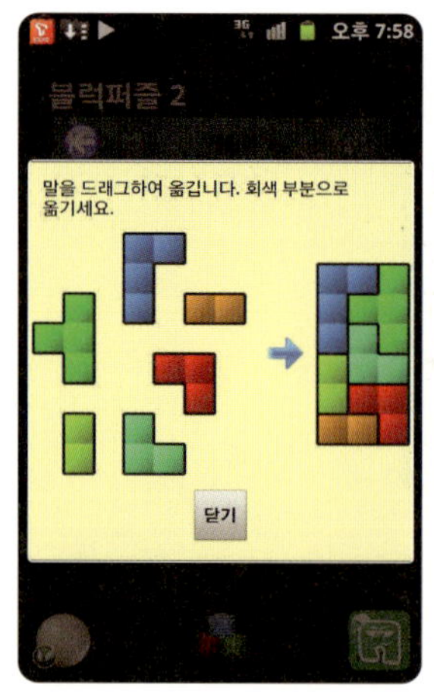

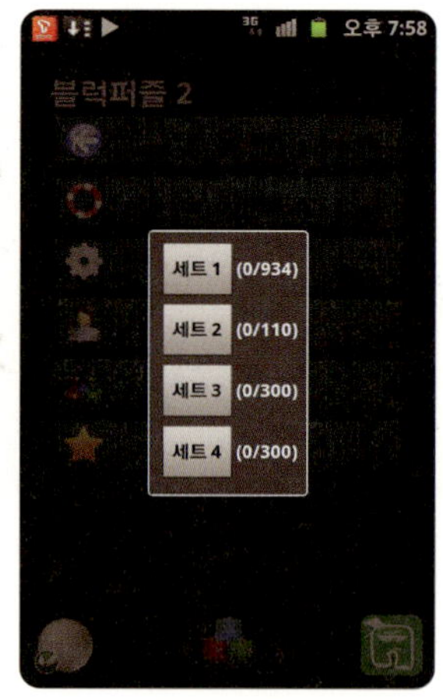

도형들을 짜 맞춰서 가운데의 반투명 사각형 안을 딱 맞게 채우면 됩니다. 게임을 해보면 알겠지만 도형들을 돌리고 싶어지지만 돌릴 수는 없습니다. 있는 그대로 배치해야 합니다. 난이도는 여러 가지가 있는데 초보 난이도를 통해서 게임의 기본을 익히고 차차 높은 난이도에 도전을 해보세요.

● 두들 점프 Deluxe

이름	두들 점프 Deluxe
카테고리	게임
만든이	GameHouse
가격	2,000원
마켓	T스토어
설명	게임 앱

탁월한 중독성으로 애플 앱스토어에서 500만 다운로드를 기록한 게임입니다. 아주 간단한 룰을 가지고 있지만 중독성만큼은 최고입니다. 게임의 목적은 그저 높이, 높이, 계속 높이 오르는 것입니다.

점프를 기본으로 때로는 헬리콥터를 달고 때로는 로켓을 달고 오르게 됩니다. 이렇게 하염없이 오르다 보면 점수는 점점 높아집니다. 게임도 단순하지만 조작 또한 단순합니다. 가속도 센서를 이용하기 때문에 폰을 좌/우로 기울이면 됩니다. 설정을 통해서 터치로도 할 수 있지만 센서를 이용한 조작이 더 쉬워 보입니다. 오르다 보면 몬스터도 등장합니다. 이때는 화면을 터치해서 미사일을 쏴서 없애주면 됩니다.

● Angry Birds

이름	Angry Birds
카테고리	게임
만든이	Rovio Mobile Ltd.
가격	무료
마켓	Tstore
설명	아케이드 액션 게임 앱

Angry Birds는 돼지들이 훔쳐간 알을 되찾기 위해 새총에 몸을 실어 각각의 기술을 발휘하는 새들이 건축물에 은폐한 돼지들을 퇴치하는 내용의 게임입니다. 전 세계 스마트폰 사용자들에게 많은 사랑을 받고 있는, 단연 최고의 인기 게임입니다.

국내 사용자는 안드로이드 마켓의 게임 카테고리를 이용할 수 없기 때문에 최근까지 Angry Birds 시리즈를 이용하려면 APK 파일을 이용해 설치해야 했지만 최근 T스토어와 삼성앱스에 등록이 되어 쉽게 설치할 수 있게 되었습니다.

게임 방식은 앞에서도 언급했지만 새총을 이용해 돼지를 퇴치하면 됩니다. 그리고 새의 종류에 따라 폭발하는 새, 알을 떨어뜨리는 새, 분리가 되는 새 등 다양한 종류의 새들이 있어 이를 잘 활용해야 합니다.

조작은 새총을 터치해서 각도와 힘을 조절한 후 손을 떼면 새가 날아가게 되고 특별한 새일 경우에는 날아가는 중에 화면을 터치하면 각각의 기능을 발휘합니다. 돼지들을 다 터트리면 스테이지를 클리어하게 되는데 점수에 따라서 별을 다르게 줍니다. 많은 별을 얻기 위해서는 끊임없는 도전이 필요합니다. 스테이지도 상당히 많고 숨겨진 요소도 있기 때문에 오랫동안 질리지 않고 즐길 수 있습니다.

● 슬라이스 잇

이름	슬라이스 잇
카테고리	게임
만든이	Com2us
가격	2000원
마켓	T스토어
설명	퍼즐 게임 앱

슬라이스 잇은 간단하면서도 중독성 강한 퍼즐 게임입니다.

슬라이스 잇은 게임 제목에서 알 수 있듯이 자르는 게임입니다. 도형을 정해진 숫자만큼 선을 그어 정해진 숫자로 조각을 내는 것이 목표입니다. 하지만 단순히 자르기만 해서는 안 됩니다. 앞서 언급했듯이 횟수 제한도 있고 만들어내는 조각의 수도 정해져 있기 때문입니다. 그리고 조각은 최대한 같은 크기로 내야 합니다. 그렇지 않고 막 자른다면 스테이지를 클리어할 수 없거나 클리어하더라도 등급 점수가 낮아집니다.

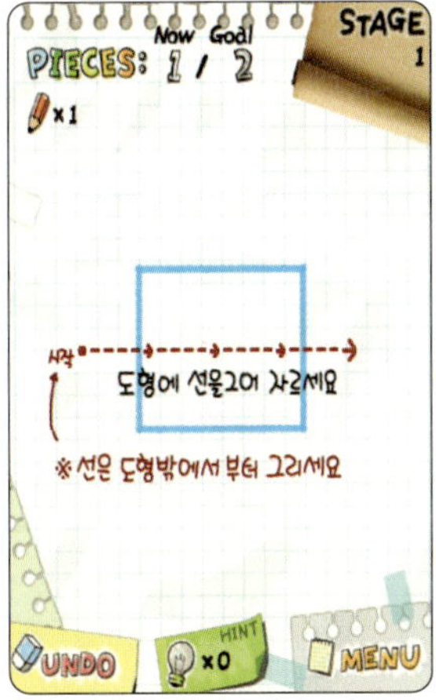

Chapter 02.

웬만한 디카보다 낫다, 사진 찍고 보정하기

기억을 더듬어 최초 카메라폰이 나온 때를 생각해봤습니다. 지금 생각하면 화질이 좋지 않았지만 폰으로 사진을 촬영할 수 있다는 자체만으로 큰 매력이었습니다. 하지만 지금 갤럭시S2의 카메라 기능은 웬만한 콤팩트 디지털 카메라로 촬영한 듯한 사진을 찍을 수 있게 되었습니다. 여기에 사진 촬영 및 보정 앱으로 살짝만 만지면 포토샵을 거친 듯한 사진 이미지로 꾸밀 수 있습니다.

04 Theme 사진 촬영 앱

기본 카메라에 지치거나 뭔가 새로운 재미를 원한다면 이번 테마에서 소개하는 앱을 한번 사용해 보세요. 갤럭시S2에 있는 기본 카메라로는 일반적인 사진밖에 찍을 수 없습니다. 하지만 앱들을 이용하면 재미있는 효과를 넣어서 사진을 촬영하는 것이 가능합니다. 이것을 도와주는 대표적인 앱들을 소개합니다.

● Vignette

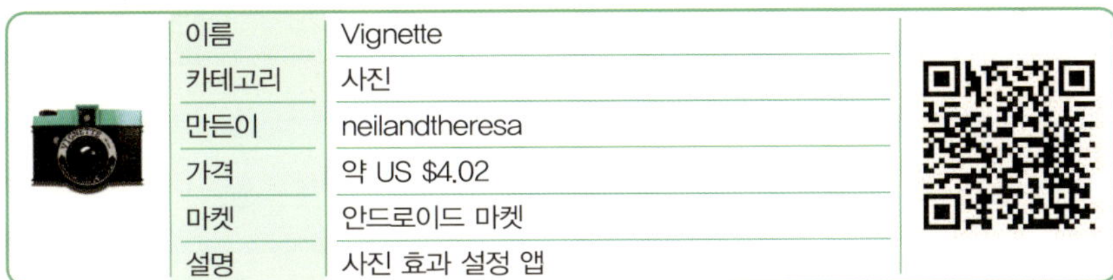

이름	Vignette
카테고리	사진
만든이	neilandtheresa
가격	약 US $4.02
마켓	안드로이드 마켓
설명	사진 효과 설정 앱

Vignette는 사용자에게 아주 좋은 평을 받은 앱으로, 사진에 다양한 효과를 주는 앱입니다. 구동하면 아주 간단한 메뉴가 보입니다. 메뉴를 선택하여 다양하게 설정할 수 있습니다.

Vignette에서 가장 핵심적인 기능은 효과입니다. 앱 구동 후 별 모양 아이콘을 누르면 효과를 설정할 수 있습니다. 설정 화면에서는 효과뿐만 아니라 프레임 설정도 할

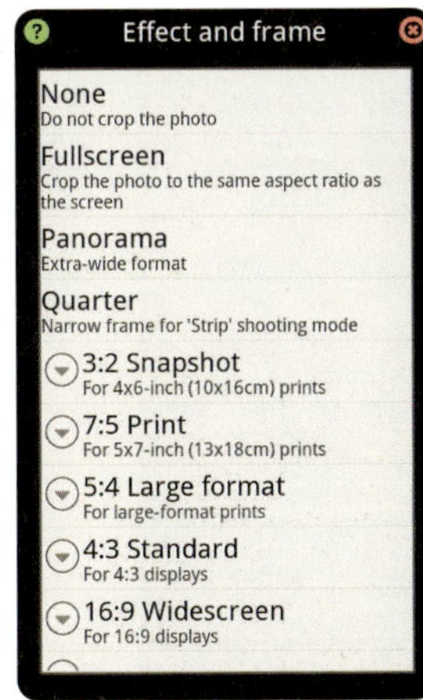

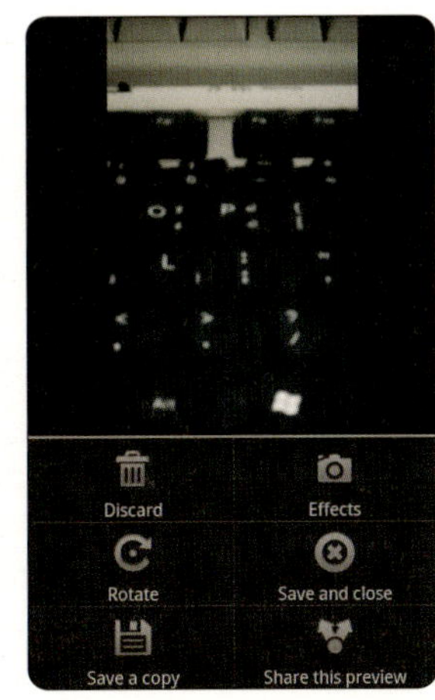

수 있게 되어 있습니다. 효과는 약 70개 이상, 프레임은 약 50개 이상으로 설정할 수 있습니다. 사용자만의 설정도 가능해서 여러 설정을 조합하면 더욱 많은 효과를 볼 수 있습니다. Vignette는 사진에 특별한 효과를 주면서 화질 저하도 거의 일어나지 않습니다. 지오태깅(위치 정보)도 지원하며 카메라 기본 기능인 초점이나 사진 크기, 화소수 등도 설정할 수 있어 카메라를 대신해서 사용해도 됩니다. 가격은 다소 높지만 그 효과는 확실히 보장합니다.

● WireGoggles

이름	WireGoggles
카테고리	엔터테인먼트
만든이	Dozing Cat Software
가격	US $1.99
마켓	안드로이드 마켓
설명	그림 효과 사진 앱

WireGoggles는 별로 알려지지 않은 앱 중에 하나지만 필자가 개인적으로 좋아하는 앱입니다. WireGoggles를 이용하면 그림으로 그린 듯한 효과로 바꿔줍니다.

WireGoggles는 사진을 찍은 후에 효과가 적용되는 것이 아니라 실시간으로 처리되는 앱입니다. 그래서 사진을 찍은 후에 처리하는 시간이 없어 연속해서 촬영하기 쉽습니다. WireGoggles는 PIP(Picture in Picture) 기능을 제공합니다. 설정하면 변환되지 않은 모습을 화면 한쪽에서 볼 수 있습니다. 색도 다양하게 지원하고 있어 사용자의 입맛에 맞게 바꾸면 됩니다.

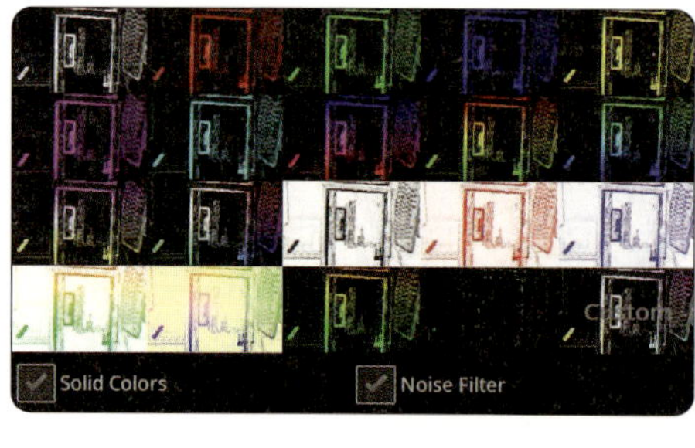

● 푸딩 카메라

이름	푸딩카메라
카테고리	사진
만든이	KTH
가격	무료
마켓	안드로이드 마켓
설명	사진 효과 설정 앱

푸딩카메라는 7가지 카메라와 7가지 필름을 자유롭게 조합해 49개의 효과를 만들 수 있습니다. 기능이 많기 때문에 사용자가 적당히 조합을 해주면 멋진 사진이나 재미있는 사진을 간단하게 연출할 수 있습니다.

푸딩카메라는 사진 효과 말고도 다른 기능들도 제공합니다. 화면 전체가 셔터 역할을 해서 혼자 사진을 찍을 때 쉽게 찍을 수 있는 셀프 촬영 모드를 지원하고, 찍은 사진을 푸딩 파란의 웹 포토앨범으로 바로 전송하거나 이메일 또는 소셜 네트워크 서비스(SNS)로 쉽게 보낼 수 있는 기능도 제공합니다. 이밖에도 사진에 위치 정보도 넣을 수 있고 촬영할 때 노출도 조정할 수 있습니다.

Camera360 Free

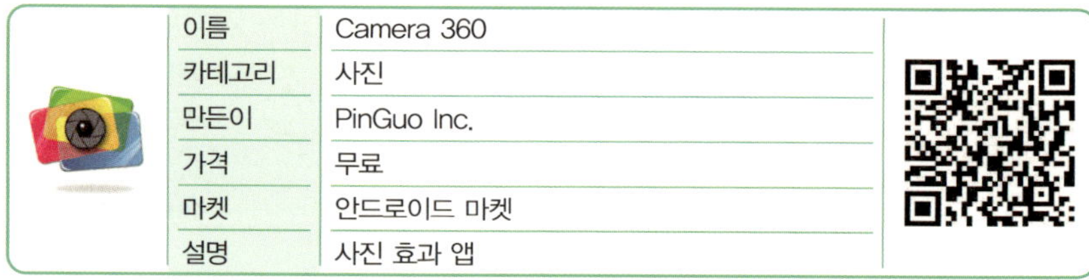

이름	Camera 360
카테고리	사진
만든이	PinGuo Inc.
가격	무료
마켓	안드로이드 마켓
설명	사진 효과 앱

전문가의 사진처럼 다양한 효과를 사진에 적용할 수 있는 앱입니다. 로모에서 흑백까지 카메라 기능을 다양하게 극대화시켜 활용할 수 있는 앱입니다.

앱을 구동하고 우측 하단의 스위치 버튼을 누르면 6가지 모드로 선택할 수 있습니다. 설정 아이콘을 통해서 모드를 설정할 수 있습니다. 촬영 후 화면을 터치하여 기본 촬영과 선택된 모드를 쉽게 비교할 수 있습니다.

● FxCamera

이름	FxCamera
카테고리	사진
만든이	ymst
가격	무료
마켓	안드로이드 마켓
설명	사진 효과 앱

FxCamera는 5가지의 특수효과를 가지고 있는 카메라 앱으로, 누구나 쉽게 재미있는 사진을 찍을 수 있습니다. 포함된 효과는 토이캠, 폴라로이드, 피시아이, 시메트리캠, 워홀입니다.

[토이캠]은 설정에서 색 필터와 비네팅 효과를 줄 수 있는 모드로, 멋있는 사진을 연출할 수 있습니다. [폴라로이드]에서는 사진을 즉석사진기로 찍은 느낌으로 만들어줍니다. 설정에서 효과를 변경할 수 있지만 기본 설정으로 촬영해도 무난합니다. [피시아이]는 어안렌즈 효과를 만들어줍니다. 재미있는 사진을 찍을 때 효과적이지만 화질이 많이 떨어지는 편입니다. [시메트리캠]은 사진이 대칭으로 나올 수 있게 해줍니다. 설정에서는 가로, 세로 대칭 변경이 가능합니다.

사진 합성 앱

실시간으로 사진을 촬영할 수 있는 앱도 있지만 촬영된 사진 이미지를 꾸밀 수 있는 앱들도 있습니다.

PhotoFunia

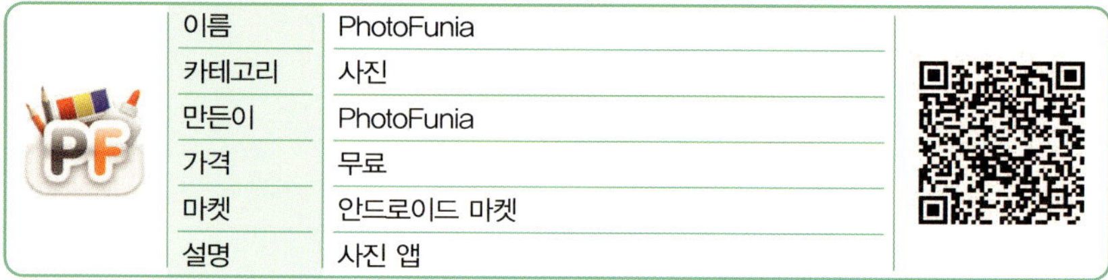

이름	PhotoFunia
카테고리	사진
만든이	PhotoFunia
가격	무료
마켓	안드로이드 마켓
설명	사진 앱

PhotoFunia는 사진을 합성해 멋진 분위기로 재탄생시켜주는 앱입니다. 간단한 인터페이스에 다양한 샘플 이미지와 자동 합성 등으로 재미있게 사진을 편집할 수 있는 앱입니다. 앱은 실행하면 샘플이미지 목록이 나타나는데 이때 목록에서 원하는 이미지를 선택하면 됩니다.

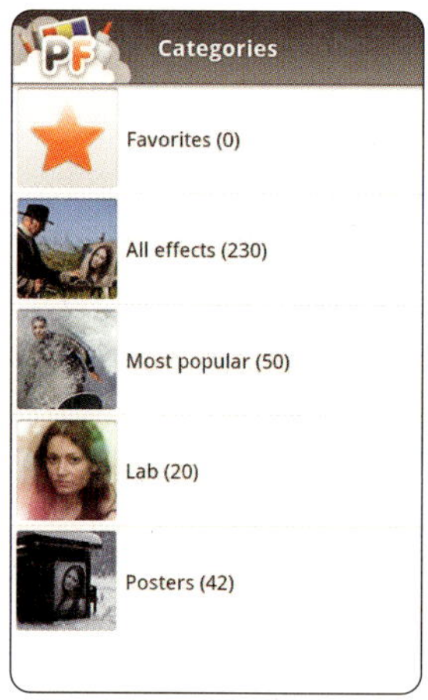

잡지 모델, 광고 모델, 스포츠 스타 등 이색적인 사진이 수두룩합니다. 마음에 드는 샘플 이미지를 선택한 다음 사진을 새로 찍거나 기존에 찍은 사진을 선택하기만 하면 끝입니다. 선택된 사진을 PhotoFunia 서버로 보내고 합성된 사진을 다시 받아오면 됩니다. 합성된 이미지는 사용자 선택에 따라 폰에 바로 저장하거나 이메일, 문자, 블루투스로 전송해도 됩니다.

Chapter 03.

센스만점, 라이프 스타일 앱 활용하기

학생들은 학생대로, 직장인은 직장인대로 매일 바쁜 하루를 보내고 있습니다. 이렇게 하루를 보내면서 불필요하게 허비하는 시간은 생각보다 많습니다. 출·퇴근 시간에 보내는 시간, 업무와 업무 중간에 남는 시간, 갑자기 생긴 여가 시간, 이동 시간 등이 계속해서 쌓이면 나중엔 큰 시간이 됩니다. 특히 일상적인 소소한 정보를 찾는 시간은 더욱더 아깝게 느껴집니다. 상황마다 신속하게, 센스있게 대처할 수 있는 라이프 스타일 앱의 종류를 살펴보겠습니다.

Theme 06

맛집/음식 배달/요리 앱

전단지는 평소에는 지저분하게 널려있다가도 꼭 주문하려고 하면 먹고 싶은 음식점의 전단지가 보이지 않습니다. 114에 전화해서 물어보기도 번거롭습니다. 이럴 때 유용한 것이 바로 맛집 검색 및 음식 배달 앱입니다. 음식을 시켜먹기 싫을 때에는 직접 만들어 먹을 수 있는 요리 앱도 소개해보겠습니다.

● 윙스푼 전국 맛집

이름	윙스푼 전국 맛집
카테고리	라이프스타일
만든이	NHN Corporation
가격	무료
마켓	안드로이드 마켓
설명	맛집 찾기 앱

윙스푼 편집진과 블로거 추천으로 선정된 4,800여 곳(계속 추가)의 전화번호, 휴무일, 인기 메뉴 등의 정보와 함께 윙스푼 사용자들이 남긴 평가, 사진, 리뷰를 제공하는 앱입니다.

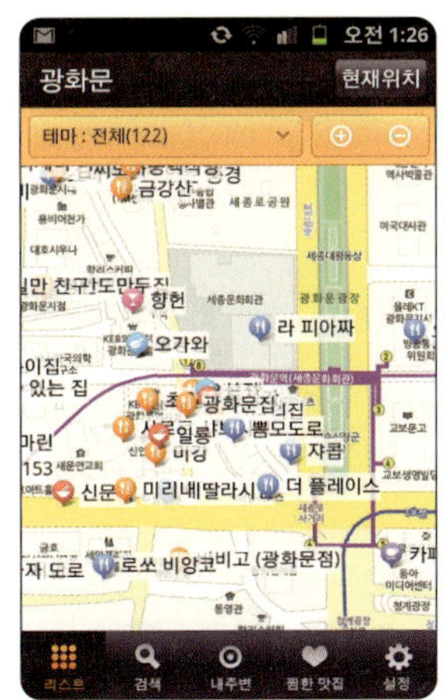

각 지역의 인기있는 맛집을 다양한 테마별로 찾아볼 수 있습니다. 손쉽게 맛집을 찾을 수 있도록 검색 기능 제공하며 현재 위치를 중심으로 주변 맛집을 확인할 수 있습니다. 찜한 맛집을 통해, 자주 찾는 맛집, 가볼 만한 맛집 등을 저장할 수 있고, 맛집의 평가와 사진을 실시간으로 등록할 수 있습니다.

● 배달통POP

이름	배달통POP
카테고리	라이프스타일
만든이	stonykids
가격	무료
마켓	안드로이드 마켓
설명	배달 음식점 검색 앱

배달통POP는 사용자의 위치 정보를 이용하여 주변의 배달 음식점을 검색하는 앱입니다.

메뉴별 검색, 주변 검색을 이용하여 손쉽게 배달 음식점 정보를 검색할 수 있습니다. 메뉴를 보기 위해서 하단의 [메뉴별 검색]을 터치해야 합니다. 메뉴는 치킨, 피자, 보쌈, 족발 등 배달을 통해 자주 먹는 음식으로 분류되어 있습니다. 분류에 나온 메뉴를 선택하면 [주변 검색]과 [배달톡]이 있습니다. [주변 검색]은 배달 음식점을 구분하지 않고 모두 보여주는 메뉴이고 [배달톡]은 사용자 커뮤니티입니다. 사용자가 이용한 음식점에 대한 평가를 주관적으로 할 수 있습니다. 여기는 사용자의 리얼한 음식점 후기를 볼 수 있습니다.

● 배달의민족

이름	배달의민족
카테고리	라이프스타일
만든이	Woowa Brothers
가격	무료
마켓	안드로이드 마켓
설명	배달 음식점 검색 앱

치킨, 피자, 족발, 야식 주문을 스마트하게 할 수 있습니다. 만사가 귀찮은 사람들을 위해 전단지를 몽땅 스마트 폰안에 담아둔 앱입니다. 배달의민족은 내 주변의 다양한 배달 음식집을 쉽게 찾아줍니다. 또한 다양한 프렌차이즈 업소도 쉽게 찾을 수 있습니다.

● 오마이셰프

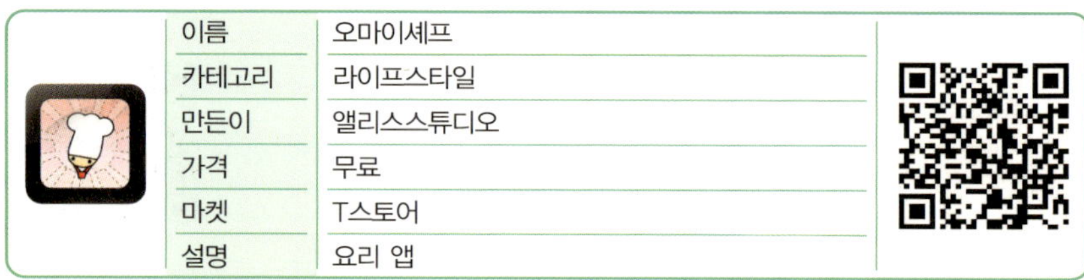

이름	오마이셰프
카테고리	라이프스타일
만든이	앨리스스튜디오
가격	무료
마켓	T스토어
설명	요리 앱

요리 레시피를 찾을 때 주로 인터넷 검색을 이용합니다. 그러나 PC가 없는 상황이거나 PC가 있는 장소와 주방이 너무 멀리 떨어져 있어 불편할 때는 갤럭시S2만 들고 주방으로 가면 됩니다. T스토어에서 내려받을 수 있으며 음식 레시피를 간편하게 찾아볼 수 있어 편리합니다.

오마이셰프는 크게 5개의 메뉴가 있습니다. 첫 번째 메뉴인 [레시피]는 종류와 상황별로 음식이 나뉘어 있어, 선택하기 쉽습니다. 두 번째 메뉴 [고르기]는 정해진 선택을 하는 단계별 검색입니다. 세 번째 메뉴인 [냉장고]는 냉장고의 잔 재료로 어떤 음식을 만들 수 있는지 알려주는 앱입니다. 냉장고 관리를 소홀히 하면 재료가 쌓이기 마련입니다. 이때 오마이셰프를 통해 잔 재료를 정리하면서도 맛있는 음식을 만들어 먹을 수 있습니다. 네 번째 메뉴는 [장바구니]입니다. 미리 만들 음식에 대한 재료를 정리해두면 장보러 갔을 때 편리합니다. 메모지에 적거나 하는 불편함을 줄여줍니다. 마지막으로 토크박스는 커뮤니티 공간입니다. 사용자끼리 웃긴 이야기나 공감되는 이야기를 나눌 수 있고, 사용기와 노하우 공유가 가능합니다

Theme 07

생활편의 앱

네이버의 지식in 서비스가 전국민의 관심과 사랑을 받게된 이유는, 사소하지만 궁금했던 점을 쉽게 물어보고 답변을 들을 수 있다는 점이 가장 큰 비중을 차지할 것입니다. 이제는 컴퓨터가 없어도 여러 가지 궁금증을 시원하게 해결할 수 있는, 생활편의 잔지식 앱을 소개해보겠습니다.

● TV맛집

이름	TV맛집
카테고리	라이프스타일
만든이	INCROSS
가격	무료
마켓	T스토어
설명	맛집 찾기 앱

TV에서 봤던 바로 그 맛집을 찾아주는 앱이 나왔습니다. 매일 TV에서 소개되는 몸에 좋고 맛도 좋은 다양한 먹거리들을 보고 군침을 삼키지만 막상 찾아가기가 쉽지 않았습니다. TV맛집은 TV에 소개되는 맛집에 대한 위치, 메뉴, 가격 등의 정보를 매일매일 업데이트해줍니다. TV맛집은 크게 [최신TV맛집], [지역별맛집], [내주변맛집]으로 구성돼 있습니다.

[최신TV맛집]은 말그대로 가장 최근에 방영된 맛집을 보여줍니다. 맛있는TV, VJ특공대, 공감특별한세상, 생생정보통 등 12개 TV프로그램에서 방영되는 맛집을 보여줍니다. [지역별 맛집]은 위치를 지정해서 주변 맛집을 전체적으로 찾을 수 있습니다. [내 주변 맛집]은 현재 위치를 기준으로 주변 맛집을 찾아줍니다. 메뉴를 통해서 맛집을 선택하면 맛집의 메뉴 정보와 지도 위치 등을 볼 수 있습니다. 그리고 평점을 주거나 관심 맛집으로 등록도 가능합니다.

● 생활백서-청소편

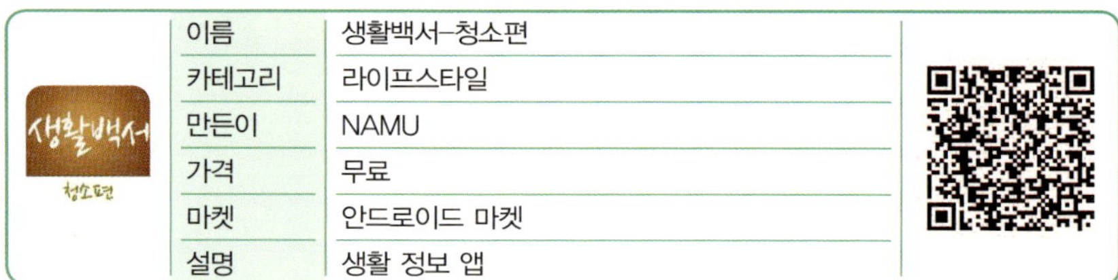

이름	생활백서-청소편
카테고리	라이프스타일
만든이	NAMU
가격	무료
마켓	안드로이드 마켓
설명	생활 정보 앱

독신남이나 독신녀 혹은 맞벌이로 바쁜 주부들을 위한 앱이 나왔습니다. 생활백서-청소편이 바로 그것입니다. 이 앱은 청소에 관한 팁을 100가지 정도로 정리해서 제공합니다. 주변에서 흔히 구할 수 있는 재료로 쉽게 집안 청소를 할 수 있는 팁을 제공하는 앱입니다. 책, 인터넷, 블로그에서 검색할 필요 없이 바로 청소 관련 팁을 볼 수 있어 청소 고민에서 벗어날 수 있습니다.

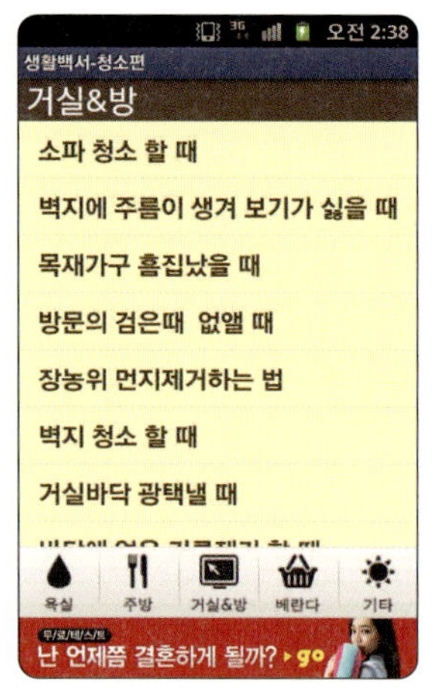

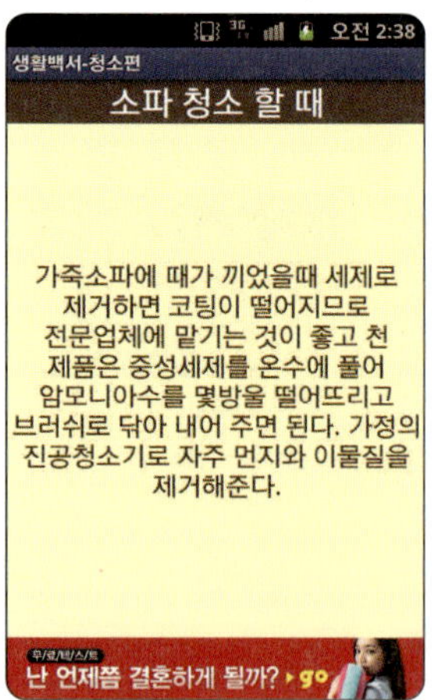

팁은 카테고리별로 나뉘어 있어서 찾기 쉽습니다. 빨리 검색하고 싶으면 화면 하단의

카테고리별 아이콘을 누르면 됩니다. 대부분의 팁들은 일상생활에서 쉽게 구할 수 있는 재료들이기 때문에 따라하기 쉽습니다.

● ScanSearch(스캔서치)

이름	ScanSearch(스캔서치)
카테고리	라이프스타일
만든이	Olaworks, Inc.
가격	무료
마켓	안드로이드 마켓
설명	이미지 검색 앱

스캔서치는 영상 인식 기반의 이미지 검색 앱입니다. 카메라로 거리를 비춰보면 주변 음식점들이 어디에 있는지 나타납니다. 왼쪽 메뉴에서 검색하고자 하는 것을 바꾸면 음식점(기본)이 아닌 은행, 병원, 약국, 커피전문점을 볼 수 있습니다. 도서, 음반, 영화 포스터를 찍으면 관련 정보를 표시해줍니다. 그러나 이미지 검색보다 증강현실 앱으로 더 많이 통합니다. 이유는 주변 건물의 정보까지 제공하기 때문입니다. 스캔서치를 구동하면 주변 반경 1km 범위 내의 주변 정보를 보여줍니다. 왼쪽의 숨겨진 메뉴를 이용해서 주변 정보의 카테고리를 변경할 수 있습니다. 카테고리는 음식점, 은행, 편의점, 커피숍 등이 있습니다. 오른쪽 메뉴에서는 이미지 검색을 할 수 있습니다. 도서, 음반, 영화포스터로 나뉘어 있으니 원하는 검색에 맞춰 사용하면 됩니다. 검색 결과에서는 꽤 다양한 정보를 보여줍니다. 가까운 판매점부터 온라인 최저가, 사용후기까지 모두 보여줍니다. 마지막으로 하늘을 비추면 날씨 정보까지 나옵니다. 날씨를 확인하고 싶다면 바로 스캔서치를 실행하고 하늘을 비춰보면 됩니다.

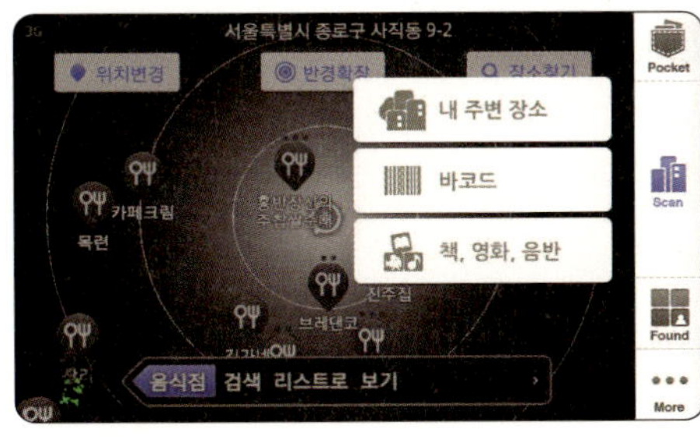

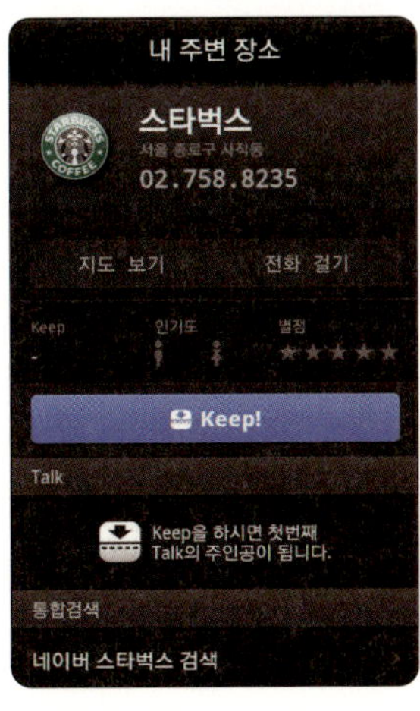

EggMon

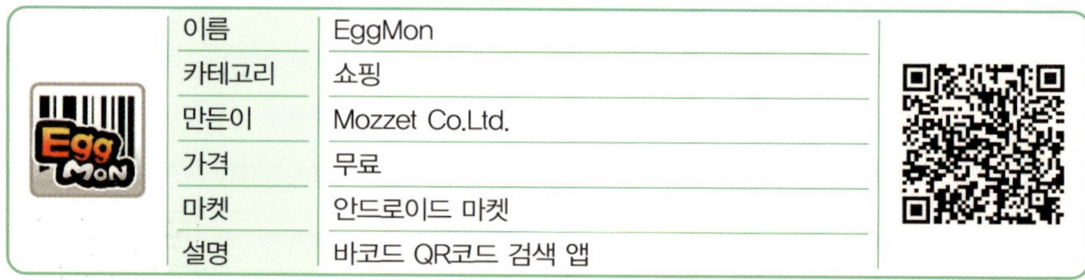

이름	EggMon
카테고리	쇼핑
만든이	Mozzet Co.Ltd.
가격	무료
마켓	안드로이드 마켓
설명	바코드 QR코드 검색 앱

에그몬은 바코드 검색, QR 코드 검색 기능을 갖추고 있습니다. 바코드를 검색하면 상품마다 있는 제품번호를 인식해서 상품의 정보와 최저가 등을 확인할 수 있습니다.

에그몬은 기타 다른 편의 기능이 많이 부족한 편입니다. 또한 상품 정보 페이지를 PC버전의 페이지로 열기 때문에 다른 앱에 비해서 느립니다.

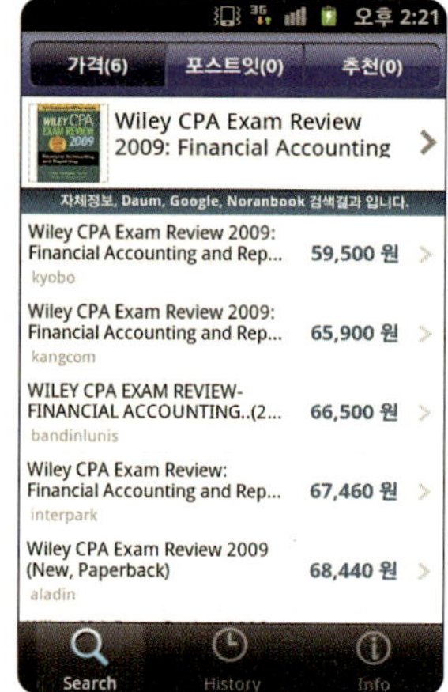

● 날씨와 위젯(케이웨더)

이름	날씨와 위젯(케이웨더)	
카테고리	날씨	
만든이	kweather	
가격	무료	
마켓	안드로이드 마켓	
설명	민간 날씨 예보 앱	

기상청 날씨는 국지적 날씨를 정확히 확인하는 데 어려울 수밖에 없습니다. 날씨와 위젯(케이웨더)은 기상청 예보가 아닌 자체 예보센터에 의해 예보를 생산하는 국내 최초의 민간 예보 날씨 앱입니다.

Chapter 04.

건강&피트니스 앱으로 건강한 생활 지키기

일요일이나 공휴일에는 문 연 약국을 찾기가 쉽지 않습니다. 더더욱 가족 중 누군가가 갑자기 아플 때에는 주변에 응급실이 있는 병원이 어디에 있었는지 잘 생각나지 않습니다. 이렇게 급한 순간에 건강 카테고리의 앱을 이용하면 급한 시간을 단축할 수 있습니다.

한걸음 나아가 자신의 건강을 체크하거나 운동량을 체크하는 등 건강한 생활을 위한 앱들도 다양합니다. 지금부터 건강과 피트니스 관련된 앱들을 살펴보겠습니다.

Theme 08

병원/약국/응급처치 앱

옛말에 급할수록 돌아가라는 말이 있습니다. 급한 상황이라고 당황하지 말고 여유롭게 대처할 필요가 있습니다. 상황에 맞는 빠른 정보를 찾기 위해 헤매지 말고 이제는 갤럭시S2을 활용하는 것이 빠른 대처법이 될 것입니다. 아프거나 위급한 상황에 빠졌을 때 쓸 만한 앱들이 뭐가 있을지 살펴보겠습니다.

● 우리동네병원

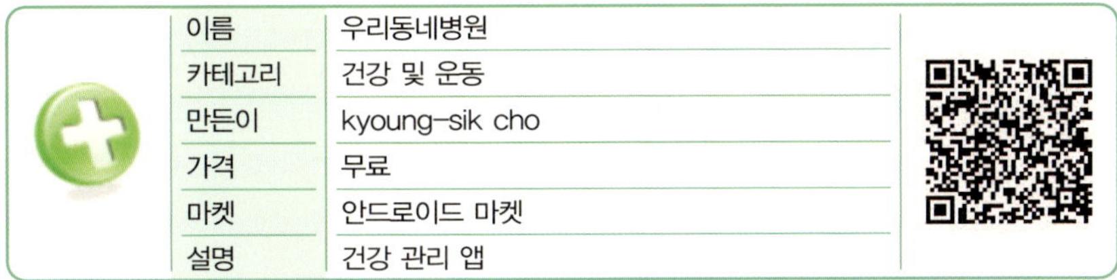

이름	우리동네병원
카테고리	건강 및 운동
만든이	kyoung-sik cho
가격	무료
마켓	안드로이드 마켓
설명	건강 관리 앱

낯선 장소나 병원을 급하게 찾아야 할 때 이용하면 좋은 앱입니다. 검색 조건을 맞춘 후 검색을 하면 해당 병원이 목록 형태로 나타납니다. 병원을 선택하면 바로 전화를 걸거나 병원의 위치를 지도상에서 확인할 수 있습니다.

생활 밀착형 앱으로 설치해 두었다가 급할 때 이용하면 유용합니다.

● 응급상황 대처방법

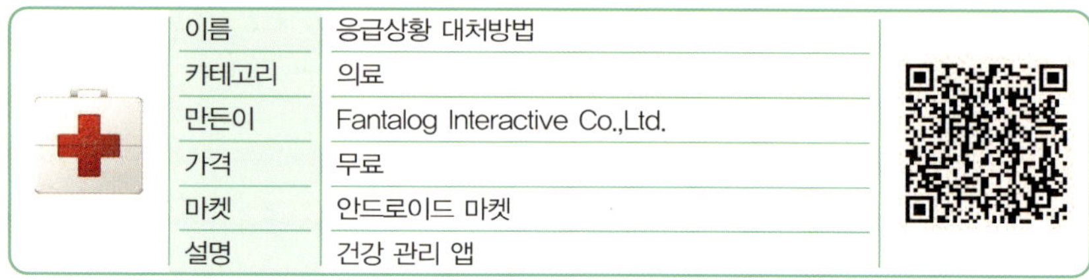

이름	응급상황 대처방법
카테고리	의료
만든이	Fantalog Interactive Co.,Ltd.
가격	무료
마켓	안드로이드 마켓
설명	건강 관리 앱

다양한 응급 상황에서의 응급처치(First Aid) 방법, CPR(심폐소생술), AED 사용법과 쉽게 CPR을 익힐 수 있는 CPR송을 제공합니다.

응급처치 방법이나 심폐소생술 방법은 이미지와 함께 설명이 되어 있어 따라하기가 쉽습니다. CPR송은 악보도 함께 나와있으니 노래하는 기분으로 익혀두면 더 빨리 익힐 수 있습니다.

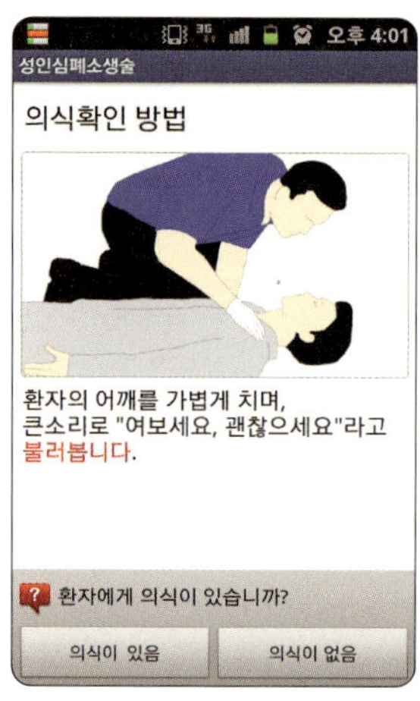

● 응급의료(1339) 정보제공

이름	응급의료(1339) 정보제공
카테고리	건강 및 운동
만든이	보건복지부
가격	무료
마켓	안드로이드 마켓
설명	응급 의료 지원 앱

응급의료 1339는 보건복지부에서 만든 앱으로, 응급 상황이 발생했을 때 이용하는 앱입니다.

응급상황에 대한 다양한 메뉴를 제공하고 있습니다. [병원 검색] 탭에서 긴급의료정보센터로 바로 연결, 내 주변 응급실 찾기, 병원 찾기 등 급한 상황에 필요한 정보를 제공합니다. [주변 검색]은 단순히 찾기에서 끝나는 것이 아니고 찾아준 병원 주소 및 응급실 번호까지 제공합니다. 게다가 지도에 위치도 표시를 해줘 병원 위치를 빠르게 파악할 수 있습니다. [응급의료 서비스] 탭에서는 심폐소생술 요령, 자동 심장 충격기 사용법, 증상별 응급처치 방법, 독극물 정보가 제공됩니다. 끝으로 [개인정보] 탭이 있습니다. 이곳에 사용자의 이름을 비롯해서 다양한 정보를 저장할 수가 있는데 이는 응급상황에서 피해자에 대한 정보를 빠르게 확인하기 위함입니다

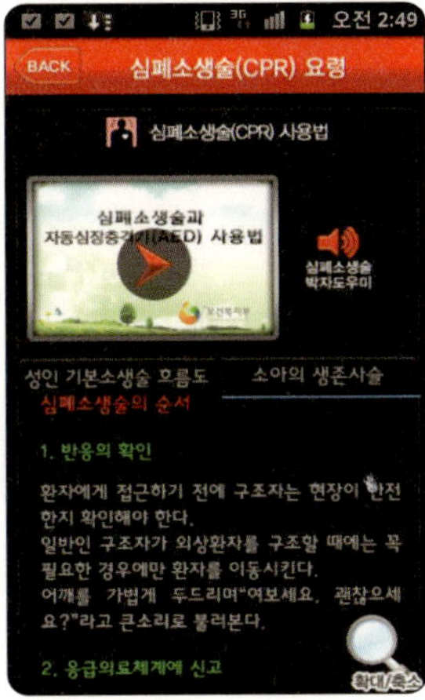

● 의학백과 마이닥터

이름	의학백과 마이닥터
카테고리	의료
만든이	infoneez
가격	무료
마켓	안드로이드 마켓
설명	건강 관리 앱

의학백과 마이닥터는 다양한 질병을 색인별, 진료과별로 검색하여 질병의 정의, 증상, 치료법 등을 상세하게 주기적으로 업데이트하여 제공합니다. 또한, [응급처치]와 [안전365] 메뉴에서는 갑자기 발생할 수 있는 응급상황 대처법과 생활안전, 자연재해, 사회재난, 인적재난의 발생 원인 및 대처 요령을 제공합니다.

신설된 전문가 상담을 통한 의료 상담 서비스를 받을 수 있으며 주기적으로 진행되는 이벤트에서 무료 선물 증정, 건강용품 공동구매, 시술 비용 지원 등 다양한 혜택을 받을 수 있습니다.

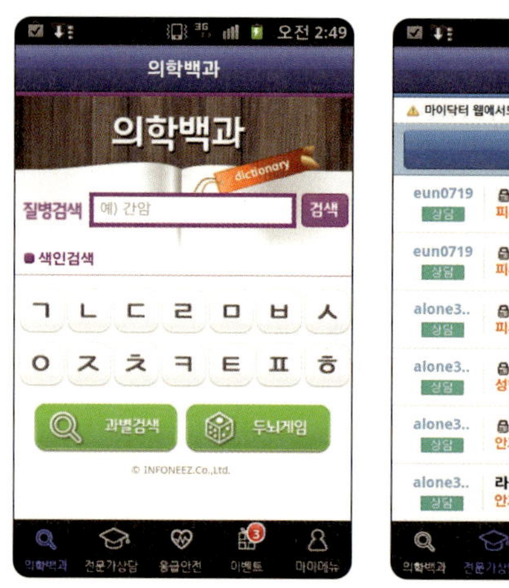

의학백과 마이닥터 앱은 의학백과와 자가진단 앱의 모든 기능을 포함하고 있으며 하나의 회원계정으로 3개의 앱과 웹, 모바일에서 공통으로 사용 가능합니다.

● 열린약국찾기

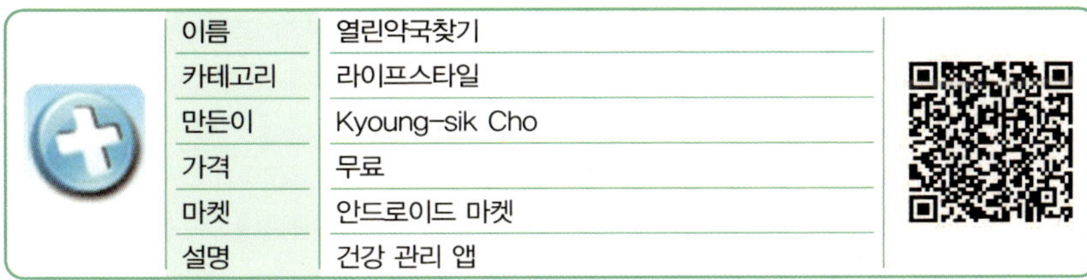

이름	열린약국찾기
카테고리	라이프스타일
만든이	Kyoung-sik Cho
가격	무료
마켓	안드로이드 마켓
설명	건강 관리 앱

열린약국찾기는 이름 그대로 열린 약국을 찾아줍니다. 주말에 급하게 약이 필요한데, 열린 약국을 찾을 수 없을 때의 조급한 마음은 겪어보지 못한 사람은 모를 것입니다. 또는 처음 가보는 지역에서 급하게 약국을 찾아야 할 때도 있습니다. 이런 경우 열린약국찾기는 아주 고마운 앱이 됩니다.

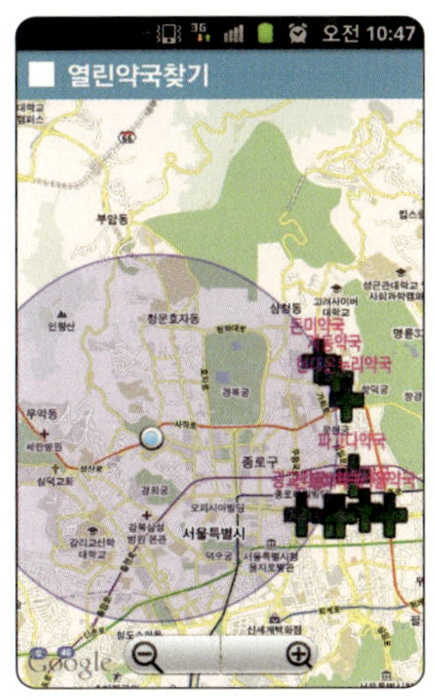

핵심 메뉴인 [현재위치로 찾기]는 지금 있는 단말기 위치를 기준으로 가까운 약국을 표시해 줍니다. 검색된 약국은 목록 형태로 확인할 수 있고, 약국을 선택하면 전화걸기, 지도에서 보기, 약국 정보를 문자로 보낼 수 있는 추가 메뉴를 볼 수 있습니다.

주소로 찾기도 제공하고 있어 현재 위치를 빨리 못 찾는다면 직접 주소를 입력해주면 됩니다. 주소는 동까지만 입력하면 됩니다.

09 Theme 피트니스 앱

여러 운동 중 달리기와 걷기는 별다른 비용 들이지 않고 간편하게 할 수 있어 많은 이들이 즐기는 운동입니다. 그렇다고 무작정 뛰거나 걷는 것보다는 갤럭시S2을 활용해 체계적으로 운동을 해보겠습니다.

● ASICS SMART TRAINER

	이름	ASICS SMART TRAINER
	카테고리	건강 및 운동
	만든이	(주)아식스스포츠
	가격	무료
	마켓	안드로이드 마켓
	설명	건강 관리 앱

ASICS SMART TRAINER는 효과적인 운동을 통해 내 몸매나 체중을 쉽게 관리할 수 있도록 도와주는 앱입니다.

운동을 시작하면 속도, 걸음 수, 칼로리 소모 등의 정보를 보여줍니다. 또한, 사용자의 운동 경로를 기록하고 이 기록을 가지고 지도에 표시해 이동 경로를 쉽게 볼 수 있

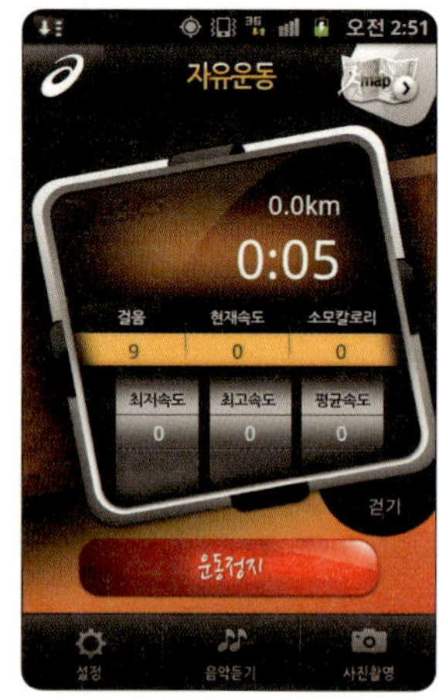

습니다. 설정에서는 자신의 신체 정보를 입력하고 운동 유형을 변경할 수 있습니다. 달리기, 걷기 말고도 자전거 타기, 승마, 스키 등 다양한 운동 유형을 제공합니다.

● 하루운동관리

이름	하루운동관리
카테고리	건강&피트니스
만든이	위자드웍스
가격	500원
마켓	T스토어
설명	건강 관리 앱

바쁜 일상생활 속에 불어나는 몸을 하루운동관리를 통해 관리해보겠습니다.

하루운동관리는 자신의 키와 나이 등 신체 정보를 등록하면 알아서 비만도를 계산하고 거기에 맞는 오늘의 운동을 제시해줍니다. 오늘의 운동은 종류가 여러 가지이며 운동 방법도 알려줘서 따라하기 쉽습니다.

운동을 완료하면 자동으로 종목, 운동량, 시간을 기록하게 됩니다. 따라서 사용자는 자신이 어떤 운동을 했는지 알 수 있고 관리가 쉬워집니다. 체중 관리 그래프를 통해서 자신의 몸무게와 비만도 변화를 한눈에 파악할 수 있습니다.

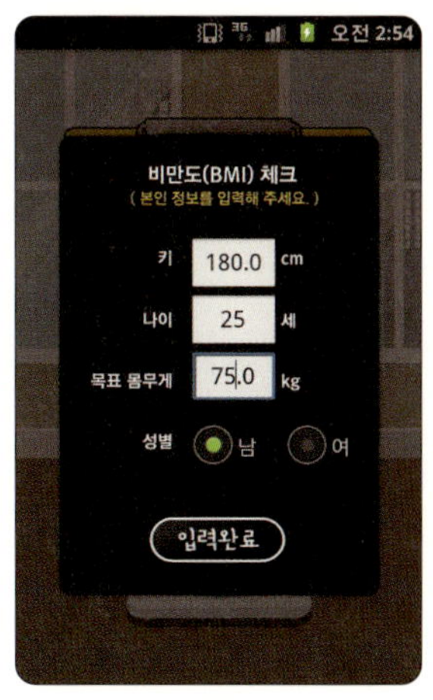

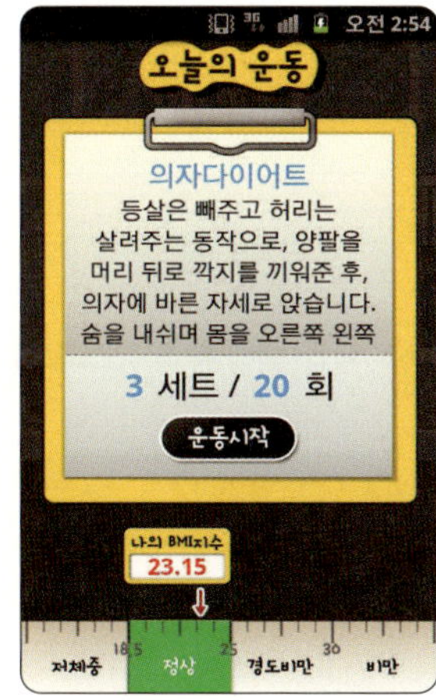

Chapter 05.

길치라도 괜찮아, 교통&지도 앱으로 길 찾기

갤럭시S2의 GPS를 활용하면 실시간 교통상황을 보면서 가장 빠른 길로 갈 수 있어 막히는 길에서도 걱정이 없습니다. 또 지하철이나 버스의 노선, 현재 위치, 도착 시간 등을 친절하게 알려주는 앱들의 종류도 매우 다양합니다. 이동 시간을 효율적으로 사용할 수 있는 생활 밀착형 앱들을 모아보았습니다.

Theme 10

교통 앱

스마트폰을 사용하면서 전화 기능만 사용하는 사람은 없을 것입니다. 생활의 편의를 증대시키는 데 가장 큰 영향을 미치는 필수 앱 가운데 하나가 바로 대중교통과 관련된 앱입니다. 5~10분 정도의 시간을 절약하는 것은 물론, 도착 시간 등을 예상할 수 있어 여유를 가지고 이동할 수 있습니다. 이미 많은 스마트폰 사용자들이 사용하고 있겠지만 가장 대표적인 버스와 지하철 관련 앱을 짚어보겠습니다.

● 전국버스

이름	전국버스
카테고리	교통
만든이	Hyeongkyu Lee
가격	무료
마켓	안드로이드 마켓
설명	버스 노선 정보 조회 앱

마켓에서 '버스'라고 검색하면 관련된 앱들이 많이 나오는데, 자신이 속한 지역에 맞게 선택하여 사용하면 됩니다. 전국버스는 가장 많은 지역을 지원하는 안드로이드용 버스 정보 앱입니다. 버스 앱을 이용하면 아침에 정류장에서 무턱대고 기다리지 않아도 됩니다. 그리고 가끔 버스가 지체되어 연속해서 오는 경우가 있는데, 이런 경우 앞

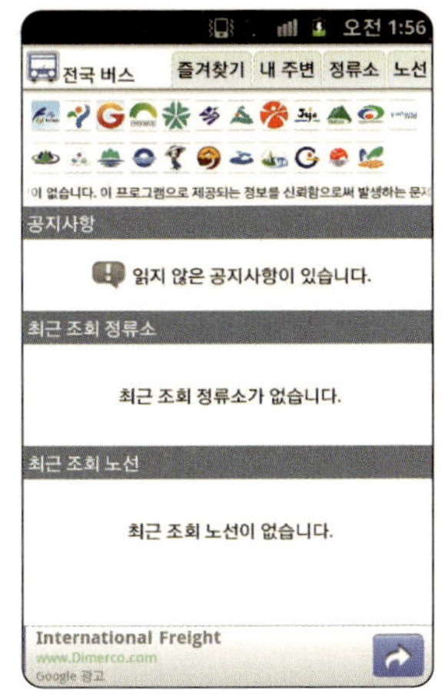

차에 많은 사람이 몰리지만 앱을 이용하는 사람이라면 느긋하게 다음 버스를 탈 수 있습니다.

버스 노선 정보 조회, 정류소 정보 조회, 내 주변 조회, 정류소 지도, 실시간 버스 도착 정보를 조회할 수 있습니다.

● 서울버스(Seoul Bus)

이름	서울버스(Seoul Bus)
카테고리	교통
만든이	YoungHoon Park
가격	무료
마켓	안드로이드 마켓
설명	버스 정보 조회 앱

출근길에 나서기 전에 집에서 미리 버스 도착 시간을 확인할 수 있습니다. 그러면 목을 길게 빼고 저 멀리 달려오는 버스 번호를 오랫동안 확인하지 않아도 됩니다. 버스를 기다리는 지루함을 날려버릴 수 있는 앱이 바로 서울버스입니다. 서울, 경기, 인천 등 수도권 버스 정보 앱입니다.

서울버스는 버스 도착 시간 외에도 여러 가지 기능을 제공합니다. 모르는 지역에서도 주변 버스 정류장을 지도에 표시해주기 때문에 정류장을 쉽게 찾을 수 있습니다. 버스 번호를 검색하면 노선표도 파악할 수 있습니다. 노선표를 통해 특정 정류소의 번

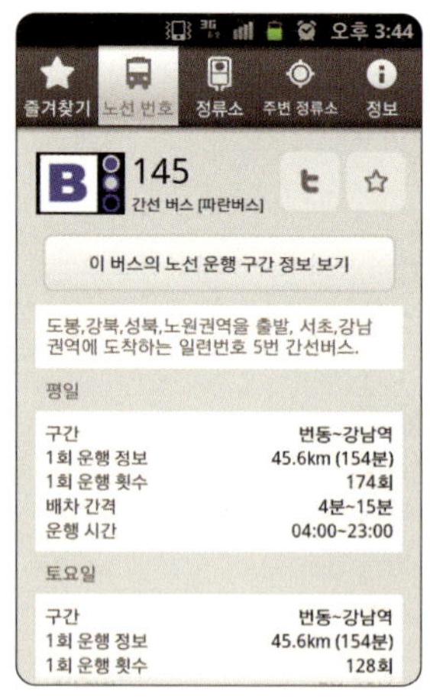

호도 알 수 있습니다. 자주 이용하는 정류소는 즐겨찾기에 등록해두면 빠르고 쉽게 찾아볼 수 있습니다. 실시간 도착, 경로 정보, 버스 위치, 근처 정류장 등의 정보를 확인할 수 있습니다.

● 지하철 내비게이션

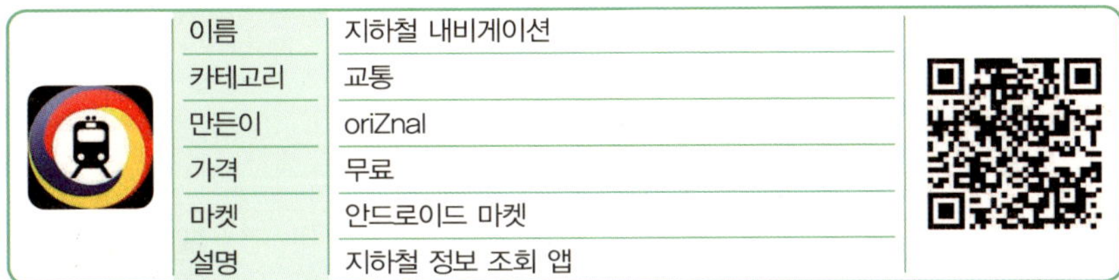

이름	지하철 내비게이션
카테고리	교통
만든이	oriZnal
가격	무료
마켓	안드로이드 마켓
설명	지하철 정보 조회 앱

버스와 마찬가지로 마켓에서 '지하철'로 검색하면 관련 앱들을 많이 찾아볼 수 있습니다. 지하철 도착 정보는 물론 환승 정보도 제공합니다. 특히 갈아타는 역의 지하철 도착 정보를 이용해서 다양한 환승 정보를 제공하는 점이 편리합니다. 사용자는 그때그때 최적의 경로로 지하철을 이용할 수 있습니다. 지하철 내비게이션은 지하철 정보만 담고 있는 심플한 앱입니다.

사용법도 간단합니다. 이동 정보를 확인하려면 출발역을 선택하고 [출발역으로 지정]을 선택합니다. 도착역을 선택하고 도착지를 설정하면 됩니다. 현재 시간을 기준으로 최단 시간의 경로를 보여줍니다. 결과 화면에서 최단 경로 대신 최소 환승으로 바꿀 수 있고 평일, 주말 등의 설정도 가능합니다. 지하철 내비게이션의 특징은 지하철 운

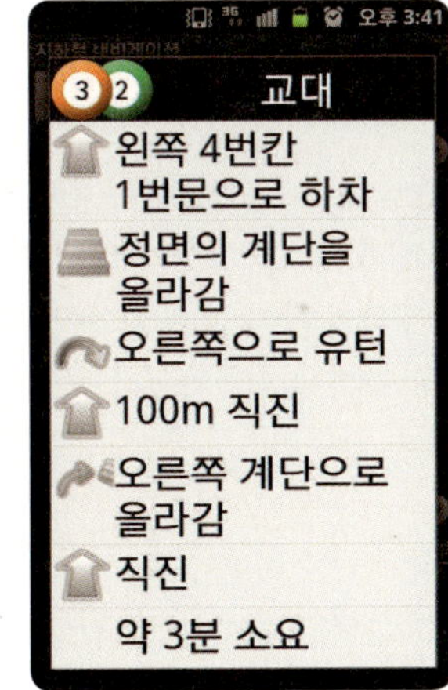

행 시간을 보고 최단 시간을 알려주는 점입니다. 단순하게 최단 경로로 안내를 했던 기존 지하철 앱과 차별화되는 점입니다. 따라서 출발 시간이 변경되면 안내되는 정보도 달라집니다.

지하철 경로 안내 외에도 역 정보도 제공하고 있어 막차나 첫차의 시간을 알아볼 수 있습니다. 지하철 노선표는 서울뿐 아니라 전국의 모든 지하철 정보를 제공합니다.

● 지하철 종결자 : Smarter Subway

이름	지하철 종결자 : Smarter Subway
카테고리	교통
만든이	TeamDoppelGanger
가격	무료
마켓	안드로이드 마켓
설명	지하철 정보 앱

안드로이용 무료 지하철 앱입니다. 앞서 소개한 지하철 내비게이션에 비해 더 많은 정보를 담고 있는 것이 특징입니다. 지하철 이동 정보는 물론 역 주변 정보, 내 주변 역 검색 등 다양한 기능을 제공합니다.

역 이동 검색은 앞서 소개한 지하철 앱과 다를 바 없습니다. 출발지와 도착지를 노선표에서 찾아서 설정하면 됩니다. [이동 경로]는 이미지와 시간을 표로 보여줘서 이해가 쉽습니다. 아래쪽의 메뉴를 통해서 최소 환승이나 최단 거리로 바꿔서 확인할 수 있습니다. [검색]에서는 말 그대로 최근에 검색을 했던 기록을 보여줍니다. 다시 한 번 정보를 확인할 때는 빠르게 확인이 가능합니다. 역 검색이나 빠른 검색은 일반 검색과 크게 다른 점은 없습니다. 이 밖에 주변 역 검색을 하면 내 위치의 가까운 역을 표시해주고 거리도 표시해줍니다. [내 위치]를 터치하면 구글 지도를 통해서 내 위치를 표시해줍니다. 지하철 노선표에서 역을 선택하면 역 시간표와 주변 지도를 볼 수 있습니다. 시간표를 통해서 첫차와 막차 시간 확인이 가능합니다. [주변 지도]를 누르면 역 주변을 볼 수 있습니다. 설정에서는 서울이 아닌 다른 광역시를 선택할 수 있습니다.

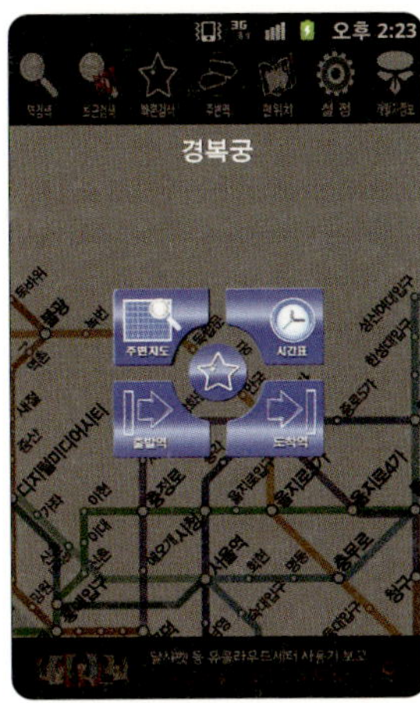
오후 2:23
경복궁
주변지도
시간표
출발역
도착역

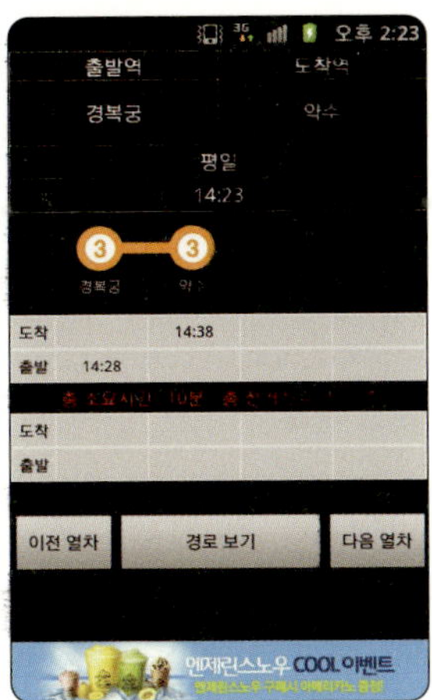
오후 2:23
출발역
도착역
경복궁
약수
평일
14:23
도착
14:38
출발
14:28
도착
출발
이전 열차
경로 보기
다음 열차

Theme 1 1

내비게이션 앱

지도를 사용하는 이유는 길을 찾기 위함입니다. 주변에 뭐가 있는지, 내가 가려고 하는 곳이 어디인지 지도를 보면 쉽게 알 수 있습니다. 이런 점 때문에 지도에서 가장 중요한 것은 길 찾기라고 생각이 됩니다. 국내 갤럭시S2에서 많은 사용이 되고 있는 내비게이션 앱은 네이버, 다음, 구글 지도 이렇게 3종으로 압축이 됩니다. 구글 지도의 경우엔 기본 맵으로 들어가 있고 다음, 네이버 지도는 사용자가 마켓에서 직접 내려 받아야 합니다.

● 다음 지도, 버스

이름	다음 지도, 버스
카테고리	여행 및 지역정보
만든이	Daum Communications
가격	무료
마켓	안드로이드 마켓
설명	지도 앱

위성 사진은 다음 지도, 버스가 가장 보기에 좋습니다. 지도가 꽤나 선명한 모습입니다. 로드뷰를 제공하므로 실제 길을 보고 싶다면 우측 상단의 캠 모양의 아이콘을 터치해서 원하는 지역에 끌어나 놓으면 됩니다. PC와 동일하게 제공하기 때문에 로드뷰를 이용하는 데 특별한 제한 없이 이용이 가능합니다.

● 네이버 지도/교통

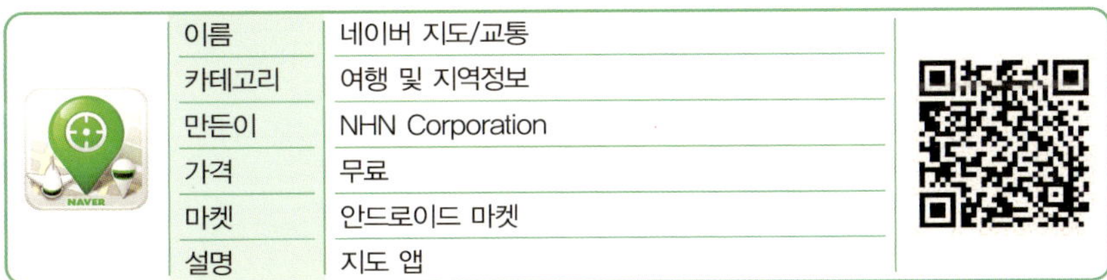

이름	네이버 지도/교통
카테고리	여행 및 지역정보
만든이	NHN Corporation
가격	무료
마켓	안드로이드 마켓
설명	지도 앱

네이버 지도/교통에서는 지도 저장 기능이 있습니다. 이는 온라인이 되지 않는 곳에 가기 전에 미리 지도를 다운로드 받는 기능입니다. 방문할 지역의 지도를 미리 받아 놓음으로써 해당 지역에서 Wi-Fi나 3G의 연결 없이 지도를 볼 수 있습니다. 이밖에도 자전거 도로 지도와 대중교통 검색 기능을 제공합니다.

Chapter 06.

알뜰하게 여행가고, 신나게 여가 시간 보내기

갤럭시S2 활용은 아주 다양합니다. 처음엔 사용하기가 낯설지만 사용하면 할수록 빠져드는 매력이 있습니다. 주변의 스마트폰 사용자들을 보면 생각지도 못한 분야에서 활용하는 것을 볼 수 있습니다. 그만큼 다양한 기능을 가지고 있는 것입니다. 이번엔 여행과 여가 시간을 테마로 하여 갤럭시S2의 활용 방법을 살펴보겠습니다.

Theme 12

여행 앱

일단 국내 여행에 필요한 앱들을 살펴보겠습니다. 기차 여행에 필요한 앱, 여행지 정보부터 숙박 예매까지 가능한 다채로운 기능을 가진 앱들 많습니다. 자신의 여행 테마에 맞는 앱을 다운로드 받아 갤럭시S2만 들고 가뿐하게 여행을 떠나보세요.

● 전국 기차 여행 GUIDE

이름	전국 기차 여행 GUIDE
카테고리	여행/지도/교통
만든이	bourjeoi
가격	700원
마켓	T스토어
설명	여행지 및 기차 시간 정보 앱

전국을 기차로 여행하고 싶다면 전국 기차 여행 GUIDE를 추천합니다. 기차 여행은 묘하게 낭만적인 매력을 가지고 있습니다. 그래서 기차 여행을 하려는 사람들이 많은 것 같습니다. 하지만 여행지에 따른 역의 정보와 기차 시간을 살펴보고, 예약을 하는 과정은 생각보다 번거롭습니다. 이런 고민은 전국 기차 여행 GUIDE 하나로 해결할 수 있습니다.

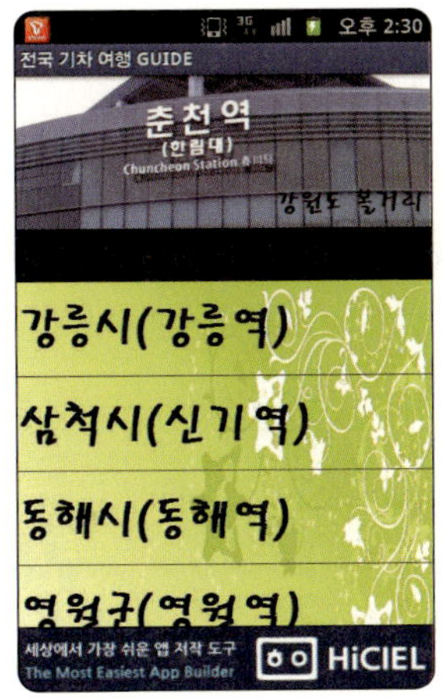

메뉴는 3가지로 구성되어 있습니다. [about apps]에서는 앱에 대한 간단한 설명이 포함되어 있으니 읽어보면 도움이 됩니다. 지역별 볼거리를 통해서 전국의 볼거리를 명료하면서도 임팩트 있게 설명하고 있습니다. 전국을 수도권, 강원도, 충청도 등 지역별로 구분해두어 원하는 지역의 특색을 확인해보면 됩니다. 당연한 이야기지만 여행지로 가는 방법도 소개되어 있습니다. 마지막으로 [기차 시간 확인 조회] 메뉴가 있습니다. 여행지를 정했으니 이제 기차 시간을 알아둘 필요가 있습니다. 이 메뉴를 통해 해결이 가능합니다. 기차 여행으로 전국 구석구석을 다닐 사람들에게 추천하는 앱입니다.

● 대한민국 구석구석

이름	대한민국 구석구석
카테고리	여행 및 지역정보
만든이	KTO
가격	무료
마켓	안드로이드 마켓
설명	추천 여행지 안내 앱

대한민국 구석구석 모바일 앱은 한국관광공사에서 제공하는 모바일 관광 정보 서비스입니다. 지난 10여년 동안 여러 명의 여행 전문가가 전국을 돌아다니면서 관광 자원과 약 3만 건에 이르는 주옥 같은 여행 정보를 앱을 통해서 만나볼 수 있습니다.

홈(메인 화면)에서는 국내 최대 규모인 약 3만 개의 관광지 정보를 찾아볼 수 있습니다. 추천과 카테고리별로 볼 수 있고 직접 지역을 지정해서 볼 수 있습니다. 게다가

검색 기능이 있어 직접 찾기 복잡하면 검색을 통해서 바로 찾아볼 수 있습니다. 여행지를 선택하면 사진과 함께 설명을 보여주어 숨겨진 명소도 놓치지 않고 관광할 수 있게 해줍니다. 둘러본 명소는 즐겨찾기 기능인 보관함에 추가해서 다음에 쉽게 다시 볼 수 있습니다. 설정에서 트위터 계정 연동을 해둔다면 여행 정보를 트위터로 쉽게 친구들과 공유할 수 있습니다. 여행 정보뿐 아니라 내 위치를 기준으로 관광지, 음식, 숙박, 교통, 쇼핑, 축제, 레포츠, 관광 안내소 정보를 모두 제공합니다.

● 글로리 코레일

이름	글로리 코레일
카테고리	여행 및 지역정보
만든이	KORAIL
가격	무료
마켓	안드로이드 마켓
설명	기차 예매 및 정보 조회 앱

글로리 코레일을 이용하면 기차 시간 조회를 비롯해 예약, 결제 그리고 발권과 반환 등 다양한 기차 관련 서비스를 갤럭시S2에서 직접 할 수 있습니다. 홈페이지의 예매 서비스와 동일하게 할인 상품, 영화 객실, 좌석 선택 예매 서비스도 제공합니다. 이용 내역을 확인하거나 [나의 정보], [가까운 역찾기]와 같은 서비스도 이용 가능합니다. [나의 정보]에선 이용 내역 조회는 물론 자주 이용하는 신용카드, 할인증 등을 미리 등록해둘 수 있습니다. [가까운 역 찾기]는 위성항법장치(GPS)와 증강현실을 이용해 주변의 역을 찾아줍니다.

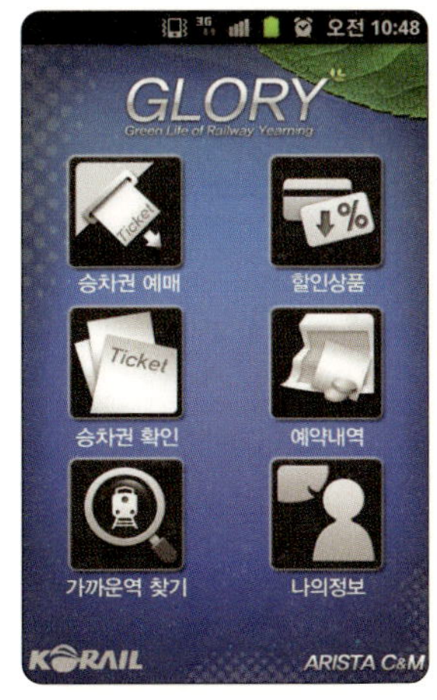

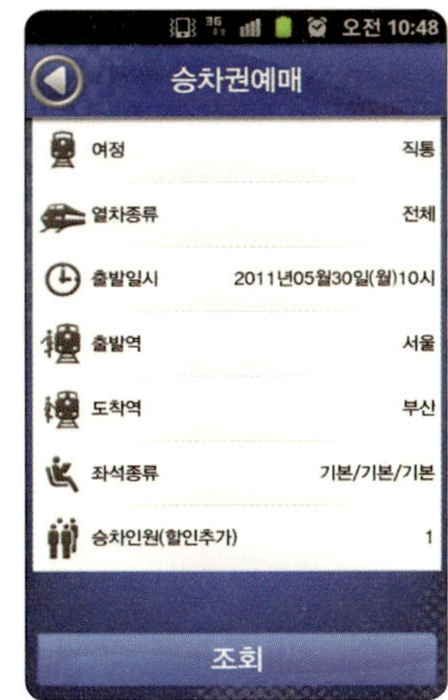

● 국내여행총정리

이름	국내여행총정리	
카테고리	여행 및 지역정보	
만든이	와우플랜	
가격	무료	
마켓	안드로이드 마켓	
설명	여행 정보 제공 앱	

국내여행 총정리는 앱 이름 그대로 국내여행 정보를 제공하는 앱입니다. 앞에서 소개된 대한민국 구석구석과 닮았으면서도 조금은 다른 앱입니다. 여행지에 대한 정보는 기본입니다. 그리고 숙박, 맛집 등의 정보까지 제공합니다. 여기까지도 다른 여행 정보앱과 비슷합니다. 하지만 추가 서비스를 제공합니다. 커뮤니티, 축제, 땡처리 숙박에 관한 메뉴를 제공합니다. 국내 여행지에 대한 다양한 정보와 내 주변 맛집, 숙박에 관한 정보를 제공하는데, 여행지는 지역별, 테마별로 구분을 해두었고 맛집과 숙박은 지역별, 분위기별로 구분을 해두었습니다. 따라서 여행지와 숙박, 맛집 장소를 사용자가 원하는 곳으로 쉽게 검색해 볼 수 있습니다.

그리고 커뮤니티가 있기에 단순히 정보를 주는 앱에서 사용자와 소통할 수 있는 공간을 마련했습니다.

1 Theme 3

영화/노래방 앱

스마트폰으로도 물론 영화를 볼 수 있지만, 역시 대형 스크린에서 보고싶은 영화들이 있습니다. 이럴 때 갤럭시S2로 예매해서 영화관으로 갈 수 있습니다. 또한 남는 시간을 즐겁게 보낼 수 있는 영화 추천 앱이나 노래방 검색 앱에 대해서도 살펴봅니다.

● CGV영화예매

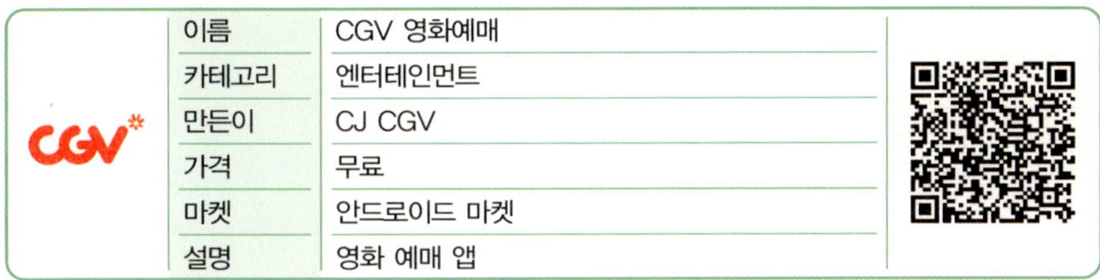

이름	CGV 영화예매
카테고리	엔터테인먼트
만든이	CJ CGV
가격	무료
마켓	안드로이드 마켓
설명	영화 예매 앱

언제 어디서나 CGV 영화를 예매할 수 있는 앱입니다.

영화별, 극장별, 일자별로 영화 예매가 가능합니다. 회원, 비회원 모두 사용이 가능하고 예고편 동영상 서비스도 가능하지만 3G로 이용 시 과다한 데이터 요금이 발생할 수 있습니다.

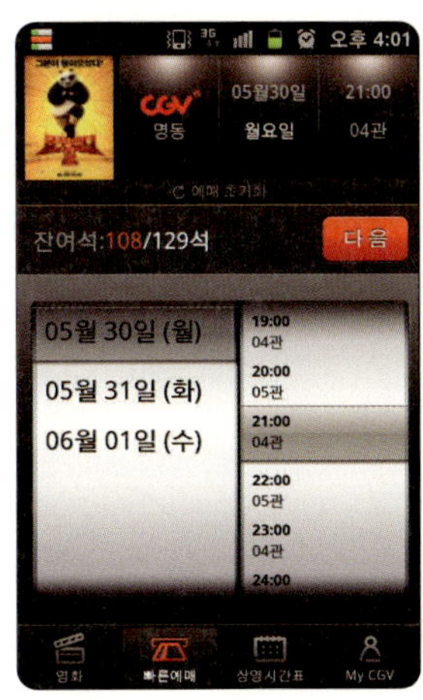

● 버즈니 영화가이드

이름	버즈니 영화가이드
카테고리	엔터테인먼트
만든이	buzzni
가격	무료
마켓	안드로이드 마켓
설명	영화 정보 앱

영화 소개 백서 버즈니 영화가이드는 영화에 대한 정보에서부터 영화를 보기까지 필요한 정보들을 모두 담고 있는 앱입니다.

버즈니 영화가이드는 총 5개의 메뉴와 세부 메뉴들로 구성되어 있습니다. 첫 번째 메뉴인 [상영작]에서는 현재 개봉한 영화 정보들을 볼 수 있습니다. 보고싶거나 관심 있는 영화를 선택하면 줄거리, 평점, 후기 등 더욱 자세한 정보들을 볼 수 있습니다. [검색] 메뉴에서는 포스터 인식 기능을 활용하여 영화 검색을 할 수 있습니다. 포스터 인식 버튼을 누른 후에 영화 포스터를 찍으면 자동으로 영화에 대한 정보 페이지도 이동됩니다. 검색은 여느 검색과는 조금 다릅니다. 일반적으로 영화 제목을 써서 검색을 하는 것뿐만 아니고 기분을 표현해도 됩니다. 예를 들면 '비오는 날 보고싶은 영화' 이런 식의 검색어를 넣으면 해당 영화를 찾아줍니다. [영화관] 메뉴는 내 위치를 기준으로 가까운 극장을 알려주는 메뉴입니다. 검색된 극장을 선택하면 극장 위치와 상영 중인 영화도 확인이 가능합니다. 소개되는 극장은 특정 극장에 국한되지 않고 주변의 모든 극장을 알려줍니다. 즐겨찾기는 내가 찜한 목록들을 보는 곳입니다. 자

주 이용하는 극장이나 보고싶은 영화를 찜해 놓음으로써 단번에 정보를 확인을 할 수 있습니다. 마지막으로 설정에서는 내 위치 사용이나 극장 검색에 이용되는 거리 변경이 가능합니다.

● 노래방 책 검색

이름	노래방 책 검색
카테고리	엔터테인먼트
만든이	Kernys
가격	무료
마켓	안드로이드 마켓
설명	노래방 책 검색 앱

가족들이 즐거운 시간을 가질 수 있도록 해주는 앱도 있습니다. 대표적인 것이 바로 노래방 앱입니다. 노래방 책 검색은 가수, 가사, 제목으로 곡을 검색할 수 있을 뿐 아니라 애창곡 등록도 가능합니다.

Chapter 07.

SNS로 인맥 넓히기

스마트폰의 인기와 함께 가장 큰 상승세를 그리며 성장한 것이 바로 소셜 네트워크 서비스(SNS)입니다. SNS를 이용할 때도 시간을 절약할 수 있습니다. SNS는 대게 PC에서도 이용이 가능한데 일반 단문을 보낼 때는 큰 차이는 없습니다. 하지만 사진이라도 첨부해서 보내려면 PC에서는 손이 많이 갑니다. 일단 사진을 PC로 복사해야 하고 상황에 따라서는 적당한 크기로 바꾸어야 할 때가 있습니다. 하지만 갤럭시S2의 SNS 앱을 이용하면 내장 카메라로 찍은 사진을 올리거나 또는 바로 찍어서 첨부할 수 있습니다. 글과 사진뿐만 아니라 영상으로 커뮤니케이션할 수 있는 앱들도 많으므로, 지금부터 살펴보도록 합니다.

Theme 14

글자와 사진으로 소통하는 앱

일단 Part 2의 Chapter 5에서 카카오톡이나 Facebook, 미투데이 등의 SNS 앱들을 살펴보았으므로 여기에서는 그런 것들을 제외하고 TweetDeck과 twicca의 기능과 특징에 관해서 배워보겠습니다.

● TweetDeck

이름	TweetDeck
카테고리	소셜 콘텐츠
만든이	TweetDeck Inc
가격	무료
마켓	안드로이드 마켓
설명	SNS 트위터 앱

TweetDeck은 Twitter, Facebook, Foursquare, Buzz 등의 계정을 통합해서 관리할 수 있는 앱입니다.

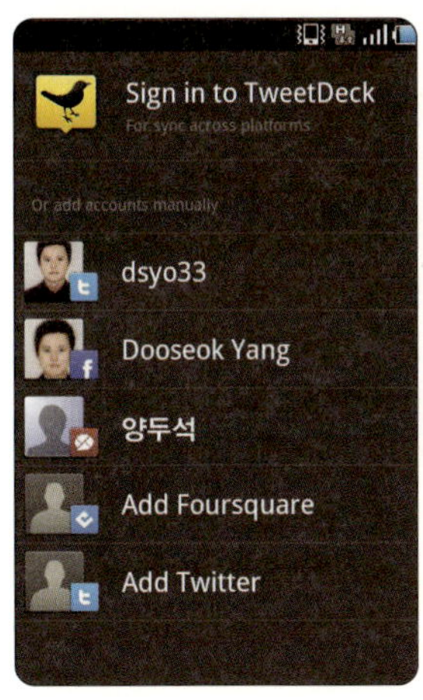

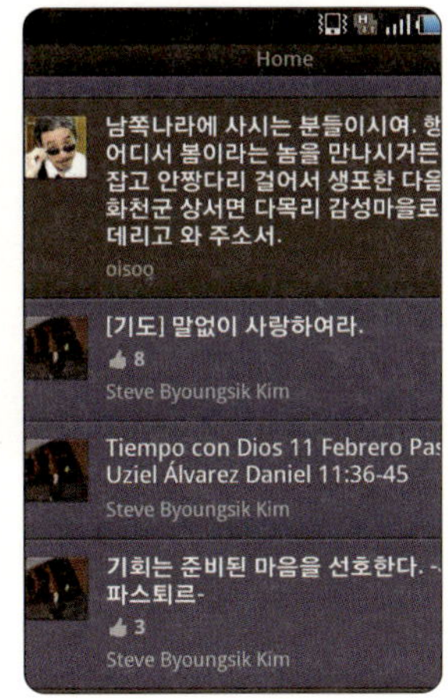

● twicca

이름	twicca
카테고리	소셜 콘텐츠
만든이	Tetsuya Aoyama
가격	무료
마켓	안드로이드 마켓
설명	SNS 트위터 앱

사진, 비디오 업로드와 Geotag, Hashtags, Retweet, Trends, Color Label, Widgets 등의 기능을 제공해 트위터하는 데 편리한 사용성이 돋보이는 앱입니다.

다양한 기능을 Add-On 형식으로 지원합니다. 간단하게 사용 방법에 대해 살펴보겠습니다. 먼저 트위터 계정 정보를 입력하고 로그인을 터치하여 PIN 번호를 부여 받습니다. 그리고 다시 앱을 구동하여 PIN 번호를 입력하고 오른쪽의 CONNECT를 터치하면 twicca의 간결한 메인 화면이 나타납니다.

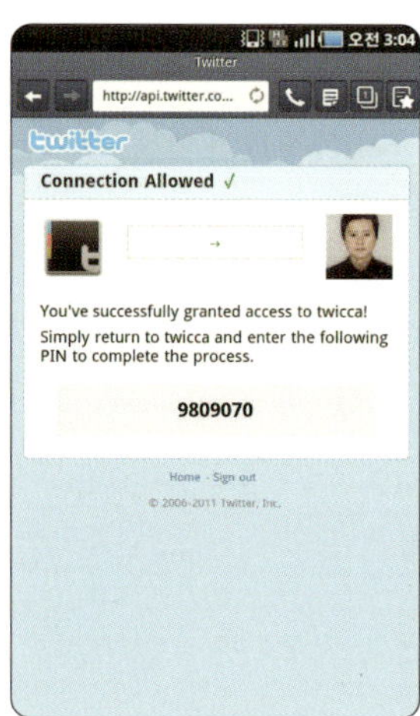

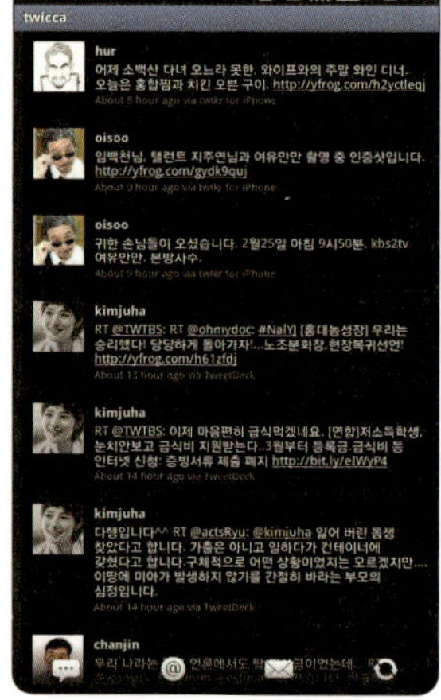

Theme 15

목소리와 얼굴로 소통하는 앱

'모바일 인터넷 전화(m-VoIP) 시대' 가 열리고 있습니다. 인터넷 전화(VoIP)는 인터넷망을 통해 음성 통화를 할 수 있는 것이고, m-VoIP는 무선랜(Wi-Fi)이나 3세대(3G) 데이터망을 통해 음성 통화를 할 수 있는 기능입니다. 아이폰4의 페이스타임과 비슷한 서비스인 셈입니다. 그러나 페이스타임은 무선랜 상태에 있는 같은 아이폰 사용자끼리만 통화할 수 있습니다. 지금부터 소개할 5종의 앱은 3G 데이터로도 통화할 수 있고, 아이폰이나 안드로이드폰 모두 사용 가능하다는 것이 강점입니다.

● Tango Video Calls

이름	Tango Video Calls
카테고리	소셜 콘텐츠
만든이	Tango
가격	무료
마켓	안드로이드 마켓
설명	무료 화상 통화 앱

Tango는 별도의 회원가입 절차가 없습니다. 앱을 실행 후 전화번호 정보와 이름, 이메일만 쓰면 이용할 수 있습니다. Skype처럼 친구를 일일이 등록하지 않아도 됩니다. Tango를 설치한 친구를 내 연락처에 찾아서 표시를 해주기 때문입니다. 3G, 4G, Wi-Fi에서 데이터를 이용해 화상통화가 가능한 앱입니다.

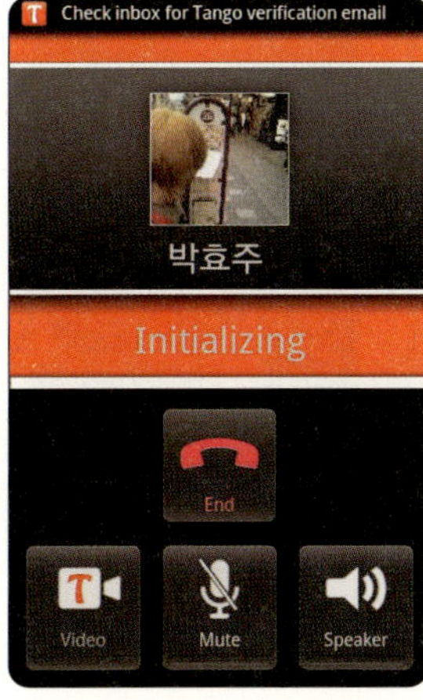

연락처 목록에 표시된 친구를 선택하면 전화가 걸립니다. 기본은 음성 통화로 연결됩니다. 영상 통화를 하려면 통화 중 메뉴에 보이는 Tango를 선택하면 됩니다. 단, 앞서 말했듯이 후면 카메라만 사용되기 때문에 서로 얼굴을 보면서는 통화할 수 없습니다. 무료통화를 하고 싶은 친구가 없다면 초대(Invite) 메뉴를 이용해서 친구에게 이메일이나 문자를 보낼 수 있습니다.

● TiKL – 터치(PTT) 토크

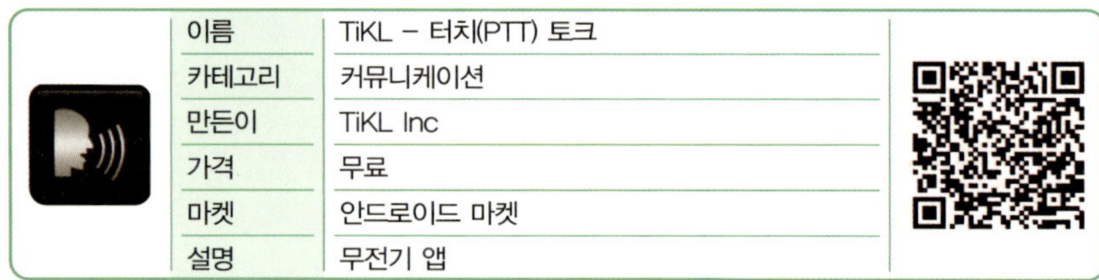

이름	TiKL – 터치(PTT) 토크
카테고리	커뮤니케이션
만든이	TiKL Inc
가격	무료
마켓	안드로이드 마켓
설명	무전기 앱

TiKL(Touch to talk)은 같은 앱을 설치한 친구들끼리 대화를 주고받을 수 있는 무전기 앱입니다. 안드로이드와 아이폰용으로 모두 서비스되는 이 앱은 사용하기 간단합니다.

메뉴가 3개뿐입니다. [Call Info] 메뉴는 마지막으로 통화했던 친구 목록을 보여줍니다. [Contacts]는 폰의 연락처를 보여줍니다. 이 메뉴를 통해서 페이스북 연동도 가능합니다. [Invite]는 아직 TiKL을 설치하지 않은 친구에게 초대 문자를 보낼 수 있는 입니다. [Contacts]를 선택해서 TiKL을 설치한 친구를 선택해보겠습니다. 친구

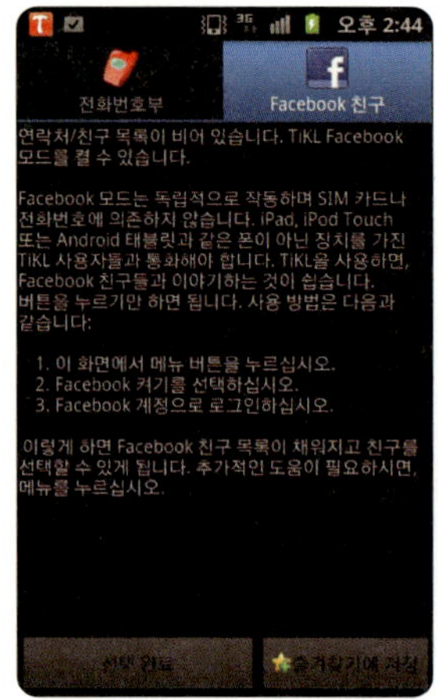

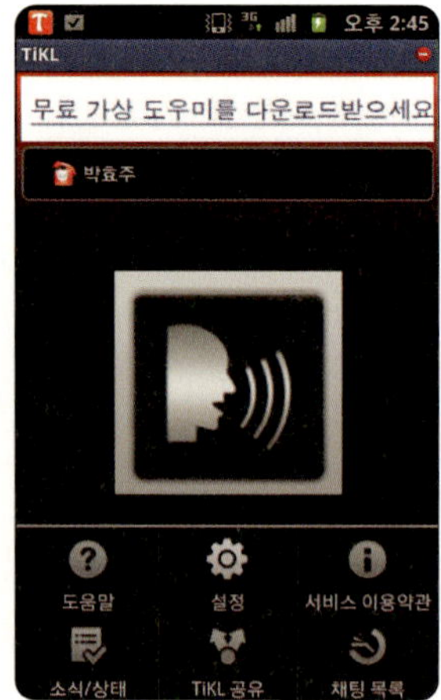

중 TiKL을 설치한 친구만 보여주는 게 아니라서 일일이 선택을 해줘야 합니다. 여러 명을 선택할 수도 있습니다. 선택했다면 하단의 [Done Seleting]을 누르자. 이때 화면 중앙에 [말하기] 메뉴가 나타나는데, 이 메뉴를 눌러서 배경색이 파랑에서 빨강으로 변하면 무전 기능이 작동하는 것입니다. 말할 때는 [말하기]를 누른 상태에서 말해야 합니다. 그러나 스피커폰이므로 너무 난발하여 사용하는 것을 소음이 될 수 있으므로 금물입니다.

● Skype

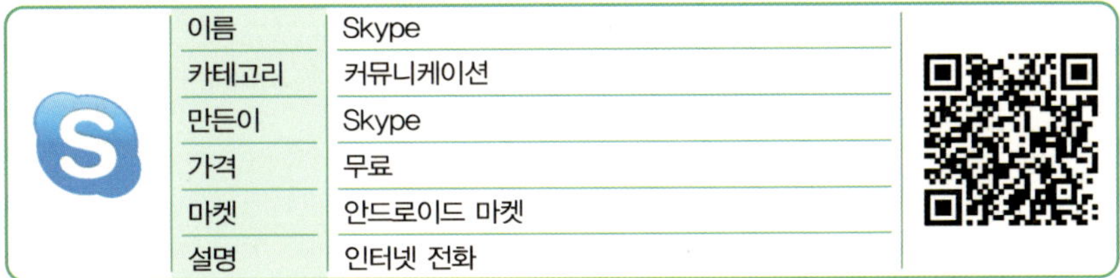

이름	Skype
카테고리	커뮤니케이션
만든이	Skype
가격	무료
마켓	안드로이드 마켓
설명	인터넷 전화

너무나 유명한 인터넷 전화 서비스입니다.

Skype를 설치하면 설치한 사람끼리 통화하는 것은 무료이며, 채팅도 가능합니다. Skype를 사용하지 않는 사람과도 통화할 수 있습니다. 다만, 이 경우에는 통화요금이 부과됩니다. Skype 앱을 설치하는 방법은 간단합니다. 회원가입을 하고 로그인을 하면 됩니다. 연락처 항목에서 친구 추가를 선택해 방금 등록한 아이디를 등록하면 됩니다. 상대방의 이름을 선택하면 음성 통화와 채팅을 선택할 수 있습니다. 음성 통화를 눌러서 마음껏 무료 음성 통화를 즐길 수 있습니다.

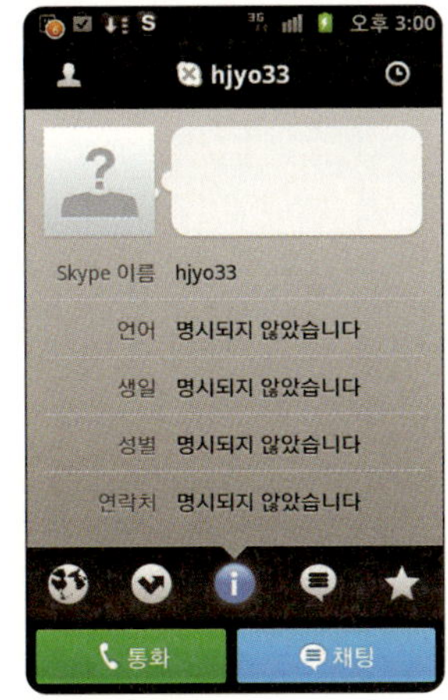

● fring Group Video Calls, Chat

이름	fring Group Video Calls, Chat	
카테고리	커뮤니케이션	
만든이	fringland	
가격	무료	
마켓	안드로이드 마켓	
설명	인터넷 전화	

fring은 다양한 기능이 들어가 있는 앱입니다. 일단 통합 메신저의 역할을 합니다. 통합 메신저라고 칭한 이유는 fring 하나로 MSN, 구글토크, 야후, AIM, ICQ 등의 메신저를 모두 이용할 수 있기 때문입니다. 다양한 메신저를 이용합니다면 '프링' 하나만 있으면 모두 이용이 가능합니다.

메신저뿐 아니라 인터넷 전화 기능도 가지고 있습니다. 연락처의 친구와 메신저를 통해 등록된 친구 중에 fring을 설치한 친구가 있다면 이름 옆에 fring 아이콘이 생긴다. 아이콘이 붙어있는 친구를 선택하면 무료 음성 통화를 즐길 수 있습니다. 또한, Skype처럼 등록되지 않는 친구와 통화는 크레딧(Credit)을 구매해 저렴한 요금으로 통화를 할 수도 있습니다.

● Vonage Mobile App for Facebook

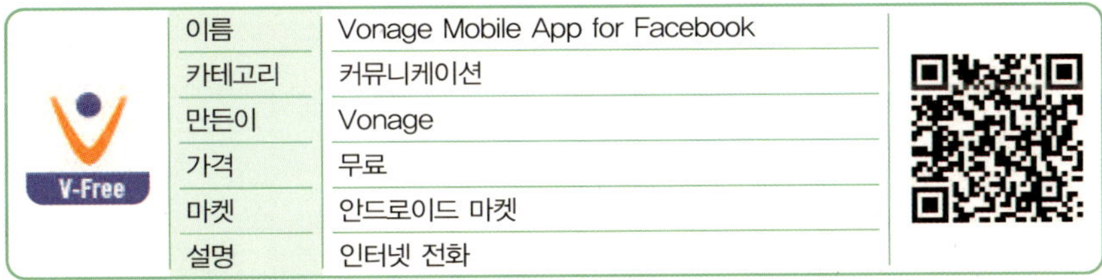

이름	Vonage Mobile App for Facebook
카테고리	커뮤니케이션
만든이	Vonage
가격	무료
마켓	안드로이드 마켓
설명	인터넷 전화

Vonage 역시 인터넷 전화 서비스를 하는 앱입니다. Vonage는 페이스북 친구들과 인터넷 전화 서비스를 이용할 수 있습니다. 물론 페이스북의 친구도 Vonage를 설치했을 경우에만 그렇습니다.

Vonage를 실행하면 페이스북 로그인 창이 뜨는데, 자기의 아이디로 로그인하면 페이스북의 친구 중에 Vonage를 설치한 친구를 보여줍니다. 통화를 하고 싶으면 친구를 선택하면 됩니다.

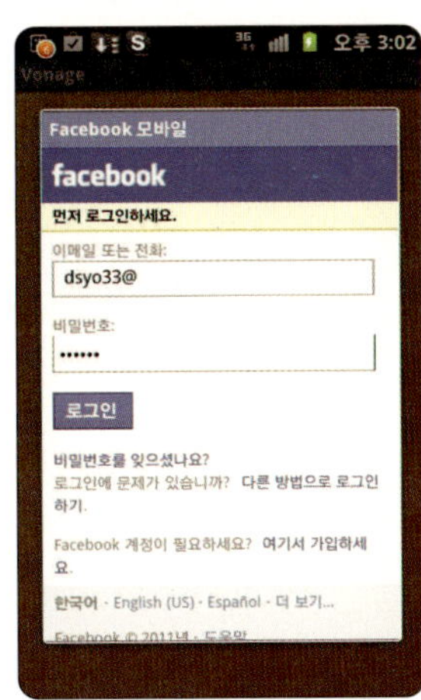

인터넷 전화 외의 친구들과 채팅할 수 있는 서비스도 지원하고 자신의 상태를 업데이트할 수도 있습니다.

Chapter 08.

아는 만큼 편해지는 유틸리티 앱 활용하기

분명히 지금 닥친 상황을 쉽게 해결해주는 앱이 분명히 있을 것 같은데, 카테고리별로 찾기가 애매할 때가 있습니다. 이번 Chapter에서는 알수록 득이 되는 유틸리티 앱의 종류에 대해 살펴보겠습니다.

16 Theme

인터넷 브라우저 앱

PC에서도 인터넷 브라우저의 종류가 여러 가지라는 건 자주 들어봐서 알고 있지만 막상 손에 익은 브라우저를 쉽게 바꾸기 힘든 면이 있는 것도 사실입니다. 갤럭시S2에서 가벼운 마음으로 한번 시도해 보세요.

● Dolphin Browser

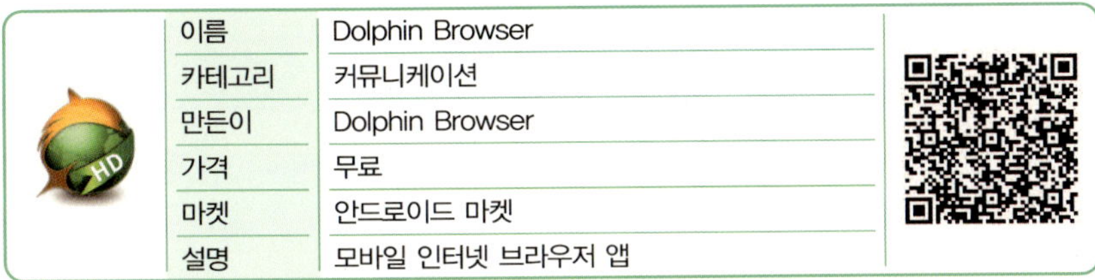

이름	Dolphin Browser
카테고리	커뮤니케이션
만든이	Dolphin Browser
가격	무료
마켓	안드로이드 마켓
설명	모바일 인터넷 브라우저 앱

돌핀 브라우저는 기본 모바일 브라우저보다 빠르면서도 다양한 기능이 추가된 앱입니다.

툴바로 화면 모드를 제어하고 현재 화면을 Read Later로 저장해 나중에 읽을 수 있습니다. 돌핀 브라우저를 종료할 때 캐시, 기록 지우기 등을 통해 메모리의 낭비를 막을 수 있습니다.

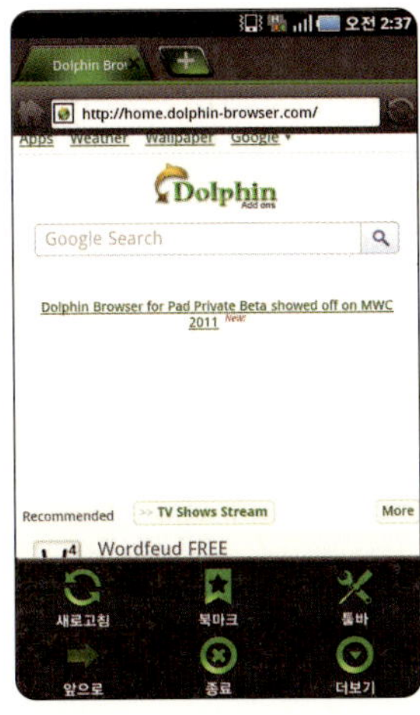

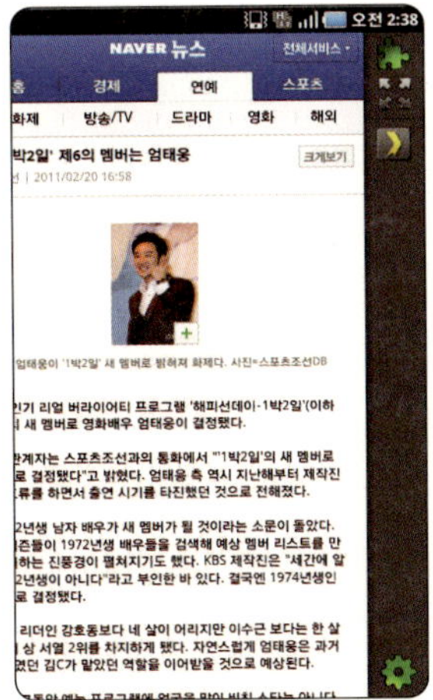

● Skyfire Web Browser 4.0

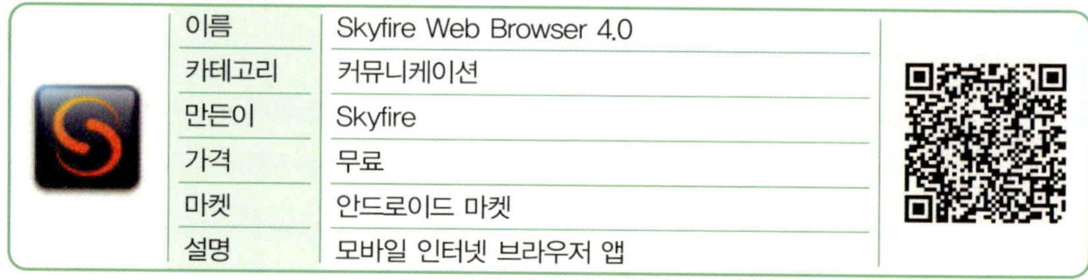

이름	Skyfire Web Browser 4.0
카테고리	커뮤니케이션
만든이	Skyfire
가격	무료
마켓	안드로이드 마켓
설명	모바일 인터넷 브라우저 앱

브라우저 툴바를 지원하고 플래시 비디오도 문제없이 재생할 수 있는 앱입니다.

페이스북 퀵뷰 등 다양한 추가 기능들을 제공하며, 검색에서 인기 페이지를 제공해 원하는 검색을 보다 빠르게 할 수 있습니다.

Theme 17 화면/벨소리 꾸미기 앱

안드로이드는 오픈형 플랫폼인 것이 가장 큰 특징입니다. 이 특징으로 인해 제조사는 자기들만의 고유 아이덴티티를 갖는 사용자 환경(UI)을 안드로이드에 넣었습니다. 그런데 제조사들의 UI는 사용자의 욕구를 만족시키기에는 부족한 점이 많습니다. 그러나 큰 문제없습니다. 안드로이드폰 이용자는 제조사의 홈UI가 마음에 들지 않거나 이용하기가 불편하면 바꿔버리면 그만이기 때문입니다.

● LauncherPro

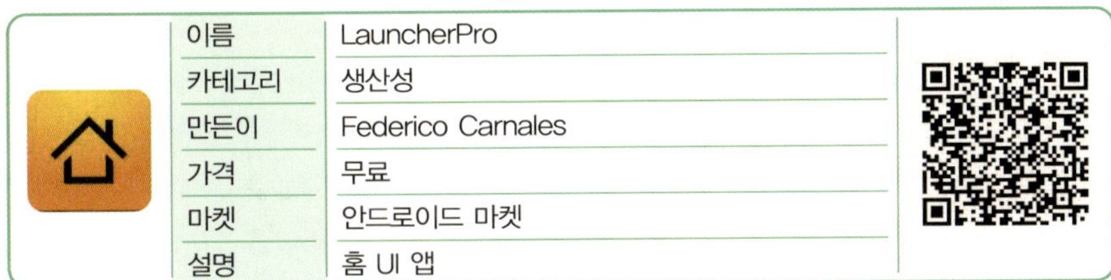

이름	LauncherPro
카테고리	생산성
만든이	Federico Carnales
가격	무료
마켓	안드로이드 마켓
설명	홈 UI 앱

안드로이드 홈 UI 중에서 가장 많은 인기를 가진 앱입니다. LauncherPro의 특징은 다양한 설정을 통한 개인 맞춤형이 가능하고 빠르다는 점입니다.

개인 맞춤형이라는 것은 사용자 마음대로 바꿀 수 있는 것을 말합니다. 예를 들면 앱 서랍에서 4줄씩 보이는 것을 5줄씩 보이게 하거나 홈 화면 하단의 아이콘을 사용자

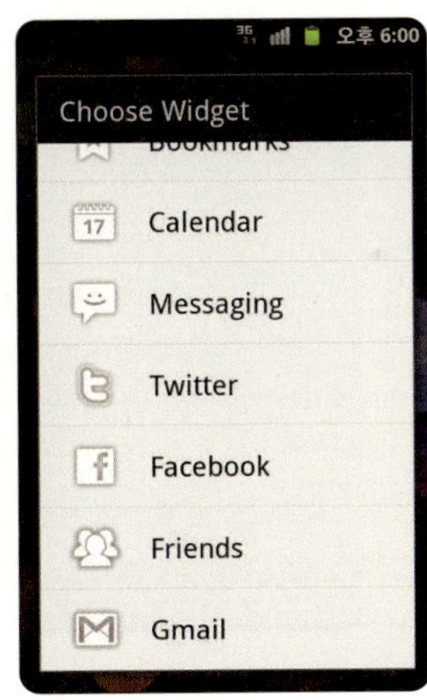

마음대로 구성하는 것들입니다. 이밖에도 애니메이션 변경이나 홈 화면 구성에 대한 다양한 옵션을 제공합니다.

빠른 속도는 제조사의 홈 UI를 기준으로 표현한 내용입니다. 요즘에는 하드웨어가 워낙 좋아져서 드문 일이지만 작년 만해도 제조사의 사용자환경이 답답함을 주는 일이 많았다. 하지만 '런처 프로'를 이용하면서 그런 점이 모두 해소됩니다.

● ADW.Launcher

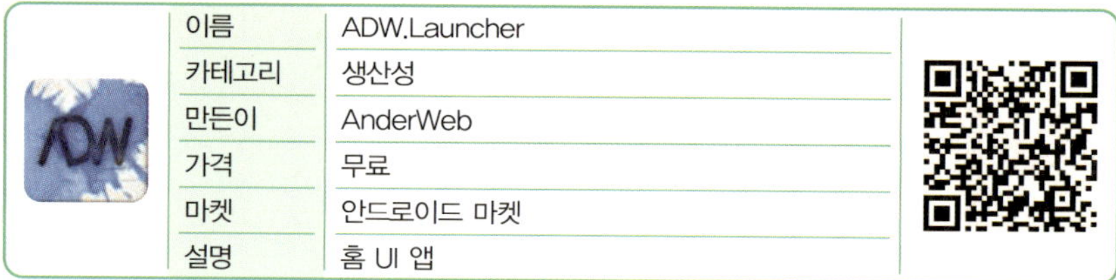

이름	ADW.Launcher
카테고리	생산성
만든이	AnderWeb
가격	무료
마켓	안드로이드 마켓
설명	홈 UI 앱

ADW.Launcher는 앞서 소개한 LauncherPro의 라이벌 격의 앱입니다. 전체적인 모습은 런처 프로와 닮은 모습입니다. 다양한 옵션으로 시각화나 속도에서 꽤 만족스러운 편입니다. ADW.Launcher의 특징은 기본 한글 메뉴 적용과 다양한 테마를 마켓에서 설치할 수 있는 점입니다. 물론 다양한 설정도 장점에서 빼놓을 수 없습니다.

LauncherPro는 모든 메뉴가 영어로 돼 있는 반면 ADW.Launcher는 한글 메뉴를 제공합니다. 간단한 영어라서 사용에 별 문제 없지만 그래도 거리감은 큽니다.

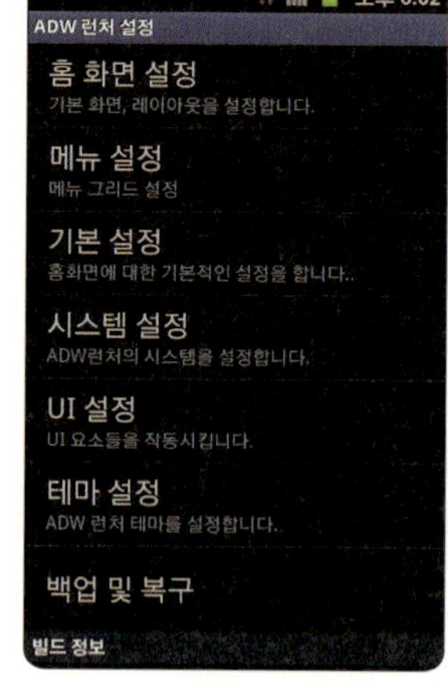

ADW.Launcher는 친절하게도 한글도 되어 있어 어렵지 않습니다. ADW.Launcher는 테마파일을 지원합니다. 마켓에서 ADW로 검색하면 유료와 무료 테마를 찾아볼 수 있습니다. 사용자는 원하는 테마를 설치하고 설정에서 적용해주면 됩니다. 설정에서는 앱의 이름 숨기기, 행과 열의 수 변경, 애니메이션 속도 조절 등 ADW.Launcher 사용 전반에 관한 것을 변경할 수 있습니다. 그리고 제스처 기능을 지원해 홈 화면에서 다양한 액션을 빠르게 실행시킬 수 있습니다.

● Ringdroid

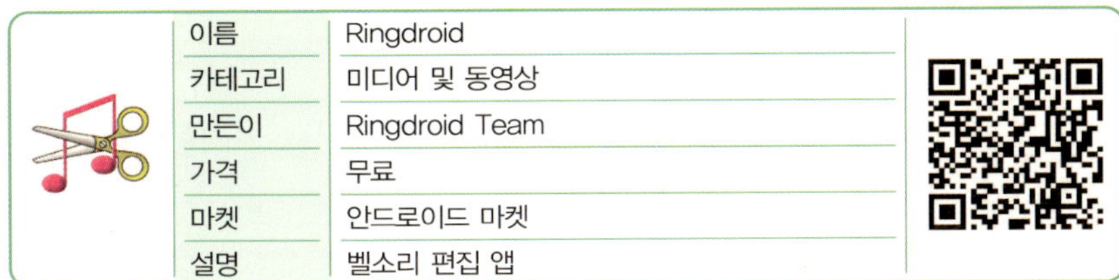

이름	Ringdroid
카테고리	미디어 및 동영상
만든이	Ringdroid Team
가격	무료
마켓	안드로이드 마켓
설명	벨소리 편집 앱

갤럭시S2로 노래를 듣다가 문득 이 노래를 벨소리로 사용하고 싶을 때가 있습니다. 바로 벨소리로 지정하면 되지만 내가 원하는 부분이 벨소리로 나오는 것이 아니고 노래의 처음부터 나오게 됩니다. 이럴 때는 앱을 이용하면 됩니다. Ringdroid는 벨소리를 제작해주는 대표적인 앱입니다. 사용자의 폰 안에 저장된 MP3 파일을 불러와 특정 구간만 따로 추출해주는 기능을 가지고 있습니다.

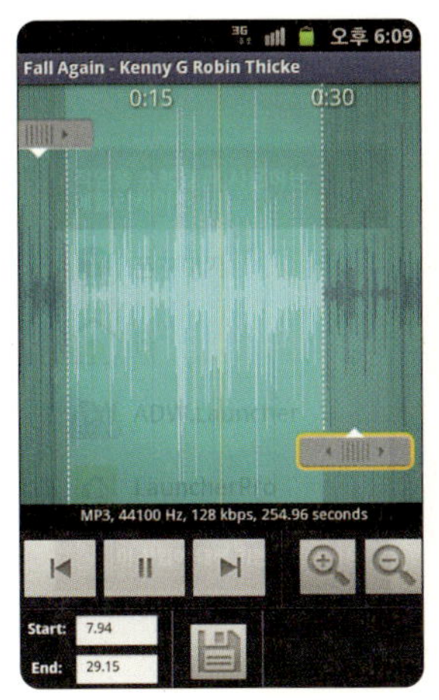

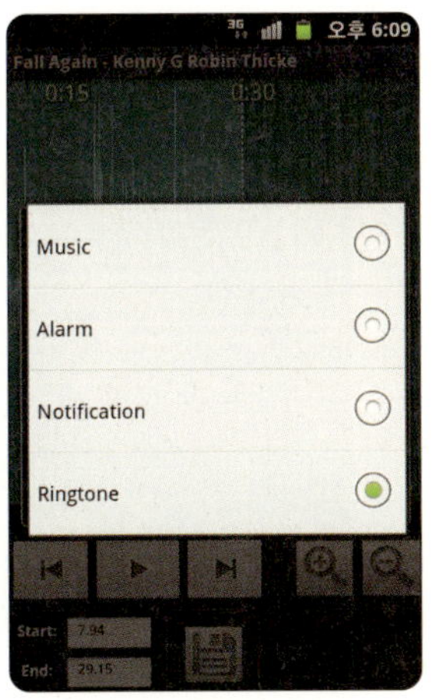

Theme 18 갤럭시S2 관리 앱

스마트폰은 일반 휴대폰에 비해 편리한 점을 많이 가지고 있지만 그만큼 세심하게 관리해줘야 합니다. 갤럭시S2를 관리할 수 있는 앱에 대해 알아봅니다.

● 14일 이내(Android)

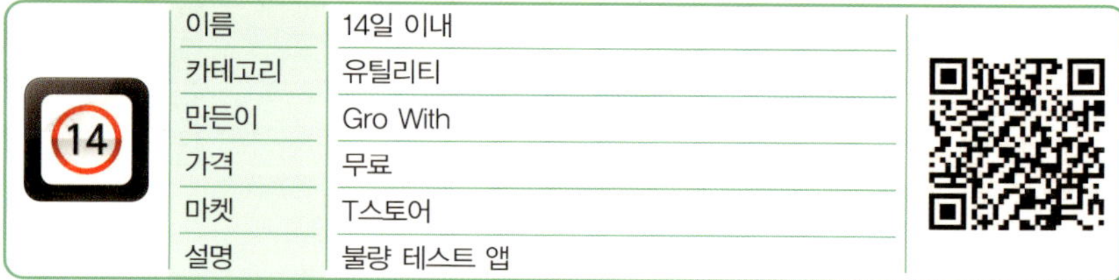

이름	14일 이내
카테고리	유틸리티
만든이	Gro With
가격	무료
마켓	T스토어
설명	불량 테스트 앱

갤럭시S2을 샀는데 사용 도중 이상이 생겨서 서비스센터를 가니, 제품을 분해해서 수리해야 한다는 말을 들을 수도 있습니다. 구입한 지 겨우 한 달 된 제품을 분해해서 수리해야 한다면 누구나 당황스러울 수 있습니다. 이런 일을 방지하기 위해 T스토어에서 무료로 내려받을 수 있는 14일 이내를 이용합니다. 이 앱은 구입한 갤럭시S2이 불량인지 아닌지를 테스트해줍니다. 불량 갤럭시S2는 구입 14일 이내에 불량을 발견하면 다른 제품으로 교환할 수 있으며 이름도 14일 이내입니다.

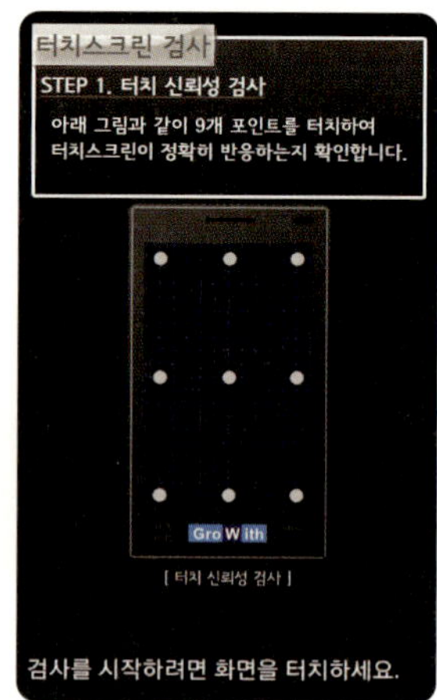

● ES 파일 탐색기

이름	ES 파일 탐색기
카테고리	도구
만든이	EStrongs Inc.
가격	무료
마켓	안드로이드 마켓
설명	파일 탐색기 앱

기본으로 탑재되어 있는 파일 탐색기인 '내 파일' 은 간단한 기능만 제공합니다. 그에 비해 ES 파일 탐색기는 네트워크 접속이 가능한 앱입니다. USB로 PC에 연결하지 않고 Wi-Fi만 연결되어 있으면 PC로도 접속이 가능하며 또한 FTP 서버 접속을 지원하기 때문에 FTP 서버로 파일을 전송하거나 다운받을 수 있습니다. 파일의 다중 선택, 복사, 이동 등의 기능을 제공합니다.

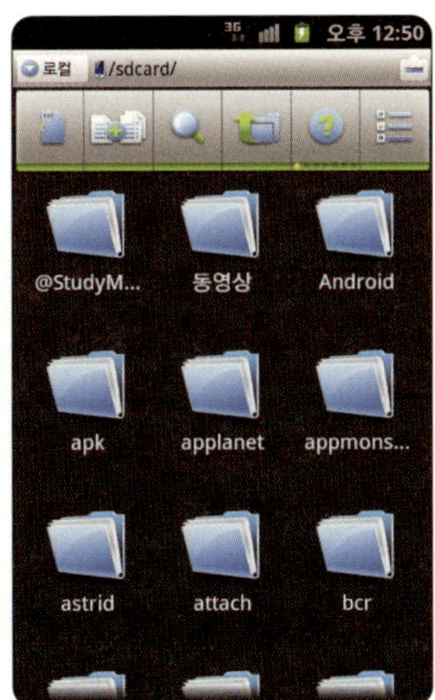

Theme 19 앱 구매/관리 앱

수많은 앱을 설치하고 지우다 보면 통합해서 체계적으로 관리할 필요성을 느끼게 됩니다. 남들에게 보이고 싶지 않은 앱을 잠근다든가 인기 있는 앱을 보고 다운받는 등 앱의 구매와 관리에 유용한 앱들을 살펴봅니다.

● Smart App Protector(앱 비밀번호 잠금)

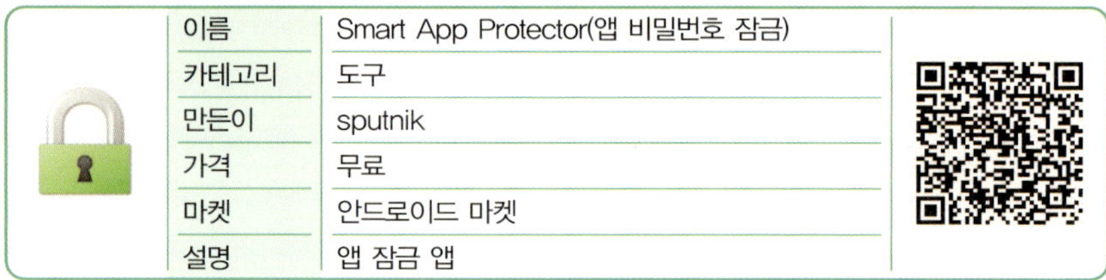

이름	Smart App Protector(앱 비밀번호 잠금)
카테고리	도구
만든이	sputnik
가격	무료
마켓	안드로이드 마켓
설명	앱 잠금 앱

갤럭시S2에는 웬만한 개인정보들이 모두 담겨있습니다. 폰 안의 정보를 통해 그 사람이 무엇을 했는지 무엇을 할 것인지 파악할 수 있기 때문에 보안에 항상 신경을 쓰고 대비해야 합니다. 스마트 앱 프로텍터라는 앱을 사용해보겠습니다. 이 앱은 전화번호부를 비롯해 문자, 통화기록, e메일, 일정 등을 모두 잠글 수 있습니다. 잠가놓은 기능들은 해제하지 않으면 사용할 수 없습니다.

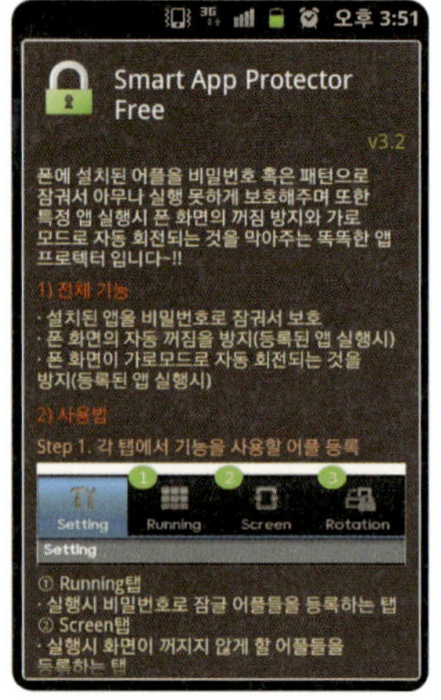

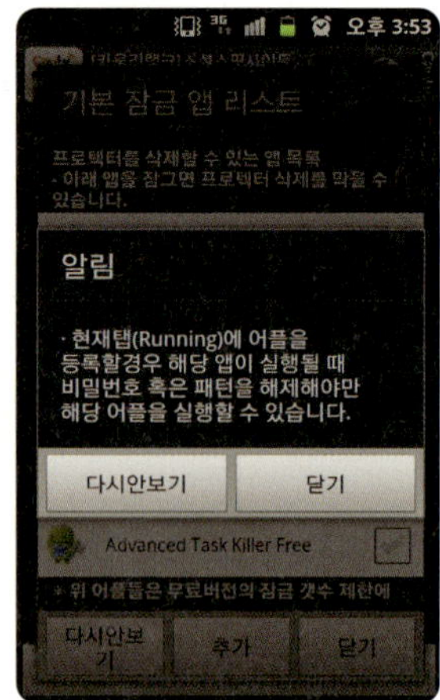

첫 사용이 다소 복잡한 느낌을 주지만 막상 이용하면 어렵지 않습니다. 모든 앱을 잠그지 않고 부분 잠금을 이용하므로 초반에 반드시 설정이 필요합니다.

● 앱순위 - 어플추천종결 - 앱머써 2.0

이름	앱순위 - 어플추천종결 -앱머써 2.0
카테고리	라이프스타일
만든이	PDF
가격	무료
마켓	T스토어
설명	앱 추천 순위 앱

갤럭시S2 사용자끼리 모이면 자연스럽게 어떤 앱을 쓰는지, 어떤 앱이 좋은지 나쁜지에 대한 이야기를 하게 됩니다. 앱머써 2.0은 친구폰에 설치된 앱을 보여줍니다. 그리고 이 앱 목록을 친구와 공유할 수 있습니다.

내가 설치한 앱의 목록의 앱을 선택하면 공유, 추천 그리고 관리를 할 수 있습니다. 친구와 앱 공유 말고도 앱머써 2.0을 설치한 사용자의 앱 목록을 기준으로 가장 많이 이용하는 앱, 다운로드한 앱, 추천한 앱 등의 순위를 제공합니다.

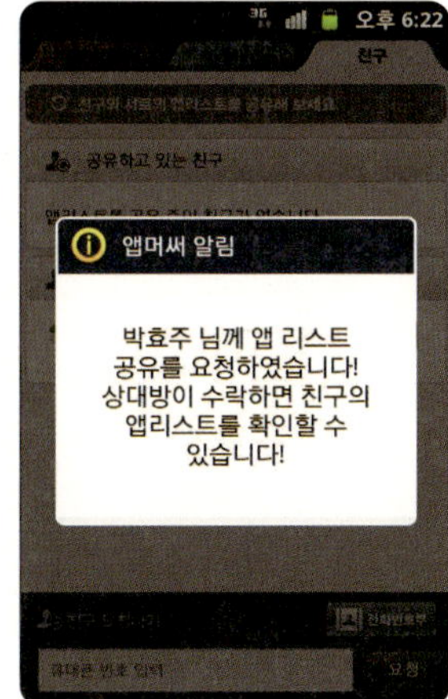

Chapter 09.

완벽한 비즈니스맨을 위한 앱 솔루션

비즈니스 업무 시 가장 오래된 고민 중 한 가지가 때와 장소를 가리지 않고 편하게 업무를 볼 수 있는 환경의 조성입니다. 예전에도 많은 노력을 했었지만 최근 스마트폰을 사용하는 사람이 늘어나면서 비즈니스의 방식에 많은 변화가 일어나고 있습니다. 좀 더 안정적이고 기대에 부응할 수 있는 비즈니스 능력을 키우기 위해서는 이번에 소개할 앱들이 해결책이 될 것 같습니다.

Theme 20 메모/일정/생산성 앱

꼼꼼한 비즈니스를 위해서는 메모하는 습관이 매우 중요합니다. 보통 메모장은 기본 앱으로 들어가 있는 경우가 대부분이지만 성능면에서 다소 아쉬운 점이 있습니다. 말 그대로 메모라는 기본 기능에 충실하고 기타 편의를 고려한 기능들이 배제되었기 때문입니다. 좀더 많은 기능을 가진 메모 어플들을 살펴보겠습니다.

● 위자드메모

이름	위자드메모
카테고리	도구
만든이	Wizard Works
가격	무료
마켓	안드로이드 마켓
설명	메모 앱

위자드메모는 이런 부족함을 채워주는 편의 기능을 가진 기본에 충실한 메모장인 듯합니다. 일단 사용하기 쉬운 사용자 환경을 제공합니다. 메뉴를 이용한 추가나 상단의 추가 아이콘을 통해서 새 메모가 가능합니다.

메모가 다 작성되면 따로 저장을 하지 않아도 자동 저장되기 때문에 실수로 취소 키를 누르더라도 걱정이 없습니다. 이렇게 작성된 메모들은 날짜별로 정리됩니다. 여러 개의 메모를 확인할 때는 화면 좌우 슬라이드 터치를 통해서 메모 간 이동이 가능합니다. 사용해보면 알겠지만 상당히 편리합니다. 또한, 음성 인식 기능이 있어 직접 입력을 하지 않고 음성을 통해서 입력도 됩니다. 공유 기능도 있어서 문자나 메일로 전송됩니다. 폰에 트위터나 페이스북 앱이 설치되어 있다면 SNS로도 공유가 가능합니다. 가격도 무료이니 기본 메모장에 너무 단순함을 느꼈다면 위자드메모를 사용해보는 것을 추천합니다.

● 컬러노트 메모장 ColorNote Notepad

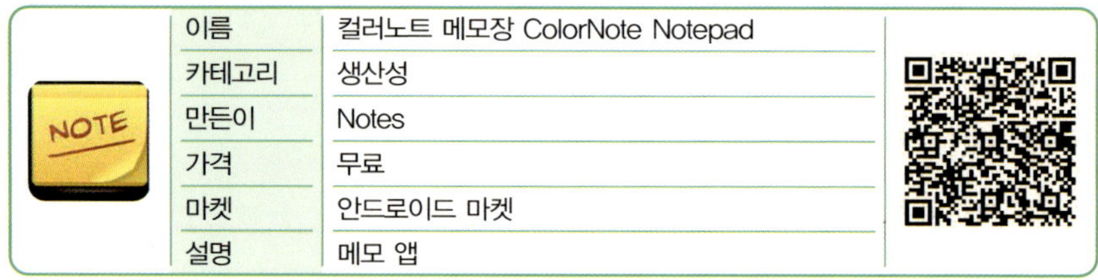

이름	컬러노트 메모장 ColorNote Notepad
카테고리	생산성
만든이	Notes
가격	무료
마켓	안드로이드 마켓
설명	메모 앱

컬러노트 메모장는 간결하고 빠르게 메모할 수 있는 앱입니다.

가벼우면서도 이메일, 문자, 쇼핑 목록, 할 일 목록 등에 충분히 활용할 수 있는 앱입니다. 홈 화면에 위젯을 설치하면 보다 쉽고 빠른 메모를 할 수 있습니다.

● AK Notepad

이름	AK Notepad
카테고리	생산성
만든이	Catch.com
가격	무료
마켓	안드로이드 마켓
설명	메모 앱

메모를 공유하거나 태그를 설정하여 관리할 수 있는 앱입니다.

SMS, 이메일 등을 통해 메모를 공유할 수 있으며 홈 화면에 포스트잇처럼 붙이고 태그를 설정해서 메모를 관리할 수 있습니다. Catch.com에 메모 동기화를 제공합니다.

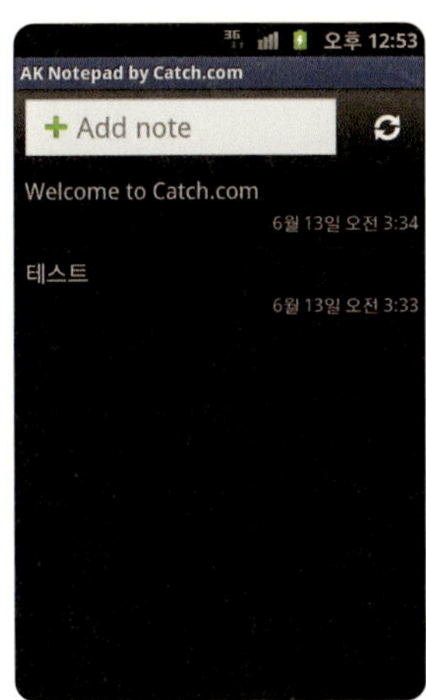

● Astrid 할 일

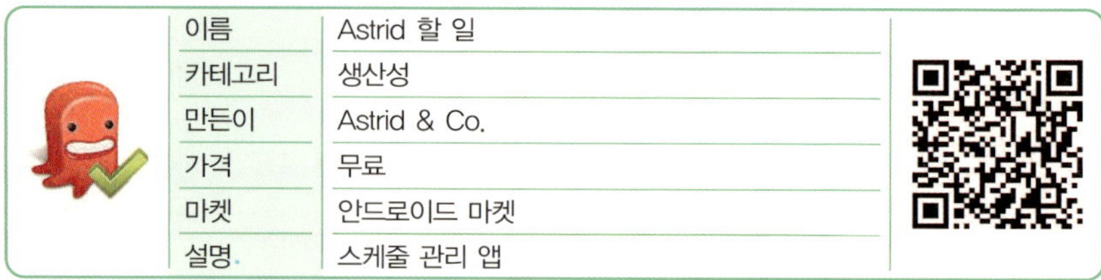

이름	Astrid 할 일
카테고리	생산성
만든이	Astrid & Co.
가격	무료
마켓	안드로이드 마켓
설명	스케줄 관리 앱

Astrid 할 일은 마감일 알려주기, 태그 기능, 구글 할 일과의 동기화 등과 같은 기능을 제공하여 할 일을 관리하는 앱입니다. 위젯 기능을 제공해 홈 화면에서 할 일을 등록하고 중요도나 마감일 등의 설정을 할 수 있습니다.

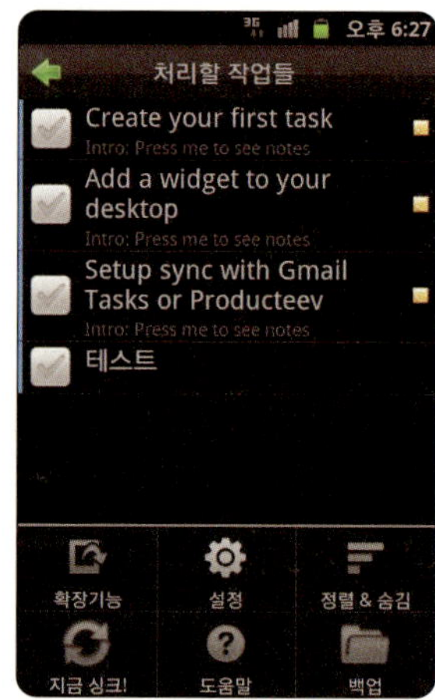

● CamScanner -Phone PDF Creator

이름	CamScanner -Phone PDF Creator
카테고리	생산성
만든이	IntSig Information Co.,Ltd
가격	무료
마켓	안드로이드 마켓
설명	문서 스캐너 앱

CamScanner는 갤럭시S2를 휴대용 스캐너로 사용할 수 있도록 해줍니다. 종이 파일, 영수증, 필기 등 기록하고 싶은 것이 있으면 바로 바로 스캔해서 PDF 파일로 생성하여 기록, 저장할 수 있는 앱입니다.

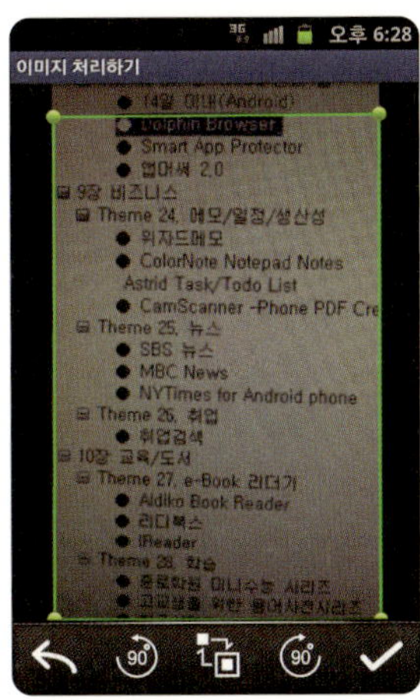

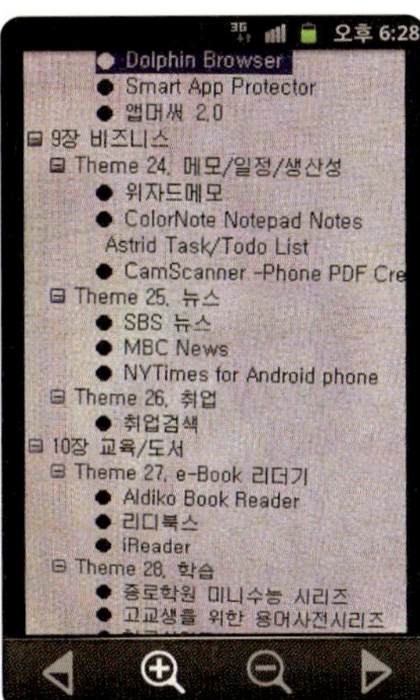

● 한글 명함 인식 - MobiReader Biz+

이름	한글 명함 인식- MobiReader Biz+
카테고리	도구
만든이	DIOTEK Co., Ltd
가격	7,900
마켓	T스토어
설명	명함 관리 앱

직장생활을 하다보면 많은 사람들과 알게 되는데, 그러다보면 책상 한 귀퉁이 명함이 수북이 쌓입니다. 따로 명함첩에 관리해도 필요한 때에 찾기도 힘들고, 그렇다고 방치해둘 수도 없는 상황을 깔끔하게 해결해주는 앱이 바로 한글 명함 인식입니다.

이 앱을 이용하면 갤럭시S2로 명함을 바로바로 찍어서 관리할 수 있습니다. 명함을 찍으면 명함에 있는 이름과 연락처 등의 정보가 바로 폰 연락처로 저장되니, 굉장히 편리합니다. 이렇게 저장해둔 명함은 나중에 찾기도 쉽습니다.

Theme 2 1

뉴스 앱

갤럭시S2 속으로 들어온 뉴스가 더욱 똑똑해졌습니다. 손 끝에서 펼쳐지는 세상사는 이야기를 빠르고 정확하게 전달해 드립니다.

● SBS 뉴스

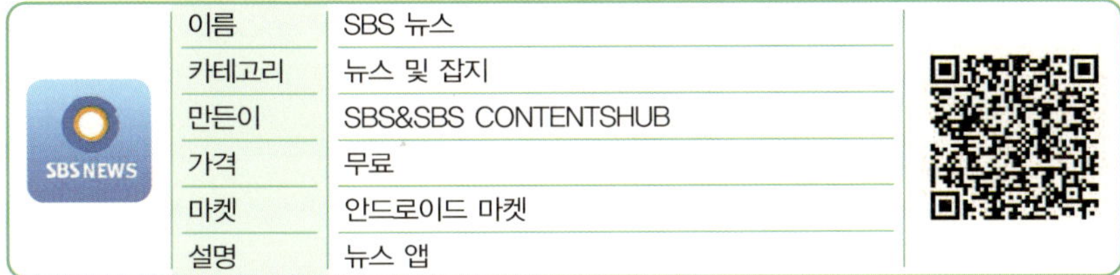

이름	SBS 뉴스
카테고리	뉴스 및 잡지
만든이	SBS&SBS CONTENTSHUB
가격	무료
마켓	안드로이드 마켓
설명	뉴스 앱

SBS 뉴스는 손가락으로 화면을 넘기며 편리하게 뉴스를 읽을 수 있는 앱입니다.

더블탭 기능을 추가하여 목록으로 쉽게 이동할 수 있습니다. 글자 크기 확대 축소는 물론, 관심 있는 기사를 곧바로 스크랩하거나 트위터, 페이스북, 이메일 등으로도 손쉽게 전송할 수 있습니다.

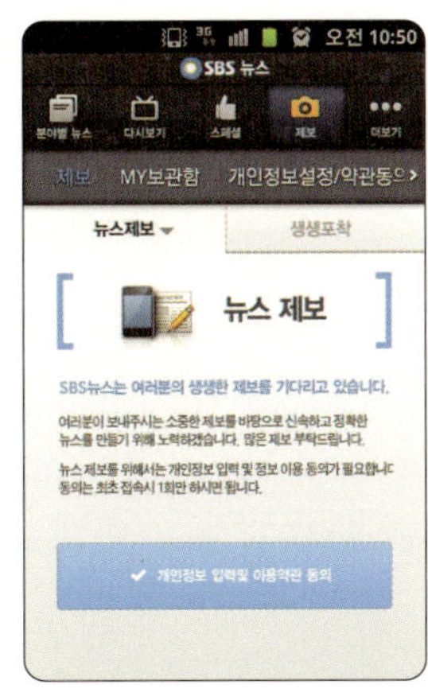

● MBC News

이름	MBC News
카테고리	뉴스 및 잡지
만든이	MBC (문화방송)
가격	무료
마켓	안드로이드 마켓
설명	뉴스 앱

뉴스데스크, 뉴스투데이, 스포츠연예, 2580, 후플러스, 100분토론, 지구촌리포트, 경제매거진, 지상파 생방송 뉴스와 위클리, 스포츠 중계 및 하이라이트 등의 다양한 방송을 볼 수 있는 앱입니다.

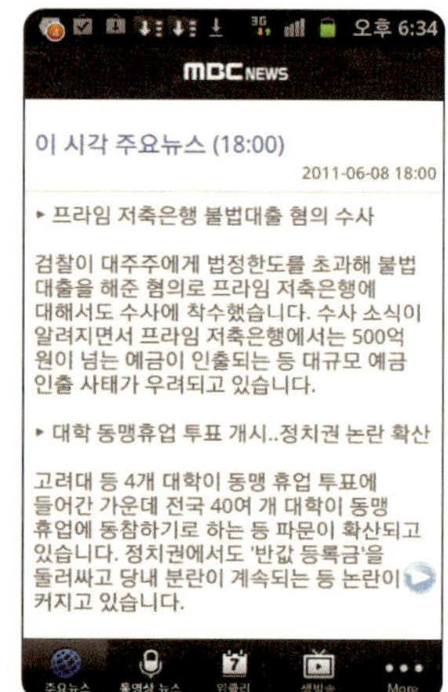

● NYTimes app for phone

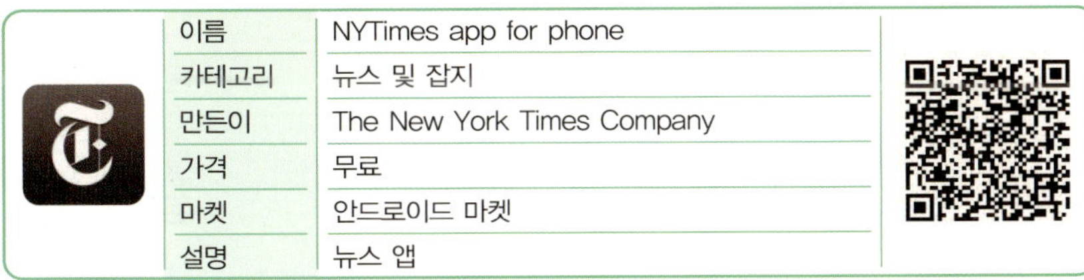

이름	NYTimes app for phone
카테고리	뉴스 및 잡지
만든이	The New York Times Company
가격	무료
마켓	안드로이드 마켓
설명	뉴스 앱

이메일, SMS, Facebook, Twitter를 통해 기사를 공유하며, 홈 스크린에서 헤드라인 기사를 보고 바로 본문 기사를 읽을 수 있는 앱입니다.

● 머니투데이

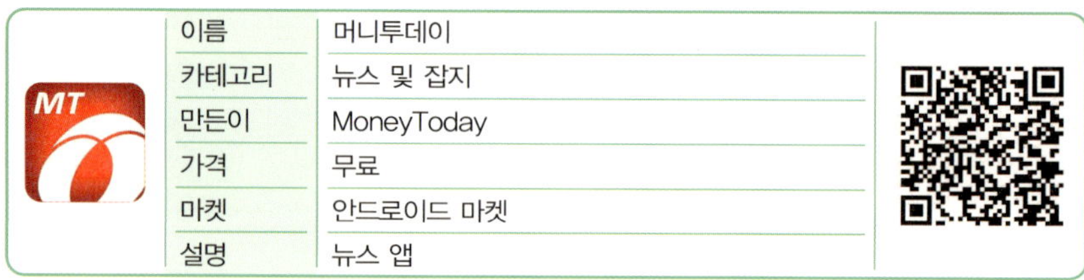

이름	머니투데이
카테고리	뉴스 및 잡지
만든이	MoneyToday
가격	무료
마켓	안드로이드 마켓
설명	뉴스 앱

머니투데이에서 제공하는 뉴스를 카테고리별로 구분해두어 사용자가 원하는 뉴스만을 골라서 볼 수 있습니다. 특히 속보 창이나 베스트클릭 카테고리는 중요한 뉴스나 인기 뉴스를 빨리 볼 수 있어 좋습니다. 카테고리는 아이콘 형태로 사용자에게 익숙한 배치를 하고 있으며 앱 내에 머니투데이 통합 검색도 지원하고 있습니다.

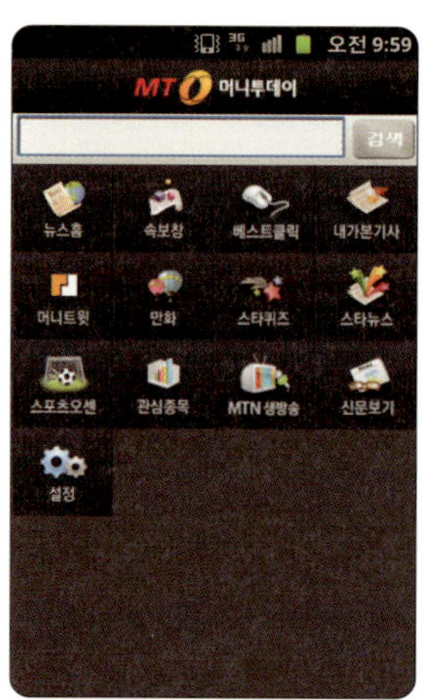

2 Theme 2 취업 앱

스마트폰은 실생활에 도움이 되는 앱들을 많이 있습니다. 그중에 하나가 취업과 관련된 앱인데요, 실업대란인 요즘 취업 앱으로 열심히 구직 활동을 하여 좀더 빨리 백수생활을 털어버릴 수 있습니다.

● 취업검색

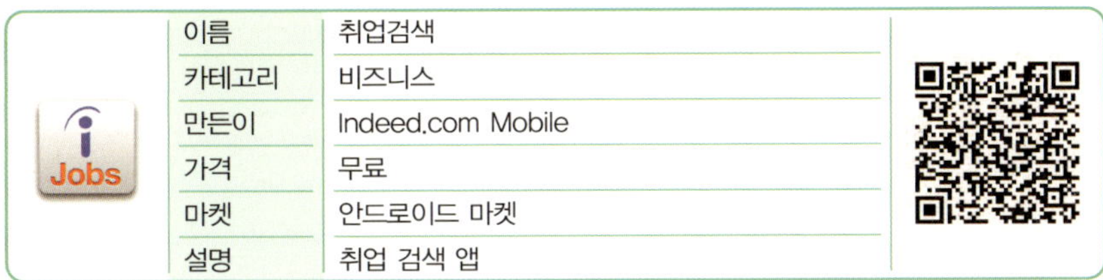

이름	취업검색
카테고리	비즈니스
만든이	Indeed.com Mobile
가격	무료
마켓	안드로이드 마켓
설명	취업 검색 앱

기업 채용 정보 게시판이나 취업 정보 사이트에 갈 필요없이 바로 검색할 수 있는 취업 앱입니다.

네이버나 구글 같은 검색 엔진에서 검색하듯이, 직종, 회사명, 지역 등을 검색 창에 넣으면 조건에 맞는 모든 직업을 보여줍니다. 공채, 수시, 인턴뿐 아니라 아르바이트 정보 등 어떤 직업도 검색 가능합니다. 원하시는 채용 정보는 이메일로 구독할 수도 있습니다.

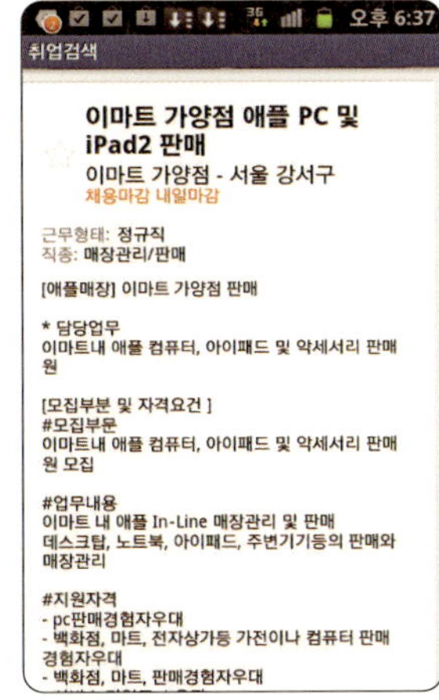

Chapter 10.

언제나 어디서나 책 읽고, 공부하기

스마트폰과 태블릿 PC의 도입으로 교육 분야와 인쇄 분야에 적잖은 변화가 예상됩니다. 교과서와 일반 도서 및 신문, 잡지 등을 대신할 것이라는 예상을 많이들 합니다. 다음 앱들을 사용해보면 이해할 수 있을 것입니다.

Theme 2-3

e-Book 리더 앱

e-Book 서비스를 이용하면 서점에 가지 않아도 바로 집안에서 책이나 잡지를 구입하고 구입과 동시에 읽어볼 수 있습니다. PC를 켜고 온라인 서점에서 주문하는 것보다도 많은 시간을 아껴줍니다. 게다가 특정 키워드 검색을 이용할 수 있어 더 빨리 원하는 내용을 찾아볼 수 있습니다.

● Aldiko Book Reader

이름	Aldiko Book Reader
카테고리	도서 및 참고자료
만든이	Aldiko Limited
가격	무료
마켓	안드로이드 마켓
설명	도서 관리 앱

다양한 베스트셀러 e-Book과 많은 고전 서적들을 무료로 찾아 읽을 수 있는 앱입니다.

기존에 갖고 있는 ePub나 PDF 파일들을 읽을 수 있습니다. 폰트, 색, 주 · 야간 모드 등 개인의 취향에 맞게 설정할 수 있습니다.

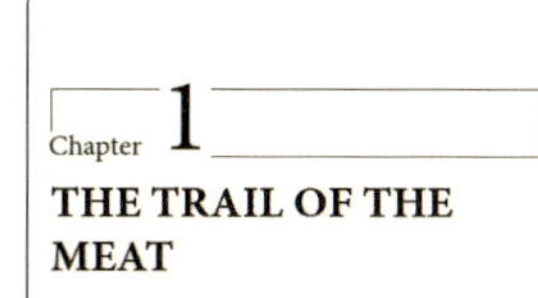

● 리디북스

이름	리디북스
카테고리	도서 및 참고자료
만든이	이니셜커뮤니케이션즈
가격	무료
마켓	안드로이드 마켓
설명	도서 관리 앱

현재 리디북스의 온라인 서점에서는 1만 2000여 권에 달하는 전자책을 검색하고 구매할 수 있습니다. 베스트셀러를 비롯해 새로운 책, 무료책 등도 쉽게 확인이 가능하고 각 분야별로도 구분되어 있어 원하는 책을 쉽게 찾아볼 수 있습니다. 또한, 모든 책에 대해서는 미리보기를 제공해서 책의 앞부분을 읽어볼 수 있습니다.

내려받은 책을 읽어볼 때도 다양한 설정을 제공해 편의성을 높였습니다. 화면 색 변경, 글씨 크기 등을 조정해 보는 사람의 눈이 피로 하지 않게 설정이 가능합니다. 그리고 책갈피 기능이 있어 언제든 이어서 볼 수 있습니다. 이 밖에도 잠금 기능과 메모 기능도 지원합니다. 리디북스는 단말기에 최적화시켜 사용자의 편리성을 높인 것이 특징이며, 리디북스에서 자유롭게 구매하고, 내역을 확인하거나 취소할 수 있습니다.

● iReader(Full version)

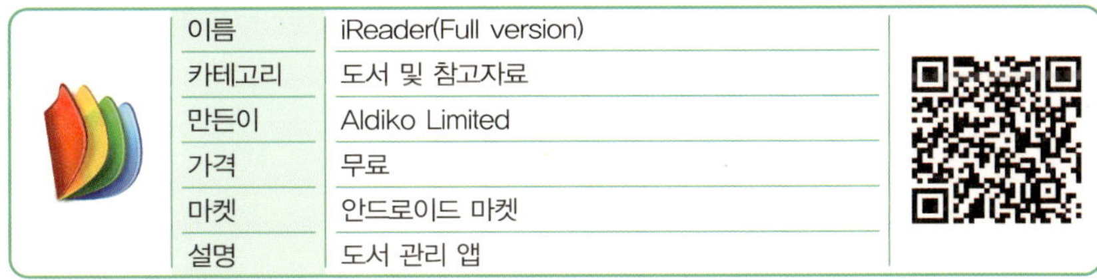

이름	iReader(Full version)
카테고리	도서 및 참고자료
만든이	Aldiko Limited
가격	무료
마켓	안드로이드 마켓
설명	도서 관리 앱

다양한 베스트셀러 e-Book과 많은 고전 서적들을 무료로 찾아 읽을 수 있는 앱입니다.

기존에 갖고 있는 ePub나 PDF 파일들을 읽을 수 있습니다. 폰트, 색, 주 · 야간 모드 등 개인의 취향에 맞게 설정할 수 있습니다.

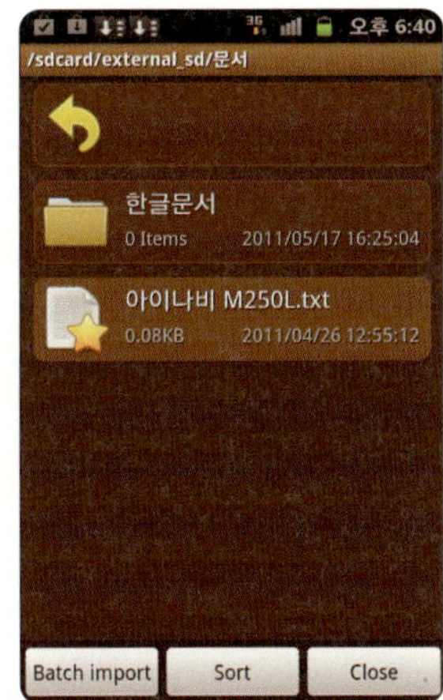

2 Theme 4 학습 앱

최근에는 학생들도 스마트폰을 가지고 다니는 경우가 많습니다. 게임이나 엔터테인먼트 관련 앱뿐만 아니라 학습 앱도 충분히 활용할 수 있어 더욱 유용합니다.

● 종로학원 미니수능 시리즈

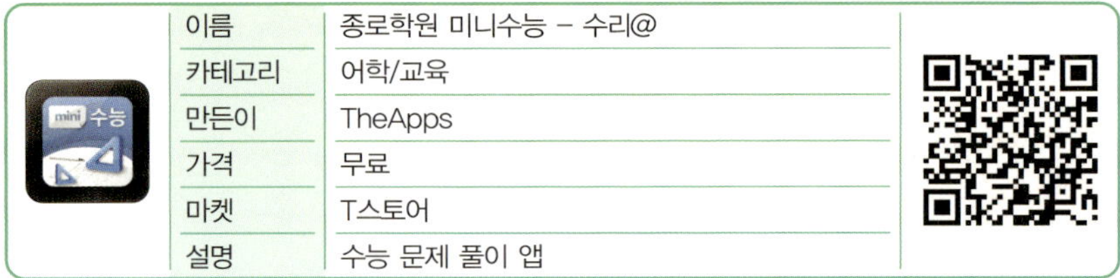

이름	종로학원 미니수능 – 수리@
카테고리	어학/교육
만든이	TheApps
가격	무료
마켓	T스토어
설명	수능 문제 풀이 앱

사회탐구, 수리, 언어, 과학탐구, 외국어 5개 영역에 대한 문제풀기 및 정답 보기, 성적 조회, 오답 노트, 북마크 등의 기능을 제공하는 수능 문제풀이 앱입니다. 문제풀기/정답보기에서는 학년, 등급, 영역의 선택에 따른 문제를 풀 수 있고 해설도 볼 수 있습니다. 문제의 오답 여부 확인 및 점수에 따른 랭킹 확인도 가능합니다. 성적 조회는 현재의 문제풀이에서의 얻은 점수에 따른 랭킹을 확인합니다. 오답 노트에서는 저장된 오답 문제 및 자신의 메모 확인하고 오답에 대한 중요도를 별의 개수로 체크할 수 있습니다

● 급수별한자학습

이름	급수별한자학습
카테고리	라이프스타일
만든이	Goodie
가격	무료
마켓	안드로이드 마켓
설명	한자 학습 앱

어문회 한자능력검정 기준 특급에서 8급까지 난이도별로 정리된 6천 가지 한자와 그 한자로 이루어진 수만 가지의 한자어를 학습할 수 있는 프로그램입니다.

플래시카드 형식으로 위/아래 슬라이드 터치를 이용하여 아는 단어와 모르는 단어를 구분한 다음, 모르는 한자 및 단어만을 다시 학습할 수 있는 복습 기능이 있어, 나만의 한자 단어장으로도 사용할 수 있습니다. 또한 한자를 보고 따라쓰거나 한자의 훈음만을 보고 써보는 기능이 있어 쓰기 연습도 가능합니다. 한자 폰트가 깨어져 보이는 경우 원하는 한자 폰트를 /sdcard/data/Hanja/HanjaFont.ttf로 복사하면 됩니다. 홈페이지에 자세하게 설명되어 있으므로 참고하세요.

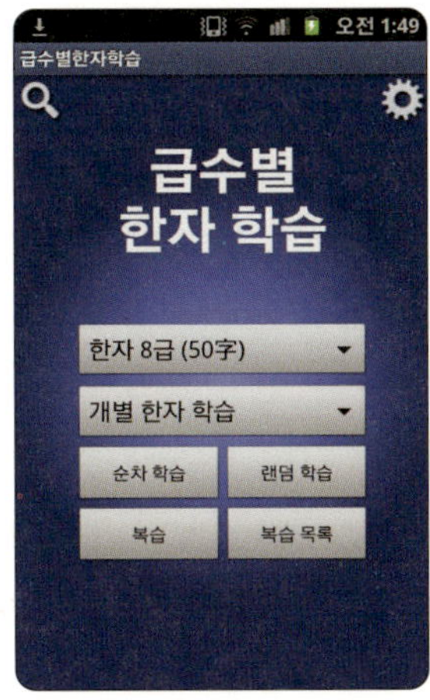

GALAXY S2

오전 8:30

완전무결, 갤럭시S2를 정복하는 Q&A 19선

갤럭시를 사용하면서 한 번쯤은 겪어보았을 만한 상황이나 의문점 등을 풀어보려고 합니다. 스마트폰 카페에서 가장 많이 질문하였던 내용들을 참고하여 19가지를 엄선하였습니다. 잘 풀리지 않았던 의문점을 여기에서 해결할 수 있으므로 잘 살펴보도록 합니다.

Q. 루팅을 꼭 해야 하나요?

A. 루팅을 반드시 할 필요는 없습니다. 루팅은 사용자의 편의에 따라서 할 수도 있고 하지 않을 수도 있습니다. 루팅도 해킹의 일종이라고 볼 수 있습니다. 제조사에서 막아 놓은 최고 권한을 해킹을 통해서 얻게 되기 때문입니다.

보통 루팅을 하면 속도가 빨라진다고 오해하는 경우가 많아 간단하게 루팅에 대해 설명을 하겠습니다. 루팅이란 안드로이드폰의 운영체제를 해킹해 관리자의 권한을 얻는 행위를 말합니다. 안드로이드는 리눅스에서 파생된 운영체제로, 리눅스에서 최고 권한을 가진 계정을 루트(root)라고 합니다. 이 최고 계정을 갖는다는 의미에서 루팅이라는 용어가 생겨났습니다.

루팅을 해서 얻게 되는 것은 시스템에서 제한된 일부 앱을 사용할 수 있게 되는 것과 시스템의 수정이 가능해진다는 점입니다. 따라서 루팅한 후 시스템을 수정하여 속도가 빨라지는 효과를 보는 것이지 루팅만으로는 속도를 향상시킬 수 없습니다.

Q. 갤럭시S2의 스크린을 캡처하는 쉬운 방법이 있나요?

A. 네. 있습니다. 아주 쉬운 방법입니다. 원래 안드로이드에서 화면 캡처는 꽤 복잡한 과정을 거쳐야 하지만 갤럭시S2에서는 너무 간단하게 할 수 있습니다.

홈 버튼(❶)과 전원 버튼(❷)을 같이 눌러주면 됩니다.

하지만 같이 눌렀는데도 잘 안 되는 경우가 있습니다. 이 경우에는 홈 버튼(❶)을 먼저 누른 채 전원 버튼(❷)을 누르면 됩니다. 시간상으로 1초 정도의 타이밍으로 눌러 주세요.

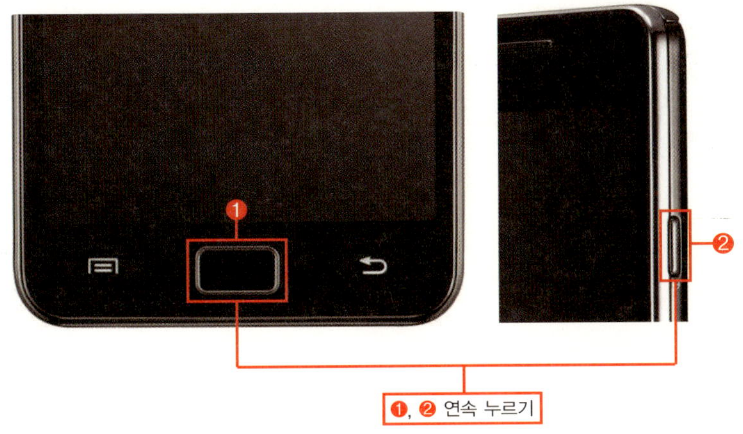

Q. 무료 Wi-Fi를 이용하고 싶어요.

A. 무선인터넷 환경이 많이 보급되고, 스마트폰의 영향으로 개인이 무선 공유기를 설치하는 경우가 많아졌습니다. 따라서 Wi-Fi를 켜고 주택가나 상가를 걸어보면 아주 많은 무선 AP가 잡히는 것을 볼 수 있습니다. 이 중에서 무료로 이용 가능한 것은 신호 강도 표시에 잠금 모양이 없는 AP입니다. 따라서 자신이 자주 머무르는 장소인 집, 회사에서 이 무선 AP가 하나도 잡히지 않는다면 무료 이용이 불가능합니다.

무선 AP 중에 열쇠 모양이 없는, 즉 보안 설정이 없는 AP가 있다면 해당 AP와 연결을 통해서 무료 Wi-Fi 이용이 가능합니다. 하지만 보안이 없다고 모든 AP가 이용 가능한 것은 아닙니다. 연결이 되어도 인터넷이 안 되는 경우가 많습니다. 이 경우엔 다른 AP로 연결해야 합니다.

Q. 인터넷 전화를 이용하고 싶은데, 통화료가 무료인가요?

A. 인터넷 전화는 앱을 통해서 이용이 가능합니다. 현재 안드로이드용 인터넷 전화는 스카이프, 프링, 마이피플, 올리브폰, 탱고 정도가 널리 알려져 있습니다.

이 앱을 이용해서 인터넷 전화를 이용하려면 서로 간에 같은 앱이 설치되어 있어야만 합니다. 다시 말해 친구가 탱고를 설치했다면 자신도 탱고를 설치해야만 이용할 수 있는 것입니다.

인터넷 전화는 Wi-Fi 상태에서는 무료로 이용이 가능하지만 3G 상태에서는 요금제에 따라 제한이 걸릴 수 있습니다.

Q. 배터리를 오래 쓰는 관리 방법에 대해 알려주세요.

A. 현재 보급되고 있는 많은 배터리가 모두 리튬 폴리머 제품입니다. 리튬 폴리머 배터리의 특징은 자신의 최대 양을 잊어버리는 데 있습니다. 따라서 잦은 충전으로 최대치를 계속 유지해주는 것이 배터리를 오래 사용하는 방법입니다. 예전의 배터리 사용 방법을 지금도 고수하는 분들이 있지만 잘못된 방법입니다.

따라서 상황별로 충전하는 것보다 어떤 상황이든 충전을 할 수 있는 상황이라면 쉬지 않고 계속해서 배터리를 충전하는 것이 제대로 된 배터리 관리 방법이 되겠습니다.

Q. 갤럭시S에서 산 앱을 갤럭시S2에서 사용할 수 있나요? 따로 사야 하나요?

A. 마켓에서 구매한 앱은 구동만 된다면 아무 제한 없이 이용이 가능합니다. 하지만 통신사 마켓에서 구매한 앱은 번호이동으로 폰을 변경한 경우가 아니라면 다시 구매를 해야 합니다. 통신사 마켓은 폰 번호로 앱 구매의 인증이 이루어지기 때문입니다.

그리고 번호이동을 했다 하더라도 갤럭시S와 갤럭시S2의 스펙이 달라, 전용으로 출시되는 일부 앱은 별도로 구매해야 합니다.

Q. 갤럭시S2에 저장된 동영상을 TV로 보고싶어요.

A. 저장된 영상을 보려면 DNLA를 지원하는 TV가 있거나 MHL 액세서리를 구입하면 이용 가능합니다.

DNLA는 올쉐어 앱을 통해서 TV와 무선으로 연결을 합니다. 따라서 별도의 액세서리 없이 TV만 지원하면 쉽게 이용이 가능합니다.

MHL(Mobile High Definition Link)은 스마트폰 및 다른 휴대용 기기(태블릿 PC, 카메라 등)와 HDTV를 연결해서 1080p HD 동영상 및 디지털 오디오를 재생할 수 있는 인터페이스입니다.

MHL 기술은 모든 TV 리모컨이 사용자 휴대폰의 인터페이스, 앱, 콘텐츠를 제어할 수 있도록 하고 있습니다. 기본적으로 휴대폰을 HDTV에 연결하면 완벽히 액세스할 수 있고 HDTV의 제조사는 상관없습니다. TV 출력을 많이 이용한다면 하나 구비해둬야 할 액세서리입니다.

Q. 갤럭시S2가 이상해요. 구입할 때로 초기화할 수 있나요?

A. 일반적으로 초기화는 [설정]-[개인정보 보호]-[기본값 데이터 재설정]을 통해서 가능합니다.

초기화를 진행하면서 [내장 메모리 지우기]를 선택하면 16GB 메모리까지 모두 지울 수 있습니다. 하지만 이쪽에는 사진을 비롯한 개인적인 데이터들이 많이 저장되기 때문에 초기화하지 않는 편이 좋습니다. 꼭 해야 한다면 반드시 백업을 하고 진행해야 합니다.

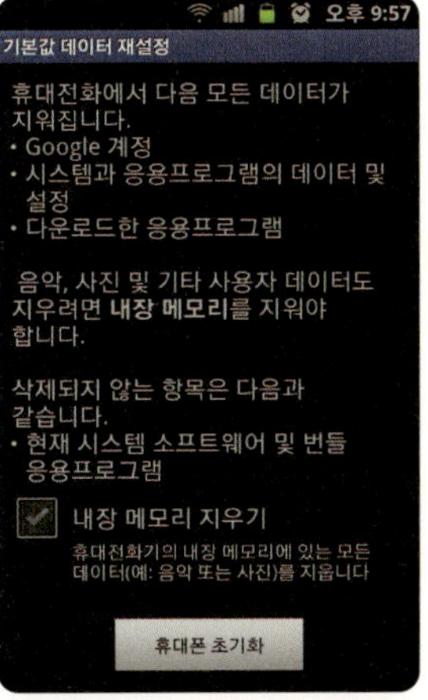

또 다른 방법은 갤럭시S2의 전원이 꺼진 상태에서 볼륨 UP 버튼과 홈 버튼을 같이 누른 채 전원 버튼을 누르면 복구 메뉴로 부팅이 됩니다. 여기서 3번째 메뉴인 [factory reset]을 선택한 뒤에 [yes]를 눌러주면 초기화할 수 있습니다.

Q. 국내 앱스토어에 없는 앱을 다운받고 싶어요.

A. 이 경우에는 루팅을 하거나 또는 웹상에서 안드로이드 설치 파일을 내려 받아서만 가능합니다.

첫 번째 방법은 루팅에 의한 방법입니다. 이는 안드로이드 마켓의 특성을 이용한 방법입니다. 안드로이드 마켓은 통신사를 기준으로, 보이는 앱이 달라집니다. 따라서 국내 통신사가 아닌 해외 통신사인 것처럼 속이면 국내 앱스토어에 없는 앱을 다운받을 수 있습니다. 마켓에서 Marketenabler를 내려받은 후 실행합니다. [Setting List]에서 보이는 해외 통신사 중에 하나를 길게 터치합니다. 그 다음에 [Fake this Provider]를 선택하고, 슈퍼유저 권한 설정이 나오면 [Allow]를 선택합니다. 이제 마켓에 접속하면 해외쪽에만 등록된 앱들을 다운로드할 수 있습니다.

두 번째 방법은 인터넷 검색입니다. 앞서 앱 설치 방법을 잘 이해하셨다면 금방 눈치를 챌 수 있을텐데요. 안드로이드 설치 파일인 APK를 웹에서 다운로드하면 됩니다. 이는 구글이나 해외 사이트에서 찾기가 쉽기 때문에 그 쪽에서 검색을 해보는 것이 좋겠습니다. 설치 방법은 Part 1의 〈Theme 12. APK 설치〉를 참고합니다.

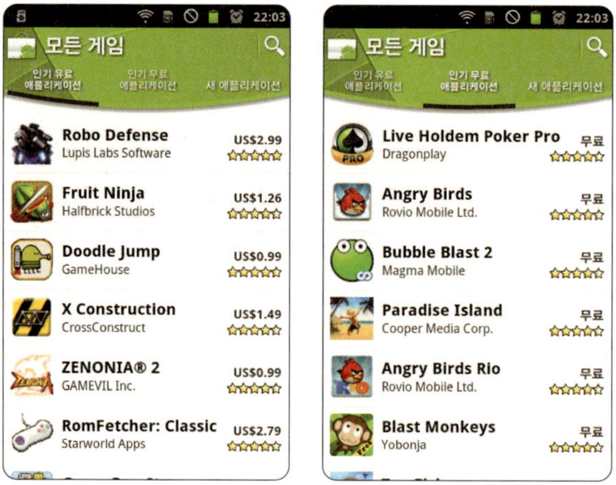

마켓의 게임 카테고리에 접속한 화면

Q. Kies로 펌웨어 업데이트 도중 자꾸 멈춰요.

A. 펌웨어 업데이트 도중 멈추는 경우는 꽤 오래 전부터 자주 발생하는 상황입니다. 이런 현상의 가장 큰 원인은 USB 연결에 있습니다. 지금 폰과 연결된 케이블이 컴퓨터 본체의 전면부 USB에 꽂혀 있는지 확인해봅니다. 이 경우엔 USB 케이블을 컴퓨터의 후면에 연결해서 다시 펌웨어 업데이트를 시도하면 됩니다. 계속해서 오류가 날 경우엔 가까운 삼성전자 서비스 센터를 방문하도록 합니다.

Q. 새로운 OS로 업데이트하고 싶어요.

A. 현재 갤럭시 시리즈의 펌웨어 업데이트는 삼성에서 제공하는 Kies를 통해서만 가능합니다. 삼성모바일닷컴(www.samsungmobile.com)에 접속합니다. 메뉴 중 [다운로드 센터]-[Anycall 다운로드]를 선택합니다. 모델을 선택하거나 직접 해당 기기의 모델명을 적고 검색합니다. 예를 들어 갤럭시S2을 검색한다면 M250S라고 적으면 됩니다.

검색 결과에서 기기를 선택한 후, 소프트웨어에서 Kies 2.0을 다운로드 및 설치합니다. PC와 기기를 연결한 후 Kies를 실행해서 업데이트하면 되겠습니다. 이런 일련의 절차가 어렵거나 까다롭다고 느껴진다면 삼성서비스센터에서 업데이트 받을 수도 있습니다.

Q. 인터넷을 공짜로 사용하고 싶어요.

A. 인터넷을 무료로 사용하기 위해서는 Wi-Fi를 사용하면 됩니다. Wi-Fi 연결 상태에서의 인터넷 사용은 모두 무료입니다. 따라서 별도의 데이터 요금 없이 인터넷을 즐기려면 주변에 무선인터넷 환경이 구축되어야 합니다.

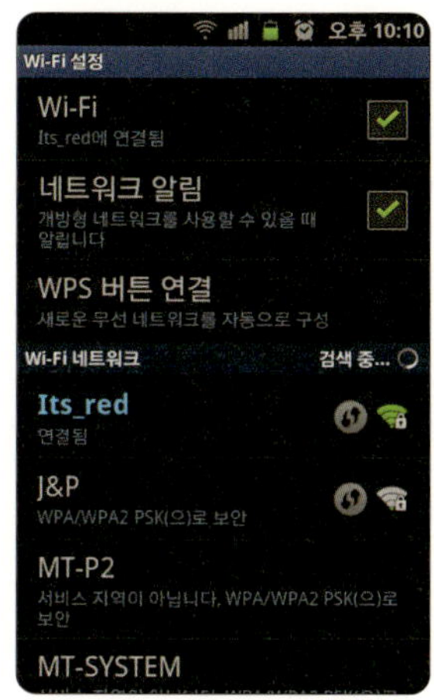

Wi-Fi 무료 이용 방법은 380쪽의 Q&A를 참고하세요.

Q. 연락처에는 있는데 검색하면 안 보여요.

A. 안드로이드 시스템상 생길 수 있는 문제입니다. 원인은 그룹 설정이 잘못 되었기 때문입니다. Google에서는 기본적으로 모든 연락처가 '내 연락처' 라는 그룹에 포함되어 있어야 합니다.

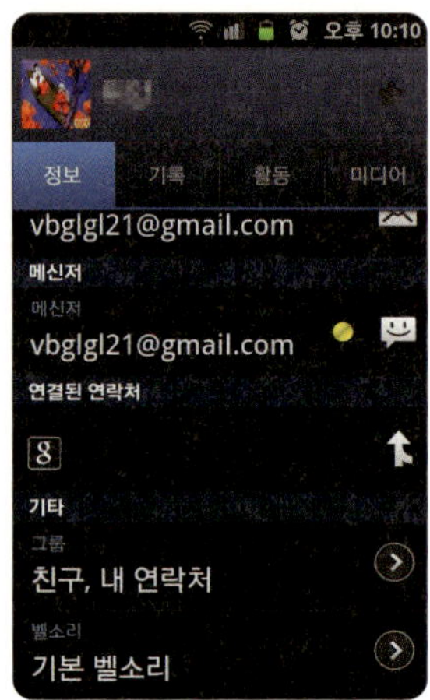

'내 연락처' 에 포함되어 있지 않고 별도의 가족, 친구 등의 그룹에만 연락처가 있는 경우에는 검색되지 않는 상황이 생깁니다. 따라서 연락처를 편집하여 '내 연락처' 에 포함시키면 됩니다.

Q. 갤럭시S2를 PC와 연결했는데 연결이 안 돼요.

A. 갤럭시S2의 이동식 디스크가 바로 연결되지 않는 이유는 PC에 전용 USB 드라이버가 설치되어 있지 않기 때문입니다. 따라서 갤럭시S2를 아무 PC에서나 이동식 디스크로 이용하려면 사전에 드라이버를 설치해야 합니다.

최근 갤럭시S의 펌웨어에는 이런 상황을 해결하는 옵션이 있지만 갤럭시S2의 가장 마지막 펌웨어에서는 찾아볼 수 없습니다. 따라서 Kies를 설치하거나 USB 드라이버만을 별도로 설치하면 됩니다.

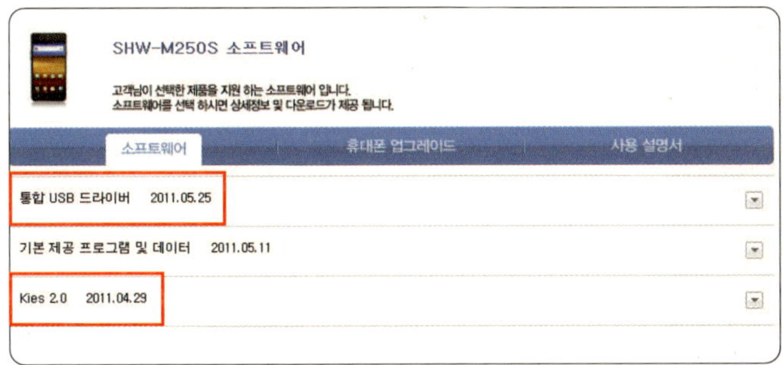

Q. 내 갤럭시S2를 이용해서 친구가 인터넷을 즐길 수 있나요?

A. 네. 가능합니다. 갤럭시S2에는 Wi-Fi 핫스팟이라는 기능을 지원하기 때문에 쉽게 사용할 수 있습니다. Wi-Fi 핫스팟은 쉽게 말하면 인터넷 공유입니다. 인터넷을 서로 공유하는 기능으로, 무선인터넷이 가능한 기기는 모두 갤럭시S2를 통해서 인터넷을 이용할 수 있습니다.

[홈]-[환경 설정]-[무선 및 네트워크]-[테더링 및 휴대용 핫스팟]으로 이동합니다. 휴대용 Wi-Fi 핫스팟 설정을 해주면 바로 이용이 가능합니다.

이렇게 사용을 할 경우엔 데이터가 자신에게 부담이 되니 무제한 요금제가 아니라면 조심해서 사용해야 합니다. 특히나 스마트폰이 아닌 노트북 PC나 일반 PC에서의 이용은 더욱 많은 데이터 소모를 가져옵니다.

또한 이 기능을 이용할 때는 배터리 소모가 커지니 충전을 하면서 이용하거나 잠깐 이용하는 것이 좋습니다.

Q. 갤럭시S2의 배터리가 너무 빨리 소모됩니다.

A. 배터리의 소모 속도는 많은 경우의 수를 가지고 있습니다. 자신이 얼마나 관리를 하느냐에 따라서 달라지기도 하고 특정 앱에 의해서도 좌지우지됩니다.

일단 평상 시 앱을 실행한 후 완전 종료하는 습관을 가져야 합니다. 물론 계속해서 프로세스에 상주해야 하는 앱은 예외로 합니다.

그리고 배터리를 오랫동안 사용하기 위해서는 자주 충전을 해줘야 합니다. 이 내용은 382쪽의 Q&A에서 설명하였으니 생략하도록 하겠습니다.

마지막으로 백그라운드 실행 앱을 없애고 충전도 자주 해서 관리를 잘했는데도 배터리 소모가 빠르다면 자신이 사용 중인 앱을 의심해봐야 합니다. 특정 앱은 주기적으로 배터리를 소모시키기도 하기 때문입니다.

다음은 자동 동기화를 해제함으로써 불필요한 데이터 소모를 막고 배터리를 절약할 수 있습니다. [메인 메뉴]-[설정]-[계정 및 동기화]에서 자동 동기화를 해제하면 됩니다. 하지만 이 기능을 사용하지 않게 되면 마켓에 접속이 안 되고 Goolge 토크를 비롯해 각종 실시간 푸시 기능을 사용하는 앱을 사용할 수 없습니다.

이 밖에 디스플레이 설정에서 밝기를 수동으로 변경한 후 가장 어둡게 변경하는 것도 방법입니다. 또한 알림창의 블루투스, Wi-Fi, GPS를 사용하지 않을 때는 스위치를 꺼서 배터리를 절약할 수 있습니다.

Q. 갤럭시S2에서 금융 USIM이 안 돼요. 어떻게 해야 하죠?

A. 갤럭시S2에서는 기존의 금융 기능이 포함된 USIM이 작동하지 않습니다. 물론 이 USIM이 있어도 NFC 앱이나 T Cash 관련 앱의 설치는 모두 가능합니다. 하지만 정작 충전/사용이 되지 않습니다. 따라서 기존처럼 USIM을 통해서 T Cash를 이용하려면 NFC 전용 USIM을 구매해야 합니다.

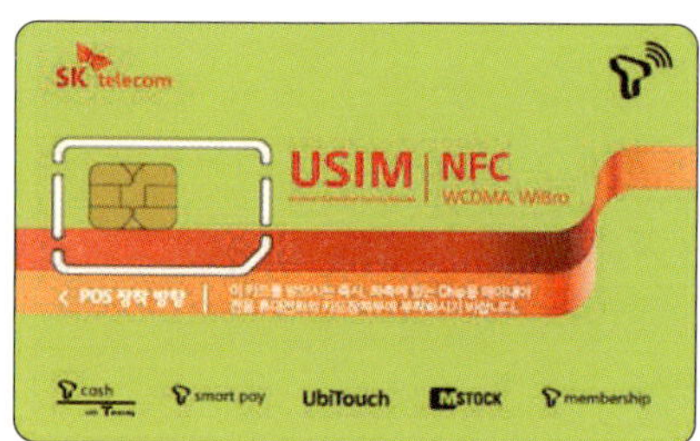

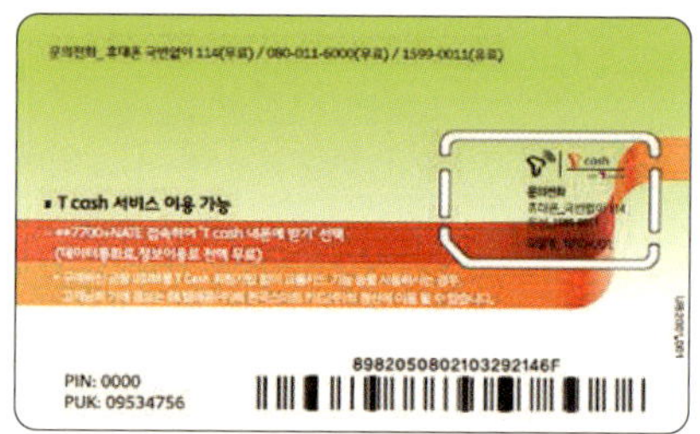

NFC USIM은 가까운 이동통신사 대리점에서 9,900원에 구입할 수 있습니다.

Q. MP3 파일을 벨소리로 쓸 수 있나요?

A.

어렵지 않습니다.

일단 벨소리로 사용하고 싶은 MP3 파일을 아무 폴더에나 복사하고 '뮤직'을 통해서 재생합니다. 재생 중 [메뉴 버튼]-[벨소리]를 터치하면 됩니다.

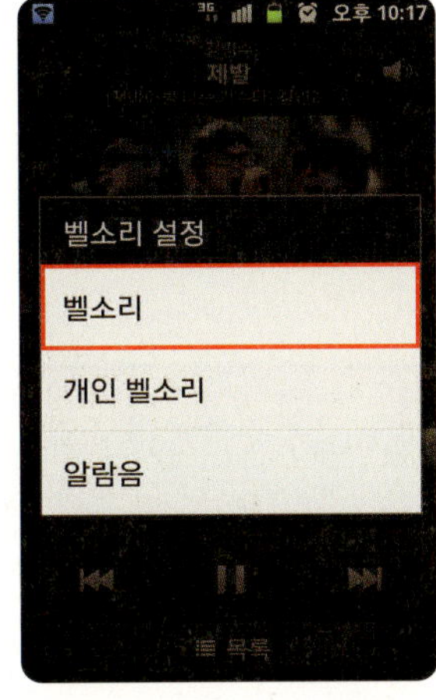

또는 벨소리 폴더를 만들어 그 안에 복사해도 됩니다. 총 3개의 폴더를 벨소리가 있는 폴더로 인식합니다. 갤럭시S2를 이동식 디스크로 연결했을 때를 가정해서 경로를 설명하겠습니다.

- X:\ringtones
- X:\media\audio\ringtones
- X:\tstore\system\ringtones

이렇게 3개의 폴더에 MP3 파일을 넣어둔 후 [환경설정]-[소리]-[전화 벨소리]를 선택하면 목록에 나타나게 됩니다.

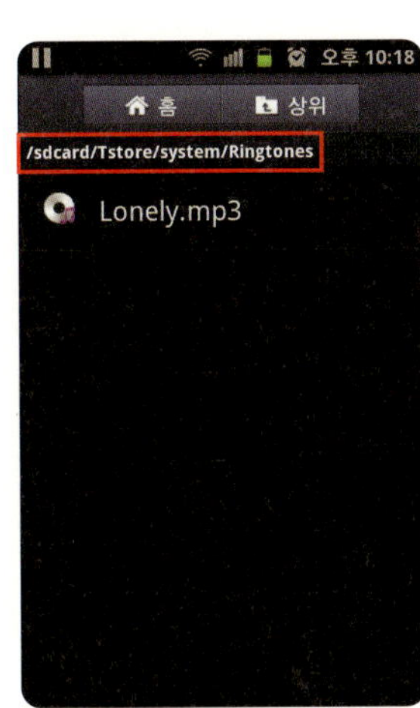

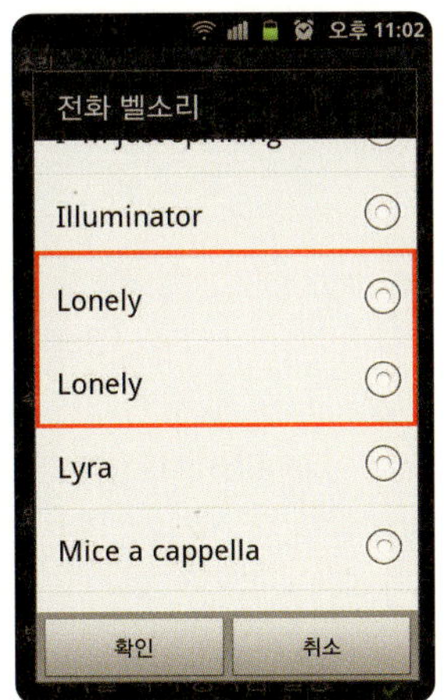

Q. 마이크로 SD카드 class 10을 이용할 수 있나요?

A. 이용 가능합니다. 클래스는 책 앞부분에도 설명했지만 속도 보장의 의미를 가지고 있기 때문에 이용하는 데 전혀 지장이 없습니다.

그렇다면 높은 클래스를 사용한 만큼 속도가 빨라질까요? 아마 그 차이점을 느낄 수 없을 것이라고 생각합니다. 휴대기기에서의 클래스는 큰 의미가 없기 때문입니다. 자신이 외장 메모리를 리더기를 통해서 사용할 예정이라면 높은 클래스는 그만큼의 값어치를 하지만 장착해서 이용할 예정이라면 클래스에 크게 연연하지 않아도 될 것 같습니다.